Das Recht des polizeilichen Schußwaffengebrauchs

Europäische Hochschulschriften

Publications Universitaires Européennes
European University Studies

Reihe II
Rechtswissenschaft

Série II Series II
Droit
Law

Bd./Vol. 3132

PETER LANG
Frankfurt am Main · Berlin · Bern · Bruxelles · New York · Oxford · Wien

Friederike Mußgnug

Das Recht des polizeilichen Schußwaffengebrauchs

PETER LANG
Europäischer Verlag der Wissenschaften

Die Deutsche Bibliothek - CIP-Einheitsaufnahme

Mußgnug, Friederike:

Das Recht des polizeilichen Schußwaffengebrauchs / Friederike Mußgnug. - Frankfurt am Main ; Berlin ; Bern ; Bruxelles ; New York ; Oxford ; Wien : Lang, 2001
(Europäische Hochschulschriften : Reihe 2, Rechtswissenschaft ; Bd. 3132)
Zugl.: Bonn, Univ., Diss., 2000
ISBN 3-631-37878-5

D 5
ISSN 0531-7312
ISBN 3-631-37878-5

www.peterlang.de

Das Recht des polizeilichen Schußwaffengebrauchs

Inaugural-Dissertation

zur Erlangung des Grades eines Doktors
der Rechte
durch die

Rechts- und Staatswissenschaftliche Fakultät
der
Rheinischen Friedrich-Wilhelms-Universität
Bonn

vorgelegt von Friederike Mußgnug
aus
Heidelberg

Tag der Promotion: 7. Juni 2000

Dekan: Prof. Dr. Rüdiger Breuer

Erstreferent: Prof. Dr. Josef Isensee
Zweitreferent: Prof. Dr. Rudolf Dolzer

Tag der mündlichen Prüfung: 7. Juni 2000

Meinen Eltern

VORWORT

Die Rechts- und Staatswissenschaftliche Fakultät der Rheinischen Friedrich-Wilhelms-Universität hat die vorliegende Abhandlung im Sommersemester 2000 als Dissertation angenommen, die Prof. Dr. Josef Isensee als Doktorvater betreut hat.

Mein besonderer Dank gilt Prof. Dr. Josef Isensee für die Hilfe bei der Arbeit und die vielfältigen Anregungen, die ich aus zahlreichen Gesprächen und seinen Seminaren mit auf den Weg nehmen konnte. Diese Anregungen beschränkten sich nicht allein auf die vorliegende Arbeit, sondern gaben mir bereits im Studium und den darauffolgenden Jahren immer wieder wertvolle neue Eindrücke und Denkanstöße. Ich danke auch Herrn Prof. Dr. Rudolf Dolzer, der für die Arbeit immer freundliches Interesse gezeigt und später das Zweitgutachten erstellt hat.

Der Polizeiführungsakademie in Hiltrup weiß ich mich durch ihre Unterstützung sehr verbunden. Sehr herzlicher Dank gebührt Herrn Birkenstock, dem Ständigen Vertreter des Präsidenten der Polizeiführungsakademie. Er hat mir die praktischen Probleme, die für die Polizei mit dem Schußwaffengebrauch verbunden sind, nahegebracht. Bedanken möchte ich mich auch bei Herrn Regierungsbaudirektor Damm, der mich mit den Grundzügen der Waffenkunde und der Wirkungsweise von Schußwaffen vertraut gemacht hat.

Ganz besonderen Dank schulde ich schließlich meinen Eltern. Sie haben mir die konzentrierte Arbeit an dieser Abhandlung ermöglicht. Während dieser Zeit haben sie mir stets mit Zuspruch, Rat und praktischer Hilfe zur Seite gestanden. Ihnen widme ich diese Arbeit zum Dank für alle Anregungen, Hilfe und die Geborgenheit während meiner Lehr- und Wanderjahre.

Friederike Mußgnug

Stuttgart, im Januar 2001

Philipp II: „Erbittet Euch eine Gnade."

Posa: „Ich genieße die Gesetze."

Philipp II: „Dies Recht hat auch der Mörder."

Posa: „Wieviel mehr der gute Bürger! - Sire, ich bin zufrieden."

Friedrich Schiller, Don Carlos III/10

Inhaltsverzeichnis

Drittes Kapitel

Abkürzungsverzeichnis

AK	Alternativkommentar
ALR	Allgemeines Landrecht für die Preußischen Staaten von 1794
AO	Abgabenordnung vom 16. März 1976 (BGBl. I S. 613, ber. 1977 I S. 269)
ASOG Berlin	Allgemeines Gesetz zum Schutz der öffentlichen Sicherheit und Ordnung in Berlin (Allgemeines Sicherheits- und Ordnungsgesetz, ASOG Berlin) vom 14. April 1992 (GVBl. S. 119), zuletzt geändert durch Gesetz vom 19. Juli 1994 (GVBl. S. 241)
AusfBest-UzwGBw	Ausführungsbestimmungen zum UZwGBw
AVV UZwG-BMV	Allgemeine Verwaltungsvorschrift des Bundesverkehrsministeriums zum UZwG
BAnz.	Bundesanzeiger
Bay. PAG	Gesetz über die Aufgaben und Befugnisse der Bayrischen Staatlichen Polizei (Polizeiaufgabengesetz-PAG) in der Fassung der Bekanntmachung vom 14. September 1990 (GVBl. S. 397), zuletzt geändert durch Gesetz vom 23. Dezember 1994 (GVBl. S. 1050)
BbgPolG	Gesetz über die Aufgaben und Befugnisse der Polizei im Land Brandenburg (Brandenburgisches Polizeigesetz) vom 19. März 1996 (GVBl. S. 74)
BePo heute	Bereitschaftspolizei heute
ber.	berichtigt
BGBl.	Bundesgesetzblatt
BGSG	Bundesgrenzschutzgesetz vom 18 August 1972 (BGBL. I S. 1834), zuletzt geändert durch Gesetz vom 19. Oktober 1994
BJagdG	Bundesjagdgesetz in der Fassung der Bekanntmachung vom 29. September 1976 (BGBl. I 2849)
BKAG	Gesetz über die Einrichtung eines Bundeskriminalpolizeiamtes (Bundeskriminalamt); in der Fas-

	sung der Bekanntmachung vom 29. Juni 1973 (BGBl. I S. 704)
BMdI	Bundesministerium des Inneren
Brem. PolG	Bremisches Polizeigesetz vom 21. März 1983 (GBl. 141), zuletzt geändert durch Gesetz vom 27. März 1995 (GBl. S. 196)
BRRG	Rahmengesetz zur Vereinheitlichung des Beamtenrechts (Beamtenrechtsrahmengesetz) in der Fassung der Bekanntmachung vom 27. Februar 1985 (BGBl. I S. 462)
BtMG	Gesetz über den Verkehr mit Betäubungsmittel (Betäubungsmittelgesetz) in der Fassung der Bekanntmachung vom 1. März 1994 (BGBl. I S. 358)
BWüVBl	Baden-Württembergische Verwaltungsblätter
DSchGNW	Gesetz zum Schutz und zur Pflege der Denkmäler im Lande Nordrhein-Westfalen, Denkmalschutzgesetz (Denkmalschutzgesetz) vom 11. März 1980 (GVBl. S. 226)
EGStGB	Einführungsgesetz zum Strafgesetzbuch vom 2. März 1974 (BGBl. I 469)
EMRK	Europäische Menschenrechtskonvention
Fn.	Fußnote
FPDG	Gesetz über den Freiwilligen Polizeidienst vom 18. 6.1963 (GBl. S. 75) in der Fassung vom 12. April 1985 (GBl. 129)
FRRG	Gesetz über die Freiwillige Polizei-Reserve (FPRG) vom 25. Mai 1961 (GVBl., S. 671), zuletzt geändert durch Gesetz vom 11. Februar 1975 (GVBl., S. 688)
GBl.	Gesetzblatt
Gesetz-Sammlung	Gesetz-Sammlung für die Königlichen Preußischen Staaten
GMBl	Gemeinsames Ministerialblatt
GVBl.	Gesetz- und Verordnungsblatt

GVG	Gerichtsverfassungsgesetz in der Fassung der Bekanntgabe vom 9. Mai 1975 (BGBl. I S. 1077)
Hdb VerfR	Handbuch des Verfassungsrechts der Bundesrepublik Deutschland
Hmb. SOG	Hamburgisches Gesetz zum Schutz der öffentlichen Sicherheit und Ordnung vom 14. März 1966 (GVBl. S. 77), zuletzt geändert durch Gesetz vom 1. Juli 1993 (GVBl. S. 149)
HSOG	Hessisches Gesetz über die öffentliche Sicherheit und Ordnung in der Fassung vom 31. März 1994 (GVBl. 174, ber. S. 284)
i. S.	im Sinne
KultSchG	Gesetz zum Schutz deutschen Kulturgutes gegen Abwanderung (Kulturguterschutzgesetz)
LBG	Landesbeamtengesetz
LK	Leipziger Kommentar, Strafgesetzbuch
LT-Drucks.	Landtags-Drucksachen des Landtags von Nordrhein-Westfalen
LT-Protokolle	Landtags-Protokolle des Landtags von Nordrhein-Westfalen
LVerfBW	Landesverfassung von Baden-Württemberg
LVwG SH	Allgemeines Verwaltungsgesetz für das Land Schleswig-Holstein (Landesverwaltungsgesetz - LVwG -) in der Fassung vom 30. Januar 1992 (GVBl. S. 243), zuletzt geändert durch Gesetz vom 12. Dezember 1995 (GVBl. 484)
m. w. N.	mit weiteren Nachweisen
Min.-Bl. f. d. innere Verw.	Ministerialblatt für die innere Verwaltung
NGefAG	Niedersächsisches Gefahrenabwehrgesetz vom 17. November 1981 (Nieders. GVBl. S. 347) in der Fassung vom 13. April 1994 (GVBl. S. 172), zuletzt geändert durch Gesetz vom 18. Februar 1995 (GVBl. S. 71)
NWVBl	Nordrhein-Westfälische Verwaltungsblätter

OWiG	Gesetz über Ordnungswidrigkeiten in der Fassung der Bekanntmachung vom 19. Februar 1987 (BGBl. I S. 602)
POG Rheinland-Pfalz	Polizei- und Ordnungsbehördengesetz (POG) in der Fassung vom 10. November 1993 (GVBl. S. 595)
PolG BW	Polizeigesetz Baden-Württemberg in der Fassung vom 13. Januar 1992 (GBl. S. 1), zuletzt geändert durch Gesetz vom 7. Februar 1994 (GBl. S. 73)
PolGNW	Polizeigesetz des Landes Nordrhein-Westfalen in der Fassung der Bekanntmachung vom 24. Februar 1990 (GV.NW. S. 70/SGV.NW.205), zuletzt geändert durch Gesetz vom 27. November 1992 (GV.NW. S. 446)
Pr.	Preußisch
PrLVG	(Pr.) Gesetz über die allgemeine Landesverwaltung vom 30. 7. 1883 (GS 195)
Pr. Min. Bl. f. d. innere Verw.	Preußisches Ministerialblatt für die innere Verwaltung
PrPVG	(Pr.) Polizeiverwaltungsgesetz vom 1. 6. 1931 (GS 77)
Rerl.	Runderlaß
Rn.	Randnummer
SächsPolG	Sächsisches Polizeigesetz in der Fassung vom 15. August 1994 (GVBl. 929)
SeemG	Seemannsgesetz vom 26. Juli 1957 (BGBl. II S. 713 in der ber. in BGBl. III Gliederungsnr. 9513-1), zul. geändert durch das Gesetz zur Änderung des Jugendarbeitsschutzgesetzes vom 15. Oktober 1984 (BGBl. I S. 1277)
SK	Systematischer Kommentar
SOG LSA	Gesetz über die öffentliche Sicherheit und Ordnung des Landes Sachsen-Anhalt in der Neufassung vom 1. Januar 1996 (GVBl. S. 2)
SOG M-V	Gesetz über die öffentliche Sicherheit und Ordnung in Mecklenburg-Vorpommern (Sicherehits-

	und Ordnungsgesetz – SOG MV -) vom 4. August 1992 (GVBl. S. 498)
SPolG	Saarländisches Polizeigesetz, Gesetz Nr. 1252 zur Neuordnung des Saarländischen Polizeirechts vom 8. November 1989 (ABl. S. 1750), zuletzt geändert durch Gesetz Nr. 1293 vom 15. Juli 1992 (ABl. S. 838)
ThürPAG	Gesetz über Aufgaben und Befugnisse der Polizei (Polizeiaufgabengesetz – PAG) vom 4. Juni 1992 (GVBl. S. 199)
UZwG	Gesetz über den unmittelbaren Zwang bei Ausübung öffentlicher Gewalt durch Vollzugsbeamte des Bundes
UZwGBw	Gesetz über die Anwendung unmittelbaren Zwanges und die Ausübung besonderer Befugnisse durch Soldaten der Bundeswehr und zivile Wachpersonen
UZwVwV-BMI	Allgemeine Verwaltungsvorschrift des BMI zum UZwG
VBlBW	Verwaltungsblätter für Baden-Württemberg
VKBl.	Verkehrsblatt
VVPolGNW	Verwaltungsvorschrift zum Polizeigesetz des Landes Nordrhein-Westfalen; RdErl. d. Innenministeriums v. 19.4.1991 IV A/A 5 – 2001 (Ministerialblatt für das Land Nordrhein-Westfalen, S. 698 ff.)
VwGO	Verwaltungsgerichtsordnung in der Fassung der Bekanntmachung vom 19. März 1991
VwVG	Verwaltungsvollstreckungsgesetz
WaffG	Waffengesetz in der Fassung der Bekanntmachung vom 8. März 1976 (BGBl. I 432)
WHO	World Health Organisation
zul.	zuletzt

EINLEITUNG

Die vorliegende Untersuchung befaßt sich mit den Rechtsgrundlagen des polizeilichen Schußwaffengebrauchs. Diese Konzentration auf die positivrechtlichen Vorschriften hat einen guten Grund. Aus ihnen ergibt sich, wie nach der Vorstellung des Gesetzgebers der Schußwaffengebrauch erfolgen soll. Sie entscheiden über die Rechtmäßigkeit des einzelnen Eingriffs und bilden die Grundlage für die Einschätzung der realen Verhältnisse in der Verwaltungspraxis, den Vergleich des Istzustandes mit dem Sollzustand.

Als pars pro toto wird das Polizeigesetz von Nordrhein-Westfalen im Mittelpunkt stehen. Es stimmt mit den übrigen einschlägigen Vorschriften zum hoheitlichen Schußwaffengebrauch weitgehend überein. Als „typisch" erweist es sich vor allem in einem Punkt: Es läßt, wie die meisten einschlägigen Gesetze, eine Regelung über den finalen Rettungsschuß vermissen.

In der Folge wird vor allem der *polizeiliche Schußwaffengebrauch* erörtert. Daraus ergeben sich in zweierlei Hinsicht Einschränkungen. Erstens ist das Thema sachlich gegenüber dem repressiven Schußwaffengebrauch bei der Strafverfolgung abzugrenzen. Der repressive Schußwaffengebrauch wird von den Polizeivollzugsbeamten im Rahmen ihrer Aufgaben gem. § 163 StPO ausgeübt. Die einschlägigen Gesetze regeln ihn zusammen mit dem präventiven Schußwaffengebrauch. Obwohl sich der exakte Zeitpunkt, zu dem der präventive in den repressiven Schußwaffengebrauch umschlägt, nur schwer bestimmen läßt, ändern sich von in diesem Moment an die für die Rechtmäßigkeit ausschlaggebenden Gesichtspunkte von Grund auf. Der Eingriff verfolgt eine andere Zielrichtung, da an die Stelle der Gefahrenabwehr nunmehr, jedenfalls in erster Linie, die Sicherung des staatlichen Strafverfahrens respektive des Strafvollzugs tritt. Die Angemessenheit des Schußwaffengebrauchs richtet sich deshalb auch nach den Wertungen, die für das Strafprozeßrecht und das Strafrecht maßgeblich sind. Auch wenn deshalb die äußere Form der Zwangsmaßnahme dieselbe ist, wechselt ihre Tonart vom polizeirechtlichen Dur zum strafprozessualen Moll. Da die hauptsächlichen Probleme des Schußwaffengebrauchsrechts im Bereich des präventiven Schußwaffengebrauchs liegen, wird dieser Bereich bei der Untersuchung im Vordergrund stehen. Daneben werden freilich auch die Vorschriften über den repressiven Schußwaffengebrauch vorgestellt und kommen zur Sprache, wenn sie für das Verständnis der polizeirechtlichen Materie relevant werden.

Zweitens konzentriert sich die Untersuchung in personeller Hinsicht auf die für die Polizeivollzugsdienste ergangenen Vorschriften. Abgesehen von den Beamten, die neben den Polizeivollzugsbeamten zum hoheitlichen Verwaltungszwang mit der Schußwaffe ermächtigt sind, dürfen die Bediensteten der Justizvollzugsanstalten gem. §§ 99 und 100 Strafvollzugsgesetz[1] und das Wachpersonal der Bundeswehr nach Maßgabe von § 15 des Gesetzes über die Anwendung unmittelbaren Zwanges und die Ausübung besonderer Befugnisse durch Soldaten der Bundeswehr und zivile Wachpersonen[2] im Rahmen ihrer Aufgaben von der Schußwaffe Gebrauch machen. Für die Arbeit bietet vor allem das UZwGBw interessantes Vergleichsmaterial. Dagegen reichen die Sondervorschriften für den Schußwaffengebrauch im Strafvollzug zwar weiter als die Vorschriften der Polizeigesetze. Das Strafvollzugsgesetz trägt mit ihnen aber vor allem den besonderen Sicherheitsbelangen des Strafvollzugs Rechnung. Wegen des Schwerpunktes im Recht des präventiven Schußwaffengebrauchs der Polizeivollzugsbeamten wird sich die Untersuchung mit dem Schußwaffengebrauch im Strafvollzug nicht näher befassen.

Beim Schußwaffengebrauch tritt die Staatsgewalt als vis absoluta in ihrer härtesten Form in Erscheinung. In vergleichbarer Weise greift daneben nur noch die Freiheitsstrafe in das Leben des Grundrechtsträgers ein. Daß der Staat seinen Anordnungen mit dem Schußwaffengebrauch Gehorsam verschaffen kann, ergibt sich aus dem Gewaltmonopol. Daß diese Gewalt nur nach Maßgabe des Übermaßverbotes zum Einsatz gelangen darf, gehört seit zweihundert Jahren zu den gefestigten Grundsätzen des Verwaltungsrechts. Da das Bundesverfassungsgericht im Schleyer-Urteil aus dem Jahr 1977[3] anerkannt hat, daß „in besonders gelagerten Fällen“ auch ein Anspruch auf staatliche Rettung bestehen kann, stellt sich freilich durchaus die Frage, ob die Beamten von der Waffe auch dann Gebrauch machen *müssen*, wenn ein von rechtswidriger Gewalt bedrängtes Verbrechensopfer dies verlangt. Die Untersuchung wird nicht versuchen, den hoheitlichen Schußwaffengebrauch zu einer Maßnahme der staatlichen Daseinsvorsorge umdefinieren. Der staatliche Schutzauftrag legt aber die Fragestellung nahe, der die Untersuchung folgen wird: Da die Umsetzung des Schutzauftrags in erster Linie Aufgabe des Gesetzgebers ist, wird die Auseinandersetzung mit den einfach-gesetzlichen Vorgaben prüfen, ob der Gesetzgeber seiner Verantwortung für die „Übersetzung“ des staatlichen Schutzauftrags in konkrete und praktikable Befugnisse gerecht wird.

Gerade in wesentlichen Punkten freilich tritt eine bedenkliche Tendenz zutage. Bei der Regelung des präventiven Schußwaffengebrauchs hat sich der Ge-

---

1 Gesetz über den Vollzugs der Freiheitsstrafe und der freiheitsentziehenden Maßregeln der Besserung und Sicherung – StVollzG, vom 16. März 1976 (BGBl I S. 581, ber. S. 2088 und 1977 I S. 436).

2 Gesetz über die Anwendung unmittelbaren Zwanges und die Ausübung besonderer Befugnisse durch Soldaten der Bundeswehr und zivile Wachpersonen (UZwGBw) vom 12. August 1965 (BGBl I S. 796), geändert durch Art. 159 EG StGB v. 2. 3. 1974 (BGBl I S. 469).

3 Vgl. BVerfGE 46, S. 160, 165.

setzgeber Gesichtspunkte und Wertungen zueigen gemacht, die nur teilweise, nämlich im Bereich des repressiven Schußwaffengebrauchs, schlüssig sind. Dadurch stimmen aber beim präventiven Schußwaffengebrauch die „Tonarten“, auf die die Maßnahme auf der einen und das Tatbestandsmerkmal auf der anderen Seite gestimmt sind, nicht miteinander überein und führen zu Dissonanzen. Im Gesetz äußern sich solche „Dissonanzen“ als unklare Regelungen und unstimmige Ergebnisse, die vor allem diejenigen belasten, die als Adressaten oder als schutzbedürftiges Opfer von dem Eingriff oder dessen Ausbleiben am meisten betroffen sind. Ein weiteres Defizit der Polizeigesetze besteht nach wie vor im Fehlen einer expliziten Regelung für den finalen Rettungsschuß. Hier begnügt sich der Gesetzgeber mit der generellen Vorschrift über den Zweck des Schußwaffengebrauchs, obwohl aus rechtsstaatlichen wie auch aus rechtspolitischen Gründen eine klare und unmißverständliche Regelung im Interesse aller Beteiligten läge.

Die Arbeit will sich freilich nicht mit Kritik am geltenden Recht begnügen. Sie schließt deshalb mit einem Vorschlag, der den Schwachstellen des geltenden Rechts eine de lege ferenda entwickelte Alternative gegenüberstellt.

Die Untersuchung wird folgendermaßen vorgehen: Nach einem Rückblick auf die Entwicklung des Verwaltungszwangsrechts, das von ungeschriebenen Regelungen für die gerichtliche Zwangsvollstreckung ausging, leitet die Darstellung der heute verbindlichen Rechtsquellen zum eigentlichen Gegenstand der Untersuchung über.

Im Zusammenhang mit der Kompetenzverteilung wird ein, freilich in erster Linie dienstrechtlicher, Exkurs eingeschaltet. Er geht am Beispiel des Freiwilligen Polizeidienstes von Baden-Württemberg der Frage nach, welche Amtswalter zur Anwendung des Zwangsmittels überhaupt geeignet sind und ob der Organisationsgewalt des Dienstherrn bei der Betrauung seiner Vollzugskräfte mit der Schießbefugnis Grenzen gesetzt sind.

Die Darstellung des eigentlichen Schußwaffengebrauchsrechts wird die einschlägigen Vorschriften des Polizeigesetzes vorstellen. Daran schließt sich die Frage an, ob die straf- und zivilrechtlichen Rechtfertigungsgründe die Defizite des Polizeigesetzes kompensieren können oder ob sie zumindest den Amtswalter, der sich trotz der entgegenstehenden Regelungen des Polizeirechts zum Einschreiten entschlossen hat, von seiner strafrechtlichen Verantwortung wegen einer Körperverletzung im Amt gem. § 340 StGB freistellen.

Schließlich ist die gesetzliche Regelung am Maßstab des Verfassungsrechts zu überprüfen. Da der Gesetzgeber über einen weit gefaßten Ermessensspielraum verfügt, wird sich die verfassungsrechtliche Prüfung mit dessen Vorgaben auseinanderzusetzen haben. Was der Gesetzgeber hätte bedenken und regeln sollen, wird im abschließenden fünften Kapitel als mögliche Alternative zum geltenden Recht vorgestellt.

ERSTES KAPITEL

DAS RECHT ZUM SCHUSSWAFFENGEBRAUCH UND DAS RECHT DES SCHUSSWAFFENGEBRAUCHS

HISTORISCHE ENTWICKLUNG DES VERWALTUNGSVOLLSTRECKUNGSRECHTS AM BESPIEL DES PREUSSISCHEN RECHTS

Das geschriebene Recht des „polizeilichen"[1] Waffengebrauchs begann mit der preußischen *Dienst-Instruktion für die Gendarmerie* vom 30. Dezember 1820[2]. Aus verfassungsrechtlicher Sicht stellt diese Dienst-Instruktion eine Wendemarke dar, da sie die bisherige Praxis des Verwaltungszwangs auf eine geschriebene und publizierte Regelung festgelegt hat. Für das eigentliche Procedere brachte die Dienst-Instruktion hingegen keine wesentliche Neuerung, sondern griff auf bereits bestehende Regelungen zurück.

Auf welchen Grundlagen die Dienst-Instruktion aufbaute und wie sich diese Regelung in der Folgezeit weiterentwickelte, soll ein historischer Rückblick zeigen, bevor sich die Untersuchung den aktuellen Rechtsgrundlagen des polizeilichen Schußwaffengebrauchs zuwendet.

A Die Trennung der Verwaltung von der Justiz als Auslöser für die Entwicklung des Verwaltungsvollstreckungsrechts

I. Entstehung eines eigenständigen Verwaltungsvollstreckungsrechts

Die Entwicklung des Verwaltungszwangs ging Hand in Hand mit dem Entstehen einer eigenständigen Verwaltung[3]. Besonders deutlich zeigt sich dies in der preußischen Verwaltungsgeschichte: An ihrem Anfang stand der 1660 vom Großen Kurfürst Friedrich Wilhelm[4] in Angriff genommene Aufbau eines stehenden Heeres. Da die lokalen Obrigkeiten mit den notwendigen Reformen und

---

[1] Vom weiten Polizeibegriff des 18. und 19. Jahrhunderts ausgehend, erscheint der Begriff „polizeilich" im Zusammenhang mit der hier zitierten Dienst-Instruktion verfehlt. Zur Polizei zählten damals gerade die Behörden, deren Befehle erst der Durchsetzung bedurften.

[2] Dienst-Instruktion für die Gendarmerie vom 30. Dezember 1820 (Gesetz-Sammlung 1821 S. 10 f.); zum Wortlaut s. Fn. 19.

[3] Zur historischen Entwicklung in Preußen ausführlich ANSCHÜTZ, S. 392 ff.

[4] Friedrich Wilhelm, geb. 1620, Kurfürst seit 1640, gest. 1688.

neuen Aufgaben nicht Schritt hielten[5], richtete der Kurfürst eigene Verwaltungsbehörden ein. Deren Aufgabenkreis beschränkte sich ursprünglich auf das Militär- und Finanzwesen. Mit der Zeit übernahmen sie aber weite Bereiche der sogenannten „Wohlfahrt", die zuvor von den territorialen „Regierungen" der Landstände verwaltet worden waren.

Zusammen mit diesen Sachkompetenzen übernahmen die Behörden sowohl die Zuständigkeit für die Vollstreckung ihrer Anordnungen als auch die für gerichtliche Angelegenheiten[6]. Wie schon bei den landständischen Regierungen prägten bei den Behörden die prozeßrechtlichen Vorschriften das Vollstreckungsverfahren unabhängig davon, ob mit den Zwangsmaßnahmen ein Urteil oder eine administrative Anordnung vollstreckt wurde. Unter diesen Voraussetzungen bedurfte es keiner zusätzlichen allgemeinen Vorschriften für die Verwaltungsvollstreckung. Es genügte, die prozessualen Vorschriften den besonderen Bedürfnissen der Verwaltungsvollstreckung anzupassen. Der Einfluß der allgemeinen Regeln wurde noch dadurch verstärkt, daß alle Vollstreckungsmaßnahmen von den sogenannten „Landreutern" ausgeführt wurden, die gleichermaßen für die Regierungen wie für die Behörden tätig waren[7].

Die eindeutige Trennung der Bereiche Gerichtsbarkeit und Verwaltung bewirkte indessen erst die im Zusammenhang mit der STEIN`schen Verwaltungsreform ergangene *Verordnung wegen verbesserter Einrichtung der Provinzialpolizeibehörden und Finanzbehörden* vom 26. Dezember 1808[8]. An diese Verordnung wiederum knüpfte das *Edikt wegen Einrichtung der Landgendarmerie* vom 30. Juli 1812 an[9]. Zusammen mit der *Verordnung über die anderweitige Organisation der Gendarmerie* vom 30. Dezember 1821[10] erging dann auch die Dienst-Instruktion mit der ausdrücklichen Regelung für den Waffengebrauch durch die Gendarmerie.

Auf der Grundlage der allgemeinen Vollstreckungsregeln bildete sich damit ein Kanon üblicher und für die Zwecke der Verwaltungsvollstreckung bewährter Zwangsmittel heraus, von denen die Ersatzvornahme und der unmittel-

---

[5] Vgl. ANSCHÜTZ, S. 395 – 397.

[6] Vgl. ANSCHÜTZ, S. 398.

[7] Vgl. ANSCHÜTZ, S. 399.

[8] Verordnung wegen verbesserter Einrichtung der Provinzialpolizeibehörden und Finanzbehörden vom 26. Dezember 1808 (Gesetz-Sammlung für die Jahre 1806 bis 1810, S. 464).

[9] Edikt wegen Einrichtung der Landgendarmerie (Gesetz-Sammlung S. 144).

[10] Die Verordnung über die anderweitige Organisation der Gendarmerie (Gesetz-Sammlung 1822, S. 1) löste die zunächst provisorisch ergangenen Vorschriften über die Organisation der Landgendarmerie des Ediktes von 1812 ab.

bare Zwang[11] nach wie vor Bestandteil des numerus clausus zulässiger Zwangsmittel sind. Besondere Ermächtigungen zum Einsatz der Zwangsmittel waren jedoch entbehrlich. Es galt das Axiom, daß die Aufgabe alle zu ihrer Erfüllung notwendigen Befugnisse mit einschloß[12].

II. Die Regelung des Verwaltungszwangs in den königlichen Verordnungen und Erlassen von 1808 und 1820

1808 ging es darum, durch eine klare Trennung von Verwaltung und Rechtsprechung insbesondere die Verwaltung effizienter zu machen. Hierzu wurden die von Friedrich Wilhelm I[13] eingerichteten Kriegs- und Domainenkammern zu zentralen Verwaltungsbehörden (Regierung)[14] ihres jeweiligen Distrikts umgestaltet. Im Zusammenhang mit der Einrichtung dieser Regierungen regelte die Verordnung unter § 48 auch die Ausübung exekutiver Gewalt. Nach einer Verweisung auf die Vollstreckungsbestimmungen in der Allgemeinen Gerichtsordnung in § 48 Satz 1[15] folgte die Regelung der verwaltungsspezifischen Zwangsmittel Ersatzvornahme, Strafbefehl, militärische Exekution; zudem klärte die Verordnung das Miteinander von Justiz und Regierungen beim Zwangsverkauf von Grundstücken oder anderen Gegenständen. Keine spezielle Erwähnung hingegen fand der unmittelbare Zwang durch Anwendung physischer Gewalt; er richtete sich deshalb nach den üblichen Regelungen, auf die der erste Halbsatz der Vorschrift verwies[16].

---

[11] Daneben standen der Verwaltung die als Exekutivstrafe bezeichnete ordnungsrechtliche Geldbuße, hierzu ausführlich bei ANSCHÜTZ, S. 404 ff. und die Militärexekution zu Gebot, auch hierzu ANSCHÜTZ, S. 413 ff. Diese letztere stellte kein eigenständiges Zwangsmittel dar; vielmehr kam das Militär anstelle der zivilen Vollstreckungskräfte in eigener Sache zum Einsatz. Die Militärexekution büßte freilich bereits in der zweiten Hälfte des 18. Jahrhunderts ihre ursprüngliche Bedeutung ein und kam nur noch subsidiär zum Einsatz.

[12] So ANSCHÜTZ, S. 417 – 419.

[13] Friedrich Wilhelm I, geb. 1688, König von 1713 - 1740

[14] Gem. §§ 1,3 und 4 der Verordnung vom 26. Dezember 1808 waren die neu eingerichteten Regierungen in ihren Distrikten die Landeshoheits-, Landespolizei- und Finanzbehörden. Gem. § 2 waren von ihrem Zuständigkeitsbereich ausgenommen nur „a) die Rechtsprechung und Lehensachen; b) das Vormundschafts- und Hypothekenwesen; c) die Militärverfassung; d) die Münzfabrikation; e) die Bank- und Seehandlungs-Angelegenheiten. Auch werden f) die von den Erwerbern der Grundstücke zu leistende Homaginal-Eide von derjenigen Behörde abgenommen, die das Hypothekenbuch führt."

[15] § 48: „Bei Ausübung der ihnen verliehenen exekutiven Gewalt müssen die Regierungen zwar die in Gesetzen vorgeschriebenen Grade beobachten; inzwischen sind dieselben befugt: ...". Es folgt die Aufzählung der verwaltungsspezifischen Zwangsmittel.

[16] Zu der Auslegung des § 48 ausführlich ANSCHÜTZ, S. 429.

Für die Organisation der Verwaltungsvollstreckung sind vor allem das Edikt vom 30. Juli 1812 und die Verordnung vom 30. Dezember 1821 relevant. Mit dem Edikt aus dem Jahre 1812 richtete Preußen nach französischem Vorbild[17] die Land-Gendarmerie ein und betraute sie mit der Verwaltungsvollstrekkung auf dem „flachen Land". Die Gendarmerieverbände waren zwar als bewaffnete Gewalt militärisch organisiert; gleichwohl unterstanden sie der zivilen Verwaltung[18] und kamen auf deren Anforderung zum Einsatz[19]. Zusammen mit der endgültigen Regelung für die Gendarmerie im Jahre 1821 erging die Dienst-Instruktion. Deren Abschnitt III „Über die Dienstpflichten der Gendarmerie" regelte unter § 28, wann die Gendarmen zur Erfüllung ihrer Aufgabe von den

---

17 WILFLING, S. 30 ff. zur Entwicklung des französischen Vorbildes aus der „Maréchaussée", die bis 1791 als militärisch organisierte Truppe bestanden hatte und dann von der „Gendarmerie nationale" abgelöst wurde. Wie in Preußen war die Bezeichnung „gens d'armes" auch in Frankreich ursprünglich einer besonderen Elitetruppe des Militärs vorbehalten. Nach dem Untergang dieses Regiments wurde diese Bezeichnung im Zuge der Französischen Revolution auf die bewaffneten und militärisch organisierten Sicherheitskräfte übertragen.

18 Unter VII. der Präambel für das Edikt vom 30. Juli 1812 heißt es dazu:

„VII. Um das Bedürfnis exekutiver Gewalt für alle Ressorts vollständig zu befriedigen, wird dem Kreisdirektor in der Gendarmerie eine bewaffnete Macht beigegeben, welche durch eine hinreichende Anzahl von Offizieren und deren Theilnahme an den Búreaugeschäften (sic) des Kreisdirektors in die innigste Verbindung mit der Kreisbehörde gestellt und ein Teil derselben wird."

19 Die §§ 12 und 13 der Verordnung vom 30. Dezember 1821 umschreiben die Aufgabe der Gendarmerie-Verbände wie folgt:

§ 12: Die Gendarmerie ist im Allgemeinen bestimmt, die Polizeibehörden in der Erhaltung der öffentlichen Ruhe, Sicherheit und Ordnung im Inneren des Staates und in Handhabung der deshalb bestehenden Gesetze und Anordnungen zu unterstützen. Ihr liegt daher als ordentliche Dienstleistung, mithin ohne besondere Requisition und Anweisung, ob:

I. im Allgemeinen:

Auf die Befolgung der vorgedachten Gesetze und Anordnungen zu wachen, die wahrgenommenen Hindernisse dieser Befolgung, so wie die dagegen unternommenen Handlungen und deren Thäter zu ermitteln.

II. insbesonderheit ...

Dagegen sollen die Gendarmen zur bloßen Beförderung von Verfügungen und Currenden der Civilbehörden und zu Boten- oder ähnlichen Diensten fernerhin nicht oder nur in solchen einzelnen Fällen gebraucht werden können, da solches gelegentlich neben ihren anderen Dienstgeschäften ohne Nachtheil für dieselben geschehen kann.

§ 13: Außerdem liegt der Gendarmerie ob, nöthigenfalls: ...

b) den verwaltenden und Justizbehörden zur Unterstützung und Sicherung der Exekutionen in denjenigen Fällen, als bewaffnete Macht zu dienen, in welchen Widersetzlichkeit zu besorgen ist, oder sonst Militärexekution eintreten würde, ..."

Waffen Gebrauch machen durften[20]. Am bis dahin ungeschriebenen Recht des Waffengebrauchs selbst änderte § 28 wenig. Auch von der heute geltenden Rechtslage unterscheidet sich die Dienst-Instruktion nicht wesentlich. Obwohl sich sprachlich vieles - nicht unbedingt zum Besseren - geändert hat und die Vorschriften umfangreicher geworden sind, hat der Konsens über die wesentlichen Merkmale des hoheitlichen Zwangs offenkundig Bestand: Nach wie vor ist der Waffengebrauch als das vom Übermaßverbot begrenzte härteste Zwangsmittel nur zur Selbstverteidigung, zur Durchsetzung von Anordnungen und bei der Festnahme zulässig, um gewalttätigen Widerstand zu brechen.

B Regelung des Schußwaffengebrauchs als klassischem Eingriff

I. Gesetzliche Regelung des Verwaltungszwangs

Während die 1808 und 1821 ergangenen Regelungen des Verwaltungszwangs noch als königliche Verordnungen ergingen, die vor allem auf eine effizientere Verwaltung abzielten, kam es im Verfassungsstaat des 19. Jahrhunderts auf die Regelung in der Form von förmlichen Gesetzen an. Im materiellen Gehalt der einschlägigen vollstreckungsrechtlichen Normen selbst machte sich das kaum bemerkbar. Verfassungsrechtlich ging es aber nunmehr darum, die parlamentarische Mitberatung und Mitbestimmung bei der Ausübung des hoheitlichen Zwangs zu sichern. Damit wurde dem Zwangsrecht die volle Aufmerksamkeit der Rechtswissenschaft zuteil. Es etablierte sich als eine dem Staat "von

---

[20] § 28 der Dienst-Instruktion wörtlich:

„Die Gendarmen sind befugt, auch ohne Autorisation der vorgesetzten Behörde, sich der ihnen anvertrauten Waffen zu bedienen:

a) wenn Gewalt oder Thätlichkeit gegen sie selbst, indem sie sich in Dienstfunktion befinden, ausgeübt wird,

b) wenn auf der That entdeckte Verbrecher, Diebe, Schleichhändler usw. ihren Aufforderungen, um zur nächsten Obrigkeit geführt zu werden, nicht ohne thätlichen Widerstand Folge leisten, oder vielmehr sich der Beschlagnahme der Effekten oder Waren oder Fuhrwerke, oder ihrer persönlichen Verhaftung mit offener Gewalt oder mit persönlicher Drohung widersetzen,

c) wenn sie auf andere Art den ihnen angewiesenen Posten nicht behaupten, oder die ihnen anvertrauten Personen nicht beschützen können.

Es liegt ihnen jedoch auch in diesen Fällen ob, die Waffen nur, nachdem gelinde Mittel fruchtlos angewandt sind, und nur, wenn der Widerstand so stark ist, daß er nicht anders als mit bewaffneter Hand überwunden werden kann, auch dann noch mit möglichster Schonung zu gebrauchen."

Zu § 28 ausführlich DELIUS, S. 124 ff.

Haus aus zustehende" Macht[21] und tatsächliche Größe[22]. Die Zwangsgewalt wurde zwar als vorgegebenes Wesensmerkmal des Staates akzeptiert; dennoch bedurften die staatlichen Machtmittel einer besonderen gesetzlichen Grundlage. Solange mit dem Vollzug kein über den zu vollstreckenden Befehl hinausgehender Eingriff verbunden war, umfaßte die Befugnis zum Erlaß der belastenden Grundverfügung auch diejenige zur Vollstreckung. Da jedoch unmittelbarer Zwang, zumal durch den Einsatz von Waffengewalt, zwangsläufig über den mit der Grundverfügung verbundenen Eingriff hinausging, verlangte der klassische Eingriffsvorbehalt für Eingriffe in Freiheit und Eigentum eine gesetzliche Regelung. Dabei kam den Gesetzen freilich "lediglich" die Aufgabe zu, dem Zwang Maß und Form zu geben[23] und dadurch wiederum die gerichtliche Kontrolle zu erleichtern. Daß das Gesetz selbst die Zwangsgewalt verleihen könnte, tat L. Mayer noch 1914 als "völlige Umkehrung des natürlichen und historischen Verhältnisses" ab[24].

II. Die Regelung des unmittelbaren Zwangs und des Waffengebrauchs im förmlichen Gesetz

Unter diesen Voraussetzungen zielten auch die §§ 132 ff. im Preußischen Verwaltungsgesetz[25] (Pr.LVG) allein darauf ab, die Ausübung des Verwaltungszwangs auf verbindliche Formen festzulegen. Auch § 132 Pr.LVG beschränkte sich jedoch darauf, unmittelbaren Zwang generell als subsidiäres Zwangsmittel für den Fall zuzulassen, daß weder die Ersatzvornahme noch die Beugemittel Erfolg versprechen. Eine Definition oder nähere Einschränkung des unmittelbaren Zwangs gab der Gesetzgeber nicht, sondern stellte die Auswahl der jeweiligen Maßnahme in das Ermessen der zuständigen Behörden[26]. Für die Anwendung unmittelbaren Zwangs galt der Grundsatz, daß nicht mehr Zwang angewendet werden dürfe, als die Durchsetzung des Staatszwecks verlangt, aber auch nicht weniger. Ähnlich verhielt es sich sogar noch im *Polizeiverwaltungsgesetz* (Pr.PVG) vom 1. Juni 1931[27], wo § 55 Abs. 1 S. 2 Pr.PVG die Einzelheiten des unmittelbaren Zwangs nicht selber regelte, sondern dieses

---

[21] Vgl. FLEINER, S. 215, 218; O. MAYER, S. 271 f.; STEIN, S. 320 f., 324.

[22] Vgl. L. MAYER, S. 153.

[23] Vgl. O. MAYER, S. 271 f.

[24] So L. MAYER, S. 153.

[25] Gesetz über die allgemeine Landesverwaltung vom 30. Juli 1883 (Gesetz-Sammlung S. 195); ähnlich auch in der Kreisordnung für die Provinzen Preußen, Brandenburg Pommern, Posen, Schlesien und Sachsen vom 13.12.1872 (Gesetz-Sammlung, S. 661).

[26] Vgl. ANSCHÜTZ, S. 461.

[27] Polizeiverwaltungsgesetz vom 1. Juni 1931 (Gesetz-Sammlung S. 77).

dem Innenminister überließ, der die entsprechenden Ausführungsbestimmungen zu § 55 Pr. PVG[28] getroffen hat.

Der Waffengebrauch der Vollzugskräfte wurde in Preußen jeweils in den Gesetzen und Rechtsnormen geregelt, die die Aufgaben und Befugnisse der zum Waffengebrauch ermächtigten Vollzugskräfte bestimmten[29]. Zu diesen Vorschriften gehörte vor allem auch die Dienst-Instruktion vom 30. Dezember 1820. Der Anwendungsbereich ihres § 28 wurde 1854 per Erlaß[30] ausgedehnt und erstreckte sich auf den Waffengebrauch der exekutiven Polizeibeamten und Schutzmannschaften in den Städten[31]. Darüber hinaus stand die Befugnis zum Verwaltungszwang mit Waffengewalt den Jagd- und Forstbeamten[32], den Grenzaufsichtsbeamten[33], den Gefängniswärtern und Transporteuren[34] und dem Militär[35] zu, wenn dieses auf Ersuchen oder aufgrund eigener Entscheidung im

---

[28] Pr. Min.Bl. f. d. innere Verw. 1931, S. 923

[29] Detailliert zu den einzelnen Beamtengruppen DELIUS, S. 99 ff.

[30] Allerh. Erlaß vom 4. Februar 1854 (Pr. Min.Bl. f. d. innere Verw. S. 59).

[31] Dazu ausführlich DELIUS, S. 123 f.; WILFINGER, S. 90 ff.

[32] Gem. § 1 Abs. 1 des Gesetzes über den Waffengebrauch der Forst- und Jagdbeamten vom 31. März 1837 (Gesetz-Sammlung, S. 65); dazu vertiefend DELIUS, S. 110 ff. Dieses Gesetz enthält in § 1 Abs. 3 eine besondere Regelung für den Schußwaffengebrauch. Mit dieser trug das Gesetz der Lage der Beamten Rechnung, die beim Zusammentreffen mit bewaffneten Störern auf sich und ihre eigenen Hilfsmittel angewiesen sind. Im übrigen entsprachen diese Vorschriften der Sache nach denjenigen in § 28 der Dienst-Instruktion.

[33] Gem. § 1 des Gesetzes über den Waffengebrauch der Grenzaufsichtsbeamten vom 28. Juni 1834 (Gesetz-Sammlung, S. 83). Auch diese Vorschriften entsprachen denjenigen aus § 28 der Dienst-Instruktion. § 2 enthält wieder eine Sondervorschrift über den Schußwaffengebrauch; der Eingriff war gegenüber Schmugglerbanden zulässig, die sich zur Nachtzeit oder mit Gepäck im Grenzbereich bewegten, ohne auf Zuruf der Beamten hin anzuhalten. Dazu ausführlich DELIUS, S. 120 ff.; WILFINGER, S. 116 ff.

[34] Aufgrund von § 6 des Gesetzes betreffend die Beschäftigung der Strafgefangenen außerhalb der Anstalt vom 11. April 1854 (Gesetz-Sammlung S. 143) sowie des später ergangenen Circular-Erlasses vom 7. März 1894 (Pr. Min.Bl. f. d. innere Verw., S. 84) speziell zur Anwendung von Hieb- und Schußwaffen, wonach der Einsatz dieser Waffen nur zulässig ist, wenn dies zur Unterdrückung einer Meuterei, zur Verhinderung eines Fluchtversuchs oder zur Unterdrückung eines gewalttätigen Angriffs erforderlich ist. Dazu ausführlich DELIUS, S. 131 ff.

[35] Für den Einsatz im Inneren des Landes aufgrund des Gesetzes über den Waffengebrauchs des Militairs vom 20. März 1837 (Gesetz-Sammlung, S. 60). Zur Zulässigkeit des Waffengebrauchs § 1 wörtlich: "Das in unserem Dienste zur Aufrechterhaltung der öffentlichen Ordnung, Ruhe und Sicherheit auftretende Militär ist berechtigt, auf Wachen und Posten, bei Patrouillen, Transporten und allen anderen Kommandos, auch wenn solche auf Requisition oder zum Beistande einer Civilbehörde gegeben werden, in den nachstehend §§ 2 bis 6 bezeichneten Fällen von seinen Waffen Gebrauch zu machen." Soweit das Militär schießt, um die öffentliche Sicherheit in militärischen Bereichen aufrecht zu erhalten, ent-

Inneren zum Einsatz kam. Abgesehen vom Militär, das ohnedies die bewaffnete Macht im Staat stellte, mußten alle diese Beamte aufgrund ihres Aufgabenbereichs in hohem Maße mit tätlichem Widerstand rechnen[36]. Von den Fällen abgesehen, die wie das Zusammentreffen mit Wilddieben oder das Anhalten von Schmugglern im Grenzbereich dem Aufgabenbereich des betreffenden Behörden besonders Rechnung trugen, blieb das Reglement für den Waffengebrauch im wesentlichen gleich. Der Schußwaffengebrauch war zulässig, um sich selbst zu verteidigen, die eigenen Anordnungen auch gegen tätlichen Widerstand durchzusetzen und um flüchtende Straftäter aufzuhalten.

C Der Schußwaffengebrauch auf der Grundlage des Grundgesetzes von 1949

Die Rechtfertigung der hoheitlichen Zwangsbefugnis hat den Übergang von der konstitutionellen Monarchie zur Republik unbeschadet überstanden. Auch unter der Geltung der *Weimarer Reichsverfassung* von 1919 beschränkten sich die Gesetze darauf, die Anwendung des Verwaltungszwangs zu begrenzen, ohne die eigentliche Befugnis des Staates zur Vollstreckung in Frage zu stellen; diese behielt ihren Charakter als ein „von Haus aus bestehendes Recht" bei, dessen Geltung die Gesetze voraussetzten[37]. Erst das Grundgesetz mit seinen ausdrücklichen Eingriffsvorbehalten in den einzelnen Grundrechtsbestimmungen und der allgemeine Vorbehalt des Gesetzes bewirkten einen grundlegenden Wechsel: Wenn nämlich Grundrechtseingriffe und belastende Verwaltungsmaßnahmen schlechthin nur noch auf der Grundlage eines förmlichen Gesetzes ergehen dürfen, bleibt für eine von vornherein dem Gesetzgeber vorgegebene Vollstreckungsbefugnis kein Raum mehr. Jede Zwangsanwendung, also auch die mit dem zu vollstreckenden Befehl an sich deckungsgleiche Ausführung im Wege der Ersatzvornahme, bedarf unter diesen Voraussetzungen einer eigenständigen Ermächtigung, wie z.B. § 50 Abs. 1 PolGNW sie erteilt.

---

spricht das den Regelungen des Gesetzes über die Anwendung unmittelbaren Zwanges und die Ausübung besonderer Befugnisse durch Soldaten der Bundeswehr und zivile Wachpersonen vom 12. August 1965 (BGBl I S. 796), geändert durch Art. 159 EG StGB v. 2. 3. 1974 (BGBl I S. 469). Zum administrativen Schußwaffengebrauch des Militärs ausführlich DELIUS, S. 133 ff. und WILFINGER, S. 165 ff. Ein besonderes Problem, auf das hier freilich nicht weiter eingegangen werden kann, bereitete das Requisitionsprinzip und die Ausnahmen davon; der spektakulärste Fall eigenmächtigen Einschreitens durch das Militär war die sogenannte *Zabern-Affäre* aus dem Jahr 1914; dazu W. JELLINEK, in AöR 33 (1915) S. 247 f. und O. MAYER, S. 313 Fn. 32.

[36] So DELIUS, S. 84.

[37] So FLEINER, S. 218; ebenso O. MAYER, S. 271.

Der Vorbehalt des Gesetzes kehrt im Ergebnis das frühere Verhältnis von Gesetz und der unter anderem auch im Zwang zutage tretenden staatlichen Hoheitsgewalt um; denn nunmehr beansprucht das Gesetz nicht nur den Vorrang, also Verbindlichkeit für hoheitliches Handeln, sondern auch die Autorität, die staatliche Macht überhaupt erst zum Eingreifen zu legitimieren[38]. Hobbes' Leviathan, der im Verfassungsstaat noch der Bändigung durch das Recht bedurfte, ist unter der Herrschaft des Grundgesetzes zum Nutztier geworden: Die Machtmittel des Staates, insbesondere die Gewaltbefugnis, erfüllen bei Bedarf den ihnen zugewiesenen Zweck. Ihre Bedeutung erhalten sie dadurch, daß das Recht auf sie angewiesen ist, um sich auch gegen gewaltsamen Widerstand behaupten zu können.

Als Musterbeispiel für den Eingriff in die Freiheit des Bürgers bedurfte der Schußwaffengebrauch zwar schon im frühen 19. Jahrhundert einer gesetzlichen Grundlage. Da aber nach dem Grundgesetz nur das formelle Gesetz die Legitimation zum hoheitlichen Zwang verleiht, sind die inhaltlichen Anforderungen an die einschlägigen Gesetze gestiegen. Deshalb überlassen die Polizeigesetze der Gegenwart die Beachtung des Übermaßverbotes nicht mehr allein den Polizeivollzugsbeamten. Sie haben zahlreiche Einzelaspekte herausgegriffen und besonders geregelt, um einen angemessenen Schußwaffengebrauch so weit als möglich sicherzustellen[39]. Ob damit alle regelungsbedürftigen Fragen geklärt sind, wird im Folgenden darzustellen sein.

---

[38] KLINKHARDT, S. 267 f.

[39] Dazu mehr im 3. Kapitel, Teil A.

Zweites Kapitel

Die Rechtsquellen des Schusswaffengebrauchsrechts

Sedes materiae für den polizeilichen Schußwaffengebrauch sind grundsätzlich die Polizeigesetze der Länder. Sie bestimmen, welche Polizeivollzugsbeamten zum Schußwaffengebrauch ermächtigt sind, und legen fest, unter welchen Bedingungen sie von der Schußwaffe Gebrauch machen dürfen. Neben den Ländern unterhält auch der Bund mit dem Bundesgrenzschutz einen eigenen Polizeivollzugsdienst und hat weitere Vollzugsbeamte des Bundes mit besonderen Polizeiaufgaben wie z.B. der Flugsicherung oder dem Gerichtswachtmeisterdienst der Bundesgerichte betraut. Für die Vollzugsmaßnahmen dieser Bundesbehörden bedurfte es eigener bundesgesetzlicher Grundlagen. Auf diese Weise entstand ein Nebeneinander von einschlägigem Bundes- und Landesrecht. Dazu kommen Spezialvorschriften über den Schußwaffengebrauch der Bundeswehr im Rahmen ihres Wachdienstes, des Feldjägerdienstes und der Aufrechterhaltung der Sicherheit ihrer Einrichtungen und Anlagen.

A Die bundesrechtlichen Regelungen des Schußwaffengebrauchs im UZwG und im UzwGBw

Dem Bund kommen freilich nur punktuelle Polizeikompetenzen[1] zu, die in den Gesetzen zur Errichtung der jeweils mit ihnen betrauten Behörden geregelt sind. So betraut zum Beispiel das Gerichtsverfassungsgesetz[2] in den §§ 176 und 179 die Gerichte mit der Aufrechterhaltung der Sicherheit und Ordnung in den Gerichtsverhandlungen. Da für die Bundesgerichte das Polizeigesetz ihres jeweiligen Sitzlandes nicht gilt, greift das Gesetz über den unmittelbaren Zwang (UZwG)[3] ein und regelt den unmittelbaren Zwang durch die Beamten der Sitzungspolizei.

Daß der Bund die Regeln über den unmittelbaren Zwang in ein eigenständiges Gesetz "ausgelagert" hat, hat historische Gründe: Während § 55 Abs. 1 S. 2 pr. PVG es noch dem Innenminister überlassen konnte, „Grundsätze über den

[1] S. dazu Kapitel 3 Abschnitt A I.

[2] Gerichtsverfassungsgesetz in der Fassung vom 9. Mai 1975 (BGBl I S. 1077).

[3] Gesetz über den unmittelbaren Zwang bei der Ausübung öffentlicher Gewalt durch Vollzugsbeamte des Bundes vom 10. März 1961 (BGBl I S. 165), zuletzt geändert durch Gesetz vom 20. Dez 1984 (BGBl I S. 1654).

unmittelbaren Zwang und insbesondere über den Waffengebrauch (zu) erlassen"[4], verlangt Art. 2 Abs. 2 S. 3 GG für den Eingriff in das Grundrecht auf Leben und körperliche Unversehrtheit eine Regelung durch formelles Gesetz[5].

Das UZwG regelt den Schußwaffengebrauch in den §§ 6 bis 12. Dabei beschränkt es sich nicht auf die Regelung des präventiven unmittelbaren Zwangs; vielmehr gilt es für alle Fälle, in denen unmittelbarer Zwang zur Durchsetzung von Anordnungen gestattet ist. Die Ermächtigung zur Vollstreckung und die Zulässigkeit einer Vollstreckung im Wege des unmittelbaren Zwangs setzt es allerdings voraus. Diese ergibt sich unter anderem aus dem Verwaltungsvollstreckungsgesetz des Bundes[6].

Neben dem UZwG für die zivile Verwaltung steht das Gesetz über die Anwendung unmittelbaren Zwanges und die Ausübung besonderer Befugnisse durch Soldaten der Bundeswehr und zivile Wachpersonen, das UZwGBw[7]. Anders als das UZwG enthält § 9 UZwGBw auch die Ermächtigung des Wachpersonals zur Zwangsanwendung, weil im Bereich der Bundeswehr einschlägige andere Ermächtigungsnormen fehlen. Das Vorgehen aufgrund dieses Gesetzes hat mit den Einsätzen der Bundeswehr unterhalb der Grenze von Art. 87 a Abs. 4 GG nichts gemein. Art. 87 a Abs. 4 GG betrifft den Einsatz der Bundeswehr im Falle des inneren Notstandes. Das UZwGBw hingegen regelt die polizeiliche Eigensicherung der Streitkräfte. Bei ihm geht es nicht um den Schutz des Staates und der Verfassung, sondern um die Befugnisse bei der Aufrechterhaltung der öffentlichen Sicherheit innerhalb von militärischen Bereichen wie Kasernen, Truppenübungsplätzen oder Manöverstellungen.

§ 15 UZwGBw zählt abschließend die Fälle auf, in denen der Schußwaffengebrauch zulässig ist. Diese Vorschrift verdient besondere Beachtung; denn sie läßt den Schußwaffengebrauch ausdrücklich auch zum Schutz von Sachgütern vor Sabotageakten zu. Damit bildet § 15 UZwGBw ein Pendant zu § 109 e StGB. Er ergänzt den repressiven Schutz durch die Strafandrohung, indem er zur Gefahrabwehr von den Schutzgütern auch die ultima ratio hoheitlichen

---

[4] Von dieser Ermächtigung hat der Innenminister Gebrauch gemacht und in der Form einer Rechtsverordnung die Ausführungsbestimmungen zum Pr.PVG vom 1. Oktober 1931 (Pr. Min.-Bl. f. d. innere Verw. S. 923) erlassen.

[5] DREWS-WACKE-VOGEL-MARTENS, S. 541; GÖTZ, Polizeirecht Rn. 405.

[6] Verwaltungsvollstreckungsgesetz des Bundes vom 3. Juli 1952 (BGBl I S. 379); dort §§ 6 - 12. Zu den Voraussetzungen für die Zulässigkeit unmittelbaren Zwangs, s. 3. Kapitel II.

[7] Gesetz über die Anwendung unmittelbaren Zwanges und die Ausübung besonderer Befugnisse durch Soldaten der Bundeswehr und zivile Wachpersonen vom 12. August 1965 (BGBl I S. 796), geändert durch Art. 159 EG StGB v. 2. 3. 1974 (BGBl I S. 469).

Zwangs freigibt. An geeigneter Stelle wird auf diese Vorschrift näher einzugehen sein[8].

B Die Rechtsquellen im Landesrecht

Im Landesrecht sind überwiegend die Polizeigesetze sedes materiae für den hoheitlichen Schußwaffengebrauch. Diese sachliche Zuordnung zum Polizeirecht trägt dem Umstand Rechnung, daß die Befugnis zum Schußwaffengebrauch in den Ländern nahezu ausschließlich bei den Polizeivollzugsbeamten liegt. Außer diesen benennen die Verwaltungsvollstreckungsgesetze[9] nur wenige zusätzliche Vollzugsbeamte; da deren Zahl und Bedeutung hinter derjenigen der Polizeikräfte jedoch zurücktritt, erweist es sich im Interesse einer einheitlichen Rechts- und Gesetzeslage als zweckmäßig, die Materie im Polizeigesetz umfassend zu regeln und in anderen Ermächtigungsvorschriften auf diese exemplarischen Vorschriften des Polizeigesetzes zu verweisen.

Ungeachtet der Bemühungen um ein einheitliches Polizeirecht für Bund und Länder sind die Regelungen der einzelnen Polizeigesetze weit davon entfernt, inhaltlich übereinzustimmen[10]. Die nachfolgende Untersuchung wird pars pro toto das Landesrecht von Nordrhein-Westfalen in den Mittelpunkt stellen. Parallele Vorschriften anderer Bundesländer beziehungsweise des Bundes werden aber Beachtung finden, wenn sie in relevanter Weise vom nordrhein-westfälischen Recht abweichen und damit auch die nordrhein-westfälische Regelung verdeutlichen.

C Die Notrechte nach Maßgabe des Strafgesetzbuchs

Neben den einschlägigen öffentlich-rechtlichen Vorschriften für das hoheitliche Handeln der Polizeivollzugsbeamten sind immer auch die Notrechte des Strafgesetzbuches als Rechtsgrundlage für den Schußwaffengebrauch der Polizeivollzugsbeamten im Gespräch[11]. Wie immer man sich in der dogmati-

---

[8] Zu Inhalt und Ratio beider Vorschriften ausführlich 5. Kapitel II 3 a.

[9] In Nordrhein-Westfalen zum Beispiel in § 74 VwVG NW.

[10] Die landesrechtlichen Rechtsquellen sind damit: ASOG Berlin, Bay. PAG, Bbg. PolG, Brem. PolG, Hmb. SOG, HSOG, LVwG SH, NGefAG, POG Rheinland-Pfalz, PolG BW, PolGNW, SächsPolG, SOG LSA, SOG M-V, SPolG, ThürPAG.

[11] S. hierzu 3. Kapitel, Teil B II.

schen Streitfrage entscheidet[12]: Als Rechtsquelle für den *hoheitlichen* Schußwaffengebrauch scheiden die Notrechte a priori aus. Sie regeln mit den Selbstverteidigungsrechten die Ausnahme vom Gewaltmonopol des Staates und damit das Gegenteil hoheitlichen Zwangs.

D Relevanz des Waffengesetzes für den hoheitlichen Schußwaffengebrauch

Aus demselben Grund wie die Notrechte scheidet auch das Waffengesetz[13] (WaffG) aus dem Bereich möglicher Rechtsquellen für den hoheitlichen Schußwaffengebrauch aus. Das Waffengesetz regelt die Voraussetzungen, unter denen trotz der aus dem Gewaltmonopol fließenden Friedenspflicht einem einzelnen Bürger ausnahmsweise Zugang zu Waffen gewährt und deren Führen gestattet wird. Folgerichtig nimmt § 6 Abs. 1 S. 2 WaffG diejenigen von der Geltung des WaffG aus, die als Amtswalter des Staates das Gewaltmonopol tatsächlich ausüben. Für die Polizeivollzugsbeamten und die Beamten der Zollverwaltung, die mit Polizeivollzugsaufgaben betraut sind, erstreckt sich diese Befreiung sogar auf den außerdienstlichen Bereich. Wer Vollzugsaufgaben wahrnimmt und dabei mit einer Dienstwaffe betraut wird, ist eine Frage der Kompetenzverteilung und wird als solche durch das einschlägige Gesetz über Verwaltungszwang geregelt[14].

E Die einschlägigen Verwaltungsvorschriften zum Schußwaffengebrauch der Polizei

Die formellen Gesetze über den hoheitlichen Schußwaffengebrauch der Polizeivollzugsbeamten enthalten zwar die wesentlichen Charakterzüge der Maßnahme. Als abstrakt-generelle Normen, die eine Vielzahl möglicher Konstellationen auf einen gemeinsamen Nenner bringen müssen, bleiben die Gesetze zwangsläufig konkretisierungsbedürftig. Diese Konkretisierung erfolgt durch Verwaltungsvorschriften, die die Anwendung der formell-gesetzlichen Normen vereinheitlichen beziehungsweise deren Bedeutung durch Beispiele erläutern.

---

[12] S. a.a.O., insb. II 4.

[13] Waffengesetz vom 19. September 1972 (BGBl I S. 1997) in der Fassung der Bekanntmachung vom 8. März 1976 (BGBl I S. 432).

[14] Dazu im Dritten Kapitel I 1 und 2.

Diese Verwaltungsvorschriften verpflichten freilich nur die Beamten. Außenstehenden gegenüber kommen sie lediglich aufgrund der aus Art. 3 Abs. 1 GG abgeleiteten Selbstbindung der Verwaltung zum Tragen. Wieviel der Gesetzgeber selber regeln muß und inwieweit er gerade bei einer komplizierten Materie auf flexiblere verwaltungsinterne Regelungen verweisen kann, soll an geeigneter Stelle erörtert werden[15]. In jedem Fall kommt den Verwaltungsvorschriften als Quelle des objektiven Rechts erhebliche Bedeutung zu, da sie die konkrete Anwendung der abstrakt-generellen Gesetze in hohem Maße beeinflussen und damit das tatsächliche Gesicht des Zwangseingriffs prägen.

Das Spektrum der relevanten Verwaltungsvorschriften umfaßt in erster Linie die Verwaltungsvorschriften zu den Polizeigesetzen beziehungsweise den Gesetzen über den unmittelbaren Zwang. Daneben sind weitere verwaltungsinterne Bestimmungen im Kontext mit dem unmittelbaren Zwang insgesamt zu beachten. Zu den letzteren zählen insbesondere die „Gemeinsamen Richtlinien ...über die Anwendung unmittelbaren Zwanges durch Polizeibeamte auf Anordnung des Staatsanwaltes“ von 1973, die bei gemeinsamen Einsätzen von Polizei und Staatsanwaltschaft die Verantwortungsbereiche von einander abgrenzen[16]. Auf lange Sicht hin prägen auch die Richtlinien für die Schießausbildung und -fortbildung das Erscheinungsbild des Schußwaffengebrauchs, da sich die in der Ausbildung gesetzten Schwerpunkte auf den Gebrauch der Waffe in der Praxis auswirken.

---

[15] S. dazu 4. Kapitel Teil B I.

[16] Gemeinsame Richtlinien der Justizminister/-senatoren und der Innenminister/-senatoren des Bundes und der Länder über die Anwendung unmittelbaren Zwangs durch Polizeibeamte auf Anordnung des Staatsanwaltes; zitiert bei KLEINKNECHT/MEYER-GROSSNER Anl. A zu Richtlinien für das Strafverfahren und das Bußgeldverfahren; umgesetzt im Bund und den Ländern mit Ausnahme von Sachsen und Sachsen-Anhalt durch Runderlaß bzw. andere Verwaltungsvorschriften; Bundesrecht durch Allgemeine Verfügung des Bundesjustizministers v. 15. Dezember 1973 (BAnz. Nr. 240 v. 22. Dez. 1973).

Anlaß für die Ausarbeitung dieser Richtlinien war ein Münchener Bankraub im Jahre 1972, bei dem es zwischen der Polizei und der Staatsanwaltschaft zu erheblichen Kompetenzschwierigkeiten gekommen war.

DRITTES KAPITEL

DAS RECHT DES POLIZEILICHEN SCHUSSWAFFENGEBRAUCHS

A DAS WAFFENGEBRAUCHSRECHT NACH MASSGABE DER POLIZEIGESETZE

I. Die Berechtigung zum Führen und zum Gebrauch von Dienstwaffen

Mit Dienstwaffen statten der Bund und die Länder nur die Beamten aus, die bei der Erfüllung ihrer Aufgaben verstärkt mit gewalttätigem Widerstand rechnen müssen[1]. Anderen Beamten gestattet § 6 Abs. 2 WaffG, zum Zweck der Selbstverteidigung Schußwaffen zu erwerben und mit sich zu führen, wenn sie aufgrund der ihnen übertragenen Aufgaben erheblich gefährdet sind. Wenn diese Beamten ihre Schußwaffe einsetzen, gehen sie aber nicht im Wege des unmittelbaren Zwangs vor, sondern machen von ihrer Notwehr- beziehungsweise Notstandsbefugnis Gebrauch[2]. Während der zum polizeilichen Schußwaffengebrauch Berechtigte auch den fliehenden Störer durch einen Schuß an der Flucht hindern darf, endet die Berechtigung der übrigen Beamten mit dem gegenwärtigen Angriff bzw. der gegenwärtigen Gefahr. Als Gegenstand dieser Untersuchung scheidet ihr Waffengebrauch aus.

1. Die Ermächtigung zum Schußwaffengebrauch nach Bundes- und Landesrecht

Die Länder haben den Kreis der zum hoheitlichen Schußwaffengebrauch Berechtigten weitgehend einheitlich geregelt. Dem Bund fehlt dagegen ein bundeseigener allgemeiner Polizeivollzugsdienst, so daß er zu einer differenzierenden Regelung gezwungen war[3].

a. Die Befugnis zum Schußwaffengebrauch nach Bundesrecht

aa. Die Vollzugsbeamten i. S. von § 9 Nr. 1 bis 6 UZwG: § 9 UZwG bestimmt, welche Vollzugsbeamten des Bundes Schußwaffen gebrauchen dürfen. Diese Vorschrift nennt in ihrem ersten Absatz die Polizeivollzugsbeamten des

---

1 Vgl. PIOCH, S. 154. Nicht jede Vollstreckung kann den Schußwaffengebrauch rechtfertigen. So schließt eine Zwangsvollstreckung ins bewegliche Vermögen nach den Regeln der ZPO den Schußwaffengebrauch als Zwangsmittel völlig aus.

2 Vgl. PIOCH, S. 154 zu § 9 UZwG.

3 Vgl. DREWS-WACKE-VOGEL-MARTENS, S. 63 ff.

Bundes im Sinne von § 1 Abs. 1 S. 2 BPolBG[4]. Dies sind die Polizeivollzugsbeamten im Bundesgrenzschutz und im kriminalpolizeilichen Vollzugsdienst des Bundes[5], der Inspekteur der Bereitschaftspolizei der Länder[6] sowie die Polizeivollzugsbeamten beim Deutschen Bundestag[7]. Ferner berechtigt § 9 UZwG zum Schußwaffengebrauch:

- den Grenzaufsichts- und Grenzabfertigungsdienst[8] sowie den Zollfahndungsdienst, einschließlich des Bewachungs- und Begleitdienstes (§ 9 Nr. 2 UZwG),
- die Wasser- und Schiffahrtsverwaltung des Bundes, die strom- und schiffahrtsrechtliche Befugnisse wahrnehmen (§ 9 Nr. 4 UZwG)[9],

---

4 Bundespolizeibeamtengesetz (BPolBG) vom 3. Juni 1976 (BGBl I S. 1357), zuletzt geändert durch Art. 8 Gesetz zur Reform des öffentlichen Dienstrechts vom 24. April 1997 (BGBl I S. 322). Dem Erfordernis, daß die Beamten zur Anwendung unmittelbaren Zwangs befugt sein müssen, kommt nur deklaratorische Bedeutung zu, so PIOCH, S. 95 f. Es geht auf die ursprüngliche Fassung des älteren BPolBG vom 19. Juli 1960 zurück.

5 Die Befugnisse der Bundeskriminalbeamten zu Informationseingriffen ergeben sich aus § 5 Abs. 2 und 3 und §§ 5 - 8 BKAG. Zu ihren eigenständigen Strafverfolgungskompetenzen zählt der internationale Waffen-, Rauschgift- und Geldhandel, sowie die gegen den Bund und seine ausländischen Gäste gerichteten politischen Straftaten. Gefahrenabwehraufgaben erwachsen ihnen aus § 9 Abs. 1 BKAG; für die Befugnisse verweist das Gesetz in § 9 Abs. 3 auf das BGSG; vgl. DREWS-WACKE-VOGEL-MARTENS, S. 63 ff.; RIEGEL, Einl. Rn. 103 und 105.

6 Nach der Verordnung vom 12. 7. 1976 (BGBl I S. 1808) ist der Inspekteur der Bereitschaftspolizei ein dem Bundesminister des Inneren unterstellter Polizeivollzugsbeamter; dazu DREWS-WACKE-VOGEL-MARTENS, S. 69 ff.

7 Früher die „Hausinspektion des Deutschen Bundestages" genannt; näheres zu diesen Beamten bei RIEGEL, Einl. Rn. 84. Die Zuständigkeit des Bundes zur Unterhaltung dieser Polizeitruppe ergibt sich aus Art. 40 Abs. 2 S. 1 GG i.V. mit § 7 Abs. 2 S. 1 GO BT. Ihre Aufgaben liegen vor allem auf dem Gebiet der Strafverfolgung; insofern zählt der Polizeivollzugsdienst zu den Polizeibehörden i. S. der Strafprozeßordnung. Ob Art. 40 Abs. 2 S. 1 GG als Ermächtigung für die mit dem unmittelbaren Zwang stets verbundenen Grundrechtseingriffe ausreicht, ist freilich umstritten; auch darüber ausführliche Informationen bei DREWS-WACKE-VOGEL-MARTENS, S. 71 ff.; ablehnend RIEGEL, Einl. Rn. 88.

8 Dies freilich nur, wenn diese Beamten Grenzaufsichtsdienst verrichten, § 9 Nr. 2 UZwG; die Ermächtigung hängt damit vom konkreten Diensteinsatz ab. Die Befugnisse des Zollgrenzdienstes ergeben sich aus dem Zollverwaltungsgesetz, sowie aus Spezialgesetzen, z.B. der §§ 369 ff. und §§ 397 f. AO, § 46 AWG, §§ 21 ff. BtmG, § 103 a GÜKG, dazu RIEGEL, Einl. Rn. 111. Die Ermächtigung für die Ermittlungen des Zollkriminalamtes ergeben sich aus den §§ 208 ff. AO i. V. m. § 5 a Abs. 3 FinanzverwaltungsG, dazu RIEGEL, Einl. Rn. 119.

9 Während die Wasser- und Schiffahrtspolizei die Aufgabe hat, für die Sicherheit des Verkehrs auf Bundeswasserstraßen zu sorgen und Gefahren, die von der Schiffahrt ausgehen, zu verhüten (§ 1 Abs. 1 Nr. 2 Binnenschiffahrtsaufgabengesetz), ist es Aufgabe der Strom-

- den Gerichtswachtmeisterdienst der Bundesgerichte (§ 9 Nr. 6 UZwG),

- die Personen, die im Bundesdienst Aufgaben der Strafverfolgung wahrnehmen, soweit sie sich dabei im Vollzugsdienst befinden (§ 9 Nr. 8 UZwG)[10].

Letzteres betrifft die Beamten der Bundesanwaltschaft[11] und die Polizeivollzugsbeamten des Bundes, die aufgrund von §§ 161, 163 und 127 Abs. 2 StPO tätig werden. Zu diesen zählen vor allem die Hilfsbeamten der Staatsanwaltschaft i. S. von § 152 GVG. Im Rahmen ihres Einsatzes für die Bundesanwaltschaft sind sie Vollzugsbeamte des Bundes i. S. des UZwG, was freilich nicht ausschließt, daß sie zudem auch mit reinen Verwaltungsaufgaben betraut sind.

Unter den in § 9 Nr. 1 UZwG genannten Vollzugsbehörden des Bundes nimmt der Bundesgrenzschutz eine herausgehobene Stellung ein. Sein Aufgabenkreis hat seit der Wiedervereinigung Veränderungen erfahren, die teils auf den Wegfall der innerdeutschen Grenze, teils auf den Wegfall der Grenzen zu den Vertragsstaaten des *Schengener Abkommens*[12] zurückzuführen sind. Dadurch sind die ursprünglichen Hauptaufgaben des Bundesgrenzschutzes weggefallen. Der Einsatzbereich des Grenzpolizeidienstes beschränkt sich auf die Grenzen zu Polen und Tschechien. Das Schengener Abkommen hat daher endgültig den Weg für die Weiterentwicklung des Bundesgrenzschutzes zu einem

---

polizei, die Bundeswasserstraßen in einem für die Schiffahrt erforderlichen Zustand zu erhalten (§ 24 Abs. 1 Wasserstraßengesetz, WStrG). Die Befugnisse dieser Polizeibehörden beruhen auf Anweisung des Bundesministers für Verkehr. Die Anweisung bezüglich der Anwendung unmittelbaren Zwangs bei der Wahrnehmung von Aufgaben der Schiffahrtspolizei durch die Wasser- und Schiffahrtsverwaltung des Bundes sind aufgrund der Generalklausel in § 1 Abs. 2 S. 2 Binnenschiffahrtsaufgabengesetz bzw. § 3 Seeaufgabengesetz ergangen; die Befugnisse der Strompolizei, die als Annexkompetenz zu Art. 74 Nr. 21 GG eine ausschließliche Bundeskompetenz darstellt, beruhen auf § 24 Abs. 2 WStrG, so BVerfGE 15, S. 1 ff., 18.

[10] Die amtliche Begründung des Regierungsentwurfes zum UZwG nennt hier die Hilfsbeamten der Staatsanwaltschaft, die aufgrund von § 152 GVG oder § 29 OWiG bestellt werden dürfen, BTDrucks. 3/38 S. 7 Anm. h zu § 2. Das ist mißverständlich. Die Hilfsbeamten der Staatsanwaltschaft sind keine besondere Beamtengruppe, sondern Polizeivollzugsbeamte, die durch Bundesgesetz oder Verordnung der Länder den Weisungen der Staatsanwaltschaft, mithin auch den Angehörigen der Bundesanwaltschaft, unterstellt sind. Auch bei den auf den Truppenübungsplätzen Munster und Hammelburg tätigen Forstbeamten können vollzugspolizeiliche Aufgaben anfallen, wenn sie gegen Wilderer oder Forstfrevler einschreiten müssen.

[11] Hierzu gehören der Generalbundesanwalt, die Bundesanwälte, Oberstaatsanwälte und Hilfsarbeiter des staatsanwaltlichen Dienstes.

[12] Schengener Abkommen vom 19. Juni 1990, vgl. SEITERS, S. 237.

bundeseigenen Vollzugsdienst freigemacht[13]. Einen ersten Schritt in diese Richtung stellte freilich schon das Aufgabenübertragungsgesetz vom 23. Januar 1992[14] dar, das dem Bundesgrenzschutz außer den Aufgaben der Bahnpolizei auch die der früher eigenständigen Flugsicherung übertragen hat. Die Umstrukturierungen des Bundesgrenzschutzes haben im Bundesgrenzschutzgesetz (BGSG)[15] vor allem bei der Aufzählung der Aufgaben und bei den organisatorischen Regelungen ihren Niederschlag gefunden.

bb. Die Personen i. S. von § 9 Nr. 7 UZwG: § 9 Nr. 7 UZwG erweitert den Kreis der zum Schußwaffengebrauch Berechtigten um Personen, "*die durch die zuständigen Bundesbehörden mit Aufgaben betraut worden sind, die den unter den Nummern 1 bis 6 aufgeführten Beamten obliegen*". Diese Ermächtigung betrifft Beamte und Angestellte im öffentlichen Dienst, die ihrer Amtsbezeichnung und ihren regulären Aufgaben nach nur Verwaltungsaufgaben im Innendienst wahrnehmen, vorübergehend aber mit Aufgaben der Polizeivollzugsbeamten betraut werden können. Soweit sie die ihnen übertragenen Vollzugsaufgaben wahrnehmen, sind sie Vollzugsbeamte i. S. des UZwG[16]. § 9 Nr.

---

[13] Vgl. SEITERS, S. 239.

[14] Gesetz zur Übertragung der Aufgaben der Bahnpolizei und der Luftsicherheit auf den Bundesgrenzschutz v. 23. Januar 1992 (BGBl I S. 178). Mit diesem Gesetz ging die Bahnpolizei im gesamten Bundesgebiet auf den Bundesgrenzschutz über, der zunächst aufgrund des Einigungsvertrages nur die bahnpolizeilichen Aufgaben im Beitrittsgebiet wahrgenommen hatte; Anl. I Kap XI Sachgeb. A Abschn. III Nr. 6 zu EV; vgl. SEITERS, S. 237 f.

[15] Gesetz über den Bundesgrenzschutz i.d.F. vom 10. Oktober 1994 (BGBl I S. 2978) geändert durch Art. 3 Gesetz über das Bundeskriminalamt und die Zusammenarbeit des Bundes und der Länder in kriminalpolitischen Angelegenheiten (BKAG) vom 7. Juli 1997 (BGBl I S. 1650).

[16] Die Allgemeine Verwaltungsvorschrift des Bundesministers des Inneren zum Gesetz über den unmittelbaren Zwang bei Ausübung öffentlicher Gewalt durch Vollzugsbeamte des Bundes (UZwVwV-BMI) vom 18. Januar 1974 (GMBl 1974, S. 55). Abschn. II Abs. 2 UZwVwV-BMI überträgt die Aufgaben der Polizeivollzugsbeamten auf Verwaltungsbeamte bei Verbänden des Bundesgrenzschutzes, soweit sie zum Tragen von Dienstkleidung berechtigt sind (Nr. 1) und auf die Verwaltungsbeamten im Grenzschutzeinzeldienst (Nr. 2). In ähnlicher Weise hat der Bundesverkehrsminister aufgrund von § 6 und 9 UZwG Verwaltungsbeamte der Wasser- und Schiffahrtsverwaltung mit Vollzugsaufgaben betraut, so in der Allgemeinen Verwaltungsvorschrift des Bundesministers für Verkehr zum Gesetz über den unmittelbaren Zwang bei Ausübung öffentlicher Gewalt durch Vollzugsbeamte des Bundes im Bereich der Wasser- und Schiffahrtsverwaltung AVV UZwG-BMV (WSV) vom 21. August 1962 (VKBl, S. 480), zuletzt geändert durch AVV vom 2. August 1972 (VKBl., S. 638). Abschn. II Abs. 1 und 2 AVV UZwG-BMV erklärt 1. Streckenaufsichtsbeamte, 2. die mit strom- und schiffahrtspolizeilichen Vollzugsbefugnissen betrauten Bediensteten der Wasser- und Schiffahrtsverwaltung und 3. die mit den Aufgaben der Strafverfolgung und Aufklärung von Ordnungswidrigkeiten betrauten Bediensteten der Wasser- und Schiffahrtsverwaltung zu Vollzugsbeamten im Sinne des UZwG und überträgt diesen in Abs. 3 ausdrücklich die Befugnis zum Schußwaffengebrauch.

7 UZwG räumt ihnen folgerichtig dieselben Zwangsbefugnisse wie den regulären Vollzugsbeamten ein, ohne daß diese Ermächtigung einer weiteren gesetzlichen Konkretisierung bedarf[17]: Es genügt, daß § 63 Abs. 1 BGSG die Übertragung der Vollzugstätigkeit auf Verwaltungsbeamte regelt. Daran knüpfen § 6 Nr. 8 und § 9 Nr. 7 UZwG an und gewähren den Beamten die Vollstreckungsbefugnisse des UZwG.

Auf den ersten Blick erscheint diese Regelung durchaus praktisch, sichert sie den Vollzugsdiensten doch eine stetige und kurzfristig verfügbare Personalreserve, die mit der Behörde, deren Aufgaben und der Tragweite ihres Handelns bereits vertraut ist. Trotzdem begegnet diese Einrichtung erheblichen dienstrechtlichen Bedenken: So weist PIOCH zurecht darauf hin, daß die beamtenrechtlichen Sonderregelungen, die den physischen und psychischen Anforderungen an die Polizeivollzugsbeamten Rechnung tragen[18], auf Verwaltungsbeamte keine Anwendung finden. Überdies fehlt ihnen die hinreichende Vorbereitung auf den Gebrauch der Zwangsmittel. Insofern gleicht die Lage der Verwaltungsbeamten derjenigen der ehrenamtlichen Hilfspolizisten, denen § 63 Abs. 3 S. 2 BGSG die Befugnis zum Schußwaffengebrauch deshalb auch ausdrücklich vorenthält. Da der Status als Beamter nicht ohne weiteres zum Umgang mit Schußwaffen befähigt, sollte die beamtenrechtliche Fürsorgepflicht den Dienstherren davon abhalten, seine Verwaltungsbeamten mit Befugnissen zu belasten, denen sie nicht gewachsen sind[19].

Das BGSG trägt diesen Bedenken in § 63 Abs. 1 und 3 Rechnung. Es schränkt das Organisationsermessen des Dienstherren erheblich ein, indem es in offensichtlicher Parallele zum Funktionsvorbehalt des Art. 33 Abs. 4 GG die Vollzugstätigkeit grundsätzlich den Polizeivollzugsbeamten vorbehält. Als jüngere und speziellere Vorschrift für den Bundesgrenzschutz hat § 63 Abs. 1 BGSG insoweit den allgemeineren § 9 Nr. 7 UZwG verdrängt und die Übertragung von Vollzugsbefugnissen auf die Verwaltungsbeamten des Bundesgrenzschutzes grundsätzlich ausgeschlossen.

---

17 Anders VGH Kassel, Urt. v. 15.8.1984 – I OE 23 oder 24/82, nicht veröffentlicht; Hinweis bei HEESEN – HÖNLE, Rn. 2 zu § 47 a.F. unter Berufung auf Art. 2 Abs. 2 S. 3 GG und HITZ, in FISCHER-HITZ-LAKOWSKI-WALTER, Rn. 6 zu § 63 n.F.

18 S. PIOCH, S. 96. Das LBG NW vom 1. Mai 1981 (GV NW, S. 234, ber. GV NW 1982, S. 256) regelt in § 194 die sogenannte Polizeidienstunfähigkeit, die es zuläßt, einen Beamten vorzeitig in den Ruhestand zu versetzen, wenn dieser den besonderen Anforderungen des Polizeivollzugsdienstes auf absehbare Zeit nicht mehr genügt. Darüber hinaus hat § 192 LBG die Altersgrenze der Polizeivollzugsbeamten vom vollendeten 65. auf das vollendete 60. Lebensjahr herabgesetzt; entsprechende Regelungen finden sich auch in den §§ 4 und 5 Bundespolizeibeamtengesetz vom 3. Juli 1976 (BGBl I S. 1357).

19 S. VGH Kassel Urt. v. 15.8.1984 – I OE 23 oder 24/82; HEESEN-HÖNLE, Rn. 12 zu § 6 UZwG.

b. Die Befugnis zum Schußwaffengebrauch in Nordrhein-Westfalen

In Nordrhein-Westfalen ermächtigt das PolGNW[20] in § 55 Abs. 1 die Polizei und § 74 Abs. 1 VwVG die Dienstkräfte der Gerichte und der Staatsanwaltschaften zum unmittelbaren Zwang mit Schußwaffen. Zu den letzteren zählen die Gerichtswachtmeister und diejenigen Polizeivollzugsbeamten, die gemäß § 152 GVG als sogenannte Hilfsbeamte der Staatsanwaltschaft deren Weisungen unterstehen. Bei den übrigen Vollzugsdienstkräften geht der Gesetzgeber offenkundig davon aus, daß diese auf den Schußwaffengebrauch nicht angewiesen sind. Sie können freilich die Polizei um Vollzugshilfe ersuchen. Die Verantwortung für die Art und Weise der Vollstreckung geht dann gemäß § 47 Abs. 2 PolG auf die Polizeibeamten über, so daß der Schußwaffengebrauch nach Maßgabe des Polizeigesetzes zulässig ist[21].

2. Die Ermächtigung des Freiwilligen Polizeidienstes in Baden-Württemberg zum Schußwaffengebrauch

§ 9 Nr. 7 UZwG zeigt, daß die Übertragung der Schießbefugnis zusammen mit der den Beamten übertragenen Aufgabe den Kreis der Ermächtigten auf Personen ausdehnt, die die besondere Schießausbildung der Polizeivollzugsbeamten nicht durchlaufen haben. Das Problem begegnet in ähnlicher Form bei den sogenannten Hilfspolizisten oder Polizeifreiwilligen, wenn diese nicht nur in den Polizeivollzugsdienst eingegliedert werden, sondern wie in Baden-Württemberg sämtliche Befugnisse der Polizeivollzugsbeamten übertragen bekommen.

a. Freiwillige Hilfskräfte im Polizeidienst

Da es Bund und Ländern überlassen bleibt, ob sie ihren Polizeivollzugsdienst durch Hilfskräfte verstärken und wie sie diese organisieren, entziehen sich die derzeit bestehenden Hilfspolizeidienste[22] einer vereinheitlichenden

---

[20] Im Folgenden bezeichnet die Abkürzung „PolG" immer das Polizeigesetz von Nordrhein-Westfalen.

[21] TEGTMEYER weist in Rn. 4 zu § 47 PolG darauf hin, daß die Polizeivollzugsbeamten nur solchen Beamten Vollzugshilfe leisten können, die ihrerseits unmittelbaren Zwang anwenden dürfen. Eine Ordnungsbehörde ohne eigene Befugnis hierzu kann sich diese auch nicht durch ein Vollzugshilfeersuchen gemäß § 47 Abs. 1 PolGNW verschaffen.

[22] Das Brem.PolG § 86, HSOG § 99 Abs. 1; SPolG § 84 Abs. 2 sehen Hilfsdienste vor. Niedersachen hingegen hat zwar keinen fest eingerichteten Hilfsdienst, erlaubt aber, Hilfskräfte für Einzelfälle zu verpflichten, RErl. des Innenministers v. 6. 9. 1982 (MBl., S. 1393)., durch die 3. Hilfspolizeibeamtenverordnung (HiPo-VO) vom 7. Februar 2000 (GVBl. I S. 102) und eine vertiefende Verwaltungsvorschrift vom 23. Juni 2000, die VV WaPol zur Dritten HiPo-VO, Staatsanzeiger für das Land Hessen, v. 10. Juli 2000, S. 2031

Darstellung. Grundsätzlich stehen den Gesetzgebern zwei Gestaltungsmöglichkeiten offen: Sie können die Hilfskräfte in den Polizeivollzugsdienst eingliedern, wie dies zum Beispiel bei den Polizeifreiwilligen im Bundesgrenzschutz, in Baden-Württemberg und in Berlin[23] der Fall ist[24]. Hessen erprobt derzeit in einem Modellversuch auf der Grundlage von § 99 Abs. 4 Nr. 1 und 2 HSOG die Bestellung von Hilfspolizeibeamten im Rahmen einer sogenannten Wachpolizei. Deren Angehörige sind Angestellte des Landes. Sie dürfen unmittelbaren Zwang anwenden und dabei körperliche Gewalt sowie deren Hilfsmittel gebrauchen. Zudem sind sie mit Waffen ausgerüstet, die sie aber allein zur Notwehr nach Maßgabe von § 32 StGB einsetzen dürfen[25].

Bayern und nunmehr auch Hessen haben mit ihrer sogenannten „Sicherheitswacht"[26] beziehungsweise ihrem „Freiwilligen Polizeidienst"[27] einen neuen Weg beschritten: Sie gliedern diese weder in den Vollzugsdienst ein, noch übertragen sie ihren Angehörigen polizeiliche Befugnisse. Die Aufgaben der Sicherheitswache beschränken sich darauf, unter Anleitung und Organisation der Polizei an unsichereren Stellen in Parks, U-Bahn-Stationen uniformierte

---

ff. Einen Überblick über die Regelungen in den einzelnen Bundesländern gibt UNGERBIELER, DVBl 1980, S. 409 ff.

23 Eingerichtet mit dem Gesetz über die Freiwillige Polizei-Reserve (FPRG) vom 25. Mai 1961 (GVBl., S. 671), zuletzt geändert durch Gesetz vom 11. Februar 1975 (GVBl., S. 688).

24 Zum internationalen Vergleich s. MANDALKA, S. 80 ff. und SCHWINDT, S. 214 ff. Danach gibt es in England seit dem 19. Jahrhundert die sogenannten *„Special constables"*, die den regulären Constables als ständige Unterstützung zur Seite stehen. Sie haben im Dienst dieselben Eingriffsrechte wie die Constables. Im Zusammenhang mit dem Schußwaffengebrauch entschärft sich die Frage insofern, als auch die regulären Constables nicht regelmäßig Schußwaffen mit sich führen (s. dazu auch B II 4 a in diesem Kapitel und im 4. Kapitel unter Teil B II 3 b aa). In den *Niederlanden* kommt die Organisation der ehrenamtlichen Hilfspolizisten dem Modell des Freiwilligen Polizeidienstes von Baden-Württemberg nahe (zu diesem sogleich unter b): Ihr Aufgabenbereich ist klein und umfaßt insbesondere auch die Entlastung der Beamten bei Großeinsätzen wie Fußballspielen und Verkehrskontrollen, auch hierzu MANDALKA, S. 81 f. Allerdings dauert die Ausbildung für den Hilfsdienst in den Niederlanden zwei Jahre, vgl. W. OTTO, S. 233 ff.

25 So die VV WaPol zur Dritten HiPo-VO unter 3.2

26 Eingerichtet durch Gesetz über die Sicherheitswacht in Bayern i.d.F. vom 28. April 1997, Bay GVBl, S. 88 ff., sowie die Verwaltungsvorschrift über den Vollzug des Gesetzes über die Sicherheitswacht in Bayern v. 1. Januar 1997, AllMBl. S. 103 ff.

27 Eingerichtet zur Erprobung durch das Gesetz über die aktive Bürgerbeteiligung zur Stärkung der inneren Sicherheit (Hessisches-Freiwilligen-Polizeidienst-Gesetz – HFPGG) vom 13. Juni 2000; die Erprobung ist vorgesehen bis zum 31. Dezember 2004. Den Mitgliedern des Freiwilligen Polizeidienstes untersagt § 2 des Gesetzes ausdrücklich jede Anwendung unmittelbaren Zwangs. Sie verfügen zu ihrer Selbstverteidigung wie ihre Kollegen in Bayern allein über ein Pfefferspray.

Anwesenheit zu demonstrieren und bei Zwischenfällen die Polizei zu verständigen[28]. Nur wenn Gefahr im Verzuge ist, dürfen sie - wie jedermann - von ihren Notrechten Gebrauch machen. Eine spezielle Regelung kennt auch die Bundeswehr, die vor allem ziviles Wachpersonal einstellt und diesen die Befugnisse aus dem UZwGBW zur ständigen und hauptberuflichen Ausübung überträgt[29].

b. Der Freiwillige Polizeidienst von Baden-Württemberg

Der Freiwillige Polizeidienst besteht in Baden-Württemberg schon seit 1963[30]. Seine gesetzliche Ausgestaltung durch das Gesetz über den Freiwilligen Polizeidienst[31] (FPDG) unterscheidet sich in zweifacher Hinsicht von den übrigen Hilfsdiensten: Abgesehen davon, daß die sogenannten Polizeifreiwilligen im Rahmen ihrer Aufgaben sämtliche Befugnisse der regulären Polizeivollzugsbeamten übertragen bekommen, erhöht sich durch die gesetzlich vorgesehene Beteiligung der Hilfspolizisten am Streifendienst die Möglichkeit, daß diese tatsächlich in einen Schußwechsel mit gewalttätigen Straftätern verwickelt werden. Damit unterscheidet sich der Freiwillige Polizeidienst von der Freiwilligen Polizeireserve Berlins. De lege lata ist diese zwar ebenso wie der Freiwillige Polizeidienst zum Schußwaffengebrauch ermächtigt. § 1 FPRG beschränkt ihren Aufgabenbereich indessen auf die Unterstützung der Polizei im Rahmen des Objektschutzes, was verglichen mit dem Freiwilligen Polizeidienst die Wahrscheinlichkeit gewaltsamer Konfrontationen mit Störern erheblich verringert.

Das FPDG ermächtigt die Polizeifreiwilligen nicht ausdrücklich zum Schußwaffengebrauch[32]. Diese Befugnis ergibt sich jedoch aus § 1 Abs. 4

---

[28] Vgl. bei SPOERL, S. 33 ff.

[29] Dazu JESS – MANN Rn. 22 ff. zu § 1 UZwGBW. Auswahl und Ausbildung des zivilen Wachpersonals sowie die Übertragung von Befugnissen auf dasselbe regelt die Ausführungsbestimmung zum UZwGBW, AusfBest-UZwGBW i.d. Fassung vom 23. Januar 1981, ZDv 14/9 II, zitiert bei JESS – MANN, S. 9 ff. Danach ist der Schußwaffengebrauch durch das zivile Wachpersonal grundsätzlich ausgeschlossen. Nur ausnahmsweise darf auch dieses in oder aus einem militärischen Sicherheitsbereich oder bewachten militärischen Bereich heraus oder bei der Nacheile aus diesen Bereichen schießen. Die Anwendung von Reizstoffen oder Explosivmitteln ist dem zivilen Wachpersonal ganz verboten. Die restriktive Regelung des Schußwaffengebrauchs beruht allerdings vor allem auf der erforderlichen Abgrenzung des militärischen vom zivilen Verwaltungsbereich.

[30] Mit dem verstärkten Einsatz der Polizei für die Verbrechensverhütung im Vorfeld eröffnen sich auch dem Hilfsdienst neue Aufgabenfelder. Diese sind um so interessanter, als bei ihnen die Anwendung hoheitlichen Zwangs nicht zur Debatte steht.

[31] Gesetz über den Freiwilligen Polizeidienst vom 18. 6.1963 (GBl. S. 75) in der Fassung vom 12. April 1985 (GBl. 129). Zu seiner Einführung und seinem ursprünglichen Aufgabenbereich s. Klein, VBlBW1964, 1 ff.

[32] Auch in Berlin verbirgt sich die Befugnis hinter einer Verweisungskette. Während aber das FPDG und das BGSG die Befugnisse der Polizeivollzugsbeamten ausdrücklich auf die Hilfspolizisten übertragen, enthält das FPRG keine vergleichbare Vorschrift. Die eigentli-

FPDG, der die für den Polizeivollzugsdienst geltenden Vorschriften vorbehaltlich abweichender Bestimmungen im FPDG für anwendbar erklärt. Zu den einschlägigen Vorschriften zählt auch die Ermächtigung zum Schußwaffengebrauch aus § 39 PolG BW. § 6 Abs. 1 FPDG rundet die Eingliederung der Polizeifreiwilligen in den Vollzugsdienst ab, indem er sie Dritten gegenüber den Polizeivollzugsbeamten gleichstellt. Das FPDG begrenzt diese Ermächtigung und läßt Einsätze des Freiwilligen Polizeidienstes nur zu bestimmten Zwecken zu. Gemäß § 1 Abs. 3 FPDG „soll er (der Freiwillige Polizeidienst) in der Regel nur eingesetzt werden 1. zur Sicherung von Gebäuden und Anlagen, 2. zur Sicherung und Überwachung des Straßenverkehrs, 3. zum Streifendienst, 4. zum Kraftfahrdienst, Fernmeldedienst und ähnlichen technischen Diensten". Einsätze, die von diesem Katalog nicht erfaßt sind, sind nur ausnahmsweise zulässig und bedürfen eines zwingenden Grundes. Wie lange ein solcher Einsatz dauert, richtet sich nach der jeweiligen Lage. So nimmt die Verkehrsregelung vor und nach einem Fußballspiel einschließlich des Auf- und Abbaus von Umleitungen oder Parkplatzeinrichtungen nicht mehr als einen Tag in Anspruch. Ein Einsatz zur Bekämpfung von Hochwasserkatastrophen, bei dem die Polizeifreiwilligen Fahrdienste oder Büroarbeiten übernehmen, hängt dagegen von der Dauer der Notlage ab und wird erst mit derselben enden.

Während sich die Polizeifreiwilligen nach außen hin kaum von den hauptamtlichen Polizeivollzugsbeamten unterscheiden, führt die nebenberufliche Ausübung des Polizeidienstes im Innenverhältnis der Hilfspolizisten zum Land Baden-Württemberg zwangsläufig zu erheblichen Abweichungen vom Beamtenrecht. Das betrifft vor allem die Einstellung, die Entlassung und die Dienstpflichten des Polizeifreiwilligen. § 4 FPDG läßt es anstelle der beamtenrechtlichen Ernennung bei einer förmlichen und beurkundeten[33] Verpflichtung für den Freiwilligen Polizeidienst bewenden; genauso bleiben die persönlichen Voraussetzungen für die Aufnahme in den Freiwilligen Polizeidienst hinter den beam-

---

chen Befugnisse der Polizeireserve ergeben sich erst aus der Verordnung zur Übertragung bestimmter Befugnisse der Polizeibehörden auf die Angehörigen der Freiwilligen Polizei-Reserve vom 10. Februar 1976 (GVBl., S. 339) (FPRVO). Deren § 1 Nr. 2 a verweist auf die Ermächtigung zur Anwendung unmittelbaren Zwangs gemäß § 6 und § 9 Abs. 1 c VwVG Bln.; § 1 Nr. 2 b erklärt die Vorschriften über die Art und Weise der Ausübung unmittelbaren Zwangs, also die §§ 12 und 15 VwVG Bln., für verbindlich. Für die Einzelheiten der Zwangsanwendung ist dann das UZwG Bln. einschlägig, dessen § 1 Abs. 2 auch den Schußwaffengebrauch regelt. Diese Ermächtigung im Rahmen einer Polizeiverordnung reicht indessen nicht aus, um die Befugnis der Hilfspolizisten zum Schußwaffengebrauch zu begründen.

33 Während § 5 Abs. 2 BRRG die Überreichung der Ernennungsurkunde zur konstitutiven Ernennungsvoraussetzung macht, ist der entsprechende § 4 Abs. 2 FPDG eine bloße Sollvorschrift, von deren Erfüllung die Wirksamkeit der Verpflichtung für den Freiwilligen Polizeidienst nicht abhängt.

tenrechtlichen Einstellungsvoraussetzungen zurück[34]. Diesen geringeren Anforderungen an die Kandidaten entspricht es, daß das FPDG auch den Ausschluß ungeeigneter Mitglieder aus dem Freiwilligen Polizeidienst erheblich erleichtert. Gemäß § 9 Abs. 3 FPDG[35] tritt ein Verwaltungsakt an die Stelle des Disziplinarverfahrens, was den Umgang mit ungeeigneten Hilfskräften erheblich erleichtert.

Vor allem aber führt die nebenberufliche Wahrnehmung der Aufgaben zu Abstrichen bei der Aus- und Fortbildung der Polizeifreiwilligen. Anstelle der zweieinhalbjährigen Ausbildung der Beamten absolvieren sie eine mehrwöchige Vorbereitung[36]. Diese besteht gemäß § 4 Abs. 1 FPDG aus einer Grundausbildung, die mit einer Prüfung und der Aufnahme in den Freiwilligen Polizeidienst endet. An diese Aufnahme in den Polizeidienst schließt sich eine weitere praktische Einführung bei ihrer eigenen Dienststelle und die dauernde Fortbildung an. § 6 Abs. 2 Nr. 1 FPDG macht die Teilnahme an der letzteren zur vorrangigen Dienstpflicht, deren Verletzung zum Ausschluß aus dem Freiwilligen Polizeidienst führt.

c. Bedenken gegen die Ermächtigung des Freiwilligen Polizeidienstes zum Schußwaffengebrauch

Diese Institution einer nach außen hin vollkommen in den Polizeivollzugsdienst integrierten ehrenamtlichen Polizeireserve scheint sich auf den ersten Blick als Patentlösung für kurzfristige Personalengpässe im Polizeivollzugsdienst zu empfehlen. Gleichwohl bestehen gegen die Übertragung der Schießbefugnis auf die Polizeifreiwilligen erhebliche Bedenken: Diese ergeben sich zunächst aus dem Funktionsvorbehalt des Art. 33 Abs. 4 GG und richten sich gegen die Ausgestaltung des Innenverhältnisses zwischen den Polizeifreiwilligen und dem Land Baden-Württemberg; darüber hinaus stellt sich die Frage, ob es

---

[34] Die Gewähr für die Verfassungstreue, die der Beamte gemäß § 6 Abs. 1 Nr. 2 LBG BW erbringen muß, wird den Bewerbern für den freiwilligen Polizeidienst erlassen. Für die Aufnahme genügt gemäß § 2 Abs. 1 Nr. 4 FPDG sein guter Ruf. Begründete Zweifel daran, daß der Bewerber auf dem Boden der freiheitlich demokratischen Grundordnung steht, verhindern zwar die Aufnahme in den Freiwilligen Polizeidienst. Die Darlegungslast fällt dabei aber der Polizeidirektion zu, die die Aufnahme verweigern will.

[35] Wenn Tatsachen bekannt werden, die gemäß § 2 Abs. 2 FPDG der Aufnahme zwingend entgegenstehen, hat dies den Ausschluß aus dem Freiwilligen Polizeidienst zur Folge. Zu diesen Tatsachen zählen begründete Zweifel an der Verfassungstreue, eine mindestens einjährige Freiheitsstrafe wegen vorsätzlicher Verbrechen und eine mindestens halbjährige Freiheitsstrafe wegen Landes-, Hoch- oder Verfassungsverrat. In anderen Fällen, insbesondere bei Verstößen gegen die Dienstpflichten gemäß § 6 Abs. 2 FPDG, steht der Ausschluß aus dem Freiwilligen Polizeidienst im Ermessen der Aufstellungsbehörde.

[36] Zur Ausbildung ausführlich unter c.bb.; s. auch TEUFEL, in: Illustrierte Rundschau der Gendarmerie, 1991, S. 7 f.

zu verantworten ist, Hilfspolizisten nach einer kurzen Ausbildung zum Schußwaffengebrauch zu berechtigen, bevor diese in der Lage sind, die im Polizeigesetz verankerten rechtsstaatlichen Garantien[37] in die Praxis umzusetzen.

aa. Bedenken aufgrund von Art. 33 Abs. 4 GG: Die Übertragung hoheitlicher Gewaltbefugnisse auf den Hilfsdienst bringt das FPDG mit den Funktionsvorbehalten aus Art. 33 Abs. 4 GG und Art. 77 Abs. 1 LVerfBW in Konflikt. Diese Institutionsgarantie des Berufsbeamtentums sichert den Tätigkeitsbereich des Berufsbeamtentums ab[38], ohne dieses jedoch unveränderbar festzuschreiben. Wenn Art. 33 Abs. 4 GG die Ausübung hoheitlicher Befugnisse „in der Regel" Berufsbeamten[39] vorbehält, gewährleistet er damit grundsätzlich, daß die dauernde Wahrnehmung der hoheitlichen Aufgaben und Befugnisse weder zum eigennützigen Arbeitsverhältnis, noch zur Pfründe für politische Parteigänger wird[40]. Diese persönlichen Bindungen zwischen dem Staat und seinen Amtswaltern kommen insbesondere in den besonderen Verhaltens- und Treuepflichten der Beamten gegenüber ihrem Dienstherrn zum Ausdruck[41]. Der Funktionsvorbehalt bietet allerdings nur einen formalen Ansatzpunkt und läßt Raum für sachlich begründete Ausnahmen[42]. Ob der Freiwillige Polizeidienst bereits an der formellen Hürde des Funktionsvorbehaltes aus Art. 33 Abs. 4 GG beziehungsweise Art. 77 Abs. 1 LVerfBW scheitert, hängt also davon ab, ob es für diese Neuschöpfung eine sachliche Rechtfertigung gibt.

Den Sinn eines ehrenamtlichen Polizeidienstes verdeutlicht ein Vergleich mit dem beliehenen Seekapitän[43] und Flugzeugführer[44]. Beide nehmen in ihrem Verantwortungsbereich die Aufgaben und Befugnisse der Gefahrenabwehr

---

[37] Das betrifft den Störer genauso wie den unbeteiligten Passanten, der unversehens in einen Schußwechsel "gerät". Es geht nicht darum, aus Art. 2 Abs. 2 GG ein Recht auf den lege artis ausgeführten Schußwaffengebrauch abzuleiten, sondern darum, die Schußwaffe nur solchen Personen anzuvertrauen, deren Ausbildung einigermaßen Gewähr für einen umsichtigen Gebrauch bietet.

[38] Vgl. BATTIS bei SACHS Rn. 45 zu Art. 33 Abs. 4 GG; BRACHER, S. 63; KUNIG bei v. MÜNCH RN. 39 f.; LECHELER in HStR II § 72 Rn. 23; LÜBBE-WOLFF bei DREIER Rn. 53; STERN, Staatsrecht I, S. 348.

[39] LÜBBE-WOLFF bei DREIER Rn. 56.

[40] W. OTTO, S. 233 ff.

[41] MAUNZ-DÜRIG Rn. 39 zu Art. 33 GG.

[42] ISENSEE, Beamtenstreik, S. 84; DERS., HdbVerfR § 32 Rn. 53; LÜBBE-WOLFF bei DREIER Rn. 62.

[43] § 106 Abs. 2 bis 4 Seemannsgesetz (SeemG) vom 26. 7.1957, BGBl II S. 733.

[44] § 29 Abs. 3 Luftverkehrsgesetz sieht die Beleihung des Flugzeug-Kapitäns vor. Beliehene begegnen schließlich auch im Jagd- und Forstbereich als Jagdaufseher oder Jagdausübungsberechtigte gemäß § 25 Abs. 2 und 1 BJagdG oder als private Katastrophenhelfer. S. einen Überblick zu allen BRACHER, S. 30 ff.

wahr. Sie ermöglichen die Gefahrenabwehr nach Maßgabe des öffentlichen Rechts und die Fortgeltung der rechtsstaatlichen Garantien[45] auch in solchen Bereichen, in denen die regelmäßige Präsenz von Polizeivollzugsbeamten mit unverhältnismäßigem Aufwand verbunden wäre. Auch die Auswahl der beliehenen Personen erweist sich als sachgerecht. Denn der Kapitän und der Flugzeugführer bieten aufgrund ihrer berufsspezifischen Kompetenz die größte Gewähr für eine sachgemäße Ausübung der hoheitlichen Befugnisse.

Die Polizeifreiwilligen erhalten wie die Beliehenen die öffentlich-rechtliche Gefahrenabwehr in Situationen aufrecht, in denen reguläre Polizeivollzugsbeamte vorübergehend nicht verfügbar sind. Anders als die Beliehenen treten die Polizeifreiwilligen aber nicht selbständig in eigenem Namen auf[46], sondern bilden einen Teil des Polizeivollzugsdienstes. Da dieser an sich präsent ist, besteht kein Bedarf, die hoheitliche Gewalt durch Einzelpersonen selbstständig vertreten zu lassen. Vielmehr geht es darum, beständig eine Personalreserve zur Verfügung zu haben, und so jederzeit die volle Leistungsfähigkeit des Polizeivollzugsdienstes aufrecht erhalten zu können. Um diese Hilfskräfte bei der Ausübung der ihnen übertragenen Befugnisse ebenso wie die Berufsbeamten in eine besondere Treueverpflichtung gegenüber dem Staat einzubinden, erscheint das Ehrenamt als die geeignetste rechtliche Ausgestaltung. Es trägt gleichermaßen dem nebenberuflichen Engagement der Polizeifreiwilligen und dem Bedürfnis des Staates nach einer Vertrauensgrundlage für die Übertragung weitreichender polizeilicher Befugnisse Rechnung. Entsprechend hat der Gesetzgeber mit § 6 Abs. 2 S. 2 FPDG den Polizeifreiwilligen gerade die Verhaltenspflichten auferlegt, die im Beamtenrechtsverhältnis die neutrale und rechtsstaatliche Ausübung der Befugnisse sicherstellen. § 6 Abs. 2 FPDG nennt ausdrücklich "die beamtenrechtlichen Vorschriften über die Treuepflichten, die Amtsverschwiegenheit, die Annahme von Belohnungen sowie die Verpflichtung zum Schadensersatz und Rückgriff". Daß die übrigen Bindungen an die Hilfspolizisten lockerer geknüpft sind[47], entspricht dem nebenberuflichen Charakter der Einrichtung, deren Mitglieder nicht wie die Berufsbeamten von ihrem Dienstherrn abhängig sind. Auch wenn das FPDG nicht ausdrücklich von einem Dienst- und Treueverhältnis eigener Art spricht, hat der Gesetzgeber den Freiwilligen Polizeidienst der Sache nach so weit als möglich und sinnvoll an das Rechtsverhältnis zwischen Staat und Berufsbeamten angeglichen.

---

[45] HEESEN-HÖNLE Rn. 4 zu § 47 BGSG; MICHAELIS, S. 87 f.; WOLFF-BACHOF-STOBER Rn. 3.

[46] Für die Abgrenzung vom Beliehenen auch KLEIN, VBlBW 1964, S. 1 f.

[47] Das gilt für die erleichterte Beendigung des Dienstverhältnisses gemäß §§ 8 f. FPDG. Auch auf die Alimentationspflicht, von der gemäß § 7 FPDG nur mehr ein Aufwendungs- und Verdienstausfallersatz übrigbleibt, kommt es hier nicht maßgeblich an.

Allein aus Art. 33 Abs. 4 GG ergibt sich insofern kein Grund, den Hilfspolizisten die Befugnis zum Schußwaffengebrauch vorzuenthalten. Denn nur wenn die Personalreserve während ihrer Einsätze die ausgefallenen oder anderweit gebrauchten Beamten in jeder Hinsicht ersetzen kann, ist deren Zweck konsequent erfüllt.

Für die Ausnahme vom Funktionsvorbehalt besteht insofern ein sachlicher Grund, der auch die erhebliche Auflockerung der persönlichen Bindung zwischen Dienstherrn und Hilfspolizisten rechtfertigt.

bb. Rechtsstaatliche Bedenken gegen die unzureichende Schießausbildung der Polizeifreiwilligen: Der Funktionsvorbehalt bietet freilich nur eine formale Absicherung. Vor allem bietet er keine Gewähr dafür, daß die ehrenamtlich tätigen Hilfspolizisten die ihnen anvertrauten Schußwaffen im Sinne des Polizeigesetzes gebrauchen. Dieses auf den ersten Blick rein praktische Problem hat, genauer betrachtet, jedoch erhebliche rechtsstaatliche Konsequenzen für die Umsetzung der rechtsstaatlichen Garantien in die Praxis. Denn im Einzelfall hängt diese allein davon ab, daß der Polizist trotz der großen Belastung bei der Konfrontation mit dem Störer eine sachliche Entscheidung für oder gegen den Schußwaffengebrauch zu treffen vermag. Wenn die Amtswalter dazu außerstande sind, bleiben die Vorschriften der Polizeigesetze Programmsätze; der Waffengebrauch wird dann nicht vom Gesetz, sondern vom Zufall gelenkt.

Die Gefahr von unbeabsichtigten Schüssen[48] und Kurzschlußentscheidungen läßt sich auch bei erfahrenen Berufsbeamten keinesfalls ausschließen. Als besonders verhängnisvoll erwies sich das Vorgehen zweier Zivilbeamter, die im Juni 1999 im Anschluß an einen öffentlichen Fahndungsaufruf nach einem bundesweit gesuchten Mörder von einem Hotelier alarmiert wurden. Ohne die Angaben, die der verdächtigte Tourist auf dem Meldezettel des Hotels gemacht hatte, auf ihre Richtigkeit hin zu überprüfen, erschossen die Beamten den Mann, der sich, von dem nächtlichen Auftauchen der Zivilbeamten erschreckt, in seinem Hotelzimmer verbarrikadiert hatte[49].

---

[48] Eine sportwissenschaftliche Studie hat die Zusammenhänge zwischen hoher Anspannung und unwillkürlichen Bewegungsabläufen dargelegt, die – ohne daß es den Beamten bewußt ist – zum Auslösen eines Schusses führen. Dabei hat sich herausgestellt, daß schon die Bewegungen, mit denen jemand einen Gleichgewichtsverlust aufzufangen versucht oder im Augenblick großer Anspannung einen festen Gegenstand anpackt, ausreichen können, um bei ungesicherter Waffe den Auslöser zu betätigen. Als Korrektiv für diese Reflexbewegungen weist die Studie auf ein Training hin, das ein bewußtes Lenken und die Koordination von Bewegungsabläufen fördert. HEIM, S. 16 - 21, 46, 61 - 66

[49] Zum Hergang dieses Falles FAZ vom 29. Juni 1999.

Selbst die sorgfältigste Ausbildung vermag menschliches Versagen nicht auszuschließen. Sie kann allenfalls den Grundstock für die spätere eigene Erfahrung legen. Um so wichtiger ist es deshalb, daß die Schießausbildung so weit als möglich auf das Zusammentreffen mit gewalttätigen Störern vorbereitet[50]. Es reicht offenkundig nicht aus, die rechtlichen Voraussetzungen theoretisch zu beherrschen und treffsicher zu schießen. Das eigentliche Ziel der heute praktizierten sogenannten „Nicht Schieß-Ausbildung“ geht weiter: Sie soll es den Beamten gerade in einer „Notwehrlage“ ermöglichen, die Chancen zum Gebrauch milderer Zwangsmittel zu erkennen, damit der Schußwaffengebrauch tatsächlich nur als ultima ratio zum Zuge kommt[51]. Die Schießtechnik und die Kenntnis der einschlägigen rechtlichen Vorschriften stehen dazu in demselben Verhältnis wie die Etüden und Harmonielehre zur anspruchsvollen Solosonate: Sie bilden die unerläßliche, immer wieder zu übende Voraussetzung für den sicheren Umgang mit der Waffe. Im wesentlichen kommt es aber darauf an, den Ablauf der Lage zu erfassen und rechtzeitig die Gelegenheiten zur Gefahrenabwehr mit milderen Mitteln zu erkennen und zu nutzen. Hierfür müssen die künftigen Beamten Erfahrung im Umgang mit möglichst vielen verschiedenen Lagen sammeln. Mit dem Auswendiglernen schematisierter Handlungsabläufe ist es nicht getan.

Während die niederländischen Polizeifreiwilligen eine zweijährigen Vorbereitung absolvieren[52], verfügen die Hilfspolizisten in Baden-Württemberg allenfalls über einen Bruchteil des regulären Ausbildungsstandes, den die Berufsbeamten mitbringen. Obwohl die Polizeifreiwilligen sogar an der Schießausbildung der Berufsbeamten teilnehmen, macht die Fülle des Lernprogramms die fehlende Einübung in den Umgang mit den besonderen, von einem Gewalttäter ausgehenden Gefahren nicht wett. Auch die gesetzliche Verpflichtung zur Fortbildung gemäß § 6 Abs. 2 Nr. 1 FPDG gleicht dieses Defizit nicht aus. Die Polizeifreiwilligen handeln zwar bei einem Einsatz nie selbständig[53]. Aber gerade § 1 Abs. 3 FPDG öffnet den Polizeifreiwilligen mit dem Streifendienst Handlungsbereiche, in denen die Wahrscheinlichkeit von Zusammenstößen mit gewalttätigen Straftätern und die Gefahr von Kurzschlußhandlungen selbst für Berufsbeamte besonders groß ist. Immer wieder kommt es bei scheinbaren

---

[50] Zu dem Problem unter dem Gesichtspunkt der Eigensicherung OHLSEN, Die Polizei 1985, S. 13 ff., 17 f.; POKOJEWSKI, BePo heute 1993, S. 246 ff., 247, 250.

[51] OHLSEN, Die Polizei 1985, S. 16.

[52] Wie das bereits zitierte Beispiel des Niederländischen Freiwilligen Polizeidienstes zeigt, ist es in der Praxis durchaus möglich, den künftigen Hilfspolizisten eine derartig lange Lehrzeit abzuverlangen, MANDALKA, S. 80 f. Von der sorgfältigeren Vorbereitung auf den Einsatz ganz abgesehen hat diese lange Dauer auch den Nebeneffekt, solche Kandidaten abzuschrecken, denen es allein um das uniformierte Auftreten und die Dienstpistole geht.

[53] TEUFEL, S. 7 f.; WALTER, S. 41-44.

Routineeinsätzen zu tödlichen Zwischenfällen, weil sich die Beamten zu früh oder gar nicht zum Gebrauch der Waffe entschließen. Die beiden hier zitierten Beispielfälle dürften dies hinreichend belegen:

- Im November 1998 wurden Streifenbeamte in eine Wohnung gerufen, in der ein Geistesgestörter seinen Bruder bedrohte, weil dieser ihn von dem beabsichtigten Selbstmord abzuhalten versuchte. Während die Beamten außerhalb der Wohnung auf die angeforderte Unterstützung warteten, eskalierte die Lage: Auf die Hilferufe des Bruders hin brachen die Beamten die Wohnungstüre auf und standen dem mit einem großen Messer bewaffneten Tobsüchtigen gegenüber; eine Beamtin schoß daraufhin zur Selbstverteidigung, wobei sie nicht nur den Angreifer, sondern auch dessen Bruder tötete, der plötzlich aus einem der Zimmer trat[54].
- Im Dezember 1998 kam es anläßlich eines Einbruchs in einem Supermarkt zum Mord an einem Polizisten. Nachdem der 16jährige Einbrecher zunächst den Polizeihund erstochen hatte, betraten die Beamten den Laden. Dort fügte der Einbrecher einem der Beamten tödliche Stichverletzungen zu, bevor der andere Kollege auf den Täter schoß[55].

Bei solchen Auseinandersetzungen wie den hier beschriebenen bliebe keine Zeit dazu, Polizeifreiwillige in ihre Aufgaben einzuweisen. Sie blieben vielmehr gerade in den Lagen, in denen es auf die ultima ratio der Zwangsmittel ankommt, mit einer Entscheidung allein, für die ihnen das nötige Rüstzeug fehlte. Wenn es freilich schon für die Beamten trotz ihrer Ausbildung keine Gewißheit gibt, im kritischen Moment eine vertretbare Entscheidung zu treffen und fehlerfrei auszuführen, muß das erst recht für die Polizeifreiwilligen gelten. So verständlich Kurzschlußreaktionen sind, erhöht die Ermächtigung der Hilfspolizisten dieses unvermeidliche Risiko von Fehlreaktionen in unverantwortlicher Weise. Wenn die im Gesetz verankerten rechtsstaatlichen Garantien in Form von reflektierten und ausgewogenen Einzelfallentscheidungen Früchte tragen sollen, muß die Zuständigkeit für den Schußwaffengebrauch den dafür speziell ausgebildeten Polizeivollzugsbeamten vorbehalten bleiben.

Sollte es, was bisher noch nicht vorgekommen ist, zum Schußwaffengebrauch eines Polizeifreiwilligen kommen, wird ein rechtmäßiger und erfolgreicher Einsatz der Waffe nicht deshalb zu einer Grundrechtsverletzung, weil ein Polizeifreiwilliger gehandelt hat. Ebenso wenig wird ein rechtswidriger Schußwaffengebrauch dadurch geheilt, daß ein Beamter ihn abgegeben hat. Die Frage der hinreichenden Qualifikation kann jedoch im Rahmen eines Amtshaftungs-

---

[54] Zu diesem Vorfall FAZ vom 31. November 1998.

[55] Zu diesem Vorfall FAZ vom 12. Dezember 1998.

rechtsstreites zum Tragen kommen, wenn es um das Verschulden, zumal um das Auswahlverschulden, eines Vorgesetzen geht, der unerfahrene Hilfspolizisten für den Streifendienst eingeteilt und damit überfordert hat.

d. Fazit

Die Bedenken gegen die Befugnis der Polizeifreiwilligen zum Schußwaffengebrauch stellen keineswegs die gesamte Institution des Freiwilligen Polizeidienstes in Frage. Soweit die Hilfskräfte im Dienst gleichwertige Leistungen erbringen wie die Vollzugsbeamten, ist die Teilhabe an deren Befugnissen sinnvoll. Das gilt insbesondere für personalintensive Dienste wie die Verkehrsregelung und die Präsenz bei Fußballspielen oder Faschingsumzügen. Wenn man den Polizeifreiwilligen hier die sachlich indizierten Anordnungs- und Zwangsbefugnisse vorenthielte, könnten sie allenfalls noch Berufsbeamte als Handlanger begleiten. Ihr Einsatz wäre dadurch erheblich ineffizienter. Wann und in welcher Form der Einsatz der Polizeifreiwilligen sinnvoll ist, hängt vom Einzelfall ab: Wenn die Polizei bei einem Fußballspiel von vornherein mit gewalttätigen Hooligans rechnen muß, wird sich der Beitrag der Hilfspolizisten auf die Unterstützung der regulären Beamten bei Fahr- und Bürodiensten „hinter den Kulissen" beschränken. Bei friedlichen Großveranstaltungen, wie sie vom Kirchentag bis zum Karnevalsumzug regelmäßig stattfinden, ermöglichen es die §§ 1 Abs. 4 und 6 Abs. 2 FPDG, den Einsatz mit den Polizeifreiwilligen unter der Führung erfahrener Berufsbeamter zu bestreiten. Die Polizeifreiwilligen dürfen dann auch das Abschleppen von Falschparkern verfügen oder Gaffern einen Platzverweis erteilen, wenn diese z. B. die erforderliche An- und Abfahrt von Rettungsfahrzeuge behindern.

Beim Schußwaffengebrauch[56] stößt die nach außen gleichberechtigte Eingliederung der Hilfskräfte in den Polizeivollzugsdienst jedoch an ihre Grenzen. Die Befugnis zum hoheitlichen Schußwaffengebrauch muß deshalb beamtenfest bleiben. Es empfiehlt sich, § 1 Abs. 4 FPDG nach dem Muster des § 63 Abs. 3 BGSG zu ändern und den Polizeifreiwilligen die Befugnis zum Schußwaffengebrauch ausdrücklich zu versagen. Sinnvollerweise sollte der Gesetzgeber den Polizeifreiwilligen zudem die Teilnahme am Streifendienst ersparen. Denn solange die Polizeifreiwilligen Dritten gegenüber den Polizeivollzugsbeamten gleichgestellt sind, entschuldigen ihre fehlende Ausbildung und Erfahrung im Umgang mit der Schußwaffe keinen Fehler. Sie sind vielmehr ein zwingender Grund dafür, die Polizeifreiwilligen von der Befugnis zum Schußwaffenge-

[56] Die rechtlichen Bedenken wegen der fehlenden Qualifikation zum Schußwaffengebrauch treffen auch auf die Freiwillige Polizeireserve in Berlin zu. Deren Aufgaben konzentrieren sich zwar auf den Objektschutz. Die Bedenken gegen die Kompetenz der Hilfspolizisten zum Schußwaffengebrauch ergeben sich jedoch unabhängig vom Umfang des möglichen Anwendungsbereiches aus dem Ausbildungsdefizit gegenüber den Polizeivollzugsbeamten, an dem auch die Berliner Polizeireserve nichts zu ändern vermag.

brauch a limine auszuschließen. Es kann nicht das Risiko der betroffenen Grundrechtsträger sein, ob ihnen ein routinierter Beamter oder ein unerfahrender Polizeifreiwilliger gegenüber steht.

II. Der Schußwaffengebrauch im Rahmen des Verwaltungszwangs

Der Schußwaffengebrauch dient dazu, den Zweck des polizeilichen Einschreitens – sei es präventiver oder repressiver Natur – auch gegen den gewaltsamen Widerstand des Adressaten zu erreichen. Bevor sich die Untersuchung den Einzelheiten des Schußwaffengebrauchs zuwendet, soll dargestellt werden, wie sich diese Maßnahme in das Verwaltungsvollstreckungsverfahren als Ganzes einfügt und wie er sich zu den übrigen Zwangsmitteln verhält.

1. Die Ermächtigungsgrundlagen des Verwaltungszwangs

Die §§ 57 ff. PolG unterscheiden grundsätzlich nicht, zu welchem Zweck die Polizeivollzugsbeamten unmittelbaren Zwang gebrauchen. Sie setzen die Zulässigkeit des Zwangs voraus und betreffen nur noch dessen Modalitäten. Die Ermächtigungen zum präventiven unmittelbaren Zwang finden sich in § 50 PolG und in § 55 des nordrhein-westfälischen Verwaltungsvollstreckungsgesetzes.

Hingegen ist fraglich, aufgrund welcher Ermächtigung die Polizeivollzugsbeamten bei der Wahrnehmung ihrer von § 163 StPO übertragenen Aufgaben repressiven Zwang anwenden. Während das Strafvollzugsgesetz nicht allein eine hinreichende Ermächtigung, sondern auch eine explizite Regelung des Schußwaffengebrauchs enthält, sucht man in der Strafprozeßordnung vergeblich nach einer solchen Ermächtigung.

Dieses Fehlen stellt gewissermaßen eine Alterserscheinung des Gesetzes dar. Als vorkonstitutionelles Gesetz ging die Strafprozeßordnung von der Prämisse aus, daß die Ermächtigung zur Grundverfügung immer die Ermächtigung zu deren Vollzug beinhaltet[57]. Diese stillschweigende Ermächtigung ist mit dem Vorbehalt des Gesetzes, wie er heute verstanden wird, nicht mehr zu vereinbaren. Dies gilt insbesondere im Zusammenhang mit repressiven Maßnahmen der Strafverfolgung, die wie die Festnahme oder die körperliche Untersuchung stets mit Eingriffen verbunden sind, die über den ursprünglichen Eingriff hinausgehen. Am deutlichsten wird dies beim unmittelbaren Zwang zum Zweck der Festnahme beziehungsweise zur Verhinderung eines Ausbruchs. Zwar erlaubt § 127 Abs. 2 StPO die Festnahme, sagt aber nichts dazu, ob und mit welchen

---

[57] Ganz deutlich ist diese in § 89 Einl. ALR zu Ausdruck gekommen, der den Grundsatz beinhaltet: „Wem die Gesetze ein Recht geben, dem bewilligen sie auch die Mittel, ohne welche dasselbe nicht ausgeübt werden kann“.

Mitteln die Beamten einen flüchtigen Straftäter auch gewaltsam festhalten dürfen. Insofern erweist sich die Strafprozeßordnung in einem entscheidenden Punkt als lückenhaft. Ob und wie diese gefüllt werden kann, ist nach wie vor umstritten.

Während PAEFFGEN[58] davon ausgeht, daß die Strafprozeßordnung eine endgültige Regel getroffen hat, die keinen Raum mehr für Ergänzungen durch das Landesrecht läßt, vertritt die herrschende Meinung unterstützt durch die Rechtsprechung die gegenteilige Ansicht. Danach ist die Strafprozeßordnung nicht nur lückenhaft; mit unterschiedlichen Begründungen werden die Vollstreckungsermächtigungen der Landesgesetze für anwendbar erklärt. Teils gilt die Materie Verwaltungsvollstreckung von vornherein gem. Abs. 70 GG als Domaine der Länder[59], teils wird davon ausgegangen, daß die Länder die Lücke mit eigenen Vorschriften füllen können. Auf dem Boden einer strengen Ansicht gelangt man zu dem Ergebnis, daß repressiver unmittelbarer Zwang mangels einer hinreichenden Ermächtigungsgrundlage verfassungswidrig ist. Das scheint freilich mit dem Sinn der Strafprozeßordnung und der Vorstellung des Gesetzgebers kaum vereinbar. Denn der Gesetzgeber wollte die Vollstreckung von Verfügungen. Er brachte das nur deshalb nicht mit der heute gebotenen Deutlichkeit zum Ausdruck, weil sich diese Konsequenz praktisch von selbst verstand. Durch den verfassungsrechtlichen Paradigmenwechsel wurde die Strafprozeßordnung im Nachhinein lückenhaft.

Diese Lücke im Bundesrecht muß jedoch nicht unbedingt durch den Rückgriff auf das Gesetz über den unmittelbaren Zwang, geschlossen werden[60]. Abgesehen davon, daß dieses UZwG die Ermächtigung zu unmittelbarem Zwang voraussetzt, so daß für die Lückenfüllung nach Maßgabe des Bundesrechts eine zweifache Analogie beim Verwaltungsvollstreckungsgesetz und beim Gesetz über den unmittelbaren Zwang notwendig würde, zählen beide zu den eigens für die bundeseigene Verwaltung ergangenen Gesetzen. Ihren Anwendungsbereich auf die Länder auszudehnen, widerspräche dem grundsätzlichen Vorrang der Länder in Verwaltungsangelegenheiten. Da diese Bundesrecht gem. Art. 83 GG grundsätzlich als eigene Angelegenheiten ausführen, erscheint die herrschende Meinung plausibel, nach der die fehlende Vollstreckungsermächtigung im Landesrecht verankert ist.

Repressive wie präventive Vollstreckungsmaßnahmen der Polizei beruhen deshalb gleichermaßen auf § 50 PolG.

---

[58] PAEFFGEN, in SK-StPO, Rn. 31; so auch HARBS, Die Polizei 1962, S. 333, 334; MEIXNER, § 45 HSOG, Rn. 5; SCHOLLER/BROSS, S. 163; SEEBODE, MDR 1976, S. 537 ff.; SYDOW, ZRP 1977, S. 119, 120 ff.

[59] So RIEGEL, BayVBl 1977, S. 682, 685; SCHENKE, JR 1970, S. 48, 52.

[60] So aber BORCHERT, JA 1982, S. 338, 345 f.

2. Der Zusammenhang von Verwaltungszwang und Grundverfügung

Geht man davon aus, daß § 50 PolG und § 55 VwVG die Ermächtigung für den präventiven wie den repressiven Zwang enthält, ist – wenn man sich auf den Schußwaffengebrauch der Polizei als den eigentlichen Untersuchungsgegenstand beschränkt - § 50 PolG die Ausgangsvorschrift für den Überblick über das Zwangsverfahren. Diese Vorschrift unterscheidet zwei Arten von Vollstreckungsverfahren: Abs. 1 regelt das sogenannte gestreckte Verfahren, in dem die Beamten einen tatsächlich ergangenen Verwaltungsakt vollstrecken; gem. Absatz 2 darf die Polizei in Eilfällen aber auf einen offensichtlich ineffektiven Grundverwaltungsakt verzichten und im Wege des Sofortvollzugs verhindern, daß der Störer vollendete Tatsachen schafft. Der Rechtsschutz wird in diesem Fall zwar nicht aufgehoben, aber zurückgestellt[61]. Unaufschiebbare Maßnahmen der Gefahrenabwehr dürfen daher vollzogen werden, sobald sie auf Widerstand stoßen.

a. Das gestreckte Verfahren gem. § 50 Abs. 1 PolG

Das gestreckte Verfahren nimmt nicht wesentlich mehr Zeit in Anspruch als der Sofortvollzug; beim Schußwaffengebrauch ist es sogar der gesetzliche Regelfall. Es unterscheidet sich, und das ist für die spätere Frage des statthaften Rechtsschutzes ausschlaggebend, vom Sofortvollzug dadurch, daß hier die zu vollstrekkende polizeiliche Grundverfügung tatsächlich ergeht.

Gem. § 50 Abs. 1 PolG dürfen die Beamten mit der Vollstreckung dieser Grundverfügung beginnen, wenn diese entweder unanfechtbar geworden ist oder wenn ein Rechtsmittel gegen sie keine aufschiebende Wirkung hat. Beim Handeln der Polizei aufgrund des Polizeigesetzes kommt der ersten Alternative praktisch keine Relevanz zu. Denn schon die konkrete Gefahr i. S. von § 8 PolG, erfüllt die Voraussetzungen des § 80 Abs. 2 Nr. 2 VwGO und läßt wegen Unaufschiebbarkeit der Maßnahme den Suspensiveffekt eines Rechtsmittels entfallen[62]. Die Vorschriften über die Standardmaßnahmen gehen häufig sogar darüber noch hinaus und verlangen eine gesteigerte Gefahr. Dasselbe gilt für die Notzuständigkeit gem. § 1 Abs. 1 Satz 3 PolG, wenn die Polizeivollzugsbeamten bei Gefahr im Verzug anstelle von Ordnungsbehörden einschreiten. Auch bei der Wahrnehmung der von

---

[61] Der Störer kann zwar nicht verhindern, daß die Maßnahme durchgesetzt wird und Fakten geschaffen werden; er kann aber im Wege der Fortsetzungsfeststellungsklage entspr. zu § 113 Abs. 1 S. 4 VwGO die Maßnahme nachträglich überprüfen lassen. Zwar führt der Vollzug als solcher nicht zur Erledigung. In aller Regel erledigt sich aber der Verwaltungsakt durch Zeitablauf, sobald die konkrete Gefahrenlage aufgehoben ist. Der Betroffene kann statt dessen auch vor den ordentlichen Gerichten einen Staatshaftungsanspruch geltend machen, wenn ihm ein Schaden entstanden ist, was beim Vollzug durch den Schußwaffengebrauch beinahe zwangsläufig der Fall ist.

[62] TEGTMEYER, Rn. 6 zu § 50.

§ 11 POG übertragenen Aufgaben[63] können die Beamten vom Erlaß der Grundverfügung unmittelbar zu deren Vollstreckung übergehen, wenn sie ein vorrangiges Interesse an der sofortigen Vollziehung i. S. § 80 Abs. 2 Nr. 4 VwGO haben. Insbesondere bei versammlungsrechtlichen Maßnahmen wird dies regelmäßig der Fall sein, wenn eine Versammlung außer Kontrolle gerät und die innere Sicherheit, also auch die Sicherheit der Nichtdemonstranten, in schwerwiegender Weise gefährdet wird.

Das bedeutet: die Maßnahmen der Polizeivollzugsbeamten zur Gefahrenabwehr sind unmittelbar mit ihrer Bekanntgabe vollstreckbar. Ein weiterer Beschleunigungseffekt tritt mit § 56 Abs. 2 PolG hinzu. Dieser gestattet, die Androhung der Vollstreckung mit der Grundverfügung zu verbinden. Da beim unmittelbaren Zwang die Festsetzung entfällt[64], ist der nächste Schritt bereits die Anwendung des Zwangsmittels. So gesehen läßt sich das gestreckte Verfahren gem. § 50 Abs. 1 PolG zu dem Ruf komprimieren: „*Halt* (= Grundverfügung), *oder ich schieße* (= Androhung)!"

Tatsächlich begegnet das gestreckte Verfahren gerade im Recht des Schußwaffengebrauchs häufiger, als es prima vista den Anschein hat. Insbesondere gilt dies für den Fall des finalen Rettungsschusses zur Geiselbefreiung. Auch stundenlange Verhandlungen zwischen der Polizei und dem Geiselnehmer ändern nichts an der Aufforderung, die Geiseln freizulassen und damit das störende Verhalten einzustellen[65]. Wenn es im Augenblick der Konfrontation von Geiselnehmer und Polizei zum finalen Rettungsschuß kommt oder das Sondereinsatzkommando den Angreifer auf andere Weise überwältigt, entfällt nicht die Grundverfügung, sondern gem. § 61 Abs. 1 Satz 2 und Abs. 2 PolG die Androhung unmittelbaren Zwangs, weil diese den Angreifer warnen und damit den gesamten Einsatz gefährden könnte[66].

---

[63] Diese Aufgaben der Kreispolizei aufgrund von § 11 POG umfassen die Straßenverkehrsüberwachung sowie Maßnahmen auf dem Gebiet des Versammlungs-, Waffen-, Munitions- und Sprengstoffwesens, sofern diese nicht gem. § 12 POG der Bezirksregierung zugewiesen sind. Das freilich ist nur im Bereich der Straßenüberwachung von Bundesautobahnen und denen gleichgestellten Straßen der Fall.

[64] Arg. § 51 Abs. 3 PolG, der nur die Androhung ausdrücklich anordnet; die Festsetzung hingegen erwähnt das Gesetz ausdrücklich nur im Zusammenhang mit dem Zwangsgeld. Das rechtfertigt den Schluß, daß es weder für die Ersatzvornahme noch für den unmittelbaren Zwang aufgrund des Polizeigesetzes auf eine Festsetzung der Zwangsmittel ankommt. Zu der Unnatürlichkeit einer solchen Festsetzung auch RACHOR, in LISKEN-DENNINGER, Rn. 522.

[65] Da keine Standardmaßnahme einschlägig ist, stellt die Aufforderung der Polizei, aufzugeben und die Geiseln freizulassen, in der Tat eine Maßnahme aufgrund der Generalklausel des § 8 PolG dar.

[66] Vgl. RACHOR, in LISKEN-DENNINGER, Rn. 484.

b. Der Sofortvollzug gem. § 50 Abs. 2 PolG

§ 50 Abs. 2 PolG erlaubt die sofortige Anwendung von Zwangsmitteln, wenn das zur Abwehr einer gegenwärtigen Gefahr notwendig ist und Maßnahmen gegen den Polizeipflichtigen ineffektiv wären, weil sie „nicht oder nicht rechtzeitig möglich sind oder keinen Erfolg versprechen". Damit trägt der Sofortvollzug den Fällen Rechnung, in denen die Polizei ihre Grundverfügung entweder überhaupt nicht bekannt machen kann, oder in denen durch das Verhalten des Störers eine Bekanntmachung offenkundig sinnlos wird.

Die erste Alternative, bei der die Grundverfügung dem Adressaten nicht oder nicht rechtzeitig zugestellt werden kann, steht vor allem beim Einsatz der Waffe gegen Sachen, zumal gegen Tiere, im Vordergrund[67]. Typischerweise geht es um Situationen, in denen von einem kranken Tier eine gegenwärtige Gefahr ausgeht, die sich verwirklichen würde, bevor die Beamten den Tierhalter ausfindig gemacht haben. Die zweite Alternative hingegen erlaubt den Sofortvollzug auch dann, wenn sich der Adressat der Verfügung von vornherein widersetzt. Da die §§ 63 Abs. 2 und § 64 Abs. 1 PolG den Schußwaffengebrauch nur zur Abwehr von unmittelbar bevorstehenden Gewalttaten seitens des Adressaten zulassen, kommt für den Schußwaffengebrauch im Wege des Sofortvollzugs vor allem die zweite Alternative zum Zuge. Daß ein Verhaltensstörer anwesend, aber außerstande ist, die eigentliche Grundverfügung zur Kenntnis zu nehmen, kommt entweder bei bewußtlosen oder nicht ansprechbaren Gewalttätern in Betracht. Für die letzteren freilich findet auch § 50 Abs. 2 Alt. 2 PolG Anwendung, so daß man grundsätzlich zu dem Ergebnis gelangen kann, daß beim Schußwaffengebrauch gegen Personen der sofortige Vollzug aufgrund von § 50 Abs. 2 Alt. 2 PolG überwiegt. Eine aussichtslose Grundverfügung liegt nicht allein dann vor, wenn der Störer diese nicht befolgen würde. Erfolglos ist eine Maßnahme auch, wenn sie selbst den mit ihr verbundenen Zweck vereitelt und der Adressat, gewarnt durch die Aufforderung sich zu ergeben, erst recht handelt oder rechtzeitig fliehen könnte[68].

3. Die Bedeutung der Androhung als Verfahrensschritt beim unmittelbaren Zwang gem. § 61 PolG

Beim unmittelbaren Zwang verkürzt sich das normalerweise dreistufige Vollstreckungsverfahren auf die Androhung und Anwendung unmittelbaren Zwangs.

Die Androhung wird im Polizeigesetz an zwei Stellen geregelt. § 56 PolG trifft eine allgemeine Regelung für den Verwaltungszwang; § 61 PolG verschärft namentlich für den Schußwaffengebrauch diese Regelungen für die Anwendung

---

[67] Statistisch kommt es weitaus häufiger zum Schußwaffengebrauch gegen Tiere, als gegen Menschen, so daß die praktische Bedeutung dieses Falls nicht unterschätzt werden darf.

[68] Vgl. RACHOR, in LISKEN–DENNINGER, Rn. 484.

unmittelbaren Zwangs. Während es gem. § 56 Abs. 3 PolG ausreicht, unmittelbaren Zwang als solchen anzukündigen[69], was der Polizei dann bei der späteren Auswahl der Zwangsmittel einen gewissen Spielraum läßt, verlangt § 61 Abs. 1 PolG, unmittelbaren Zwang ausdrücklich als solchen anzudrohen. Daneben soll eine nachdrückliche Androhung für sich genommen den Störer hinreichend beeindrucken und zum Gehorsam veranlassen.

§ 61 Abs. 1 S. 3 PolG erlaubt es, diese Abschreckungswirkung zu verschärfen und die Androhung durch einen Warnschuß zu ersetzen. Der Warnschuß hat offenkundige Vorteile: er ist durchdringender als die menschliche Stimme und bringt die Ernsthaftigkeit der Androhung unmißverständlich zum Ausdruck.

Allerdings liegen die Probleme eines Warnschusses auf der Hand: Er erfolgt ohne weitere Erklärung seitens der Beamten, so daß er zumal dann, wenn die Beamten gegen mehr als einen Störer vorgehen, nicht ohne weiteres auf den eigentlichen Adressaten bezogen werden kann. Zudem kann sich die beschriebene Abschreckungswirkung in ihr Gegenteil verkehren und zum Auslöser für gewalttätige Ausschreitungen werden. Wegen dieser unvorhersehbaren Wirkung des Warnschusses erweist sich ein taktisch eingesetzter Warnschuß, dem kein scharfer Schuß auf eine Person folgen soll, als riskant. Selbst wenn man die möglichen Eskalationswirkungen des Schusses im Einzelfall ausschließen könnte, würde ein solch verselbständigter Gebrauch auf die Dauer die Glaubwürdigkeit der Androhung als Verfahrensschritt untergraben und sie insgesamt wirkungslos machen.

Diesen im Gesetzeswortlaut angelegten Problemen begegnet die Verwaltung durch eine entsprechende Selbstbeschränkung beim Umgang mit der Androhung insgesamt und dem Warnschuß im Besonderen. Danach erlaubt die einschlägige Verwaltungsvorschrift, VVPolG 61.11, die Androhung des Schußwaffengebrauchs und damit auch den Warnschuß, nur, wenn der Waffengebrauch tatsächlich zulässig ist. Wenn es zum Warnschuß kommt, gelten zudem besondere Vorsichtsmaßregeln: der Beamte muß den Schuß senkrecht in die Luft abfeuern, damit das Geschoß eine möglichst schmale Flugbahn beschreibt und nahe bei der Abschußstelle in den Boden einschlägt[70].

Auch wenn die Verwaltungsvorschrift weder eine Außenwirkung, noch gar eine drittschützende Außenwirkung zugunsten möglicher Adressaten entfaltet, sind die Regelungen für die Beamten verbindlich. Verstöße gegen die internen Regelungen führen zu Disziplinarverfahren. Von daher korrigiert die Selbstbeschränkung seitens der Behörde die gesetzliche Regelung nach und schränkt,

---

[69] RACHOR, in LISKEN–DENNINGER, Rn. 516. Dagegen BGH MDR 1975, S. 1006, offengelassen in OVG Münster NVwZ 1991, S. 242.

[70] Dabei ist zu bedenken, daß ein Geschoß beim Aufprall auf einer harten Asphaltstraßendekke ebenfalls zurückschlägt. Ein Warnschuß ist deshalb nicht a priori harmlos.

sofern es keinen sachlich zwingenden Grund für die Abweichung von den Regeln gibt, den Schußwaffengebrauch ein.

III. Der Schußwaffengebrauch als ultima ratio des Verwaltungszwangs

Während § 50 PolG die Voraussetzungen für den Verwaltungszwang als solchen geregelt hat, geht es nunmehr jetzt um die Frage, wann und in welcher Erscheinungsform unmittelbarer Zwang in Betracht kommt. Die Kriterien für die Auswahl des richtigen Zwangsmittels sind Zweckmäßigkeit und Verhältnismäßigkeit des jeweiligen Eingriffs. Dabei unterstreichen die §§ 55 Abs. 1 und 63 Abs. 1 PolG die Bedeutung des Übermaßverbotes, indem sie dem unmittelbaren Zwang und dem Schußwaffengebrauch den Platz einer ultima ratio unter den Zwangsmitteln zuweisen.

1. Das Verhältnis der einzelnen Zwangsmittel zueinander

Als ultima ratio kommt unmittelbarer Zwang nur in Betracht, wenn kein milderes Mittel greift. Es stellt sich deshalb die Frage, welche Anwendungsfälle neben der Ersatzvornahme und dem Zwangsgeld für den unmittelbaren Zwang „übrigbleiben". Als schwierig erweist sich dabei vor allem die Abgrenzung zwischen der sogenannten Selbstvornahme und dem unmittelbaren Zwang gegen Sachen.

a. Die Ersatzvornahme gem. § 52 PolG

Bei der Ersatzvornahme verrichten Polizeivollzugsbeamte oder von diesen beauftragte Unternehmer[71] die dem Störer aufgegebene Gefahrbeseitigung auf dessen Kosten. Im ersten Fall spricht man von der Selbst-, im zweiten von der Drittvornahme. Das setzt voraus, daß dem Störer eine vertretbare Handlung aufgegeben worden ist, bei der es auf den Erfolg der Handlung und nicht auf die Person des Handelnden ankommt[72]. Damit scheiden als Gegenstand der Ersatzvornahme alle Fälle aus, in denen die Polizei ein höchstpersönliches Handeln, ein Dulden oder Unterlassen verlangt. Daß Dritte ein störendes Verhalten unterlassen oder eine Maßnahme dulden, beendet die vom eigentlichen Störer aus-

---

[71] Dabei schließt die Polizei einen eigenen privatrechtlichen Vertrag mit dem Unternehmer ab. Ihn kann sie nicht hoheitlich in Anspruch nehmen, da er selbst nicht Störer ist und die Inanspruchnahme als Nichtstörer an der Subsidiarität des Notstandes scheitert. Einen Unternehmer, der die notwendige Handlung gewerbsmäßig ausführt, darf die Polizei nie als Nichtstörer in Anspruch nehmen, solange sie zulässigerweise im Wege der Ersatzvornahme gegen den eigentlichen Störer vorgehen kann.

[72] So VVPolG 52.1 Satz 2; vgl. RACHOR, in LISKEN–DENNINGER Rn. 490; TEGTMEYER, Rn. 1 zu § 52.

gehende Störung nicht. Typischerweise kommen Ersatzvornahmen gegen Zustandsstörer in Betracht.

Die Abgrenzung gegenüber dem unmittelbaren Zwang gegen Sachen kann Schwierigkeiten bereiten, wenn die Polizeivollzugsbeamten die von einer Sache ausgehende Gefahr beheben, indem sie dieselbe beseitigen. Während TEGTMEYER[73] auf die Vertretbarkeit des Handelns abstellt, fragt RACHOR[74] danach, ob die Art und Weise des polizeilichen Vorgehens mit dem identisch ist, was eigentlich der Verantwortliche hätte unternehmen sollen. Dabei betrachtet er ein Vorgehen schon dann als unmittelbaren Zwang, wenn sich die Polizisten bei der Vollstreckung der in § 58 PolG aufgeführten Gewaltmittel bedienen. Deshalb bleibt das Entfernen eines falsch parkenden Autos auch dann eine Ersatzvornahme, wenn es mit Hilfe eines Abschleppwagens geschieht, denn das Ergebnis entspricht dem, was der zustandspflichtige Störer selbst hätte tun sollen. Wenn die Polizei hingegen eine verschlossene Türe aufbricht, um einen dahinter verborgenen von ihr gesuchten Straftäter festzunehmen, wendet sie unmittelbaren Zwang gegen Sachen an. Bei der Tötung eines tollwütigen Tieres bedient sich die Polizei ihrer typischen Gewaltmittel, so daß schon nach rein äußerlichen Merkmalen unmittelbarer Zwang vorliegt.

b. Das Zwangsgeld gem. § 53 PolG

Das Zwangsgeld scheidet als Alternative zum Schußwaffengebrauch aus. Insbesondere wenn es auf diese härteste Form des Zwangs ankommt, liegt stets Gefahr im Verzug. Bei solch dringendem Handlungsbedarf kann aber eine Zahlungsfrist, wie sie bei der Auferlegung eines Zwangsgeldes immer einzuräumen ist, nicht in Frage kommen.

c. Der unmittelbare Zwang gem. § 55 PolG

Während „unmittelbarer Zwang“ beispielsweise in § 97 Abs. 5 KreisO 1872[75] noch als Auffangbegriff[76] verwendet wurde, unter den außer der physi-

---

[73] Vgl. TEGTMEYER, Rn. 9 f.

[74] Vgl. RACHOR, in LISKEN–DENNINGER, Rn. 493; ebenso DREWS-WACKE–VOGEL–MARTENS, S. 541; HAURAND, S. 136; anders GUSY, JA 1990, S. 296, 299, der darauf abstellt, wer den geschuldeten Zustand herstellt; wenn die Beamten ihn herstellen, handelt es sich um Ersatzvornahme, wenn der Polizeipflichtige es gezwungenermaßen tut, beziehungsweise wenn er gezwungenermaßen die Herstellung duldet, handelt es sich um unmittelbaren Zwang.

[75] Kreisordnung für die Provinzen Preußen, Brandenburg Pommern, Posen, Schlesien und Sachsen vom 13.12.1872 Gesetz-Sammlung, S. 661.

[76] Vgl. GÖTZ, Rn. 392.

schen Einwirkung auch der heutige Sofortvollzug[77] fiel, bezeichnet das Gesetz heute nur noch die erste Lesart des Begriffs als unmittelbaren Zwang. Nach der Legaldefinition in § 58 Abs. 1 PolG ist unmittelbarer Zwang „die Einwirkung auf Personen oder Sachen durch körperliche Gewalt, ihre Hilfsmittel und durch Waffen“[78]. Während die Ersatzvornahme und das Zwangsgeld in erster Linie finanzielle Einbußen bewirken, so daß deren Androhung an den Geldbeutel des Störers appelliert und ihm den „Preis“ weiteren Ungehorsams vor Augen hält, setzt sich unmittelbarer Zwang gewaltsam über den Willen des Störers hinweg und wendet die Gefahr mit vis absoluta ab.

Unmittelbarer Zwang kommt unabhängig davon, ob vertretbares oder unvertretbares Handeln, ein Dulden oder Unterlassen erzwungen werden soll, in Betracht. Sofern sich beim Erzwingen vertretbaren Handelns die Anwendungsbereiche der Ersatzvornahme und des unmittelbaren Zwangs überschneiden, tritt der unmittelbare Zwang hinter dem milderen Zwangsmittel der Ersatzvornahme zurück. Genuine Einsatzbereiche des unmittelbaren Zwangs sind hingegen die Erzwingung unvertretbaren und unaufschiebbaren Handelns oder dessen sofortige Verhinderung. Da dies sowohl auf die meisten Standardmaßnahmen[79] wie auf die Anordnung zutrifft, Angriffe auf einen Dritten einzustellen, erweist sich der unmittelbare Zwang als das typische Zwangsmittel der Vollzugspolizei. Die Ersatzvornahme und das Zwangsgeld werden dadurch nicht bedeutungslos; sie zählen aber in erster Linie zum Repertoire der Ordnungsverwaltung[80].

2. Die Erscheinungsformen des unmittelbaren Zwangs

§ 58 PolG zählt die drei Erscheinungsformen des unmittelbaren Zwanges auf: die körperliche Gewalt, die Hilfsmittel körperlicher Gewalt und Waffen. Auch unter diesen gibt das Übermaßverbot die Rangfolge vor. Gem. § 63 Abs. 1 S 1 PolG bleibt der Schußwaffengebrauch ultima ratio.

a. Die körperliche Gewalt i. S. von § 58 Abs. 2 PolG

Körperliche Gewalt i. S. von § 58 Abs. 2 PolG ist "jede unmittelbare körperliche Einwirkung auf Personen oder Sachen". Der Polizist kann Arme, Beine oder seinen ganzen Körper einsetzen, um einen Störer abzuwehren oder festzuhalten. Diese Generalklausel läßt den Beamten den Spielraum, um ihre Kraft und Geschicklichkeit so effektiv als möglich einzusetzen. Rein körperliche Ge-

---

[77] S. dazu oben unter II 1a bb. Hierzu auch O. MAYER, Verwaltungsrecht, S. 288 ff., mit Hinweis in Fn. 1 auf die Gegenüberstellung von ummittelbarem Zwang in Pr.OVGE 22, S. 421.

[78] Zu den Erscheinungsformen im einzelnen sogleich unter 2 in diesem Abschnitt.

[79] Vgl. KNEMEYER, Rn. 285.

[80] Vgl. GÖTZ, Rn. 312; KNEMEYER, Rn. 287.

walt wird sowohl beim sogenannten „Polizeigriff“ als auch bei Verteidigungs- und Kampfsportarten wie beispielsweise Karate angewandt. Ob sich allerdings Beamte bei Zusammenstößen mit Karate und anderen Techniken gegen unberechenbare und im Zweifel bewaffnete Angreifer durchsetzen werden, erscheint fraglich[81].

Körperliche Gewalt kommt auch dann zum Einsatz, wenn Polizeivollzugsbeamte eine Gruppe von Demonstranten oder Fußball-Hooligans so durch eine Stadt lotsen, daß diese von einer „menschlichen Mauer“ umgeben keine Gelegenheit bekommen, aus dem Zug auszubrechen und Gewalttätigkeiten vom Zaun zu brechen; wenn sie dabei Plastikschilder verwenden, bedienen sie sich zusätzlicher Hilfsmittel körperlicher Gewalt i. S. von § 58 Abs. 3 PolG.

b. Die Hilfsmittel der körperlichen Gewalt i. S. von § 58 Abs. 3 PolG

Für die Hilfsmittel der körperlichen Gewalt enthält § 58 Abs. 3 PolG keine Legaldefinition, sondern beschreibt anhand von Regelbeispielen[82], welche Hilfsmittel zulässig sind. Das Gesetz zählt Fesseln, Wasserwerfer, technische Sperren, Diensthunde, Dienstpferde und Dienstfahrzeuge, Reiz- und Betäubungsstoffe und Sprengmittel auf. Letztlich gehören hierzu alle Mittel, die über reine körperliche Gewalt hinausgehen und nicht Waffen im Sinne des Waffengesetzes sind[83]. Anders als die in § 58 Abs. 4 und 5 PolG genannten Mittel brauchen sie auch nicht von vornherein zum Einsatz gegen andere bestimmt zu sein. Vielmehr eignen sich auch harmlose Gegenstände, wie Stühle, zu improvisierten Hilfsmitteln[84]. Ebenso wenig beschränken sie sich auf die mechanische Verstärkung der körperlichen Gewalt. Das Beispiel der Reizstoffe zeigt, daß sie ihre Wirkung auch auf andere Weise entfalten und die Adressaten handlungsunfähig machen können.

Unter den Hilfsmitteln müssen die Reiz- und Betäubungsstoffe besonders betrachtet werden. Da sie auf der Grenze zwischen den Hilfsmitteln körperlicher Gewalt und den Waffen stehen, weichen die einzelnen Polizeigesetze in der Zuordnung derselben durchaus voneinander ab; § 2 Abs. 4 UZwG zum Beispiel behandelt sie als Waffen. Sinngemäß handelt es sich bei Reizstoffen insofern um Waffen, als sie wie diese den Störer außer Gefecht setzen sollen. Allerdings unterscheidet sich ihre Wirkungsweise und ihre Anwendung erheblich von derjenigen der Waffen i. S. von § 1 Abs. 1 WaffG. Anstatt wie eine Hiebwaffe oder über ein Geschoß beim Aufprall auf dem Körper des Adressaten be-

---

[81] Vgl. POKOJEWSKI, S. 246, 249 f.

[82] So VVPolG 58.31.

[83] Zu diesem Begriff sogleich unter c.

[84] So können die Beamten eine verschlossene Türe mit zufällig herumliegenden schweren Gegenständen aufbrechen.

ziehungsweise beim Eindringen in denselben zu wirken, verursachen sie beim Einatmen Atemnot, Augenbrennen und Übelkeit[85]. Die in Nordrhein-Westfalen verwendete Grundchemikalie CN[86] wird üblicherweise mit Wasserwerfern zum Einsatz gebracht. Selbst wenn sie als „Reizstoffmunition" in die Luft geschossen wird, entspricht die dabei verwendete Munition nicht den Begriffen des Waffengesetzes, da diese zerplatzt und ihren Inhalt in der Luft verteilt. Es ist allerdings möglich, daß die einzelnen Partikel der zerplatzten Geschoßhülle beim Aufprall die von ihnen Getroffenen verletzten. Deshalb darf von der Reizstoffmunition grundsätzlich nur Gebrauch gemacht werden, wenn sich die Gewalttäter hinter Absperrungen verbarrikadiert haben und aus dieser Deckung heraus mit eigenen Waffen schwere Gewalttaten verüben.

Reizstoffe entfalten für eine gewisse Zeit erhebliche Breitenwirkung[87]. Sie eignen sich in erster Linie zum Einsatz gegenüber einer gewalttätigen Menschenmenge und unterscheiden sich damit von den üblichen Polizeiwaffen i. S. von § 58 Abs. 4 PolG, die lediglich einen genau auf einen einzelnen Adressaten gezielten Gebrauch zulassen[88]. Eine weitere Überlegung dürfte dafür sprechen, Reizstoffe als milderes Mittel vorrangig vor Waffen zum Einsatz zu bringen[89]. Der Einsatz von Reizstoffen kann eine sonst unvermeidliche Konfrontation zwischen den Polizeibeamten und den Demonstranten ersparen, die möglicher-

---

[85] So VVPolG 58.36. Die Verwaltungsvorschrift zählt zu den Reizstoffen auch die Verwendung von Tränengas- und Nebelkörpern. Als kritisch erweist sich vor allem der Einsatz von Reizstoffwurfkörpern. Auch wenn sich diese nicht unmittelbar gegen unbeteiligte Personen richten, gefährdet ihr Einsatz gleichwohl solche Personen, die sich hinter einer festen Barrikaden verschanzt haben. Von daher kann ihr Einsatz nur nach Maßgabe der §§ 63 ff. PolG zulässig zu sein.

[86] Die üblichen Reizstoffe sind die Tränen"gas"-Substanzen Omega-Chloracetophenon (=CN) und Orthochlorbenzylidenmalonitril (=CS). Die Substanzen unterscheiden sich durch die Intensität und Dauer ihrer Wirkung; CS entfaltet im Augenblick seines Einsatzes zwar die stärkeren Reizwirkungen. Diese Wirkung hält freilich nur eine halbe Stunde an, auch die Symptome klingen vergleichsweise schnell wieder ab; vgl. Entscheidung BayGH in BayVBl 1988, S. 562 ff., 564; dagegen erweist sich CN trotz geringerer Reizwirkung nicht nur in örtlicher und zeitlicher Hinsicht als effizienter; die Symptome, die der Reizstoff auslöst, halten auch länger an. Ausführlich dazu HEESEN-HÖNLE, Rn. 11 zu § 2 UZwG; LINDER, S. 14.

[87] Bei den Ausschreitungen um die Wiederaufbereitungsanlage von Wackersdorf, die der Entscheidung des Bayrischen VGH in BayVBl 1988, 562, 564 = NVwZ 1988, S. 1055 ff zugrunde lagen, kam es sogar zu wiederholten Reizstoffanwendungen, da die gewalttätigen Demonstranten die Unruhen den gesamten Nachmittag hindurch fortgesetzt haben. Nach der Darstellung des Gerichts trug eine einzige Person bleibende Schäden davon. Vgl. HEESEN-HÖNLE, Rn. 12 zu § 2 UZwG.

[88] So z.B. VON KELLNER, MDR 1987, S. 617 ff.

[89] Vgl. HEESEN-HÖNLE, Rn. 12 zu § 2 UZwG; RACHOR, in LISKEN–DENNINGER, Rn. 510; TEGTMEYER, Rn. 9 zu § 58.

weise unkontrollierbar ausufern und zu schweren Verletzungen auf beiden Seiten führen kann[90]. Für die vom Reizstoffeinsatz Betroffenen gilt dasselbe wie bei § 65 Abs. 2 PolG[91]: Wer trotz der Androhung von Zwangsmitteln die Möglichkeit, sich aus der Menschenmenge zu entfernen, nicht nutzt, sondern weiterhin an den gewaltsamen Ausschreitungen teilnimmt, bedarf keines besonderen Schutzes mehr.

Zu den Hilfsmitteln körperlicher Gewalt zählen schließlich extreme und unerwartete Licht- oder Geräuscheinwirkungen. Sie lassen sich sowohl bei gewalttätigen Menschenmengen wie auch bei einzelnen Personen einsetzen. Dieser Effekt erweist sich insbesondere bei überraschenden Festnahmen als hilfreich, um den von einem derartigen Ansturm völlig Überraschten ohne Waffeneinsatz überwältigen können[92]. Je unerwarteter diese Einwirkungen erfolgen, desto nachhaltiger verwirren sie die Störer[93] und erleichtern so die Gefahrenabwehr. Diese gezielte psychische Beeinflussung nutzt ähnlich wie der Einsatz von Reizstoffen gezielt die unwillkürlichen Reaktionen der Störer aus. Sie könnte deshalb mit dem Gebot des Art. 1 Abs. 1 GG, die Menschenwürde zu achten, in Konflikt geraten. Für die Unbedenklichkeit dieser Beugemittel spricht indessen, daß sie den Einsatz von weitaus schwereren Zwangsmitteln entbehrlich machen, durch die die Störer weitaus größeren Schaden nähmen[94]. Von daher dürften auch diese Hilfsmittel körperlicher Gewalt zulässig sein.

---

[90] Vgl. BayVGH BayVBl 1988, S. 562, 564.

[91] Dazu unter VII 3 b in diesem Abschnitt.

[92] Auf diese Weise gelang es der GSG9 im Juni 1993 in Bad Kleinen die RAF-Terroristin Birgit Hogefeld festzunehmen. in deren Begleiter Wolfgang Grams hingegen versagte diese Methode; es gelang ihm, bevor er Selbstmord beging, seinerseits einen der Beamten zu töten und einen anderen schwer zu verletzen. Dazu im einzelnen Lösch.

[93] Blendeffekte lassen sich in Razzien in geschlossenen Räumen bereits durch schlichtes Anstellen der vollen Innenraumbeleuchtung bewerkstelligen. Nachts und im Freien können auch Gefechtsfeldraketen derartige Überraschungseffekte erzielen, wenn sie das Aufmarschgebiet gewalttätiger Demonstranten unversehens taghell erleuchten.

Akustische Einwirkungen sind vor allem Knallsätze aus Platzpatronen, Sirenenheulen oder hohe Pfeiftöne, die in unerwarteter und andauernder Einwirkung die Betroffenen willenlos und unfähig machen, überlegt zu handeln. Diese Einwirkungen sind bisher noch wenig erprobt. Beim Sturm des BGS auf die von RAF-Terroristen entführte Lufthansa-Maschine in Mogadischu kamen zum Beispiel Knallsätze zum Einsatz, die in hoher Frequenz an allen Seiten des Flugzeuges gezündet wurden und den erwünschten Eindruck eines heftigen Beschusses erweckten.

[94] Vgl. Rachor, in Lisken-Denninger, Rn. 507, in Bezug auf die bewußt einschüchternd wirkende martialische Aufmachung von Polizeivollzugsbeamten.

c. Die Hieb- und Schußwaffen i. S. von § 58 Abs. 4 und 5 PolG

Für die gesetzlich zugelassenen Hieb- und Schußwaffen trifft das Polizeigesetz in § 58 Abs. 4 und 5 S. 1 PolG eine abschließende Aufzählung, die zwischen allgemeinen und besonderen Schußwaffen, deren Wirkung sich nicht mehr dosieren läßt[95], unterscheidet. § 1 Abs. 7 WaffG[96] definiert Hieb- und Stoßwaffen als Waffen, "die ihrer Natur nach dazu bestimmt sind, unter unmittelbarer Ausnutzung der Muskelkraft durch Hieb, Stoß oder Stich Verletzungen beizubringen"[97]. Schußwaffen sind nach der Definition in § 1 Abs. 1 WaffG "Geräte, die zum Angriff, zur Verteidigung, ... bestimmt sind und bei denen Geschosse durch einen Lauf getrieben werden".

aa. Die Wirkungsweise der Schußwaffen: Im Gegensatz zu den Hiebwaffen hängt die Wirkung der Schußwaffen nicht von der Muskelkraft ihres Besitzers ab, sondern beruht auf ballistischen Reaktionen, die das Geschoß im Körper der Adressaten auslöst. Zudem verfügen sie über eine größere Reichweite, so daß sie auch flüchtende Straftäter erreichen können.

Unter den in § 58 Abs. 4 PolG aufgezählten Waffen[98] kommt in erster Linie der Pistole als der regulären Dienstwaffe der Polizeivollzugsbeamten Bedeutung zu. Darüber hinaus verfügen Sondereinsatzkommandos über weitere Schußwaffen-Arten, insbesondere Spezialgewehre mit Zielfernrohren, die über größere Reichweite hinweg präzise Schüsse ermöglichen. Die Pistole als halbautomatische Faustfeuerwaffe verbindet mehrere Vorzüge miteinander: Sie läßt sich mit einer Hand bedienen und lädt mit jedem Betätigen des Abzuges automatisch eine neue Patrone aus dem Magazin in den Lauf. Das läßt eine rasche Abfolge von Schüssen zu, erlaubt aber gleichwohl, die Wirkung des Eingriffs zu kontrollieren.

Wichtiger als die Waffe ist für die Auswirkung des Schusses freilich die Eigenschaft des Geschosses[99], das die kinetische Energie transportiert und beim Adressaten die wundballistischen Reaktionen auslöst. Je nach Art der Geschosse prallt dieses als Gummigeschoß vom Körper des Adressaten ab[100] oder dringt

---

[95] Zu diesen Waffen besonders unter cc.

[96] Waffengesetz in der Form der Bekanntmachung vom 8. März 1976 (BGBl. I S. 432).

[97] Früher waren die Polizeibeamten außer mit dem Schlagstock auch mit dem Säbel bewaffnet, mit sie dem sowohl Hiebe als auch Stiche führen konnten. Als Stichwaffe gab es zudem das Bajonett, das auf das Gewehr aufgepflanzt wurde und zum Beispiel gegen Menschenmengen zum Einsatz kam.

[98] Zu diesen Waffen im einzelnen SELLIER, S. 88 ff.

[99] Die einzelnen Geschoßtypen variieren in Form und Wirkungsweise so stark, daß sie sich einer Erfassung im Gesetz entziehen. Siehe dazu HEESEN-HÖNLE, Rn. 10 zu § 2 UZwG.

[100] Vgl. RACHOR, in LISKEN-DENNINGER, Rn. 507.

als herkömmliche Munition in seinen Körper ein[101]. Je schneller und wirksamer ein Geschoß seinen Adressaten außer Gefecht setzt, desto größer ist seine sogenannte „man-stop-power". Üblicherweise verwenden die Polizeivollzugsbeamten in ihren Dienstwaffen die sogenannten Vollmantel-Rundkopfgeschosse[102]. Sie durchschlagen den Zielkörper mit hoher Geschwindigkeit ohne sich dabei erheblich zu deformieren[103]. Deshalb geben sie nur wenig von ihrer Energie an das umgebende Gewebe ab und verursachen entsprechend kleine Schußwunden. Da die unmittelbare „man-stop-power" eines solchen Schusses gering ist, bedarf es häufig mehr als eines einzigen Geschosses, um den Störer oder flüchtigen Straftäter zum Anhalten zu zwingen. Mit jedem weiteren Schuß, der notwendig ist, um den Adressaten angriffs- und fluchtunfähig zu machen, nimmt freilich auch das Risiko einer tödlichen Verletzung für den Störer zu[104]. Ein weiterer Nachteil besteht in der Unberechenbarkeit dieser Geschosse, wenn sie den eigentlichen Zielkörper durchschlagen haben[105]. Da sie nach dem Durchschlagen ihres eigentlichen Ziels noch erhebliche Energie behalten, besteht das Risiko, daß die Geschosse weiter fliegen und Unbeteiligte treffen[106]. Wegen dieser Probleme stellt sich die Frage nach schonenderen Alternativen zu diesem Geschoßtyp.

Als Alternative zu den Vollmantel-Geschossen könnte die Polizei sogenannte Niederbrisanzgeschosse verwenden. Diese bleiben im Körper des Adressaten stecken und lösen dadurch eine weitaus größere Schockwirkung aus, als dies bei den Vollmantel-Geschossen der Fall ist. Bei diesen Geschossen nimmt indessen auch das Risiko unvermeidlicher tödlicher Treffer ein hohes Ausmaß

---

[101] Zur Wundballistik vgl. SELLIER, Schußwaffen, S. 65.

[102] Vgl. RACHOR, in LISKEN-DENNINGER, Rn. 512; SELLIER, S. 64 ff., insb. S. 72 ff. Die Bezeichnung "9x20 mm para" beschreibt die Hülsenlänge des Geschosses, die Kalibergröße, für die der Durchmesser des Waffenlaufes, nicht derjenige der Hülse ausschlaggebend ist und die Zusatzbezeichnung der Geschoßart. Mit 20 mm sind der Lauf und dementsprechend auch die Pistolenmündung klein, womit die Waffe handlich bleibt.

[103] Je mehr sich Geschosse im Zielkörper deformieren oder "aufpilzen", desto größer wird die Wunde, die durch das Eindringen und das Steckenbleiben des Geschosses im Körper entsteht.

[104] Wenn mehrere Schüsse abgegeben werden müssen, weil der Störer auf ein einzelnes Geschoß nicht reagiert hat, führen häufig auch der verspätet einsetzende, schmerzbedingte Schock oder das Verbluten aus inneren Geschoßverletzungen zum Tod des Adressaten. Auch der Tod aufgrund eines solchen verspäteten Schocks stellt eine typische, nicht final verursachte Grundrechtsbeeinträchtigung und Vernichtung des Rechtsgutes Leben dar.

[105] Vgl. HEESEN-HÖNLE, Rn. 10 zu § 2 UZwG a.E.

[106] So tötete eine Polizistin, die in Notwehr auf einen Angreifer geschossen hatte, nicht nur diesen; das Geschoß traf, nachdem es den Körper des Angreifers durchschlagen hatte, auch den plötzlich auftauchenden Bruder des Adressaten und verletzte diesen tödlich; s. dazu FAZ vom 30. November 1998.

an. Das gleiche gilt für die sogenannten Hohlspitz-Geschosse. Diese gehören wie die Vollmantelgeschosse zu den Hochbrisanz-Geschossen, verformen sich aber im Körper[107] und geben über ihre vergrößerte Stirnfläche des Geschosses beinahe die gesamte Bewegungsenergie ab. Anstelle von glatten Durchschüssen kommt es stets zu großflächigen Fleischverletzungen, die beim Durchschlagen des Oberkörpers oder bei einem Kopfschuß beinahe immer tödlich verlaufen und beim Durchschlagen von Armen oder Beinen zum Verlust des betroffenen Gliedes führen können.

Damit weisen diese Alternativen Nachteile auf, die zwar nicht ihre Effektivität, wohl aber die Dosierbarkeit ihrer Wirkung in Frage stellen. Gerade bei einfachen, auf Körperverletzungen angelegten Eingriffen kommt es indessen darauf an, die Wirkung des Eingriffs den Umständen des Einzelfalls anzupassen. Da dies nur bei den Vollmantelgeschossen möglich ist, hat die Polizei einen sachlichen Grund, jedenfalls bei ihren Dienstwaffen[108] an dieser Munition als dem mildesten Mittel festzuhalten. Die Gefährdung Dritter, die gegen diese Beurteilung sprechen könnte, läßt sich bei einer weiten Auslegung des Wahrscheinlichkeitsbegriffs in § 63 Abs. 4 Satz 1 PolG hinreichend beherrschen. Hohe Wahrscheinlichkeit ist deshalb gegeben, sobald Unbeteiligte in die Reichweite des Geschosses geraten.

bb. Der Schußwaffengebrauch gegen Sachen: Die Sondervorschriften der §§ 63 ff. PolG betreffen den Schußwaffengebrauch gegen Personen. Häufiger als gegen Menschen richtet sich der Waffengebrauch freilich gegen Sachen, vor allem gegen Tiere. Die Abgrenzung zwischen dem Schußwaffengebrauch gegen Sachen und dem gegen Personen ist keinesfalls so eindeutig, wie dies zunächst erscheinen mag. Probleme gibt es immer, wenn der Schußwaffengebrauch gegen Sachen auch Menschen in Mitleidenschaft ziehen kann, wie dies vor allem beim Schuß auf Fahrzeuge der Fall ist[109]. Hier gilt die Regel, daß die §§ 63 ff. PolG immer dann greifen, wenn der Schuß mit gewisser Wahrschein-

---

[107] Weil sich die Oberfläche pilzförmig verbreitet, spricht man auch davon, daß das Geschoß „aufpilzt"; dazu ROPOHL, in FORSTER, S. 161.

[108] Insbesondere die Hohlspitzgeschosse kommen nur für einen finalen Rettungsschuß in Betracht, wenn es darauf ankommt, den Angreifer mit einem einzigen Schuß zu töten. Für den Normaleinsatz kommt diese Munition nicht in Betracht.

[109] So VVPolG 63.12 S. 1 - 5: „Auch der Schußwaffengebrauch gegen Sachen ist auf das erforderliche Mindestmaß zu beschränken. Ein Schußwaffengebrauch gegen Sachen liegt nicht vor, wenn mit Wahrscheinlichkeit damit gerechnet werden muß, daß hierdurch Personen verletzt werden. Der Schußwaffengebrauch gegen Kraftfahrzeuge ist daher in der Regel nur unter den Voraussetzungen für den Schußwaffengebrauch gegen Personen zulässig. Diese müssen gegenüber jeder im Fahrzeug befindlichen Person vorliegen, es sei denn, daß ein Fall des § 63 Abs. 4 S. 2 PolG vorliegt. Beim Schußwaffengebrauch gegen ein Fahrzeug ist anzustreben, das Fahrzeug fahrunfähig zu machen, weil hierdurch in der Regel der Zweck der Maßnahme erreicht werden kann....".

lichkeit auch Menschen gefährdet. Wenn außer dem eigentlichen Adressaten weitere Personen im Wagen sitzen oder sich dieser im fließenden Verkehr bewegt, greifen zudem die Vorschriften zum Schutz Unbeteiligter[110] aus § 63 Abs. 4 PolG[111]. Da ein Fahrzeug, das infolge des Schusses außer Kontrolle gerät, immer eine Gefahr für die übrigen Verkehrsteilnehmer darstellt, ist der Schuß auf ein Fahrzeug im fließenden Verkehr grundsätzlich ausgeschlossen. Tatsächlich bleibt es sich nämlich gleich, ob die Unbeteiligten unmittelbar durch ein Geschoß oder mittelbar durch die Folgen des Schußwaffengebrauchs zu Schaden kommen. In jedem Fall ist die hoheitliche Maßnahme für den Schaden der Betroffenen ursächlich. Eine Ausnahme gilt gem. § 63 Abs. 4 Satz 2 PolG nur, wenn der Schuß erforderlich ist, um damit eine gegenwärtige Lebensgefahr abzuwenden[112].

Wenn der Störer ein Fahrzeug führt, das als Gefahrguttransporter gekennzeichnet ist, steigt die Bedrohung für die übrigen Verkehrsteilnehmer und Anwohner so sehr, daß die einschlägigen Verwaltungsvorschriften den Schuß auf ein solches Fahrzeug ganz ausschließen. Ausnahmen von diesem Verbot kommen nur in Betracht, wenn die abzuwehrende Gefahr größer ist als diejenige, die von dem außer Kontrolle geratenen Fahrzeug und seiner Ladung ausgehen könnte[113].

Der Schußwaffengebrauch gegen Sachen richtet sich vor allem gegen Tiere[114]. Bei gesunden, aber entlaufenen und deshalb aggressiven Tieren genügt es, diese wieder einzufangen und in die Obhut seines Halters zurückzubringen[115]. Hier kommen die Beamten in aller Regel bereits mit Betäubungsmunition zum

---

[110] Zum Schutz Unbeteiligter s. unten Abschnitt V.

[111] So VVPolG 63.12 S. 3.

[112] Vgl. HEISE – RIEGEL, ME § 41 Anm. 5; RACHOR, in LISKEN–DENNINGER, Rn. 528; TEGTMEYER, Rn. 5 zu § 63.

[113] So VVPolG 63.12 S. 6 und 7: „Vom Schußwaffengebrauch ist abzusehen, wenn das Fahrzeug erkennbar explosive oder ähnliche Güter befördert oder nach seiner Kennzeichnung zur Beförderung solcher Güter bestimmt ist. Diese Einschränkung gilt nicht, wenn durch das Weiterfahren größere Schäden zu entstehen drohen, als durch den Schußwaffengebrauch."

[114] Die Schußwaffe dient nicht immer zur Anwendung unmittelbaren Zwanges. in verendendem Wild ist der Schußwaffengebrauch als Ersatzvornahme auf Kosten des Jagdberechtigten einzuordnen. Diese waidmännische Pflicht zum Gnadenschuß entsteht bereits, wenn Wild verletzt ist. Daß das Tier in seiner Agonie tatsächlich einen Menschen verletzt oder anderen Schaden anrichtet, ist nicht erforderlich.

[115] So zum Beispiel aus dem Zirkus entlaufene Raubtiere oder Elefanten, die in ungewohnter Umgebung unberechenbar reagieren. Je nachdem, um welche Tiere es sich dabei handelt, wird die Polizei selbst einschreiten oder mit deren Einfangen im Wege der Ersatzvornahme den Veterinär oder den Kammerjäger beauftragen.

Ziel. Bei kranken Tieren, bei denen keine Aussicht auf Heilung, wohl aber die Gefahr besteht, daß sie in ihrer Agonie Menschen anfallen und anstecken, wird die Tötung schon erforderlich, um das Tier von seinen Qualen zu befreien[116]. Auf gepflasterten oder asphaltiertem Boden ist beim Einsatz von Schußwaffen besondere Vorsicht geboten: Da die Beamten auf ein am Boden liegendes Tier schießen müssen, besteht die Gefahr, daß das Geschoß auf der unelastischen Straßendecke abprallt und unkontrollierbar weiterfliegt.

cc. Die besonderen Waffen i. S. von § 58 Abs. 5 PolG: Das Polizeigesetz unterscheidet zwischen den gängigen Waffen i. S. von § 58 Abs. 4 und den sogenannten besonderen Waffen[117] i. S. von Abs. 5, den Maschinengewehren und Handgranaten. Diese Waffen unterliegen dem Kriegswaffenkontrollgesetz; sie unterscheiden sich von den üblichen Polizeiwaffen, weil sie als militärische Waffen nicht auf die größtmögliche Schonung eines Grundrechtsträgers, sondern auf größtmögliche Effizienz, also tödliche Wirkung, ausgerichtet sind[118]. GUSY[119] sieht diese Ansicht zurecht durch § 58 Abs. 5 S. 1 PolG bestätigt: Diese Vorschrift schließt die besonderen Waffen aus dem gängigen Repertoire polizeiüblicher Gefahrenabwehrmittel aus. Denn das Gesetz gibt den Einsatz dieser Waffen nur im Fall des sogenannten kleinen Notstandes[120] gem. Art. 35 Abs. 2 Satz 1 und 91 Abs. 1 GG frei; darüber hinaus behält es in § 66 Abs. 1 PolG die Entscheidung über den Übergang vom reinen Polizeieinsatz zum Vorgehen mit militärischen Mitteln und damit über die Verschärfung des Ausnahmezustands dem Innenminister vor[121].

Mit § 58 Abs. 5 S. 1 PolG verzichtet Nordrhein-Westfalen von vornherein darauf, selbst allen Notlagen mit den erforderlichen Waffen zu begegnen. Zumindest auf den ersten Blick entsteht dabei der Eindruck, als verstieße diese Regelung gegen die Pflicht des Landes zu bundesfreundlichem Verhalten. Denn die kostspielige Beschaffung, Wartung und Ausbildung der mit der Anwendung betrauten Polizeikräften bleibt auf diese Weise dem Bund überlassen; daß dieser gem. § 11 Abs. 4 Satz 1 BGSG dem Gesuch eines Bundeslandes nachkommen

---

[116] So VVPolG 63.13.

[117] Vgl. RACHOR, in LISKEN-DENNINGER,, Rn. 506.

[118] Vgl. DENNNINGER-BEYE, S. 22; KRÜGER, Schußwaffengebrauch, S. 78; LINDER, S. 16 f.; RACHOR, in LISKEN-DENNINGER, Rn 510, betont, daß die besonderen Waffen unter das Kriegswaffenkontrollgesetz fallen.

[119] Vgl. GUSY, Rn. 358, der zwischen bürgerkriegsähnlichen Zustände und konkreten Gefahren i. S. des Polizeigesetzes unterscheidet.

[120] Begriff in GUSY, JA 1990, S. 296 ff., 300.

[121] Diese Regie kommt dem Land freilich nur zu, solange das Land selbst den Bundesgrenzschutz um Hilfe ersucht. Wenn der Bundesgrenzschutz hingegen gem. Art. 91 Abs. 2 GG einschreitet, handelt er aus eigenen Befugnissen und entscheidet selbst über den Einsatz dieser Waffen, vgl. TEGTMEYER, Rn. 15 zu § 58.

muß, solange nicht vorrangige Belange des Bundes dagegen sprechen, bestärkt diesen Eindruck. Auf der anderen Seite ist die Wahrscheinlichkeit, daß es tatsächlich zum Einsatz solcher Waffen kommt, gering genug, um diese Waffen bei einer zentralen Polizeibehörde zu konzentrieren. Daß der Bundesgrenzschutz diese Aufgabe übernimmt, entspricht seiner Präsenz und Einsatzbereitschaft im gesamten Bundesgebiet, die es ihm erlaubt, rasch an jeden Einsatzort zu gelangen. Schließlich erlaubt § 58 Abs. 5 PolG den Einsatz dieser Waffen und weist in § 66 Abs. 1 PolG dem Innenminister des Landes die politische Verantwortung für den Einsatz der Waffen durch den Bundesgrenzschutz zu[122]. Deshalb erweist sich die Regelung der §§ 58 Abs. 5 und 66 Abs. 1 PolG als sinnvolle Kapazitäts-Verteilung zwischen Bund und Ländern.

IV. Der Zweck des Schußwaffengebrauchs

Gem. § 63 Abs. 2 PolG ist der Gebrauch der Schußwaffe gegen Personen nur zulässig, um den Adressaten "angriffs- oder fluchtunfähig zu machen". Diese Vorschrift schließt eindeutig aus, daß die Polizei mit dem härtesten Zwangsmittel eigenmächtig Strafzwecke verfolgt.

Die Begriffe angriffs- und fluchtunfähig in § 63 Abs. 2 PolG beziehen sich auf präventive und repressive[123] Zwangsmaßnahmen. In § 64 Abs. 1 Nr. 3 b und 4 b PolG hält das Gesetz diese Zwecke nicht streng auseinander. Es gibt Lagen, in denen der Eingriff sowohl der Ergreifung eines Straftäters wie auch der Wiederherstellung der öffentlichen Sicherheit[124] und Ordnung dient[125] und insofern doppelfunktional ist[126]. Der entscheidende Unterschied zwischen beiden Eingriffszwecken besteht darin, daß die Beamten im einen Fall unmittelbar bevorstehende Gewalttätigkeiten unterbinden, beziehungsweise Einhalt gebieten; im andern Fall geht es darum, den Störer nach der Verwirklichung der Gefahr am Entkommen zu hindern.

---

[122] § 66 Abs. 1 PolG erlaubt dem Innenminister, einen ihm untergeordneten Beamten mit der Zustimmung zu beauftragen. Der Minister darf aber keine carte blanche erteilen. Die Delegation gilt nur für den Einzelfall, so daß die grundsätzliche Entscheidung über den Einsatz besonderer Waffen vom Ressortchef selbst zu treffen ist. Da dieser die Verantwortung für den gesamten Einsatz trägt, darf auch der Einsatzleiter vor Ort diese Entscheidung nicht über ihn hinweg treffen.

[123] Zur Ermächtigung eines repressiven Schußwaffengebrauchs und der Bedeutung der StPO für den Eingriff s. unter II 1 in diesem Abschnitt.

[124] Vgl. DENNINGER, in LISKEN–DENNINGER, Teil E Rn. 12.

[125] Dazu V 1 b.

[126] Vgl. RACHOR, in LISKEN–DENNINGER Rn. 538.

1. Die Angriffsunfähigkeit i. S. von § 63 Abs. 2 PolG

Der Begriff der Angriffsunfähigkeit i. S. von § 63 Abs. 2 PolG ist im Zusammenhang mit dem finalen Rettungsschuß von entscheidender Bedeutung. Dort geht es vor allem um die Frage, ob die Polizei unter Berufung auf diesen Eingriffszweck im äußersten Notfall den Angreifer auch töten darf[127]. Dies ist freilich erst die letzte Konsequenz aus dem zulässigen Eingriffszweck. Zunächst kommt es darauf an, zu klären, was die Beamten beim präventiven Schußwaffengebrauch bezwecken dürfen.

Der Begriff der Angriffsunfähigkeit i. S. von § 63 Abs. 2 PolG gewinnt die notwendige Kontur im Zusammenhang mit dem Grundverwaltungsakt. Diese Grundverfügung ergeht aufgrund der Generalklausel in § 8 Abs. 1 PolG und verlangt vom Störer, daß dieser seinen Angriff beendet. Falls er sich weigert, muß sich der Zwang darauf richten, sein Vorhaben gewaltsam zu vereiteln. Angriffsunfähigkeit i. S. von § 63 Abs. 2 PolG bezeichnet also den Zustand, in dem der Störer nicht mehr in der Lage ist, sein rechtswidriges Vorhaben weiter auszuführen[128]. Wie weit die Polizei zu diesem Zweck gehen darf beziehungsweise gehen muß, hängt von dem Vorhaben und den Mitteln ab, die dem Störer zur Verfügung stehen. Auch die Ratio des § 63 Abs. 2 PolG spricht für die Offenheit des Begriffs "Angriffsunfähigkeit". Denn die Vorschrift bestimmt den Zweck, den die Polizei verfolgen darf und zu dem der Eingriff auch geeignet, erforderlich und angemessen sein muß.

2. Die Fluchtunfähigkeit i. S. von § 63 Abs. 2 PolG

Der Rahmen möglicher Eingriffe verengt sich erheblich, wenn die Beamten schießen, um einen fliehenden Straftäter erstmals oder wiederum zu ergreifen. Anders als bei der Verhinderung weiterer Angriffe kommt es hier nur darauf an, daß der Störer weder davonlaufen noch sich mit einem Fluchtfahrzeug entfernen kann. Solange der Straftäter zu Fuß flüchtet, sind die Grenzen klar abgesteckt: in der Regel genügt bereits ein Schuß ins Bein, um den gewünschten Erfolg zu erzielen. Ein Schuß auf Oberkörper und Kopf des Verfolgten würde hingegen lebensgefährliche Verletzungen verursachen, die das anstehende Strafverfahren gefährden und damit den Sinn des Schußwaffengebrauchs konterkarieren. Er wäre deshalb unangemessen.

Wenn der Störer hingegen mit einem Fahrzeug flieht, dürfen die Beamten zwar versuchen, das Auto fahruntauglich zu machen, also z. B. auf die Reifen des Fahrzeugs zu zielen. Grundsätzlich erlaubt das Gesetz den Schuß auch

---

[127] S. dazu im folgenden Abschnitt IV unter 3.

[128] Dietel-Gintzel, § 10 V, 168, Hitz in Fischer-Hitz-Lakowski-Walter, Rn. 12. zu § 12 UZwG, Neuwirth, S. 57, Thewes, S. 30.

dann, wenn er den Fliehenden gefährdet. Gerade in diesem Fall sind aber die Einschränkungen zum Schutz Unbeteiligter zu beachten, die sich aus § 63 Abs. 4 Satz 1 PolG ergeben[129]. Denn Ausnahmen vom Verbot, Unbeteiligte zu gefährden, gelten nur im Zusammenhang mit dem präventiven Schußwaffengebrauch. Sobald Dritte durch den Schuß wahrscheinlich in Mitleidenschaft gezogen werden, ist es den Beamten deshalb verboten, auf Fluchtfahrzeuge zu schießen.

3. Der gezielt tödliche Schuß zur Rettung von Menschenleben

Trotz der ausführlichen Regelung, die der Gesetzgeber dem Schußwaffengebrauch im Rahmen der §§ 57 ff. PolG angedeihen läßt, enthält das Gesetz keine explizite Regelung des finalen Rettungsschusses[130]. Das beruht nicht auf Vergeßlichkeit. In Nordrhein-Westfalen hat es der Gesetzgeber bei zwei Gelegenheiten ausdrücklich abgelehnt[131], den Regelungsvorschlag des Musterentwurfs für diesen Eingriff in das Polizeigesetz zu übernehmen[132]. Das Schweigen des Polizeigesetzes von Nordrhein-Westfalen ist deshalb beredt und es verlangt

---

[129] Hierzu auch unter 2 c bb. in diesem Abschnitt.

[130] Die gängige Bezeichnung des Eingriffs als "Todesschuß" verdankt ihre Verbreitung vor allem ihrer Kürze. Weitere Meriten kann die Formulierung indessen nicht für sich in Anspruch nehmen. Sie richtet sich nur nach dem äußerlichen Ergebnis des Eingriffs, ohne den Zweck der Gewaltanwendung zu berücksichtigen. Zudem wird die Maßnahme sprachlich auf die Stilebene von Zirkusattraktionen heruntergezogen. Insofern ist die Bezeichnung „finaler Rettungsschuß" oder „gezielt tödlicher Schuß" korrekter. Auch sie verraten aber die Schwierigkeit, die gesamten Gesichtspunkte, die der Entscheidung für oder gegen den finalen Rettungsschuß vorangehen, in einen Begriff zu fassen. S. dazu auch der Wortwechsel zwischen den Landtagsabgeordneten POHL und NEU von der CDU und der FPD während der abschließenden Debatte bei der Abstimmung über das Polizeigesetz von Nordrhein-Westfalen in: LT-Plenarprotokolle 8/130. Sitzung, S. 8838.

[131] 1980 löste das Polizeigesetz NW vom 25. März 1980 (GV NW, S. 234) das frühere PolG NW in der Fassung vom 28. Oktober 1969 (GV NW, S. 740) und das nordrhein-westfälische Gesetz über Ausübung und Grenzen des unmittelbaren Zwangs vom 22. Mai 1962 (GV NW, S. 260) ab; 1990 gab die datenschutzrechtliche Gesetzgebungsreform erneut Gelegenheit, den finalen Rettungsschuß zu regeln. Bei beiden Anlässen brachte die Opposition Entwürfe ein, die auch eine entsprechende Regelung vorsahen, fand dafür aber beide Male keine Mehrheit.

[132] Materialien 1980: Gesetzentwurf der Landesregierung LT-Drucks. 8/4080; Gesetzentwurf der CDU-Fraktion LT-Drucks. 8/3130; Beschlußempfehlung des Ausschusses Innere Verwaltung LT-Drucks. 8/5656; LT-Plenarprotokolle 8/130. Sitzung, ab S. 8831 ff.

Materialien 1990: Gesetzentwurf FDP-Fraktion LT-Drucks. 10/3421; Gesetzentwurf Landesregierung LT-Drucks. 10/3997; Beschlußempfehlung Ausschuß Innere Verwaltung LT-Drucks. 10/5071; Änderungsantrag der CDU-Fraktion LT-Drucks. 10/5134; LT-Plenarprotokolle 10/131. Sitzung ab S. 12006.

vom Gesetzesinterpreten[133], diesem Schweigen eine Aussage über den finalen Rettungsschuß zu entnehmen.

a. § 63 Abs. 2 PolG als sedes materiae des finalen Rettungsschusses

Mangels einer expliziten Vorschrift kommt als Grundlage für den finalen Rettungsschuß § 63 Abs. 2 PolG in Betracht. Der tödliche Eingriff ist mit dem Polizeigesetz vereinbar, wenn er dem dort beschriebenen Zweck des präventiven Schußwaffengebrauchs entspricht, den Störer angriffsunfähig zu machen. Verkürzt könnte man deshalb fragen: "Ist ein toter Störer angriffsunfähig?" Wie alle Vereinfachungen greift auch diese freilich zu kurz.

aa. Grammatikalische Auslegung: Die Vereinfachung beruht auf einer Wortlautauslegung, die ausschließlich auf den Begriff "angriffsunfähig" abstellt. Für sich genommen vermag jedoch dieser Schlüsselbegriff des § 63 Abs. 2 Alt. 1 PolG die in ihn gesetzten Erwartungen nicht zu erfüllen. Auch im Zusammenhang mit der Angriffs-Definition in § 32 StGB[134] besagt er lediglich, daß der angriffsunfähige Adressat zu einem Eingriff in eine fremde Rechtssphäre außerstande ist[135]. Welche Angriffe die Beamten mit dem härtesten Zwangsmittel abwenden dürfen, beschreibt § 64 Abs. 1 Nr. 1, 2 und 5 PolG. Der Begriff „angriffsunfähig“ selbst sagt nur darüber etwas aus, *wozu* der Störer unfähig sein soll, nicht in welchem Zustand er sich dann befindet. Die Fragestellung, ob auch ein Toter angriffsunfähig ist, hilft deshalb nicht weiter. Denn ein Toter ist handlungsunfähig; wozu er im einzelnen außerstande ist, spielt deshalb keine Rolle. Daß der Begriff "angriffsunfähig" für sich genommen keine exakte Aussage über das zulässige Ausmaß der Schußverletzung zuläßt, gereicht dem Gesetzgeber freilich nur dann zum Vorwurf[136], wenn die gesamte Information des § 63 Abs. 2 PolG in dem Begriff "angriffsunfähig" zusammengefaßt ist.

Im Zusammenhang betrachtet zeigt sich freilich, daß der Begriff „angriffsunfähig“ nicht etwa Kern eines Konditional-, sondern eines Finalsatzes ist. § 63 Abs. 2 lautet gerade nicht: "Der Schußwaffengebrauch ... ist *unzulässig, wenn* er

---

[133] Die Literatur zu dieser Frage hat den Rahmen des Überschaubaren längst gesprengt; hier nur einige der repräsentativen Stimmen, die an der Zweckbestimmung als Anhaltspunkt für den gezielt tödlichen Schußwaffengebrauch anknüpfen: DIETEL-GINTZEL, S. 166; DREWS-WACKE-VOGEL, S. 546; GLORIA-DISCHKE, NWVBl 1989, S. 37 ff., 41 f.; GUSY, S. 360 f.; HEISE-TEGTMEIER, Rn. 11 zu § 63; KRÜGER, Schußwaffengebrauch, S. 33; RASCH, § 41 ME Nr. 4; RIOTTE-TEGTMEIER, NWVBl. 1990, S. 145 ff, 150; WAGNER, in AK-PolG, Rn. 13 ff zu § 63; WEICHERT, VBlBW 1991, S. 250.

[134] Ein Angriff ist danach die drohende oder begonnene Verletzung eines rechtlich anerkannten Zustandes oder Interesses. Vgl. DREHER-TRÖNDLE Rn. 4; SCHÖNKE-SCHRÖDER-LENCKNER, Rn. 3 zu § 32.

[135] Vgl. zuletzt auch SCHÖNE-KLAES, DÖV 1996, S. 992 ff.

[136] So SUNDERMANN, S. 100 f.

den Adressaten nicht nur angriffsunfähig macht, sondern tötet"; oder positiv formuliert: "Der Schußwaffengebrauch ... ist *nur zulässig, wenn* er sich darauf beschränkt, angriffsunfähig zu machen, und nicht tötet[137]. Die Formulierung lautet vielmehr: "Schußwaffen *dürfen* ... *nur* gebraucht werden, *um* angriffs- oder fluchtunfähig *zu machen* (Herv. der Verf.)." § 63 Abs. 2 PolG nennt also eindeutig das zulässige Motiv und nicht die äußerste noch erlaubte Auswirkung des Eingriffs[138]. Dem steht auch die Begrenzung "*nur* ..., um angriffsunfähig zu machen" (Herv. der Verf.) nicht entgegen; insbesondere läßt sie sich nicht im Sinne von „nur angriffsunfähig" gegen den finalen Rettungsschuß in Anspruch nehmen[139]. Denn die Formulierung „nur ..., um angriffsunfähig zu machen" schließt eine „Hinrichtung" des bereits angriffsunfähigen Störers aus[140]. Schon grammatikalisch wäre es deshalb falsch, sie auf das Ausmaß des bevorstehenden Eingriffs zu beziehen.

§ 63 Abs. 2 PolG enthält damit keine explizite Aussage darüber, wie weit die Beamten tatsächlich in die Rechte des Störers eingreifen dürfen, um diesen angriffsunfähig zu machen. Die grammatikalische Auslegung ist freilich nur der erste Schritt der Interpretation von § 63 Abs. 2 PolG. Eine Aussage des Gesetzgebers zum finalen Rettungsschuß ergibt sich auch aus dem Zusammenhang des § 63 Abs. 2 mit anderen Vorschriften, aus seiner Entstehungsgeschichte und dem Zweck der Norm.

bb. Systematische Auslegung: Bereits der Vergleich mit dem Zweck des repressiven Schußwaffengebrauchs gem. § 63 Abs. 2 Alt. 2 PolG erweist sich als aufschlußreich. Am Beispiel dieser Alternative läßt sich leicht deutlich machen, wie die Vorschrift aufgebaut ist. Der Begriff "fluchtunfähig" besagt, daß

---

[137] In diesem Sinne aber GLORIA-DISCHKE, NWVwBl 1989, S. 41; KRÜGER, NJW 1973, S. 2; RASCH, Allgemeines Polizei- und Ordnungsrecht, 2. Aufl. 1982, § 41 Rn. 4; WEICHERT, VBlBW 1991, S. 249 ff., 250.

[138] DIETEL-GINTZEL, 11. Aufl., S. 166; DÜRIG in MAUNZ-DÜRIG, Rn. 18 bb zu Art. 2 Abs. 2 GG; W. LANGE, MDR 1974, S. 358; HAURAND, Allgemeines Polizeirecht, S. 138; NEUWIRTH, S. 62; SUNDERMANN, S. 99. Der Kronzeuge für diese Auslegung ist freilich der ehemalige Innenminister von Nordrhein-Westfalen SCHNOOR, der sich auf der Grundlage dieses Wortlautverständnisses für die Zulässigkeit des finalen Rettungsschusses nach geltendem Polizeirecht ausgesprochen hat, vgl. LT-Plenarprotokolle 10/ 131. Sitzung S. 12024; s. auch LT-Drucks. 10/5071 S. 74. Ob auch seine Schlußfolgerung, daß es deshalb keiner ausdrücklichen Regelung mehr bedürfe, Zustimmung verdient, ist später zu erörtern.

[139] So aber FUNK-WERKENTIN, KJ 1976, S. 121 ff.; KRÜGER, S. 98, 124; WAGNER, in AK-PolG, Rn. 4 zu § 41.

[140] Dies war indessen der Vorwurf, der der GSG 9 1993 gemacht wurde, als der mutmaßliche Terrorist Wolfgang Grams bei dem versuchten Zugriff auf dem Bahnhof von Bad Kleinen umgekommen war. Tatsächlich hatte sich der bereits verletzte Grams, der zuvor den Beamten Newzella umgebracht hatte, selbst erschossen. Zur Abgrenzung der Hinrichtung vom finalen Rettungsschuß s. unten und 4. Kapitel Teil B II 2 c.

der Adressat außerstande ist, sich der Verfolgung zu entziehen. Damit erweist er sich als genaues Pendant zum Begriff „angriffsunfähig“. Gleichwohl bereitet seine Auslegung keine Schwierigkeiten. Daß ein „finaler Verhaftungsschuß“ ausgeschlossen ist, ergibt sich allerdings nicht aus dem Wortlaut, sondern aus der Zweck-Mittel-Relation: Da nämlich mit dem Tod des Störers das Strafverfahren beziehungsweise der Vollzug einer verhängten Freiheitsstrafe unmöglich werden, ist ein tödlicher Schuß zur Verfolgung Flüchtiger unverhältnismäßig. Ein Schuß ins Bein hingegen erweist sich im Hinblick auf den Zweck als angemessen. Damit zeigt sich: der Begriff „fluchtunfähig“ ist nur dann aussagekräftig, wenn man ihn als Maßstab dafür gebraucht, ob der einzelne Eingriff noch angemessen ist. Im Rahmen der Verhältnismäßigkeitsprüfung bezeichnet er den zugelassenen Zweck, nicht hingegen das im Einzelfall noch zulässige Ausmaß des jeweiligen Eingriffs.

Im Rahmen des § 63 Abs. 2 PolG, der die Angriffs- und die Fluchtunfähigkeit in einem knappen Satz zusammen regelt, kann aber für die Bedeutung des Begriffs „angriffsunfähig“ nichts anderes gelten. Die Begriffe angriffs- und fluchtunfähig regeln beide nur das im Einzelfall noch zulässige Ausmaß des konkreten Eingriffs.

Auch der Zusammenhang von § 63 Abs. 1 und 2 PolG gibt einen Anhaltspunkt. Denn Absatz 1 verweist den Schußwaffengebrauch als Mittel des Verwaltungszwangs auf den Platz einer ultima ratio unmittelbaren Zwangs und bringt damit das Übermaßverbot zum Ausdruck. Im Anschluß daran bezeichnet Absatz 2 den zulässigen Zweck des Eingriffs, der allein den Eingriff rechtfertigt. Damit legen die beiden Absätze die Koordinaten für die Verhältnismäßigkeitsprüfung im Einzelfall fest. Die anderen Gesichtspunkte, das Ausmaß des Eingriffs und die zu seiner Abwehr erforderliche hoheitliche Gegengewalt hängen zu sehr vom Einzelfall ab, um sinnvollerweise im Gesetz festgeschrieben zu werden. Damit ergibt sich auch im Verhältnis von § 63Abs. 1 und 2 PolG, daß § 63 Abs. 2 PolG nicht das äußerste Maß zulässiger Eingriffe, sondern nur deren zulässigen Zweck bestimmt.

Die Bestimmung über den Einsatz besonderer Waffen in § 66 Abs. 2 PolG enthält einen weiteren Hinweis auf die Zulässigkeit des finalen Rettungsschusses. Wie dargestellt[141] macht es die Streuwirkung dieser Waffen nahezu unmöglich, die Auswirkungen des Eingriffs zu begrenzen. Selbst wenn nicht jeder Schuß zwingend zum Tod des Störers führt, ist das Risiko einer tödlichen Verletzung erheblich größer als beim Schußwaffengebrauch mit den üblichen Polizeiwaffen. Wenn das Gesetz den Einsatz besonderer Waffen, wenn auch nur unter Beschränkungen, gleichwohl zuläßt, enthält § 66 Abs. 1 PolG jedenfalls

[141] In III 2 c cc.

keine Absage an tödliche Gewalt als letztes Mittel zur Abwehr schwerster Gefahren.

§ 66 Abs. 2 PolG erlaubt den Einsatz dieser tödlichen Waffen nur, „um einen Angriff abzuwehren", und schließt damit einen Einsatz dieser Waffen für repressive Zwecke aus. Aus der von § 63 Abs. 2 PolG abweichenden Formulierung „um einen Angriff abzuwehren", könnte sich zudem ein Einwand gegen die Auslegung des § 63 Abs. 2 PolG als Grundlage des finalen Rettungsschusses ergeben, wenn die Formulierung weiter reicht, als der Begriff „angriffsunfähig". Dagegen spricht jedoch, daß auch in § 66 Abs. 2 PolG eine ausdrücklich gezogene Grenze für das Ausmaß der zulässigen Verletzungen fehlt. Als Richtschnur dafür, wie weit die Beamten angemessenerweise gehen dürfen, dient das Ausmaß des rechtswidrigen Angriffs; ob der Einsatz besonderer Waffen zulässig ist, entscheidet deshalb im Einzelfall das Verhältnismäßigkeitsprinzip. Die Vorschrift folgt daher demselben gedanklichen Aufbau, der schon der Auslegung von § 63 Abs. 2 PolG zugrundegelegt worden ist. Wenn das Gesetz aber den Einsatz besonderer Waffen gestattet und die dabei verursachten Schußverletzungen hinnimmt, kann kein Widerspruch zwischen dem Tod des Adressaten und der Zweckbestimmung bestehen. In § 66 Abs. 2 PolG bezieht sich deshalb die Einschränkung, der Schuß dürfe nur dazu dienen, um einen Angriff abzuwehren, auf den Zweck und nicht auf das zulässige Ausmaß des Eingriffs. Das gleiche gilt dann konsequenterweise auch für § 63 Abs. 2 PolG: Der Schuß aus einer gewöhnlichen Dienstpistole, der den Adressaten mit an Sicherheit grenzender Wahrscheinlichkeit tötet, ist mit der Zweckbestimmung des § 63 Abs. 2 PolG vereinbar.

Neben den Vorschriften über den Schußwaffengebrauch gegen Personen enthält das Polizeigesetz auch an anderer Stelle einen Hinweis auf Grundrechtseingriffe der Polizeivollzugsbeamten. § 7 PolG kommt dem Zitiergebot aus Art. 19 Abs. 1 Satz 2 GG nach und zählt neben anderen ausdrücklich das Grundrecht auf Leben gem. Art. 2 Abs. 2 S. 1 GG als eines der vom Polizeigesetz eingeschränkten Grundrechte auf[142]. Nach herrschender Meinung betrifft das Zitiergebot nur die Ermächtigungen zu finalen Grundrechtseingriffen und zwingt den Gesetzgeber, die aufgrund seiner Gesetze zulässigen Grundrechtseingriffe ausdrücklich kenntlich zu machen[143]. Dem steht jedoch die Bedeutung entgegen, die der historische Gesetzgeber dem Zitat beilegte[144]. 1980 ging der Gesetzgeber davon aus, daß der finale Rettungsschuß unzulässig sei.

---

[142] Neben den übrigen Grundrechten aus Art. 2 Abs. 2 GG und der Unverletztlichkeit der Wohnung aus Art. 13 GG.

[143] BVerfGE 13, S. 97 ff, S. 122; 21, S. 92 ff.; 24, S. 367 ff., 396; 28, S. 46; 64, S. 80; anders SCHMIDT-BLEIBTREU-KLEIN, Rn. 7 zu Art. 19, unter Einbeziehung der Fälle, in denen es das Grundgesetz dem Gesetzgeber überläßt, das Nähere zu regeln.

[144] Dazu sogleich ausführlich unter cc.

Dementsprechend wollte er auch § 7 PolG nicht als Indiz für den finalen Rettungsschuß verstanden wissen, sondern bezog die Regelung allein auf tödliche Fehlschüsse. RACHOR[145] legt aber zutreffend dar, daß ein solcher Fehlschuß richtig verstanden gerade kein ermächtigungsbedürftiger Grundrechtseingriff ist. Er kann allenfalls als solcher betrachtet werden, wenn man sich auf die Differenzierungen zwischen dem noch in Kauf genommenen, dem nicht mehr gewollten Erfolg oder dem gewollten Fehlschuß einläßt. Diese gehen aber an der Natur des Eingriffs vorbei und vergrößern zusätzlich die Probleme, die der Eingriff in rechtlicher, aber auch in ethischer und psychologischer Hinsicht bereitet[146]. Dieser Handhabung des Zitiergebotes kann freilich das Ergebnis der Auslegung nur sehr begrenzt beeinflussen. Wenn Wortlaut, systematischer Zusammenhang und vor allem die ratio legis für eine andere Auslegung sprechen, darf sich der Interpret über den Willen des historischen Gesetzgebers hinwegsetzen und § 7 PolG jedenfalls als Indiz für die Zulässigkeit des finalen Rettungsschusses verbuchen[147].

Da der Gesetzgeber nur für den Fall des finalen Rettungsschusses von der Regel abgewichen ist, während die Einschränkung der übrigen in § 7 PolG aufgezählten Grundrechte jeweils im Wege eines finalen Eingriffs erfolgt, fügt sich die Auslegung des Zitiergebotes im Sinne eines finalen Eingriffs in das Grundrecht auf Leben aus Art. 2 Abs. 2 Satz 1 GG in den Zusammenhang der gesamten Vorschrift ein. Eine weitere Überlegung dürfte es rechtfertigen, dem Wunsch des Gesetzgebers eine über die historische Auslegung hinausreichende Bedeutung für die Auslegung von § 7 zu versagen. Der Gesetzgeber hat das Grundrecht zitiert und für das, was er ausdrücken wollte, eine Form gewählt, die nach herrschender Meinung das Gegenteil von dem aussagt, was der Gesetzgeber zum Ausdruck bringen wollte. Wenn der Gesetzgeber keine klaren Aussagen trifft und hier an sich eindeutige Ausdrucksformen zweckentfremdet, wird er im Rahmen der objektiven Auslegung an der von ihm gewählten und falsch gebrauchten Ausdrucksweise festgehalten: „Falsa demonstratio nocet“. Wie auch immer der Gesetzgeber den Eingriff verdeckt und verschleiert, man darf aufgrund von § 7 PolG davon ausgehen, daß das nordrhein-westfälische Polizeigesetz den absichtlich tödlichen Schußwaffengebrauch durch die Polizei vorhergesehen und zugelassen hat.

Mehr als ein Indiz für die Zulässigkeit des finalen Rettungsschusses stellt dieses Zitat freilich nicht dar. THEWES[148] schränkt dessen Bedeutung mit einer

[145] RACHOR, in LISKEN-DENNINGER, Rn. 551.

[146] Dazu s. auch unter b. cc.

[147] Unter Hinweis auf § 7 hält auch die Verwaltungsvorschrift zum Polizeigesetz den finalen Rettungsschuß für zulässig. So VVPolG 63.22

[148] THEWES, S. 33.

weiteren zutreffenden Bemerkung ein. Die Gesetze, in denen eine Regelung des finalen Rettungsschusses fehlt, handhaben das Zitiergebot höchst unterschiedlich, ohne dadurch die Grundfrage nach der Zulässigkeit des Eingriffs unterschiedlich zu berühren. Diese Abweichungen sind darauf zurückzuführen, daß die Anwendung des Zitiergebotes nicht nur bei vorkonstitutionellen Gesetzen, sondern auch bei der einfach-gesetzlichen Regelung verfassungsimmanenter Grundrechtsschranken nicht mit derselben Konsequenz gehandhabt wird, wie dies bei der Neuregelung eindeutiger Grundrechtseingriffe der Fall ist. Besonders bei der Auflösung von Grundrechtskollisionen hält das Bundesverfassungsgericht dem Gesetzgeber zugute, daß er sich der Bedeutung seiner Materie bewußt ist und nimmt deshalb den Verzicht auf das ausdrückliche Zitat der qua Gesetz beschränkten Grundrechte hin[149]. Für die Zulässigkeit des finalen Rettungsschusses kommt es deshalb weniger auf das formelle Zitat des Grundrechts auf Leben als vielmehr auf das Ergebnis der verfassungskonformen Auslegung an[150].

Betrachtet man deshalb § 63 Abs. 2 im Zusammenhang mit den anderen Vorschriften des Polizeigesetzes, ergibt sich als vorläufiges Zwischenergebnis der systematischen Auslegung, daß dem Polizeigesetz jedenfalls keine ausdrückliche Aussage gegen den finalen Rettungsschuß zu entnehmen ist. Auch außerhalb des Polizeigesetzes gibt es aber mit Art. 2 Abs. 2 lit. a EMRK eine für die Auslegung des Polizeigesetzes verbindliche Vorschrift, die sich zu tödlichen Eingriffen von hoher Hand äußert.

Die Europäische Menschenrechtskonvention gilt aufgrund ihrer Ratifizierung durch den Bundestag in Deutschland gem. Art. 59 Abs. 2 GG als einfaches Bundesgesetz[151]. Als solches verdrängt sie gem. Art. 70 GG landesrechtliche Vorschriften, die der in Art. 2 Abs. 2 lit. a EMRK getroffenen Regelung entgegenstehen.

Art. 2 Abs. 1 EMRK verpflichtet den Gesetzgeber zum Schutz des Menschenrechts auf Leben. Von dem Verbot absichtlicher Tötungen[152] macht die Menschenrechtskonvention in Abs. 1 S. 2 für die Verhängung der Todesstra-

---

[149] Diese Unterschiede gehen auf das Konto der Einschränkungen, die Art. 19 Abs. 1 Satz 2 GG erfahren hat, indem man bei vorkonstitutionellen Gesetzen oder der Realisierung verfassungsimmanenter Grundrechtsschranken das Zitat für verzichtbar erklärt hat; in letzterem Fall vor allem deshalb, weil dem Gesetzgeber ohnedies bewußt gewesen sei, daß er sich im sensiblen Grundrechtsbereich bewege, so BVerfGE 64, 80 ff., 86

[150] DREWS-WACKE-VOGEL-MARTENS, S. 270; so auch SUNDERMANN, S. 105 ff. für die Zeit, bevor Baden-Württemberg den finalen Rettungsschuß im Polizeigesetz geregelt hatte.

[151] DREWS-WACKE-VOGEL-MARTENS, S. 287; FROWEIN, in FROWEIN-PEUKERT, Einf. Rn. 6; DERS. in HStR VII § 180 Rn. 6; MAUNZ-DÜRIG, Art. 1 Abs. 1 Rn. 60.

[152] FROWEIN, in FROWEIN-PEUKERT, Rn. 10 zu Art. 2 EMRK.

fe[153] und in Abs. 2 lit. a bis c Ausnahmen, in denen die „*Tötung nicht als Verletzung des Menschenrechts betrachtet (wird), wenn sie sich aus einer unbedingt erforderlichen Gewaltanwendung ergibt: a) um die Verteidigung eines Menschen gegenüber rechtswidriger Gewaltanwendung sicherzustellen; b) um eine ordnungsgemäße Festnahme durchzuführen oder das Entkommen einer ordnungsgemäß festgehaltenen Person zu verhindern; c) um im Rahmen der Gesetze einen Aufruhr oder einen Aufstand zu unterdrücken.*“ Für die Frage nach dem finalen Rettungsschuß ist vor allem die Bestimmung wichtig, daß die Tötung als ultima ratio[154] zur Verteidigung von Personen gegen rechtswidrige Gewalttaten[155] das Menschenrecht auf Leben nicht verletzt. Die Einschränkung auf den Schutz von Personen bringt zum Ausdruck, daß die Tötung, der finale Rettungsschuß also, zum Zweck des Sachgüterschutzes das Menschenrecht aus Art. 2 Abs. 1 EMRK verletzen würde[156].

Auch der Europäischen Menschenrechtskonvention ist deshalb kein Verbot des finalen Rettungsschusses zu entnehmen. Eine weitergehende Interpretation im Sinne einer expliziten Erlaubnis ginge hingegen über den Regelungsgehalt der Konvention hinaus. Sie garantiert bürgerliche Freiheiten gegenüber der Staatsgewalt und fragt, ob die Vertragsstaaten den Schutzbereich ihrer Freiheitsgarantien mit hoheitlichen Maßnahmen tangieren und verletzen. Ob in den Vertragsstaaten ein solches mit der Konvention vereinbares Vorgehen zulässig sein soll, bleibt diesen überlassen. Art. 2 Abs. 2 lit. a steht deshalb weder einer gesetzlichen Regelung noch einer Interpretation des geltenden Rechts entgegen, die den finalen Rettungsschuß als ultima ratio zur Abwehr lebensbedrohlicher rechtswidriger Gewalttaten für zulässig erklärt.

cc. Historische Auslegung: Gerade bei der Auslegung des § 63 Abs. 2 PolG erweist sich der Rückblick auf die Entstehungsgeschichte der Vorschrift als ausgesprochen aufschlußreich. Als § 14 Abs. 2 war sie bereits Bestandteil

---

[153] Diese Ausnahme ist durch das Protokoll Nr. 6 zur Konvention zum Schutze der Menschenwürde und Grundfreiheiten über die Abschaffung der Todesstrafe, abgedruckt bei HARTIG, in EuGZ 1983, S. 271 f., weitgehend irrelevant geworden, da die meisten Vertragsstaaten den darin ausgesprochenen Ausschluß der Todesstrafe in Friedenszeiten durch die Ratifikation des Protokolls zu bindendem innerstaatlichen Recht gemacht haben; hierzu FROWEIN, in FROWEIN-PEUKERT Rn. 6 zu Art. 2. Die Regelung bekommt aber durch den Prozeß und das Todesurteil gegen den PKK-Chef Öcalan wieder Aktualität.

[154] Franz.: "... dans le cas où elle résulterait d'un recours à la force rendu absolument nécessaire", Engl.: "... when it results from the use of force which is no more than absolutely necessary".

[155] Franz.: "pour assurer la défense de toute personne contre la violence illégale"; Engl.: "in defence of any person from unlawful violence".

[156] DREWS-WACKE-VOGEL-MARTENS, S. 549; RUPPRECHT, FSchr. Geiger, S. 787; SUNDERMANN, S. 84.

des UZwG NRW von 1962[157]. Ihre Bedeutung als Behelfsgrundlage für den finalen Rettungsschuß verdankt sie indessen erst der Weigerung der Landtagsmehrheit, den finalen Rettungsschuß nach dem Muster der Innenministerkonferenz aus dem Jahr 1976 explizit zu regeln[158]. Weder 1980 bei der Verabschiedung des Polizeigesetzes[159] noch im Zuge seiner Reform im Jahre 1990[160] drang die Opposition mit ihren Anträgen durch[161], § 41 Abs. 2 S. 2 ME in das Polizeigesetz aufzunehmen. Die Argumente, mit denen sich die Landtagsmehrheit und die Landesregierung jeweils gegen eine Regelung nach dem Vorbild des Musterentwurfs aussprachen, lohnen eine nähere Betrachtung.

1980 lehnten die Abgeordneten NEU[162] und POHLMANN[163] eine explizite Regelung ab, da ihrer Ansicht nach die Notrechte der persönlichen Verantwor-

---

[157] Gesetz über Ausübung und Grenzen des unmittelbaren Zwangs (UZwG NW) vom 22. Mai 1962 (GVNW S. 260).:

§ 14 Abs. 1: Schußwaffen dürfen nur gebraucht werden, wenn andere Maßnahmen des unmittelbaren Zwangs erfolglos angewendet sind oder offensichtlich keinen Erfolg versprechen. Gegen Personen ist ihr Gebrauch nur zulässig, wenn der Zweck nicht durch Waffenwirkung gegen Sachen erreicht wird.

Abs. 2: *Der Zweck des Schußwaffengebrauchs darf nur sein, angriffs- oder fluchtunfähig zu machen.* Es ist verboten zu schießen, wenn durch Schußwaffengebrauch für die Vollzugsdienstkräfte erkennbar Unbeteiligte mit Wahrscheinlichkeit gefährdet werden (Hervorh. der Verf.).

Abs. 3: Gegen Personen, die sich dem äußeren Eindruck nach noch im Kindesalter befinden, dürfen Schußwaffen nicht gebraucht werden."

[158] Musterentwurf für ein einheitliches Polizeirecht in Bund und Ländern, beschlossen und ausgearbeitet von der Innenministerkonferenz des Bundes und der Länder; RIEGEL, DÖV 1990, S. 992 ff., 994; ME amtl. Begr., S. 14 f. Die Übernahme dieses Regelungsentwurfs hätte um so näher gelegen, als er auf einem einstimmigen Beschluß der Innenministerkonferenz beruhte. Quasi als nordrhein-westfälische „Landesspezialität" kommt hinzu, daß dieser einstimmige Beschluß unter dem Vorsitz des Innenministers von Nordrhein-Westfalen, HIRSCH, erging, der indessen in der Landtagsdebatte zu den entschiedenen Gegnern einer expliziten Regelung über den finalen Rettungsschuß gehörte.

[159] Polizeigesetz des Landes Nordrhein-Westfalen vom 25. März 1980, GVNW S. 234.

[160] Die heute gültige Fassung stammt vom 24. Februar 1990, GVNW S. 70, ber. GVNW S. 580, geändert durch Gesetz v. 24. November 1992, GVNW S. 446. Das Reformgesetz setzte die Anforderungen des Bundesverfassungsgerichtes an die Datenerhebung der Polizei um, die das Volkszählungsurteil vom 15. Dez. 1983 in BVerfGE 65, S. 1 ff. aufgestellt hatte. Unter dem Eindruck des Gladbecker Geiseldramas vom August 1988 forderte die Opposition erneut die Regelung des finalen Rettungsschusses.

[161] 1980 brachte die CDU-Fraktion einen eigenen Gesetzentwurf für das Polizeigesetz ein, LT-Drucks. 8/3130, der auch eine Regelung des finalen Rettungsschusses vorsah. Auch in der 10. Legislaturperiode brachte die Opposition einen Änderungsantrag ein, LT-Drucks. 10/5134, dort unter Punkt 27, der ebenfalls keine Mehrheit fand.

[162] MdL NEU, LT-Plenarprotokolle 8/130, S. 8842.

tung des Beamten am ehesten Rechnung trügen und keine Handhabe böten, diese durch Anordnungen seitens des Vorgesetzten zu verwischen[164]. Zudem wolle man nicht vorpreschen und dem Bund die diesem zukommende Vorreiterrolle streitig machen[165]. Der Innenminister HIRSCH[166] begründete diesen „legislative self-restraint“ und die Vorrangstellung des Bundes mit der sachlichen Nähe des finalen Rettungsschusses zu den bundesrechtlich geregelten Notwehrrechten. Auch gegen die Aufnahme des Grundrechts auf Leben gem. Art. 2 Abs. 2 Satz 1 GG in § 7 PolG bestanden Bedenken, da man seine "Vereinnahmung" für den finalen Rettungsschuß befürchtete[167]; es gelangte deshalb lediglich mit Blick auf tödliche Fehlschüsse ins Gesetz[168]. Nach dieser Debatte stand fest, daß das Polizeigesetz nach dem Willen des Gesetzgebers keine Regelung des finalen Rettungsschusses enthalten sollte.

1990 erteilte der Gesetzgeber seinen Interpreten eine Lektion über die Verbindlichkeit früherer Motive. Er lehnte eine explizite Regelung erneut ab

---

[163] MdL POHLMANN, LT-Plenarprotokolle 8/130, S. 8838 f; insbesondere auf S. 8839: "Das heißt nicht ..., im Bereich der Polizei bedürfte es nicht besonderer Handlungsstränge; das bedeutet nur, daß wir bei der Entscheidung über die mögliche absichtliche Vernichtung des Rechtsgutes Leben eine Verantwortungsumverteilung nicht vertreten können. Wir sind fest davon überzeugt, daß – anders als im militärischen Bereich – die Verantwortung für das Töten eines anderen Menschen ausschließlich bei dem liegen sollte, der diese Handlung vornimmt. ... Wann immer infolge polizeilichen Handelns der Tod eines Menschen eintritt, rechtfertigt sich dieses nicht daraus, daß hoheitlich gehandelt wurde, sondern ausschließlich nach Maßgabe der straf- und zivilrechtlichen Rechtfertigungsgründe. ... Wo es darum geht, den Tod eines Menschen gerechtfertigt zu verursachen, müssen wir durchaus auch ein bißchen Unsicherheit bei dem einzelnen in Kauf nehmen, und da soll der einzelne durchaus sein Gewissen ebenso sorgfältig prüfen, wie es seine Aufgabe ist, die gegebene Lage entsprechend zu beurteilen.“

[164] MdL NEU, LT-Plenarprotokolle 8/130, S. 8842: "Derjenige, der die Anordnung trifft und nicht sicher sein kann, daß der Schütze sie nach bestem Gewissen ausführt, der erhöht die Gefahr. Der Schütze aber, der sich aus dem Notwehrrecht und der Nothilfeverpflichtung selbst entschließt, der versucht auf jeden Fall, die Gefahr für den Dritten durch einen sicheren Schuß abzubauen und sie auf keinen Fall zu erhöhen. ... Die Alleinverantwortung des Schießenden ist aber im Notwehrrecht und Nothilferecht besser geregelt als durch die Regelung, bei der der Einsatzleiter befehlen kann: Schieße jetzt. Da sagt dann einer der Kollegen, auf die Gewissensnot des Schießenden angesprochen: Dann kann er ja einfach daneben schießen."

[165] MdL ERBERICH, LT-Plenarprotokolle 8/130, S. 8832.

[166] Innenminister HIRSCH, LT-Plenarprotokolle 8/130, S. 8847 und MdL ERBERICH, LT-Plenarprotokolle 8/130, S. 8832.

[167] MdL ERBERICH unter Hinweis auf den verfassungsrechtlichen Zwang, dem man sich mit der Regelung habe beugen müssen, LT-Plenarprotokolle 8/130, S. 8832, und MdL POHLMANN daselbst S. 8839.

[168] Dagegen s. oben Abschnitt bb.

und bestätigte damit im Ergebnis die Argumentation des damaligen Innenministers Schnoor. Dieser hatte seine Ablehnung damit begründet, daß das geltende Polizeigesetz von 1980 bereits eine hinreichende Grundlage enthalte[169]. Die rechtspolitische Frage, ob zu diesem Zeitpunkt eine explizite Regelung des finalen Rettungsschusses sinnvoll sei[170], verneinte die Mehrheit mit der Begründung, eine solche Vorschrift könne als veränderte Einstellung zum Leben mißdeutet werden[171]. Der "jüngere" historische Gesetzgeber hat den finalen Rettungsschuß damit weder ausgeschlossen noch übersehen. Er hat ihn vielmehr als zulässig unterstellt. Anstatt den Eingriff im Gesetz zu verankern, hat er ihn jedoch in den Gesetzgebungsmaterialien und Verwaltungsvorschriften vergraben[172].

dd. Teleologische Auslegung: Die Rechtsansicht des Gesetzgebers ist freilich nur ein Indiz; § 63 Abs. 2 PolG zeigt selbst, wie die Absichten des historischen Gesetzgebers als überholt beiseite geschoben werden. 1990 tat der Innenminister die Argumente seines Amtsvorgängers HIRSCH mit dem Satz ab: "Das Gesetz ist allemal klüger als seine Väter. Die von mir dargelegte Auslegung geltenden Rechtes halte ich für zwingend."[173] Ob § 63 Abs. 2 PolG mangels einer expliziten Regelung als Grundlage für den Eingriff in Frage kommt, läßt sich erst im Rahmen der teleologischen Auslegung ermitteln.

Daß es im Polizeigesetz von Nordrhein-Westfalen keine ausdrückliche Regelung für den finalen Rettungsschuß gibt, zwingt nicht zu der Schlußfolgerung, daß dieser Eingriff nur noch als private Notwehrmaßnahme des Beamten gem. § 32 StGB zu legitimieren ist[174]. Das Nebeneinander von Polizeirecht und

---

[169] Innenminister SCHNOOR, LT-Plenarprotokolle 10/131, S. 12023 f.

[170] MdL LARISKA-ULMKE, LT-Plenarprotokolle 10/131, S. 12019. Da die Geiselnahme in Gladbeck von 1988 den Anlaß für die neuerliche Beratung über eine gesetzliche Regelung gegeben hatte, empfahl sie, den Ausgang des Strafverfahrens gegen die Geiselnehmer Rösner und Degowski und das Ergebnis des Enquêteverfahrens über den Ablauf der Polizeimaßnahme abzuwarten. Im übrigen sollte eine derartige Regelung gemeinsam mit den anderen Bundesländern getroffen werden, um Rechtsunsicherheit unter den einzelnen Ländern zu vermeiden.

[171] Innenminister SCHNOOR, LT-Plenarprotokolle 10/131, S. 12024. Diese Einstellung kommt auch in den einschlägigen Verwaltungsvorschriften zum Ausdruck, die den finalen Rettungsschuß nur im Ausnahmefall zulassen.

[172] VVPolG NW 63.22: "Die Regelung in § 63 Abs. 2 schließt zur Abwehr einer gegenwärtigen Gefahr für Leib und Leben einer Person als Ultima ratio der Zwangsanwendung auch einen gezielten Schuß auf den Angreifer ein, der nach aller Erfahrung sofort tödlich wirkt (vgl. auch § 7)." Mit dieser Formulierung geht die Verwaltungsvorschrift über § 41 Abs. 2 ME sogar noch hinaus, da sie das mit dem dolus eventualis verbundene Vokabular vermeidet.

[173] So LT-Plenarprotokolle 10/130, S. 12024.

[174] RASCH, Polizeirecht § 41 Rn. 4 m. w. N.; WAGNER, in AK-PolG, Rn. 34.

Notrechten wird an geeigneter Stelle zu erörtern sein[175]. Hier sollen die folgenden Überlegungen ausreichen:

Die Legitimation tödlicher Gewalt durch die Notrechte geht am eigentlichen Problem vorbei. Sie privatisiert die ultima ratio hoheitlicher Gewalt ausgerechnet in dem Fall, in dem die Schwere des Eingriffs seine Einbindung in die Grenzen des Übermaßverbotes verlangt. Diese Einschränkung entfiele sogar ganz, weil sich der Private bei der Notwehr gem. § 32 StGB, vereinfacht gesprochen, in den Schranken des Erforderlichen auch mit unangemessenen Mitteln zur Wehr setzen darf[176]. Eine Abwägung zwischen den einander gegenüberstehenden Positionen käme allenfalls in Form der Güterabwägung nach Maßgabe der §§ 34 und 35 StGB in Betracht, wenn es – was allerdings unwahrscheinlich ist – an einer Notwehrlage fehlt.

Die Beschränkung der tödlichen Zwangsmaßnahme gelingt nur dann widerspruchsfrei, wenn man sie in das grundrechtsgebundene hoheitliche Vorgehen der Polizei einbindet. Daß allein diese Verankerung im öffentlichen Recht sachgerecht ist, ergibt sich wiederum aus dem staatlichen Gewaltmonopol. Dieses bewährt sich gerade in der Extremsituation einer existentiellen Bedrohung für wehrlose Opfer. Wenn der Staat hier die einzige noch mögliche Abhilfe gegen rechtswidrige Gewalt verweigert, verletzt er seine Schutzpflichten gegenüber dem Opfer rechtswidriger Gewalt und wird als Träger des Gewaltmonopols unglaubwürdig. Diese Schutzpflichten verbieten eine pauschale Schonung des Störers auf Kosten seines Opfers. Darauf läuft es freilich hinaus, wenn der finale Rettungsschuß als polizeiliche Zwangsmaßnahme schlechthin für rechtswidrig erklärt und den Beamten lediglich als Ausübung ihrer persönlichen Notrechte anheimgestellt wird. Denn auf diese Weise entzöge sich die Abwehr rechtswidriger Gewalt jedem Einfluß der grundrechtlichen Bindungen und jeder Möglichkeit zu einer Ermessensreduzierung auf Null. Ein solches Ergebnis wäre mit dem Gewaltmonopol des Staates unvereinbar.

Auch die Befürchtung, daß der Verzicht auf den finalen Rettungsschuß den Staat beliebig erpreßbar macht, erweist sich nicht als Beharren auf einem Selbstzweck[177]. Wenn der Staat sich nämlich von vornherein seiner Befugnis zum finalen Rettungsschuß begibt, hat er der Drohung eines Geiselnehmers keine adäquate Gegendrohung mehr entgegenzusetzen, um ihn zur Aufgabe zu be-

---

[175] S. Teil B dieses Kapitels

[176] Diese Aussage vereinfacht das Problem bewußt. In der Tat gehört die Erkenntnis, daß man mit Kanonen nicht auf Spatzen schießen darf, zu den Grundregeln im Bereich der Notwehr. Erforderlichkeit i. S. von § 32 StGB wird dort als Verhältnismäßigkeit hinsichtlich der Art und der Stärke des Angriffs verstanden, nicht dagegen bezogen auf die betroffenen Rechtsgüter; DREHER-TRÖNDLE, Rn. 18 ff.; LK-SPENDEL, Rn. 224.

[177] WESSLAU-KUTSCHA, ZRP 1990, S. 169, 171.

wegen. Statt dessen ist er darauf angewiesen, um das Leben der Geisel zu „feilschen“. Das Risiko für das Gelingen dieses Handels indessen hat allein das Opfer zu tragen. In diesem Zusammenhang taucht immer wieder auch der Einwand auf, der Geiselnehmer drohe lediglich mit der Tötung der Geisel, ohne diese verwirklichen zu wollen[178]. Für das Opfer grenzt dieser Einwand an Zynismus: Denn er macht sich das menschenverachtende Kalkül des Geiselnehmers zu eigen, der sein Opfer als Schutzschild zwischen sich und die Polizei stellt. Ob es zweckmäßig und angemessen ist, den Geiselnehmer beim Verlassen der Bank mit einem finalen Rettungsschuß angriffsunfähig zu machen, muß die Polizei im Einzelfall entscheiden. Als generelle Argumentation mit einer typischerweise eingeschränkten Gefährlichkeit des Geiselnehmers sollte sich dieser Einwand schon aus Respekt gegenüber dem Opfer verbieten.

Verglichen mit diesen Interpretationsansätzen erweist sich die Auslegung des § 63 Abs. 2 PolG als Zweckbestimmung für den Schußwaffengebrauch, die auch den finalen Rettungsschuß trägt, als sachgerechter. Der große Abwägungsspielraum, den man den Beamten zur Verfügung stellt, fällt keineswegs aus dem Rahmen des im Polizeirecht Üblichen heraus. Eine vergleichbare Offenheit für das im Einzelfall Gebotene und Angemessene kennzeichnet auch die polizeirechtliche Generalklausel aus § 8 Abs. 1 PolG. Sie ermächtigt die Polizei dazu, die notwendigen Maßnahmen zur Gefahrenabwehr zu treffen. Für besonders grundrechtsrelevante Maßnahmen treffen die in den §§ 9 ff. PolG verankerten Standardmaßnahmen spezielle Regelungen. Ähnlich verhält es sich auch in den §§ 63 ff. PolG: § 63 Abs. 2 PolG enthält die Grundnorm; daneben schränken speziellere Vorschriften wie z.B. § 63 Abs. 3 und 4 PolG den Schußwaffengebrauch ein, wenn der Eingriff den Adressaten oder Unbeteiligte[179] besonders belastet.

ee. Ergebnis: Im Ergebnis kann man dem Gesetzgeber von 1990 beipflichten: Der unveränderte § 41 Abs. 2 PolG a.F., jetzt § 63 Abs. 2 PolG, stellt, auch ohne den Eingriff ausdrücklich angesprochen zu haben, eine hinreichende gesetzliche Grundlage für den finalen Rettungsschuß dar. Es bestehen allerdings erhebliche rechtspolitische Bedenken gegen die Schlußfolgerung, man könne auf eine explizite Regelung des Eingriffs verzichten. Denn das Stillschweigen des Gesetzestextes perpetuiert die bestehenden Unklarheiten über die Zulässigkeit dieses hoch umstrittenen Eingriffs. Die Praxis hingegen wird nicht dem Gesetzgeber zuliebe aufhören, immer wieder die Dringlichkeit dieser Fragen und die Notwendigkeit des finalen Rettungsschusses vor Augen zu führen. Bis der Gesetzgeber deshalb eine Regelung verabschiedet, verdienen die Be-

---

[178] So die Begründung in AE, Anm. 8 zu § 64; GLORIA-DISCHKE, NWVBl. 1989, S. 44; WESSLAU-KUTSCHA, ZRP 1990, S. 171.

[179] Zu diesem Begriff s. unter VII 1 a.

amten, die gem. § 59 Abs. 1 LBG für den Eingriff einstehen müssen, daß die camouflierte Zulässigkeit des finalen Rettungsschusses durch die Interpretation offengelegt und § 63 Abs. 2 PolG entsprechend angewendet wird.

b. Regelungsvorschläge für den finalen Rettungsschuß

Derzeit gibt es vor allem zwei Entwürfe, die sich darum bemühen, die vielschichtigen Probleme, die beim finalen Rettungsschuß auftreten, auf einen abstrakt-generellen Nenner zu bringen. Außer dem Musterentwurf der Innenministerkonferenz aus dem Jahr 1976[180] liegt der Alternativentwurf des Arbeitskreises Polizeirecht vor[181]. Bislang haben die Polizeigesetze der Länder Baden-Württemberg, Bayern, Rheinland-Pfalz, Sachsen-Anhalt, Sachsen und Thüringen § 42 Abs. 2 S. 2 des Musterentwurfs übernommen[182]. Dabei hat insbesondere Bayern diese Regelung nicht als bahnbrechende Neuerung, sondern als Klarstellung betrachtet[183]. Niedersachen spielte bei der Umsetzung von § 42 Abs. 2 Satz 2 ME insofern eine Sonderrolle, als es zwar als eines der ersten Bundesländer zusammen mit Bayern und Rheinland-Pfalz den Vorschlag in sein Polizeigesetz eingegliedert hat. 1994 machte es jedoch einen Rückzieher und ist in seinem Gefahrenabwehrgesetz[184] von der Regelung nach dem Vorbild des Mu-

---

[180] Musterentwurf eines einheitlichen Polizeigesetzes des Bundes und der Länder der Innenministerkonferenz, verabschiedet am 10. und 11. Juni 1976 (ME); abgedruckt mit Begründung und Anmerkungen von HEISE und RIEGEL.

[181] Alternativentwurf einheitlicher Polizeigesetze des Bundes und der Länder, vorgelegt vom „Arbeitskreis Polizeirecht“ im November 1978 als Antwort auf die weitreichenden Änderungen, die der ME im bestehenden Polizeirecht ermöglichte. Die maßgeblichen Unterschiede zwischen dem Musterentwurf und dem Alternativentwurf liegen im Bereich der Vorfeldmaßnahmen. Hier betont der AE die Notwendigkeit, daß Maßnahmen immer nur beim Vorliegen einer konkreten Gefahr und gegen einen Polizeipflichtigen ergehen dürfen, Einleitung zum AE, S. VII f.

[182] In § 54 Abs. 2 BW PolG, Art. 45 Abs. 2 BayPAG, § 63 Abs. 2 S. 2 POG RhP, § 34 Abs. 2 Sächs. PolG, § 65 Abs. 2 SOGLSA und in § 64 Abs. 2 Thür. PAG. Da sich diese Gesetze den Regelungsvorschlag wörtlich zueigen gemacht haben, werden die folgenden Erörterungen der Einfachheit halber den Text des Musterentwurfs zugrunde legen, dessen Auslegung dann freilich auch für die betreffenden Länder gilt.

[183] Vollzugsbekanntmachung zu Art. 66 Bay PAG 66.3: Art. 66 Abs 2 Satz 2 *stellt klar*, daß auch ein Schuß, der mit an Sicherheit grenzender Wahrscheinlichkeit tödlich wirken wird, unter den Voraussetzungen dieser Vorschrift zulässig ist. Wegen des Begriffs der gegenwärtigen Gefahr wird auf Nummer 10.2 verwiesen. Eine Verletzung der körperlichen Unversehrtheit ist insbesondere dann schwerwiegend, wenn sie voraussichtlich zu dauernder Invalidität oder zu einer dauernden erheblichen Verunstaltung führt. (Hervorh. der Verf.)“. Zitiert bei Schmidbauer-Steiner-Roese zu Abs. 66

[184] Niedersächsisches Gefahrenabwehrgesetz vom 17. November 1981 (Nieders. GVBl. S. 347) in der Fassung vom 13. April 1994 (GVBl. S. 172), zuletzt geändert durch Gesetz vom 18. Februar 1995 (GVBl. S. 71):

sterentwurfs wieder abgegangen[185]. Dieser Schritt zurück verwundert. Da es dem Gesetzgeber offenkundig um die deutliche Einschränkung des Eingriffs gegangen war, hätte es näher gelegen, den Alternativentwurf zum Zuge kommen zu lassen, der zumindest den Anspruch erhebt, eine solche Beschränkung leisten zu können.

aa. § 41 Abs. 2 Satz 2 Musterentwurf: § 41 Abs. 2 S. 2 ME legt fest, unter welchen Umständen die Schutzbelange des Opfers vor dem Recht des Störers auf Leben Vorrang erhalten[186]. Der Regelungsvorschlag zählt damit zu den Sonderregelungen[187] für besonders folgenschwere Eingriffe und folgt deren Aufbauschema: Grundsätzlich untersagt der Musterentwurf den Eingriff als unangemessen; wenn freilich die vom Angreifer ausgehende Gefahr mit an Sicherheit grenzender Wahrscheinlichkeit das Leben oder die körperliche Unversehrtheit seines Opfers bedroht, erweisen sich die Belastungen auf beiden Seiten als ungefähr gleich groß, so daß zum Schutz des Opfers selbst ein tödlicher Eingriff angemessen und deshalb ausnahmsweise zulässig ist[188].

Gem. § 41 Abs. 2 S. 2 ME ist "ein Schuß, der *mit an Sicherheit grenzender Wahrscheinlichkeit* tödlich wirken wird, ... nur zulässig, wenn er das einzige Mittel zur Abwehr einer gegenwärtigen Lebensgefahr oder der gegenwärtigen Gefahr einer schwerwiegenden Verletzung der körperlichen Unversehrtheit ist" (Herv. der Verf.). Während die Vorentwürfe noch ausdrücklich von einem gezielt tödlichen Schuß sprachen[189], hat die endgültige Fassung vom 25. November 1977 mit der Umschreibung des Eingriffs Unsicherheit geschaffen. Anstatt das zu erwartende Ausmaß des Eingriffs eindeutig zu beschreiben, stellt sie eine

---

§ 76 Abs. 2: „Schußwaffen dürfen gegen Personen nur gebraucht werden, um angriffs- oder fluchtunfähig zu machen."

[185] Am Rande sei angemerkt, daß die im ursprünglichen Sicherheits- und Ordnungsgesetz von Sachsen-Anhalt enthaltene Regelung des finalen Rettungsschusses den Regierungswechsel zum sogenannten „Magdeburger Modell", einer PDS-gestützten Koalition von SPD und Bündnis 90/DIE GRÜNEN, unbeschadet überstanden hat und in der Neufassung vom 1.1.1996 (GVBl. LSA S. 2 ff.) als § 65 Abs. 2 Satz 2 verankert ist.

[186] LISKEN, DRiZ 1989, S. 402; MERTEN, Aktuelle Probleme, S. 99; ROEWER, NWVBl 1989, S. 366 f.

[187] Wie zum Beispiel denen in § 41 Abs. 3 und 4 ME über den Schußwaffengebrauch gegen Kinder, die dem äußeren Anschein nach noch nicht älter als 14 Jahre sind, oder über den Schußwaffengebrauch, der mit hoher Wahrscheinlichkeit auch Unbeteiligte gefährdet.

[188] MERTEN, Aktuelle Probleme, S. 99.

[189] § 41 Abs. 2 Satz 2, Fassung von 1974: „Dabei ist ein gezielt tödlicher Schuß nur zulässig, wenn er das einzige Mittel zur Abwehr einer gegenwärtigen *Lebensgefahr* ist."

§ 41 Abs. 2 Satz 2, Fassung von 1975: „Dabei ist ein gezielt tödlicher Schuß nur zulässig, wenn er das einzige Mittel zur Abwehr einer gegenwärtigen *Gefahr für Leib und Leben* ist."

Assoziation zum dolus eventualis[190] her, die gerade diesem Grundrechtseingriff nicht gerecht wird[191]. Zwischen dem finalen Rettungsschuß und der Straftat mit dolus eventualis besteht allenfalls die vordergründige Gemeinsamkeit, daß die Gewalt einem bestimmten Zweck dient und von daher nicht um ihrer selbst willen zum Einsatz kommt. Während aber der Straftäter mit angemaßter und illegaler Gewalt eigennützige Zwecke zum Schaden anderer Personen durchsetzt, dient der finale Rettungsschuß als zweckgebundene Ausübung des Gewaltmonopols zur Wiederherstellung der inneren Sicherheit[192].

Gerade im "klassischen" Fall der Geiselbefreiung wird die Beschreibung des Eingriffs als bedingt vorsätzliche Tötung dem Charakter des Eingriffs nicht gerecht. Da jeder mildere Eingriff mit der Gefahr verbunden ist, daß der Adressat noch die Möglichkeit findet, sein Opfer zu töten[193], kommt der Schußwaffengebrauch zur Geiselbefreiung nur bei hoher Gewißheit über den sofortigen Erfolg[194] oder gar nicht in Betracht. Diese Gewißheit läßt sich ohne „Willen zum Erfolg" nicht erzielen. In die Kategorien des Strafrechts „übersetzt" ist das dolus directus. Die Annahme, ein Beamter behielte sich in einer derartigen Lage im Stillen die Möglichkeit eines Fehlschusses vor[195], wird seiner Verantwortung für die Geisel in keiner Weise gerecht. Bei der Entscheidung über den finalen Rettungsschuß steht deshalb die Angemessenheit, nicht aber die Inkaufnahme eines möglichen tödlichen Erfolges zur Debatte.

Da § 42 Abs. 1 Nr. 1 ME[196] ebenso wie § 41 Abs. 2 S. 2 ME Leib und Leben als solches schützen, spielt es keine Rolle, ob der Beamte einen anderen oder sich selbst verteidigt. In der Praxis spielt der Fall der Selbstverteidigung

---

[190] LISKEN, DRiZ 1989, S. 402 f.; MERTEN, Aktuelle Probleme, S. 99.

[191] MERTEN, Aktuelle Probleme, S. 99.

[192] Dieser Unterschied fällt besonders ins Gewicht, wenn man den finalen Rettungsschuß zur Beendigung eines Geiseldramas mit der Tötung eines Menschen im Zusammenhang mit einem zum Zweck des Versicherungsbetrugs „inszenierten" Verkehrsunfall vergleicht, die der Fahrer zwar nicht beabsichtigt, aber vorhersieht und in Kauf nimmt, um seinen eigentlichen Zweck zu erreichen. Dem Betrüger ist es gleichgültig, was mit seinem Opfer geschieht, und er überläßt es dem Zufall, ob er einen Menschen in Mitleidenschaft zieht.

[193] So beim Münchener Bankraub von 1977, dem sogenannten Rammelmayr-Fall: Der Geiselnehmer war bereits tödlich getroffen, als er im Fallen den Schuß auslöste, der die im Auto sitzende Geisel tödlich traf.

[194] WEICHERT, VwBlBW 1991, S. 249 ff. Abschätzige Bemerkungen über Schießkunststücke der Beamten ändern nichts daran, daß ein solcher Schuß möglich und im äußersten Notfall in Erwägung zu ziehen ist. Ebenfalls skeptisch, aber neutraler AE Anm. 7 zu § 64.

[195] Eine solche Möglichkeit erschien als Argument gegen die Regelung der Maßnahme im Polizeigesetz und die Möglichkeit einer darauf gestützten Anordnung seitens des Vorgesetzten, MdL NEU LT-Plenarprotokolle 8/130, S. 8842.

[196] Entspr. § 64 Abs. 1 Nr. 1 PolG NW.

oder der spontanen Nothilfe sogar die größere Rolle[197]. § 42 Abs. 2 ME scheint dem mit seinem Wortlaut Rechnung zu tragen, der eher auf die Selbstverteidigung hinweist als auf die Geiselbefreiung. Bei der ersteren sind die Folgen des Schußwaffengebrauchs nicht mit vergleichbarer Sicherheit voraussehbar wie bei der Geiselbefreiung, da die Beamten weder Zeit zum sorgfältigen Zielen haben noch über andere Mittel außer ihrer gewöhnlichen Dienstwaffe[198] verfügen. Trotzdem bleiben die Bedenken gegen die Formulierung des Musterentwurfs bestehen. Denn der Sache nach geht es auch hier darum, ob die Lage es rechtfertigt, zur Rettung des Bedrohten das Leben des Angreifers aufzuopfern.

Bei der Ausformulierung hat der Musterentwurf verglichen mit seinen früheren Versionen einen „Rückzieher" gemacht. Es wäre besser gewesen, wenn die Innenministerkonferenz bei der ursprünglichen Formulierung geblieben wäre oder sich nach dem Muster von Art. 2 Abs. 2 lit. a EMRK gerichtet hätte, der die Tötung akzeptiert, wenn und weil sie dem bestimmten Zweck dient, rechtswidrige und lebensbedrohliche Gewalt gegen eine Person abzuwehren.

bb. Kritik am Musterentwurf: Insbesondere DENNINGER, FUNKE und WERKENTIN haben darüber hinaus auch kritische und detaillierte Einwände gegen den Musterentwurf geltend gemacht.

DENNINGER[199] moniert, daß der Schutzbereich der körperlichen Unversehrtheit nur die äußerlichen Körperverletzungen i. S. von § 224 StGB a.F., entsprechend § 226 StGB n.F., berücksichtigt. Die seelischen Spät- und Dauerfolgen, die das Opfer einer Geiselnahme davonträgt, fänden hingegen für die Entscheidung über den Eingriff keine Berücksichtigung. Hinter der Zulassung des finalen Rettungsschusses zum Schutz der Rechtsgüter Leben und körperliche Unversehrtheit steht jedoch außer der engen Verwandtschaft der beiden Rechtsgüter die Erkenntnis, daß sich ex ante nicht immer vorhersehen läßt, ob der Anschlag zum Tod des Opfers führt oder ob dieses unter Umständen schwer verletzt überlebt. Es geht deshalb darum, hinreichend klare Kriterien zu finden, die

---

[197] Tatsächlich gelang es seit der Katastrophe des Gladbecker Geiselverbrechens im August 1988 immer wieder, Geiselnahmen unblutig zu beenden. Erwähnung verdient hier vor allem auch der Einsatz des Berliner SEK, das im November 1998 einen dreijährigen Jungen aus der Hand eines Geiselnehmers befreite, der dem Kind das Messer an die Kehle gesetzt hatte. Die Befreiung gelang durch einen überrumpelnden Tritt gegen den Kopf des Geiselnehmers, der daraufhin sein Opfer losließ, FAZ vom 19. November 1998.

[198] In der "typischen" Lage, in der es zum finalen Rettungsschuß kommt, das heißt bei der Geiselbefreiung durch ein mobiles Einsatzkommando, verwendet der Beamte für den finalen Rettungsschuß eine besondere Präzisionswaffe mit Zielfernrohr und eine andere als die gewöhnliche Munition, die den Erfolg des Eingriffs mit größerer Sicherheit gewährleistet. In der Praxis kommt es freilich weitaus häufiger vor, daß Polizeibeamte ihre Dienstpistole zur Selbstverteidigung oder Nothilfe gebrauchen und den Angreifer tödlich treffen.

[199] DENNINGER, Vorgänge 1975, S. 44 ff.

ein rechtzeitiges aber auch angemessenes Einschreiten erlauben. Als derartige Kriterien greift der Musterentwurf auf die Merkmale der schweren Körperverletzung i. S. von § 226 StGB n.F.[200] zurück und erlaubt den finalen Rettungsschuß, wenn dem Opfer durch massive Schläge auf den Kopf bleibende Gehirnschäden i. S. von Abs. 1 Nr. 3 oder der Verlust des Seh- oder des Hörvermögens drohen (Abs. 1 Nr. 1).

Auch wenn die Berücksichtigung der psychischen Folgen eine für das Opfer sicherlich wünschenswerte Erweiterung des Schutzbereiches darstellt, fehlt es für Schäden dieser Art an einem hinreichend verläßlichen objektiven Kriterium, an dem sich die Beamten bei der Entscheidung orientieren können. Gerade die psychischen Schäden infolge eines Verbrechens fallen je nach Persönlichkeit des Opfers verschieden aus. Sie entziehen sich daher anders als die Körperverletzungen i. S. von § 226 Abs. 1 StGB n.F. einer verläßlichen Vorhersage. Der drohende psychische Schaden läßt sich deshalb nicht mit der Eindeutigkeit bestimmen, die erforderliche wäre, um daraufhin den finalen Rettungsschuß freizugeben.

Beim finalen Rettungsschuß zur Beendigung von Geiselnahmen erachtet DENNINGER auch das Kriterium der gegenwärtigen Gefahr für bedenklich[201]. Denn es trage den wechselnden Phasen von größerer Anspannung und Entspannung keine Rechnung, die zum typischen Verlauf dieses Dauerdelikts gehören[202]. Vielmehr befürchtet er, daß die Beamten einen günstigen Zeitpunkt unabhängig davon nutzen, ob dem Opfer in dieser bestimmten Lage von Seiten des Geiselnehmers noch eine akute Gefahr droht.

Auch dieser Einwand verfängt nicht. Denn das Gebot der Zweckmäßigkeit betrifft im Polizeirecht insbesondere die Wahl des richtigen Zeitpunkts zum Einschreiten. Wann dieser Augenblick gekommen ist, entzieht sich der gesetzlichen Festlegung. In der Regel dürfte der Augenblick, in dem der Straftäter mit der als Schutzschild mißbrauchten Geisel seine Deckung verläßt, den Beamten die einzige Möglichkeit bieten, lange genug auf den Geiselnehmer zu zielen und einigermaßen sicher zu schießen; daraus folgt aber nicht zwingend, daß ein anderer Zeitpunkt zum Zugriff deshalb schlechterdings ausscheidet. Der Gesetzgeber wird der Vielfalt der Fälle nur gerecht, wenn er die Bezeichnung des optimalen Zeitpunkts zum Zugriff auf einen möglichst allgemeinen Nenner bringt.

Schließlich rügt DENNINGER, daß der Musterentwurf in einer gegenwärtigen Gefahr für Leib und Leben nicht nur den finalen Rettungsschuß zuläßt,

---

[200] Amtliche Begründung zu § 41 Abs. 2 bei HEISE-RIEGEL.

[201] DENNINGER, Vorgänge 1975, S. 44 ff.

[202] Die Legaldefinition in § 2 br. PolG beschreibt eine Lage, in der die Einwirkung des schädigenden Ereignisses bereits begonnen hat oder bei der die Einwirkung unmittelbar oder in allernächster Zeit mit einer an Sicherheit grenzenden Wahrscheinlichkeit bevorsteht.

sondern die Beamten auch von allen weiteren Rücksichtnahmen dispensiert, die den Schußwaffengebrauch üblicherweise in Grenzen halten.

Die Ratio der besonderen Schutzgebote in den §§ 41 Abs. 3 und 4 und 43 Abs. 1 ME entkräftet diese Kritik jedoch. Diese Vorschriften konkretisieren, wie eben auch § 41 Abs. 2 Satz 2 PolG, das Übermaßverbot für die Situationen, in denen sich der Schußwaffengebrauch über seine übliche Wirkung hinaus besonders belastend auswirkt. Alle diese Sondervorschriften folgen im wesentlichen demselben Aufbauschema und gewährleisten so einen in sich konsistenten Schutz vor unangemessenen Beeinträchtigungen; dabei tragen sie auch den besonderen Fällen Rechnung, in denen der Angreifer das Leben seines Opfers oder seine körperliche Unversehrtheit bedroht und kein milderes Mittel Erfolg verspricht. Da sich hier gegenüber dem Opfer Versäumnisse nicht rückgängig machen lassen, nimmt das Gesetz die üblicherweise untersagten Beeinträchtigungen für den Störer als das geringere Übel in Kauf. Bei all diesen Schutzvorschriften geht es also weniger darum, Hindernisse und Einschränkungen für den Schußwaffengebrauch zu beseitigen und diesen ohne die üblichen Einschränkungen freizugeben. Die gesetzliche Ausnahmeerlaubnis zum Schußwaffengebrauch gegen Kinder, zur Gefährdung Unbeteiligter und der finale Rettungsschuß sollen eher ausschließen, daß sich die Beamten in einer solchen Lage auf das grundsätzliche Verbot des Schußwaffengebrauchs zurückziehen, und verlangen eine Einzelfallentscheidung über die Angemessenheit des Schußwaffengebrauchs mit tödlichen Folgen.

cc. § 64 Abs. 3 Satz 2 Alternativentwurf: Die deutlichste Kritik fand der Musterentwurf im Alternativentwurf, der dem Modell der Innenministerkonferenz ein ausführliches Gegenkonzept präsentiert.

(1) Das Verbot des tödlichen Präzisionsschusses auf Geiselnehmer in § 64 Abs. 3 Satz 2 AE: Die Verfasser des Alternativentwurfs haben die Notwendigkeit erkannt, den tödlichen Schußwaffengebrauch auf eine polizeigesetzliche Grundlage zu stellen. Die einschlägige Passage in § 64 Abs. 3 Satz 2 und 3 AE lautet: "... Gegen Personen dürfen Schußwaffen nur gebraucht werden, um angriffs- oder fluchtunfähig zu machen, *nicht um zu töten*. Muß beim Gebrauch der Schußwaffe davon ausgegangen werden, daß er *mit an Sicherheit grenzender Wahrscheinlichkeit* das Leben gefährdet, so ist er nur zulässig, wenn er das einzige Mittel zur Abwehr einer gegenwärtigen Lebensgefahr oder der gegenwärtigen Gefahr einer schwerwiegenden Verletzung der körperlichen Unversehrtheit (§ 224 StGB) [203]ist." Das ausdrückliche Verbot, die Schußwaffen zum Töten des Gegenüber zu gebrauchen, richtet sich insbesondere gegen den finalen Rettungsschuß zur Geiselbefreiung, womit auch die Möglichkeit ausge-

[203] Gemeint ist § 224 StGB a.F., dem entspricht § 226 n.F.

räumt ist, daß der Vorgesetzte einen finalen Rettungsschuß anordnet[204]. Die Autoren lehnen den Eingriff als unverhältnismäßig ab[205] und halten ihn für eine Umgehung des Art. 102 GG, die dem liberal-humanitären Charakter des Staates widerspreche.

Die strikte Ablehnung des finalen Rettungsschusses ist indessen nur der erste Schritt. Aus dem Zusammenhang von § 64 Abs. 3 S. 1 und 2 AE ergibt sich nämlich, daß der Alternativentwurf den Tod des Störers zwar als *Ziel*, nicht aber als *Folge* des Eingriffs ausschließt[206]. Die Begründung für diese Differenzierung zeigt jedoch, daß sie das Problem allenfalls in den Bereich des im Strafrecht relevanten subjektiven Tatbestandes verlagert. Dem eigentlichen Problem, ob der Staat zum Schutz eines Grundrechtsträgers einen anderen im äußersten Notfall auch töten darf, kommt die in § 64 Abs. 3 AE unternommene Lösung damit jedoch nicht näher.

Mit dem Verbot, die Schußwaffe zum Zweck der Tötung zu gebrauchen und der gleichzeitigen Erlaubnis eines Schusses, der mit an Sicherheit grenzender Wahrscheinlichkeit das Leben gefährdet, schafft der Alternativentwurf einen nur scheinbaren Unterschied. Denn da sich der tödliche Schußwaffengebrauch zur Rettung einer Geisel durchaus unter § 63 Abs. 3 Satz 2 AE subsumieren läßt, läßt der Alternativentwurf den finalen Rettungsschuß der Sache nach durch die Hintertüre doch noch zu. Derselbe Eingriff, den die Autoren zuvor unter der Bezeichnung „finaler Rettungsschuß" als verfassungswidrig und inhuman[207] abgelehnt haben, wird lediglich umetikettiert und als „mißbilligend in Kauf genommene Nebenfolge" zugelassen. Die eigentlich charakteristischen Merkmale, der „gute Zweck", eine gegenwärtige Gefahr für Leib und Leben abzuwenden, und die an Sicherheit grenzende Wahrscheinlichkeit, mit der der Schußwaffengebrauch zum Tod führt, stimmen in § 41 Abs. 2 ME und in § 64 Abs. 3 Satz 2 AE überein.

Die Differenzierung zwischen dem finalen Rettungsschuß und der mißbilligend in Kauf genommenen Tötung geht zudem am Wesen des polizeilichen Entscheidungsprozesses vorbei. Wenn ein Beamter zum Ergebnis gelangt, daß die Voraussetzungen für sein Einschreiten erfüllt sind und das ausgewählte Mittel zweckmäßig und verhältnismäßig ist, wird er handeln, ohne daß es bei der Entscheidung auf ein voluntatives Element ankommt. Denn wie § 40 VwVfG belegt, bewirkt der Vorrang des Gesetzes, daß auch Ermessensspiel-

---

[204] S. dazu auch die Gewissensklausel in § 60 Abs. 4 AE.

[205] Vgl. AE Anm. 7 bis 9 zu § 64.

[206] Vgl. AE Anm. 13 zu § 64.

[207] Vgl. AE Anm. 11 zu § 64, wo ein vom finalen Rettungsschuß ausgehender Schaden für den liberal-humanitären Charakter des Staates befürchtet wird.

räume nur im Sinne der Ermächtigung ausgeübt werden dürfen[208]. Insofern läßt sich die Lage eines Beamten bei der Entscheidung für den Schußwaffengebrauch mit derjenigen eines Chirurgen vergleichen, der eine Operation für indiziert hält und dann ausführt. Das individuelle subjektive Wissen und Wollen wird erst ex post relevant, wenn ein einzelner Beamter es zum strafrechtlich relevanten Exzeß hat kommen lassen und von seiner Dienstwaffe rechtswidrig Gebrauch gemacht hat.

Dafür, daß auch der Alternativentwurf der Sache nach den finalen Rettungsschuß zuläßt, spricht übrigens auch die sogleich noch genauer zu betrachtende „Gewissensklausel" in § 60 Abs. 4 AE. Sie verbietet es, einen Beamten „zur Abgabe eines das Leben gefährdenden Schusses" zu verpflichten, wenn er rechtzeitig seine Weigerung erklärt. Diese Klausel setzt eine Lage, in deren Verlauf ein lebensgefährlicher Schuß angeordnet wird, geradezu voraus, so wie sie typischerweise vor allem bei der Geiselbefreiung vorkommt.

(2) Die Gewissensklausel in § 60 Abs. 4 AE: Die subjektive Mißbilligung des finalen Rettungsschusses seitens des Polizeivollzugsbeamten kann jedoch relevant werden, wenn sein Vorgesetzter den Eingriff anordnet und der Beamte diesen für rechtswidrig hält oder nicht mit seinem Gewissen vereinbaren kann. Für den Fall, daß der Beamte den Eingriff für rechtswidrig hält, trifft schon das geltende Polizeirecht in § 59 Abs. 2 und 3 PolG[209] eine Regelung, die vom allgemeinen beamtenrechtlichen Reglement[210] für Remonstrationen abweicht. Gem. § 59 Abs. 2 PolG muß der Beamte einen Befehl verweigern oder die strafrechtliche Verantwortung für seine Ausführung tragen, wenn er erkennt oder es offensichtlich ist, daß die Anweisung auf eine Straftat hinausläuft[211]. Bloße Bedenken gegen die Rechtmäßigkeit hingegen muß der Beamte gem. § 59 Abs. 3 PolG[212] zurückstellen, wenn die Umstände deren Erörterung während des Ein-

---

[208] § 40 VwVfG: „Ist die Behörde ermächtigt, nach ihrem Ermessen zu handeln, hat sie ihr Ermessen entsprechend dem Zweck der Ermächtigung auszuüben und die gesetzlichen Grenzen des Ermessens einzuhalten."

[209] Entsprechend § 60 Abs. 2 und 3 AE.

[210] So beispielsweise die Regelung aus § 59 Abs. 2 Landesbeamtengesetz NW, wonach der Beamte Bedenken gegen die Rechtmäßigkeit einer Anordnung unverzüglich beim unmittelbaren Vorgesetzten geltend machen und die Anordnung gegebenenfalls vom nächsthöheren Vorgesetzten bestätigen lassen muß. Erst wenn auch dieser die Anordnung bestätigt, ist der Beamte bei deren Ausführung entlastet, sofern er dabei nicht offenkundig eine Ordnungswidrigkeit, eine Straftat oder eine die Menschenwürde verletzende Handlung begeht.

[211] § 60 Abs. 2 AE geht wie das von § 59 Abs. 2 PolG verdrängte Beamtengesetz von Nordrhein-Westfalen, dort § 59 Abs. 2 Satz 3, allerdings über das Polizeigesetz hinaus und läßt Polizisten nicht nur für Straftaten, sondern auch für Ordnungswidrigkeiten einstehen, die sie als solche hätten erkennen und verweigern müssen.

[212] Entsprechend hierzu § 60 Abs. 3 AE.

satzes nicht zulassen. Denn während des Einsatzes gibt das Polizeigesetz in § 59 Abs. 3 dem Interesse des schutzbedürftigen Dritten an der reibungslosen Gefahrenabwehr Vorrang vor der Bereinigung der Rechtsfrage zwischen dem Beamten und seinem Vorgesetzten. Wegen der vielen Zweifelsfragen im Zusammenhang mit dem Schußwaffengebrauch und der hohen Anspannung, die während eines Einsatzes der Erörterung spontan aufgetretener Bedenken entgegenstehen wird, kommt dieser Ausnahmevorschrift besondere Bedeutung zu. Sie nimmt dem Beamten freilich nicht alle Probleme ab. Er wird zwar rechtlich entlastet, trägt aber nach wie vor die moralische Verantwortung für sein eigenes Handeln und muß eventuelle Gewissenskonflikte allein bewältigen.

Für den besonderen Fall des finalen Rettungsschusses trägt die Gewissensklausel des § 60 Abs. 4 AE diesem Gewissenskonflikt des Beamten Rechnung. Sie gibt ihm zusätzlich zu der Befehlsverweigerungs*pflicht* der Abs. 1 und 2 ein Befehlsverweigerungs*recht* selbst dann, wenn der angeordnete finale Rettungsschuß weder gem. § 340 StGB strafbar wäre noch die Menschenwürde verletzte[213] und rein dienstlich erfolgt. Allerdings muß diese Befehlsverweigerung rechtzeitig erklärt werden[214]. Eine zur Unzeit, also während des Einsatzes, ausgesprochene Weigerung ist unbeachtlich und befreit nicht von der Pflicht zum Gehorsam[215].

Diese Klausel knüpft an das Kriegsdienstverweigerungsrecht aus Art. 4 Abs. 3 GG an[216]. Neben dem Verbot, Befehle auszuführen, die auf eine Straftat oder eine Verletzung der Menschenwürde hinauslaufen, dürfte für die Gewissensklausel freilich nur ein geringer Anwendungsbereich übrig bleiben. Unabhängig von ihrer praktischen Bedeutung bestehen gegen diese Klausel selbst Bedenken. Der Erst-Recht-Schluß vom Kriegsdienst mit der Waffe auf den grundrechtsgebundenen Schußwaffengebrauch der Polizei wird dem Wesen des letzteren nicht gerecht. Selbst wenn der Eingriff den Tod des Störers zur Folge hat, darf man die Vernichtung eines Gegners nicht mit dem auf Gefahrenabwehr und größtmöglichen Rechtsgüterschutz für alle Beteiligten ausgerichteten Polizeieinsatz vermengen. Zudem indiziert die vom Entwurf unterstellte Notwendigkeit der Gewissensklausel, daß der begrifflich zur mißbilligten Nebenfolge entschärfte Eingriff tatsächlich noch erhebliches Konfliktpotential birgt. Hinzu

---

[213] Ein Verstoß gegen die Menschenwürde des Adressaten würde die gesamte Maßnahme rechtswidrig machen und damit wiederum den Tatbestand des § 340 StGB erfüllen, so daß hier § 59 Abs. 2 PolG eingriffe. Zum der Überlegung, daß ein Befehl auch die Würde des Beamten verletzen kann, vgl. TEGTMEYER, Rn. 5 zu § 59.

[214] § 60 Abs. 4: Der Polizeibeamte darf zur Abgabe eines das Leben gefährdenden Schusses nicht verpflichtet werden, wenn er rechtzeitig die Weigerung erklärt hat.

[215] Insofern gleicht die Gewissensklausel der besonderen Regelung des Remonstrationsverfahrens bei der Anwendung unmittelbaren Zwangs.

[216] Vgl. AE Anm. 4 zu § 60.

kommt, daß diese Klausel – insoweit freilich ganz im Einklang mit der Subjektivierung des Entschlusses – auch die Verweigerung des Eingriffs der persönlichen Befindlichkeit des Beamten überlassen will. Während der im Verwaltungsrecht übliche Entscheidungsfreiraum gem. § 40 VwVfG pflichtgemäß i. S. der Ermächtigung und damit auch für den Adressaten einigermaßen vorhersehbar und willkürfrei auszuüben ist, gesteht § 60 Abs. 4 AE ein umfassendes Befehlsverweigerungsrecht zu, ohne daß es auf die Rechts- oder Zweckwidrigkeit der Anordnung ankommt. Offensichtlich haben die Autoren das Problempotential erkannt, das in dieser Vorschrift steckt. Denn sie haben der Befehlsverweigerung nur dann befreiende Wirkung zugesprochen, wenn der Beamte sie rechtzeitig erklärt und dadurch den Ablauf des Einsatzes nicht gefährden kann. Dieses zusätzliche Erfordernis nimmt der Gewissensklausel praktische Relevanz. Es läuft darauf hinaus, daß ein Beamter nur solange von der Weigerungsbefugnis Gebrauch machen kann, wie er den Einsatz nicht gefährdet, weil Ersatz für ihn gestellt werden kann. Auch der Alternativentwurf erkennt insoweit das vorrangige Interesse am reibungslosen Einsatz an und schließt die Beendigung einer akuten Lebensgefahr für das Opfer durch einen finalen Rettungsschuß nicht aus. Der Beamte kann zwar für seine eigene Person die Teilnahme an dem Einsatz oder doch zumindest die Abgabe des finalen Rettungsschusses verweigern und dem persönlichen Gewissenskonflikt entgehen; den für falsch gehaltenen finalen Rettungsschuß kann er mit seiner Weigerung nicht verhindern.

Weil aber die Beamten der Sondereinsatzkommandos, auf die die Gewissensklausel offenkundig gemünzt ist, von vornherein über die Tragweite ihrer Aufgaben, ihrer Befugnisse und ihres Einsatzbereichs im klaren sind, erweist sich die Klausel – letztlich ähnlich wie das scheinbare Verbot des finalen Rettungsschusses – praktisch als irrelevant.

(3) Fazit: Die beiden augenfälligen Abweichungen, die der Alternativentwurf gegenüber dem Musterentwurf vorschlägt, erweisen sich letztlich als wenig praxisfest. Weder wird § 64 Abs. 3 AE einen tödlichen Schuß auf Geiselnehmer verhindern noch gibt die Gewissensklausel des § 60 Abs. 4 AE den Beamten eine Handhabe, einen finalen Rettungsschuß, der gegen ihr Gewissen verstößt, auch tatsächlich zu unterbinden. Wegen der Überlegungen, die zu diesen Paragraphen geführt haben, verdienen sie gleichwohl Beachtung. Sie zeigen nachdrücklich, wie groß offenkundig die Bereitschaft ist, in diesem grundrechtlich hochsensiblen Bereich die rechtliche Stimmigkeit einer nach außen hin „ansehnlichen“ Fassade aufzuopfern.

c. Notwendigkeit einer gesetzlichen Regelung des finalen Rettungsschusses

Nach dem bereits Dargestellten brächte die Übernahme des § 41 Abs. 2 S. 2 ME keine Befugnis zu weitreichenden neuen Eingriffen mit sich[217]. Der Musterentwurf legt "nur" fest, nach welchen Gesichtspunkten die Beamten über die Abgabe des finalen Rettungsschusses zu entscheiden haben[218]. Trotz des Gewinns an Rechtssicherheit, den die Zulassung des Eingriffs brächte, werden aber auch unabhängig von ihrem Inhalt gegen die Regelung als solche Bedenken angemeldet.

aa. Grundsätzliche Bedenken gegen eine Regelung des Eingriffs: FUNK und WERKENTIN befürchten, daß eine pauschale Ermächtigung die Hemmschwelle beseitigt, die gewöhnlich bei der Tötung eines Störers besteht[219]. Insbesondere sehen sie die Gefahr, daß sich das Polizeirecht mit einer solchen Regelung den Neigungen der Beamten anpaßt, den finalen Rettungsschuß als „Allheilmittel" gegen Geiselnahmen zu betrachten[220]. Gleichzeitig entgingen die Beamten dem Rechtfertigungszwang, der normalerweise gegenüber den Strafverfolgungsbehörden besteht[221].

Bereits die Prämisse, daß nur die Notrechte eine hinreichende Kontrolle über die Polizisten garantieren, ist zweifelhaft. Die ausdrückliche Regelung entläßt den Beamten weder aus seiner persönlichen Verantwortung gem. § 59 Abs. 1 PolG noch entgeht der Beamte der strafrechtlichen Verfolgung, wenn er seine Befugnisse übertreten hat. Hinter dem Beharren auf den Notrechten steht in erster Linie das Mißtrauen, daß die Polizei im Zusammenwirken mit der Staatsanwaltschaft Verstöße gegen die §§ 63 ff. PolG vertuscht. Selbst wenn die Polizei nach der Abgabe eines tödlichen Schusses die Aufklärung des Sachverhaltes im Einvernehmen mit den Strafverfolgungsbehörden regelt, ist jedoch weder erwiesen, daß es sich dabei um eine regelrechte Vertuschungspraxis handelt, noch ist erwiesen, daß die gesetzliche Regelung des finalen Rettungsschusses diese Praxis fördert. Eher dürfte eine explizite Verankerung im Gesetz die Aufdeckung eines Verstoßes fördern und das Wegsehen des Vorgesetzten nachhaltiger erschweren.

Bislang hat die Praxis die Befürchtungen nicht bestätigt. Die nach dem Vorbild des Musterentwurfs getroffene Regelung hätte eine solche Enthemmung der Beamten freilich auch kaum bewirken können. Denn sie hält lediglich

---

[217] MERTEN, Aktuelle Probleme, S. 99 f.

[218] GINTZEL-MÖLLER, Die Polizei 1987, S. 21; LISKEN, DRiZ 1989, S. 401 f.

[219] FUNK und WERKENTIN, KJ 1976, S. 123 ff.

[220] FUNK und WERKENTIN, KJ 1976, S. 414.

[221] FUNK und WERKENTIN , KJ 1976, S. 415 f.

fest, nach welchen Maßstäben sich die Entscheidung über den finalen Rettungsschuß richtet. Mit diesem Zweck und Inhalt ist die Regelung weder obsolet noch läßt sie sich durch die Notrechte kompensieren, die die Selbstverteidigung durch Privatpersonen nach Maßgabe des Erforderlichen regeln.

GERHARDS hält die Maßnahme für zu abstrakt, um den Eingriff tatsächlich eingrenzen zu können. Letztlich lasse auch § 41 Abs. 2 S. 2 ME den Beamten mit der Entscheidung allein[222]. Dieser Einwand betrifft indessen kein spezifisches Problem des finalen Rettungsschusses. An keiner Stelle entläßt das Polizeirecht den Beamten aus der Verpflichtung, eigenverantwortlich über seine Maßnahmen zur Gefahrenabwehr zu entscheiden. Vielmehr tragen das Entschließungs- und das Auswahlermessen der Notwendigkeit Rechnung, auf unvorhergesehene Lagen zweckmäßig und angemessen reagieren zu können. Daß sich das Ermessen auf eine einzige zulässige Maßnahme als das gebotene und rechtmäßige Mittel reduziert, bleibt im Polizeirecht ein Ausnahmefall.

GERHARDS betont hingegen mit Recht, daß keine gesetzliche Regelung den Beamten die persönliche Bewältigung des Geschehens abzunehmen vermag. Diesen Einwand kann man aber der gesamten Tendenz entgegenhalten, die polizeilichen Generalklauseln in Sondervorschriften "aufzulösen". In diesem Rahmen erweist sich gerade eine Regelung des finalen Rettungsschusses als Gebot der Fürsorge gegenüber den Beamten. Denn der Gesetzgeber übernimmt damit seinen Anteil an der Verantwortung für den finalen Rettungsschuß.

bb. Stellungnahme: Die rechtspolitischen Bedenken gegen eine Regelung im Alleingang[223] überzeugen nicht.

Die Entscheidung für oder gegen den Schußwaffengebrauch beruht im wesentlichen auf den §§ 55 Abs. 1 und 63 Abs. 2 PolG. § 55 Abs. 1 PolG stellt die Anwendung unmittelbaren Zwangs in das Ermessen des Beamten, bei dessen Wahrnehmung der Beamte gem. § 40 VwVfG NW an den gesetzlichen Zweck der Ermächtigung gebunden ist. Für persönliche Motive bleibt deshalb kein Raum; eine erkennbar persönlich motivierte Entscheidung stellt geradezu einen klassischen Ermessensfehlgebrauch dar[224]. Bei der Legitimation des finalen Rettungsschusses durch die Notrechte verhielte es sich umgekehrt: Die Entscheidung wird zur persönlichen Gewissensentscheidung des einzelnen Beamten.

Wenn der nicht geregelte finale Rettungsschuß a priori als rechtswidrig ausscheidet, fällt er auch aus dem Repertoire zulässiger Anordnungen i. S. von § 59 PolG heraus und entzieht sich der Kontrolle durch den vorgesetzten Be-

---

222 GERHARDS, DRiZ 1989, S. 433.

223 MdL LARISKA-ULMKE, LT-Plenarprotokolle 10/131, S. 12019.

224 JELLINEK, VerwR, S. 30; STELKENS-BONK-SACHS, Rn. 53 zu § 40 VwVfG.

amten. Als „Zeuge“ für die Notwendigkeit, den finalen Rettungsschuß in den Jedermannsrechten zu verankern, wird gerne der SEK-Beamte benannt, dem das Gewissen den Gehorsam gegenüber einer rechtswidrig angeordneten Tötung verbietet[225]. Das fordert freilich das Gegenbeispiel heraus: Ebenso ist es denkbar, daß der Beamte aus eigenem Antrieb auf den Geiselnehmer schießt, obwohl der Einsatzleiter das mit Rücksicht auf die Sicherheit der Geisel ausdrücklich untersagt hat[226]. Da nicht die sicherlich ehrenwerte Gewissensentscheidung des einzelnen Beamten, sondern allein die von § 40 VwVfG NW erzwungene Sachlichkeit der Entscheidung die Einhaltung der vom Übermaßverbot gesetzten Grenzen gewährleistet, darf der Gesetzgeber auf die Verankerung des finalen Rettungsschusses im Polizeigesetz nicht verzichten.

Zudem erweist sich der Protest gegen die gesetzliche Regelung des finalen Rettungsschusses als inkonsequent. Je kritischer man dem finalen Rettungsschuß gegenübersteht, desto unbefriedigender müßte an sich der Behelf mit den Notrechten erscheinen[227]. Daß die Regelungsbeflissenheit des nordrhein-westfälischen Gesetzgebers, die sich in einer Aufzählung zugelassener Schußwaffengattungen ergeht[228], ausgerechnet vor diesem härtesten aller denkbaren Eingriffe haltmacht, muß befremden. Nicht die Regelung, sondern ihr Fehlen wirft die Frage auf, wie der Gesetzgeber zum Schutz menschlichen Lebens steht und was ihn davon abhält, sich unmißverständlich hinter die Polizeibeamten zu stellen, die brutale und menschenverachtende Verstöße gegen das Gewaltmonopol mit den vom Gesetzgeber gebilligten Mitteln abwenden. Je deutlicher er dies tut, um so eher vermeidet er Mißverständnisse über die Reichweite dieser Mittel und verhindert unerwünschte Kurzschlußhandlungen der Beamten.

Ebensowenig überzeugen die Befürchtungen gegen das angebliche Vorpreschen des Landes[229]. Es gehört zur Souveränität der Länder, ihre Kompeten-

[225] So zum Beispiel auch die Äußerung des MdL NEU, LT-Plenarprotokolle 8/130, S. 8842.

[226] Die Prämisse, das Gewissen des Beamten werde im Zweifel stets *gegen* eine vorschnelle Tötung sprechen, ist keinesfalls zwingend. Genauso könnte sich ein Beamter, aufgebracht durch das zögerliche Taktieren seiner Vorgesetzten, das prahlerische Gebaren der Geiselnehmer und das offensichtliche Elend der Geiseln, kurz das gesamte Szenario des Gladbecker Geiseldramas vom August 1988, zur Eigeninitiative hinreißen lassen.

[227] Zur Eignung der Notrechte als Grundlage für den hoheitlichen Schußwaffengebrauch s. Teil B II in diesem Kapitel.

[228] Zu deren Relevanz für den eigentlichen Eingriff s. unter III 2 c bb in diesem Kapitel und zur Verfassungswidrigkeit des § 2 Abs. 4 UZwG, der diese Aufzählung einer Dienstvorschrift überläßt, s. 4 Kapitel, Abschnitt B I.

[229] Es hätte sich bei der gesetzlichen Regelung des gezielt tödlichen Schusses 1990 im Verhältnis zu den anderen Bundesländern keinesfalls um einen Alleingang des Landes Nordrhein-Westfalen gehandelt. Bayern, Niedersachsen und Rheinland-Pfalz waren längst vorangegangen und hatten den Vorschlag aus dem Musterentwurf in ihre Gesetze eingefügt. Ein Vorpreschen hätte es allenfalls im Vergleich mit anderen SPD-regierten Bundesländern

zen eigenständig zu nutzen. Dabei ist gerade das Polizeirecht eine klassische Länderkompetenz. Deshalb erscheint das Argument, dem Bund komme wegen der sachlichen Nähe zu den Notrechten aus dem StGB und dem BGB eine Vorreiterrolle zu[230], schlechthin verfehlt[231]. Dieser Eigenständigkeit der Länder steht das Bemühen um eine bundeseinheitliche Regelung nicht entgegen[232]. Es "befreit" aber auch nicht von der mit der Kompetenz verbundenen Verantwortlichkeit jedes Bundeslandes für den betreffenden Bereich. Für die „Bindungswirkung“ des Musterentwurfs bedeutet das: Nach seiner Ausarbeitung sind nunmehr wieder die Länder an der Reihe, die Vorschläge in ihren Gesetzen umzusetzen. Gerade nach der gemeinsamen Ausarbeitung und dem einstimmigen Beschluß über den Musterentwurf gibt es bei der Umsetzung des Entwurfs keine Vorreiter, sondern allenfalls unrühmliche Schlußlichter.

d. Fazit

Der finale Rettungsschuß ist mit dem geltenden Polizeigesetz vereinbar. Die Zulässigkeit läßt sich abstrakt-generell aus der Zweckbestimmung des § 63 Abs. 2 PolG NW und aus § 7 PolG ableiten. Im Einzelfall bestimmt das Verhältnismäßigkeitsprinzip, ob der tödliche Schußwaffengebrauch angemessen ist.

Um sowohl für die Polizisten wie auch für die potentiellen Adressaten Klarheit zu schaffen, sollte Nordrhein-Westfalen dem Beispiel der Bundesländer Bayern, Baden-Württemberg, Rheinland-Pfalz, Sachsen-Anhalt und Thüringen folgen und den Vorschlag der Innenministerkonferenz für eine gesetzliche Regelung des tödlichen Rettungsschusses in geltendes Landesrecht umsetzen.

V. Die Voraussetzungen für den Schußwaffengebrauch gegen Personen

1. Die Voraussetzungen nach dem geltenden Polizeirecht

§ 64 Abs. 1 PolG regelt, wann der Schußwaffengebrauch gegen Personen zulässig ist. Er gliedert die tatbestandlichen Voraussetzungen in fünf Fallgrup-

---

ergeben. Das Argument mit dem Alleingang ist deshalb eher partei- als rechtspolitischer Natur.

[230] MdL ERBERICH, LT-Plenarprotokolle 8/130, S. 8832; MdL LARISKA-ULMKE, LT-Plenarprotokolle 10/131, S. 12019.

[231] Kritisch auch NEUWIRTH, S. 67

[232] Das zeigt sich schon in den Institutionen der Innenministerkonferenz beziehungsweise der Kultusministerkonferenz. Für die Letztverantwortlichkeit der Länder spricht, daß diese Konferenzen nur Empfehlungen aussprechen können, die die Länder dann umzusetzen haben.

pen, die sich wiederum in Unterfälle aufteilen. Dadurch wird die Vorschrift unübersichtlich und für die Praxis beinahe untauglich[233]. Immerhin kann man sich den Aufbau verdeutlichen, indem man die einzelnen Fallgruppen einander in folgender Weise gegenüberstellt:

- In den Nr. 1, 2 und 5 dient der Schußwaffengebrauch allein der Gefahrenabwehr; in den Nr. 3 und 4 in erster Linie zur Verfolgung von Verbrechen und Vergehen.
- Die zentralen Fallgruppen Nr. 2 bis 4 knüpfen an ein unmittelbar bevorstehendes oder zu ermittelndes Verbrechen oder Vergehen i. S. von § 12 StGB an[234]. Die beiden flankierenden Fallgruppen erlauben den Schußwaffengebrauch zum Schutz spezieller Rechtsgüter[235].
- Die Fallgruppen Nr. 2 bis 5 beziehen sich unmittelbar auf die Verhinderung und Aufklärung von Straftaten, beziehungsweise den ungestörten Vollzug amtlichen Gewahrsams. Nr. 1 schützt hingegen die Individualrechtsgüter Leib und Leben.

a. Zulässigkeit des präventiven Schußwaffengebrauchs gem. § 64 Abs. 1 Nr. 1, 2 und 5 PolG

aa. Der Schußwaffengebrauch zur Abwehr von Verbrechen und Vergehen gem. § 64 Abs. 1 Nr. 2 PolG: § 64 Abs. 1 Nr. 2 PolG umschreibt den Grundfall des präventiven Schußwaffengebrauchs: Danach dürfen die Beamten schießen, um unmittelbar bevorstehende oder bereits stattfindende Verbrechen oder Vergehen unter Anwendung oder Mitführung von Schußwaffen oder Explosivmitteln zu verhindern.

Bevor der Störer mit der Tatausführung begonnen hat, darf die Polizei gem. § 64 Abs. 1 Nr. 2 PolG die Schußwaffe nur gebrauchen, wenn eine Straftat i. S. von § 64 Abs. 1 Nr. 2 PolG „unmittelbar bevorsteht“. Der Sache nach stellt das dasselbe dar wie die gegenwärtige Gefahr i. S. des Abs. 1 Nr. 1[236]: In beiden Fällen hat „die Einwirkung des schädigenden Ereignisses bereits begonnen“ oder sie steht „unmittelbar oder in allernächster Zeit mit einer an Sicherheit

---

[233] Vgl. DREWS-WACKE-VOGEL-MARTENS, S. 545; RACHOR, in LISKEN-DENNINGER Rn. 535.

[234] NEUWIRTH, S. 32, betont zutreffend die Parallele zum chronologischen Ablauf von der Störung bis zum Vollzug einer Freiheitsentziehung.

[235] Im StGB als Gefangenenbefreiung gem. § 120 StGB mit Freiheitsstrafe bis zu drei Jahren bedroht; Abs. 2 enthält als Qualifikation die Steigerung zum unechten Amtsdelikt die Gefangenenbefreiung im Amt, wenn der Helfer mit der Ausbruchshilfe in besonderer Weise gegen seine Pflichten verstößt, SCHÖNKE-SCHRÖDER-ESER, Rn. 17 zu § 120 StGB.

[236] Vgl. GÖTZ, Rn. 147, DENNINGER, in LISKEN-DENNINGER, Rn. 43 und 45 zur gemeinsamen zeitlichen Komponente beider Begriffe, ohne auf Besonderheiten der unmittelbar bevorstehenden Begehung einer Straftat einzugehen.

grenzenden Wahrscheinlichkeit bevor..."[237]. In jedem Fall verlangt das Gesetz eine besondere zeitliche Nähe und gesteigerte Wahrscheinlichkeit der Gefahrverwirklichung.

RACHOR dagegen hält den Begriff einer „unmittelbar bevorstehenden Straftat" für enger als den einer gegenwärtigen oder unmittelbar bevorstehenden Gefahr. Er empfiehlt deshalb, sich hier nach der Abgrenzung zwischen dem strafrechtlich relevanten Versuch und dem irrelevanten Vorbereitungsstadium zu richten[238]. Er begründet seine Bedenken mit einem Verweis auf die weite Auslegung des Begriffs „unmittelbar bevorstehende Gefahr" in der Dutschke-Entscheidung des Bundesverwaltungsgerichts[239], die er im Zusammenhang mit dem Schußwaffengebrauch für unangemessen weit hält[240]. Diese Anleihe im Strafrecht mag nahe liegen; sie hilft jedoch nicht weiter. Das Bundesverwaltungsgericht betont in seiner Entscheidung ausdrücklich, daß die verschiedenen Umschreibungen einer gesteigerten Gefahr, zu denen auch das unmittelbare Bevorstehen einer Straftat zählt, synonym sind[241]. Grund für diese geringeren Anforderungen an die Schadensprognose war obendrein kein Abweichen des Gefahrbegriffs, sondern die ausdrücklich vorgesehene Abwägung zwischen den Individualinteressen des Betroffenen und dem abzuwehrenden Schaden in Form der bevorstehenden Straftat[242]. Da der Gefahrenbegriff im ganzen Polizeirecht derselbe ist, gilt das nicht allein im Kontext mit dem Gewahrsam, sondern auch für den Schußwaffengebrauch.

Gegen die Anwendung dieses strafrechtlichen Kriteriums im Polizeirecht spricht zudem aber die Bedeutung, die bei der Abgrenzung von Vorbereitung

---

[237] Vgl. DREWS-WACKE-VOGEL-MARTENS, S. 227; GÖTZ, Rn. 147. Nach der Legaldefinition in § 2 Nr. 3 lit. b br. PolG liegt eine gegenwärtige Gefahr vor, wenn "die Einwirkung eines schädigenden Ereignisses bereits begonnen hat" oder wenn "diese Einwirkung unmittelbar oder in allernächster Zeit mit an Sicherheit grenzender Wahrscheinlichkeit bevorsteht". Entsprechende Legaldefinitionen finden sich in §§ 2 Nr. 1 b NGefAG, 3 Nr. 3 lit. b SOG LSA und 54 Nr. 3 lit. b thür OBG.

[238] Vgl. RACHOR, in LISKEN-DENNINGER, Rn. 540.

[239] BVerwGE 45, S. 51 ff.

[240] In der Entscheidung hat das Gericht die unmittelbar bevorstehende Gefahr und damit die Voraussetzungen für den Gewahrsam als gegeben angesehen, obwohl die Polizei Rudi Dutschke am Frankfurter Flughafen und damit in einiger Entfernung von der Frankfurter Innenstadt, wo die Kundgebung stattfand, in Gewahrsam genommen hatte.

[241] Vgl. BVerwGE 45, S. 51 ff., 57 f.; TEGTMEYER, § 64 Rn. 6; § 35 Abs. 1 Nr. 2 PolG läßt es zu, potentielle Straftäter in Gewahrsam zu nehmen, „wenn das unerläßlich ist, um die *unmittelbar bevorstehende Begehung* oder Fortsetzung einer Straftat oder einer Ordnungswidrigkeit von erheblicher Bedeutung für die Allgemeinheit zu verhindern".

[242] Vgl. BVerwGE 45, S. 51 ff., 58 und 60 f. Das Gericht hält eine derartige Steigerung der Gefahr auch im Bereich einer bloßen Anscheinsgefahr für möglich.

und Versuch dem Vorsatz zukommt, denn im Polizeirecht macht die ex ante vorzunehmende Tatbestandswürdigung eine Gewichtung der subjektiven Tatmerkmale, wie sie bei der Abgrenzung zwischen Vorbereitung und Versuch erforderlich ist, unmöglich. Hingegen greift die rein objektive Abgrenzung[243], wie RACHOR sie vorschlägt, zu kurz. Sie könnte allein an der offenkundigen Verwirklichung von Tatbestandsmerkmalen anknüpfen. Das entspricht jedoch weder dem strafrechtlichen „Original", für das in § 22 StGB subjektive und objektive Kriterien den Ausschlag geben. Es läßt sich auch nicht mit den Belangen der Gefahrenabwehr vereinbaren; denn die Polizei kann nicht auf die Möglichkeit verzichten, im Vorbereitungsstadium einzugreifen, um die Tat so früh als möglich, erforderlichenfalls auch mit Hilfe des Schußwaffengebrauchs, zu verhindern[244]. Sobald der Täter nämlich auf sein Opfer trifft, ist ein weiterer Unbeteiligter, dem der Schußwaffengebrauch gefährlich werden kann, in die Gefahrenabwehr verwickelt.

Das Gesetz hat die Begriffe Verbrechen und Vergehen unmittelbar aus § 12 Abs. 1 und 2 StGB übernommen. Für die Zulässigkeit des präventiven Schußwaffengebrauchs gibt deshalb das gesetzliche Regelstrafmaß der abzuwehrenden Straftat den Ausschlag[245]. Strafmilderungen oder -schärfungen, wie

[243] Im Strafrecht vertreten als formell- und als materiell-objektive Theorie. Die formell-objektive Theorie, stellt tatsächlich allein auf das Verwirklichen von Tatbestandsmerkmalen ab; vertreten unter anderem in RGSt 70, S. 157, v. HIPPEL, Bd. 2, S. 398; daneben erstreckt sich die materiell-objektive Theorie mit der sogenannten FRANK'schen Formel auch auf das Vorfeld der eigentlichen Taten. Diese Formel bezieht die Handlungen in den Bereich strafrechtlich relevanten Verhaltens ein, *„die vermöge ihrer notwendigen Zusammengehörigkeit mit der Tatbestandshandlung für die natürliche Auffassung als deren Bestandteil erscheinen"*, FRANK, § 43 Anm. II 2 d. Beide gehen freilich am Wortlaut des heutigen § 22 StGB vorbei, der für die Relevanz des Verhaltens auch auf den Tatplan abstellt, SCHÖNKE-SCHRÖDER-ESER, Rn. 31 zu § 22.

[244] Vorbereitungshandlung war nach der Rechtsprechung z.B. das bloße Auflauern am Tatort, DALLINGER, MDR 1973, S. 728, 900; im sog. Pfeffertüten-Fall, BGH NJW 1952, S. 514, in dem die Täter beim Auftauchen der Straßenbahn die Tatmittel einsatzbereit zur Hand nahmen, ohne daß der erwartete Geldbote aus der Bahn ausstieg, hielt das Gericht hingegen bereits einen strafbaren Versuch für gegeben. Zur Begrenzung JESCHECK, AT, S. 466; MAURACH-GÖSSEL-ZIPF, § 40, Rn. 45 ff., mit der auch für das Polizeirecht zutreffenden Erkenntnis, daß es auf die natürliche Wahrnehmung ankommt, ob ein Sachverhalt noch Vorbereitung oder bereits strafbarer Versuch ist. Die Theorien können allenfalls die verschiedenen Stadien im Vorfeld der eigentlichen Tat aufzeigen und damit Hilfestellung geben. Wichtig ist hier: das Ziehen der entsicherten Schußwaffe gilt bereits als Versuchsbeginn, RGSt 68, S. 336. Deshalb beginnt der versuchte Raub mit dem Betreten einer Postfiliale, BGH GA 1980, S. 24, während das Aufsuchen des Ortes noch Vorbereitung ist, BGH bei DALLINGER, MDR 66, S. 196; 75, S. 21; 71, S. 361, 362; 73, S. 728, 729; 73, 899 f.

[245] Vgl. VVPolG 64.01. S. 1.

beispielsweise diejenige für den Gehilfen nach §§ 27 Abs. 2, 49 Abs. 1 StGB, spielen gem. § 12 Abs. 3 StGB keine Rolle[246].

Wenn die Polizei gegen Vergehen einschreitet und es darauf ankommt, ob der Störer mit Schußwaffen oder Sprengstoff zu Werke geht, müssen diese als corpus delicti zur Anwendung bestimmt sein. Der Schußwaffengebrauch kommt deshalb nicht in Frage, wenn ein innerer Zusammenhang zwischen dem Delikt und dem Mitführen von Schußwaffen oder Sprengstoff fehlt. Er fehlt insbesondere, wenn der Täter diese, zum Beispiel als Sportschütze, Jäger oder Sprengmeister, nur zufällig mit sich führt oder weil diese selbst Gegenstand eines strafbaren Verstoßes gegen das Waffen- beziehungsweise das Sprengstoffgesetz sind[247].

Da der Eingriff nach Maßgabe des Verhältnismäßigkeitsprinzips geeignet und erforderlich sein muß, kommt der Schußwaffengebrauch nur zum Einsatz, um Gewaltdelikte abzuwehren; bei der Verhinderung von Vergehen kommt gem. § 64 Abs. 1 Nr. 2 PolG hinzu, daß der Täter diese mit Schußwaffen oder mit Sprengstoff begehen muß. Mit dem Abstellen auf die Verwendung von Schußwaffen oder Sprengstoff legt das Gesetz einen sehr engen Begriff von Waffengleichheit zugrunde, der in dieser Form den tatsächlichen Gegebenheiten nicht gerecht wird. Insbesondere im Bereich der Körperverletzungsdelikte und bei Totschlagsdelikten kann der Täter seinem Opfer auch ohne Schußwaffen schwere Verletzungen zufügen. Die strafrechtliche Bewertung der gefährlichen Körperverletzung gem. § 223 a StGB als Vergehen bewirkt, daß die Beamten gem. § 64 Abs. 1 Nr. 2 PolG nicht mit der Schußwaffe einschreiten dürfen, solange der Täter „nur" mit einem Messer, Baseballschläger oder einem anderen gefährlichen Werkzeug bewaffnet ist[248]. Das gilt vor allem für den Bereich der Sachbeschädigungsdelikte und den meisten gemeingefährlichen Delikten. Hier überwiegen Vergehenstatbestände, bei denen die Voraussetzungen des § 64 Abs. 1 Nr. 2 PolG nur in den seltensten Fällen erfüllt sind.

In zwei Fällen schließt der Gesetzgeber die neben dem Grundtatbestand offen gebliebenen Lücken[249] und erlaubt den Schußwaffengebrauch zum Schutz von Leib und Leben und zur Verhinderung einer Gefangenenbefreiung i. S. von § 120 StGB.

bb. Der Schußwaffengebrauch zum Schutz von Leib und Leben gem. § 64 Abs. 1 Nr. 1 PolG: Daß die im Grundtatbestand des § 64 Abs. 1 Nr. 2

---

[246] Vgl. VVPolG 64.01, S. 2.

[247] Vgl. KRÜGER, S. 58; RACHOR, in LISKEN-DENNINGER, Rn. 541.

[248] So die Begründung ME § 42 Nr. 1, zur Notwendigkeit einer solchen Regelung SUNDERMANN, S. 114.

[249] Vgl. Begründung ME § 42 Nr. 1.

PolG gewählten Kriterien den Bedürfnissen des präventiven Rechtsgüterschutzes nur bedingt gerecht werden, zeigt sich besonders deutlich im Bereich der Körperverletzungsdelikte. Gerade in diesem wichtigen Fall des Schußwaffengebrauchs zur Abwehr rechtswidriger Gewalt von Personen bedarf es der besonderen Regelung des § 64 Abs. 1 Nr. 1 PolG, um dem Schutzbedürfnis gerecht zu werden[250]. Allerdings bietet sich auch eine andere Lesart für das Verhältnis von § 64 Abs. 1 Nr. 1 und 2 PolG an: Mit der ausdrücklichen Beschränkung des Rechtsgüterschutzes auf Leib und Leben macht das Gesetz deutlich, daß der Schutz durch die ultima ratio unmittelbaren Zwangs jedenfalls vorrangig Menschen gegenüber rechtswidriger Gewalt zugute kommen soll[251]; daneben soll der Eingriff nur noch zur Abwehr von besonders schweren Rechtsgutsverletzungen und unter den restriktiven Bedingungen des § 64 Abs. 1 Nr. 2 PolG in Betracht kommen. Eine vergleichbare Einschränkung ist bereits aus Art. 2 Abs. 2 lit. a der Europäischen Menschenrechtskonvention bekannt, die den finalen Rettungsschuß nur als präventive Maßnahme zur Verteidigung von Menschen gegen rechtwidrige Gewalt zuläßt.

§ 64 Abs. 1 Nr. 2 PolG weist seinem Tatbestand nach erhebliche Parallelen zur Notwehrlage i. S. von § 32 Abs. 2 StGB auf. In beiden Fällen kommt es auf einen gegenwärtigen Angriff an[252]. Auf der Rechtsfolgenseite hingegen weicht das Polizeigesetz freilich von der Notwehr ab. § 64 Abs. 1 Nr. 1 PolG erlaubt den Beamten, zum Schutz Dritter ebenso wie zur Selbstverteidigung zu schießen. Er stellt damit den Polizeivollzugsbeamten, allerdings nach Maßgabe des Polizeirechts und unter dem Vorbehalt des Zweckmäßigen und Verhältnismäßigen, auch die schärfste Form des unmittelbaren Zwangs zur Verfügung. Ob es rechtsstaatlich vertretbar und dogmatisch konsequent ist, den Beamten über diese hoheitliche Selbstverteidigungsbefugnis hinaus auch die Jedermannsrechte zuzusprechen, wird noch ausführlich zu erörtern sein[253].

---

[250] Insofern hat der Gesetzgeber einem Dilemma abgeholfen, das die Strafrechtsreform vom 1. April 1970 mit der Herabstufung der gefährlichen Körperverletzung zum Vergehen verursacht hat. KRÜGER, S. 92 kritisiert zurecht die verwaltungsinterne Abhilfe durch den Verweis auf die Notwehr. Allerdings geht auch er ohne weiteres von der Grundentscheidung des Gesetzgebers aus, den Wertungsmaßstab des Strafgesetzbuchs zu übernehmen.

[251] Vgl. RACHOR, in LISKEN-DENNINGER, Rn. 544.

[252] Beim Notstand hingegen kommt es auf die Gegenwärtigkeit einer Interessenkollision an, was einen gegenwärtigen Angriff einschließen kann, aber nicht muß. Wenn ein körperlich unterlegenes Opfer seinen Peiniger im Schlaf oder in anderer Weise „heimtückisch“ tötet, kann es durch eine gegenwärtige Notlage gem. § 34 StGB, nicht aber wegen Notwehr gem. § 32 StGB gerechtfertigt sein; SCHÖNKE-SCHRÖDER–ESER, Rn. 13 bis 15 zu § 32 und SCHÖNKE-SCHRÖDER-LENCKNER, Rn. 8 zu § 34.

[253] S. dazu Teil B II dieses Kapitels.

Zwischen § 64 Abs. 1 Nr. 1 und 2 PolG sind Überschneidungen möglich, wenn dem Opfer zum Beispiel ein tödlicher Angriff, eine schwere dauernde Verstümmelung[254] oder eine gefährliche Körperverletzung mit Hilfe von Schußwaffen[255] drohen. Gerade hier zeigt sich, daß die in Nr. 1 PolG gewählte Ausrichtung am Rechtsgüterschutz die Entscheidung für oder gegen den Eingriff erheblich erleichtert. Diese Regelung konzentriert sich auf die für die Abwägung zwischen den betroffenen Rechtsgütern relevanten Gesichtspunkte. Sie bestimmt einerseits, welchen Rechtsgütern dieser Schutz zugute kommen soll. Im übrigen überläßt sie den Beamten die Entscheidung, ob das grundsätzlich schutzwürdige Rechtsgut im Einzelfall hinreichend schutzbedürftig ist, um den Schußwaffengebrauch erforderlich und angemessen zu machen.

cc. Der Schußwaffengebrauch zur Verhinderung einer Gefangenenbefreiung gem. § 64 Abs. 1 Nr. 5 PolG: Neben dem speziellen Rechtsgüterschutz greift § 64 Abs. 1 Nr. 5 PolG mit der Gefangenenbefreiung i. S. von § 120 StGB einen besonderen Straftatbestand heraus, bei dem die Voraussetzungen des § 64 Abs. 1 Nr. 2 PolG üblicherweise nicht erfüllt sind. Auf diese Weise rundet § 64 Abs. 1 PolG den Schutz amtlichen Gewahrsams ab. Denn die Beamten sind auf diese Weise in der Lage, den amtlichen Gewahrsam nicht allein gegen Ausbruchsversuche von innen, sondern auch gegen Dritte zu schützen, gegen die noch kein Strafanspruch besteht[256].

Auch hier bedarf es einer besonderen Regelung, da die Gefangenenbefreiung gem. § 120 StGB nach der Wertung des Strafgesetzbuchs als Vergehen unter Strafe steht, während unter dem Gesichtspunkt der Gefahrenabwehr sich eine andere Bewertung der Lage als geboten erweist. Denn während der Ausbrecher sein Vorhaben im voraus tarnen muß, beim Ausbruch die Sicherungsanlagen der Haftanstalt zu überwinden hat und ständig mit seiner Entdeckung rechnen muß, sind die Chancen des Fluchthelfers auf einen „Überraschungseffekt“ und den damit verbundenen Erfolg weitaus größer. Zudem kann er mit Fluchtfahrzeugen, Verstecken und gefälschten Papieren Vorsorge für das anschließende Untertauchen des Ausbrechers treffen. Wegen dieser Überlegenheit stellt der Gesetzgeber die Gefangenenbefreiung nicht nur dem Ausbruch gleich, sondern läßt es genügen, daß der Fluchthelfer sein Vorhaben gewaltsam durchführt. Auf den Einsatz von Gewalt kommt es freilich an, denn nur dann rechtfertigt das zum Gebot der Waffengleichheit konkretisierte Erforderlichkeitsprinzip den

---

[254] Der Totschlag i. S. von § 212 StGB und die schwere Körperverletzung i. S. von § 226 StGB n.F. sind Verbrechen, für deren Abwehr der zusätzliche Aspekt der Waffengleichheit nicht erforderlich ist.

[255] Diese steht gem. § 224 Abs. 1 Nr. 2 StGB als Vergehen unter Strafe und erfüllt, wenn der Täter mit Schußwaffen ausgerüstet ist, auch die Voraussetzungen des § 64 Abs. 1 Nr. 2 Alt. 2 PolG.

[256] Vgl. DREWS-WACKE-VOGEL-MARTENS, S. 234; RACHOR, in LISKEN-DENNINGER, Rn. 548.

Schußwaffengebrauch. Wenn der Fluchthelfer das Wachpersonal entweder mit Bestechungsgeldern gefügig macht oder mit einem listigen Fluchtplan umgeht, bleibt für den Schußwaffengebrauch kein Raum.

Auch diese Ausnahmeregelung erweist sich als sachgerecht und angemessen: Denn die Befreiung betrifft nicht nur die Integrität des amtlichen Gewahrsams[257] als Institution. Der Täter verhilft einem mutmaßlichen Straftäter zur Freiheit, gegen den entweder die Haftgründe aus § 112 Abs. 2 oder gem. § 112 a Abs. 1 StPO, also Flucht-, Verdunklungs- oder Wiederholungsgefahr[258], vorliegen, oder der eine Freiheitsstrafe verbüßt[259]. Die Gefangenenbefreiung gefährdet deshalb stets die Allgemeinheit[260]. Daß der Gesetzgeber generell auf den Einsatz oder das Mitführen von Schußwaffen oder Sprengstoff verzichtet, stellt den Fluchthelfer auch nicht grundlos schlechter als den Ausbrecher i. S. von § 64 Abs. 1 Nr. 4 lit. b PolG. Das Gesetz mißt aus den oben genannten Gründen der Gefangenenbefreiung von außen zurecht auch ohne den Einsatz von Sprengstoffen und Schußwaffen die bessere Erfolgsaussichten bei[261].

b. Der Schußwaffengebrauch zur Straftatverfolgung

§ 63 Abs. 1 Nr. 3 und 4 PolG bestimmt, in welchen Fällen die Polizeivollzugsbeamten die Schußwaffe gebrauchen dürfen, um den Adressaten fluchtunfähig zu machen und so den staatlichen Strafanspruch zu verwirklichen. Da der repressive Eingriff die Durchführung des Strafverfahrens gegen den Adressaten oder den Strafvollzug ermöglichen soll, gewinnt das latente Risiko, den Adressaten zu töten, eine besondere Dimension. Denn ein tödlicher Treffer macht das gesamte Verfahren unmöglich. Der Eingriff hätte seinen Zweck verfehlt. Der Gesetzgeber hat den Schußwaffengebrauch deshalb nur bei der Identitätsfeststellung und der Festnahme beziehungsweise beim versuchten Ausbruch aus amtlichem Gewahrsam zugelassen. Denn vor allem in diesen Situationen müssen die Beamten damit rechnen, daß der Verfolgte ihnen Widerstand entgegensetzt und sich der Verfolgung durch Flucht entzieht.

---

[257] Definition sogleich unter b.

[258] § 112 a StPO beschränkt die Wiederholungsgefahr auf Gewaltdelikte wie die Straftaten gegen die sexuelle Selbstbestimmung (Abs. 1 Nr. 1) und auf Delikte, die wie die Körperverletzungs-, Eigentums und Vermögensdelikte, sowie die Brandstiftung etc. die Rechtsordnung in besonders schwerwiegender Weise beeinträchtigen (Abs. 1 Nr. 2).

[259] Zu bedenken sind auch die Fälle, in denen schuldunfähige Täter aufgrund einer richterlichen Anordnung in eine psychiatrischen Anstalt eingewiesen werden.

[260] Zur Gefahr, die von befreiten Straftätern ausgeht auch die Erwägungen des Bundesverfassungsgerichts in der SCHLEYER-Entscheidung, BVerfGE 46, S. 160, 164.

[261] Wenn § 64 Abs. 1 Nr. 4 lit. b PolG den Schußwaffengebrauch zuläßt, um einen mit Schußwaffen oder Sprengstoff bewaffneten Gewahrsamsinsassen am Ausbruch zu hindern, wenn dieser wegen eines *Vergehens* in Haft ist, gilt dies erst recht natürlich auch für den Fluchtversuch eines bewaffneten Verbrechers.

Mit dem alleinigen Ziel, fluchtunfähig zu machen, ist der repressive Schußwaffengebrauch allerdings nur zur Verfolgung von Verbrechen[262] zulässig (so in § 64 Abs. 1 Nr. 3 lit. a und Nr. 4 lit. a PolG). Für die Verfolgung von Vergehen hingegen verlangt das Gesetz zusätzlich, daß die Beamten davon ausgehen müssen, es mit einem bewaffneten Täter zu tun haben[263], der jederzeit in der Lage ist, sich den Fluchtweg freizuschießen. Da von bewaffneten Tätern eine erhebliche Gefahr ausgeht, erfüllt der Schußwaffengebrauch gem. § 64 Abs. 1 Nr. 3 lit. b und 4 lit. b PolG einen doppelten Zweck: Er dient zu deren Ergreifung und beendet zugleich die Gefahr, daß die bewaffneten Straftäter auf der Flucht weitere Straftaten begehen.

§ 64 Abs. 1 Nr. 3 PolG erlaubt den Schußwaffengebrauch beim ersten Zugriff, um eine Identitätsfeststellung gem. §§ 163 b, 111 StPO oder die Festnahme zu erzwingen. Die Festnahme kann aufgrund eines Haftbefehls gem. § 114 StPO oder gem. § 127 Abs. 2 StPO erfolgen. Parallel zu den Voraussetzungen des Haftbefehls gem. §§ 112 und 114 StPO und der vorläufigen Festnahme gem. § 127 StPO verlangt deshalb auch § 64 Abs. 1 Nr. 3 PolG, daß gegen den Adressaten des Schußwaffengebrauchs dringender Tatverdacht besteht. Im Moment der Festnahme muß also eine hohe Wahrscheinlichkeit dafür sprechen, daß der Adressat die ihm zur Last gelegte Tat tatsächlich begangen hat[264]. Daß der Gesetzgeber diese Lage als gefährlich bewertet, leuchtet ein. Denn gerade hier besteht durchaus die Möglichkeit, daß sich der entdeckte Straftäter gegen seine Festnahme wehrt und zu gewaltsamen Kurzschlußhandlungen fähig ist, wenn er eine Fluchtchance sieht[265].

§ 64 Abs. 1 Nr. 4 PolG sichert mit dem Gefangenentransport, dem Fluchtversuch und der Wiederergreifung geflohener Häftlinge typische „Schwachstellen" des amtlichen Gewahrsams. Als amtlicher Gewahrsam im Sinne des § 64 Abs. 1 Nr. 4 PolG gelten dabei alle Formen des Freiheitsentzuges aufgrund richterlicher Anordnung[266]. Vor allem trifft dies auf den Ausspruch einer Freiheitsstrafe gem. § 38 StGB, eine Sicherungsmaßnahme gem. §§ 63 ff. StGB oder einen Haftbefehl gem. § 114 StPO zu. Darüber hinaus hält TEGTMEYER[267]

---

[262] Vgl. TEGTMEYER, Rn. 7 zu § 64.

[263] Gem. § 64 Abs. 1 Nr. 3 lit. b und 4 lit. b müssen „Tatsachen die Annahme rechtfertigen, daß sie (die Person, Anm. der Verf.) Schußwaffen oder Explosivmittel mit sich führt".

[264] Vgl. KLEINKNECHT-MEYER-GROSSNER, Rn. 5 zu § 112.

[265] Diese Erwartung stützt sich auf zahlreiche Zwischenfälle, die sich gerade bei solchen Zusammenstößen im Moment des ersten Zugriffs ergeben haben. Immer wieder versucht ein gesuchter Straftäter gewaltsam die Flucht, sobald er Beamte auf sein Auto zukommen sieht. Letztlich bleibt sich dabei gleich, ob er über eine Waffe verfügt, die er gegen die Beamte richtet oder ob er mit dem Auto auf diese losfährt.

[266] Vgl. RACHOR, in LISKEN–DENNINGER, Rn. 545.

[267] Vgl. TEGTMEYER, § 64 Rn. 11.

den Schußwaffengebrauch auch zum Schutz des Polizeigewahrsams im Sinne von § 36 PolG möglich. Doch selbst wenn der Gewahrsam aufgrund richterlicher Entscheidung fortdauert, scheidet er als hinreichender Anlaß für den Schußwaffengebrauch aus. Er dient nämlich als polizeiliche Standardmaßnahme der Gefahrenabwehr und nicht der Strafverfolgung. Zudem beruht die Maßnahme auf einer genuinen polizeilichen Befugnis und nicht auf einer richterlichen Anordnung. Ebensowenig wie § 64 Abs. 1 Nr. 3 PolG den Schußwaffengebrauch zuläßt, um einen Störer in Gewahrsam zu nehmen, erlaubt § 64 Abs. 1 Nr. 4 PolG den Ausbruch aus demselben mit diesem Mittel zu verhindern. Das ändert sich auch nicht dadurch, daß der Richter gem. § 36 PolG die Fortdauer der Freiheitsentziehung anordnet[268]. Die Fälle, in denen § 35 PolG den Gewahrsam zuläßt, reichen in ihrem Gewicht nicht an die Festnahmefälle der StPO heran. Besonders deutlich wird dies, wenn man den Gewahrsam wegen Vorführung eines Schuldners nach den §§ 229, 230 Abs. 3 BGB mit dem Haftbefehl wegen dringenden Tatverdachts aufgrund der Strafprozeßordnung vergleicht. Daß § 35 Abs. 3 PolG den Gewahrsam auch zum Festhalten von Ausbrechern aus amtlichem Gewahrsam im engeren Sinne zuläßt, steht dem ebenfalls nicht entgegen, denn § 64 Abs. 1 PolG geht hier als lex specialis vor.

Das Polizeigesetz läßt den repressiven Schußwaffengebrauch zur Verfolgung von Vergehen nur zu, wenn zu der vollendeten Straftat die andauernde Gefahr weiterer Gewalttaten hinzutritt. Gem. § 64 Abs. 1 Nr. 3 lit. b und 4 lit. b PolG dürfen die Beamten von einer solchen Gefahr ausgehen, wenn „Tatsachen die Annahme rechtfertigen, daß sie (die Person, gegen die sich der Schußwaffengebrauch richtet, Anm. der Verf.) Schußwaffen oder Explosivmittel mit sich führt". Anders als beim präventiven Eingriff können sich die Polizisten hier jedoch kein eigenes Bild von der Gefährlichkeit des Täters machen. Wenn sie im Rahmen einer Fahndung nach einem mutmaßlichen Straftäter oder Ausbrecher suchen, sind sie in der Regel auf Informationen aus zweiter Hand angewiesen. Die wichtigsten Informationsquellen der Beamten sind der Polizeifunk und Einsatzbesprechungen[269], bei denen die Beamten die bereits gesammelten Er-

---

[268] Vgl. TEGTMEYER, § 64 Rn. 11; s. dagegen RACHOR, in LISKEN-DENNINGER, Rn. 545, der den Schußwaffengebrauch zur Aufrechterhaltung des polizeilichen Gewahrsams ablehnt.

[269] Dazu der Fall MCCANN and others v. the UNITED KINGDOM 17/1994/464/545: Der Europäische Gerichtshof für Menschenrechte hatte sich mit der Tötung dreier IRA-Terroristen zu befassen, die von einer Anti-Terror-Einheit der britischen Streitkräfte erschossen wurden. Die Soldaten hatten bei ihrer Instruktion den Hinweis erhalten, daß die Terroristen den Fernzünder für eine Autobombe bei sich trügen und diesen jederzeit unauffällig in der Hosentasche zünden könnten. Als die Terroristen bei der geplanten Festnahme verdächtige Bewegungen nach Hand- oder Jackentasche durchführten, gaben die Soldaten die tödlichen Schüsse ab. Im Nachhinein erwiesen sich diese Informationen indessen als falsch. Das Sondervotum gestand den Soldaten zu, daß sie aufgrund ihrer Instruktion und des äußeren Eindrucks annehmen mußten, die Terroristen seien im Begriff, die Autobombe auszulösen.

kenntnisse und Hinweise auf den verfolgten Straftäter erhalten. Der Tod eines Touristen im Sommer 1999, den Zivilbeamte aufgrund eines Hinweises aus der Bevölkerung für einen bundesweit gesuchten Gewaltverbrecher gehalten und infolge dessen getötet hatten, zeigt wie vorsichtig derartige Hinweise zu werten und wägen sind. Anders verhält es sich dagegen mit den polizeiintern gesammelten und weitergegebenen Informationen. Auf diese dürfen sich die Beamten wie auf eine eigene Wahrnehmung verlassen, wenn sie sie auf eine bestimmte Quelle zurückführen können[270]. Schußwaffengebrauch aufgrund solcher polizeiinterner Fehlinformationen ist dann zu behandeln wie die Abwehr einer Anscheinsgefahr. Wenn die weiteren tatsächlichen Schlüsse und die daraus gezogenen rechtlichen Konsequenzen zutreffend sind, trifft die Beamten kein Vorwurf.

§ 64 Abs. 2 PolG verbietet in Übereinstimmung mit § 178 Abs. 3 StVollzG[271] den repressiven Schußwaffengebrauch gem. Abs. 1 Nr. 4, wenn der Verfolgte aus dem Jugendarrest gem. §§ 9 bis 12 JGG, dem Strafarrest oder dem Vollzug in einer offenen Anstalt flieht. In diesen Fällen tritt der Strafanspruch hinter dem Schutz Jugendlicher vor dem gefährlichen Eingriff zurück[272].

c. Ergebnis

Damit läßt sich § 64 Abs. 1 PolG auf den Nenner bringen: Der Schußwaffengebrauch ist zulässig, um Verbrechen i. S. des § 12 Abs. 1 StGB entweder zu verhindern oder zu verfolgen. Zur Verhinderung oder Verfolgung von Vergehen kommt er nur in Betracht, um zwischen dem Adressaten und den Polizeivollzugsbeamten Waffengleichheit herzustellen. Ausnahmen gelten nur in den zwei vom Gesetzgeber ausdrücklich bestimmten Fällen: gem. Nr. 1 zum Schutz von Leib und Leben und gem. Nr. 5 zur Verhinderung einer Gefangenenbefreiung.

2. Kritik an der gesetzlichen Regelung

§ 64 Abs. 1 PolG erhebt zwar den Anspruch, eine umfassende und vollständige Regelung des Schußwaffengebrauchs zu treffen, erntet aber vor allem wegen seiner Unübersichtlichkeit berechtigte Kritik[273]. Die Probleme mit dieser

---

[270] Hierzu KRÜGER, S. 59.

[271] § 178 Abs. 3 StVollzG lautet: "Beim Vollzug des Jugendarrests, des Strafarrests sowie der Ordnungs-, Sicherungs-, Zwangs-, und Erzwingungshaft dürfen zur Vereitelung einer Flucht oder zur Wiederergreifung (§ 100 Abs. 1 Nr. 3) keine Schußwaffen gebraucht werden. Dies gilt nicht, wenn Strafarrest oder Ordnungs-, Sicherungs-, Zwangs- oder Erzwingungshaft in Unterbrechung einer Untersuchungshaft, einer Strafhaft oder im Vollzug einer freiheitsentziehenden Maßregel der Besserung und Sicherung vollzogen wird".

[272] So TEGTMEYER, Rn. 9 zu § 64.

[273] Vgl. DREWS-WACKE-VOGEL-MARTENS, S. 545; KRÜGER, S. 48; RACHOR, in LISKEN–DENNINGER, Rn. 535.

Vorschrift reichen indessen weiter. Als Wurzel des Übels erweist sich der Versuch des Gesetzgebers, den hoheitlichen Schußwaffengebrauch auf ein einziges Kriterium festzulegen und zu diesem Zweck die Einteilung zwischen Verbrechen und Vergehen in das Polizeirecht zu übertragen. Die Sonderregelungen in § 64 Abs. 1 Nr. 1 und 5 PolG unterstreichen allenfalls die Unzulänglichkeiten dieser Regelung, die sie heilen sollen.

a. Schlüssigkeit des Kriteriums Verbrechen und Vergehen für den repressiven Schußwaffengebrauch

Anders als beim präventiven Einsatz der Schußwaffe dient das Zwangsmittel nach der Beendigung der Straftat vor allem dazu, das staatliche Interesse an der Aufklärung und Ahndung des Deliktes zu verwirklichen. Während die Beamten beim rein präventiven Schußwaffengebrauch die Belange des bedrohten Rechtsgutes und diejenigen des Adressaten in Ausgleich zu bringen haben, reduziert sich der Interessengegensatz beim repressiven Schußwaffengebrauch: Es stehen sich nur noch der staatliche Strafanspruch auf der einen und die betroffenen Grundrechte des Adressaten auf der anderen Seite gegenüber. Gerade beim latent tödlichen Schußwaffengebrauch ergeben sich hier besondere Rechtfertigungsprobleme. Der Eingriff dient nämlich einem Verfahren, das bei Verwirklichung dieses latenten Risikos offenkundig sinnlos wäre.

Unter diesen Umständen bedarf es eines verläßlichen Kriteriums für das Interesse des Staates, den Straftäter mit diesem extremen Mittel aufzuhalten. Das Regelstrafmaß bringt das Unwerturteil zum Ausdruck, welches Gewicht der Gesetzgeber den einzelnen Delikten beimißt[274]. Dieses Unwerturteil eignet sich auch als Gradmesser für das Interesse des Staates an dem Strafverfahren beziehungsweise dem Strafvollzug. Denn je schwerer das Delikt wiegt, desto größer ist auch das Interesse des Staates daran, den Täter dafür zur Verantwortung zu ziehen. Die Unterscheidung zwischen Vergehen und Verbrechen erweist sich auch hier als praktisch. Denn nach der Beendigung der Straftat ergeben schon deren objektive Umstände ein hinreichend deutliches Bild, das wiederum erkennen läßt, ob die Voraussetzungen für den Schußwaffengebrauch gegen den mutmaßlichen Straftäter erfüllt sind. Im Zusammenhang mit dem repressiven Schußwaffengebrauch erfüllen die dem materiellen Strafrecht entnommenen Kriterien Verbrechen und Vergehen deshalb ihren Zweck.

b. Unstimmigkeiten bei der Anwendung des Kriteriums auf den präventiven Schußwaffengebrauch

Auf den ersten Blick scheint dieser Maßstab auch in Bezug auf die *Verhinderung* von Straftaten nahezuliegen, da bereits die Verwirklichung objektiver Tatbestandsmerkmale hinreichende Anhaltspunkte für das Vorliegen einer Ge-

---

[274] Vgl. BVerfGE 25, 269 ff., 286; 27, 10 ff., 29

fahr gibt. Das Abstellen auf die in § 12 Abs. 1 und 2 StGB enthaltene Unterscheidung zwischen Verbrechen und Vergehen erspart dem Gesetzgeber zudem die Umschreibung komplizierter Tatbestände. Schließlich beschreiben diese Straftatbestände besonders schwere Rechtsverstöße, die mit der Freiheitsstrafe die härteste Sanktion der Rechtsordnung auslösen[275].

Trotzdem ist bei dem Schluß von der ultima ratio staatlicher Sanktionen auf die ultima ratio hoheitlichen Zwangs Vorsicht geboten. Schon § 51 Abs. 3 PolG, der die Kopplung von Zwangsmittel und Strafe zuläßt, weckt Zweifel daran, ob sich strafrechtliche Wertungen ohne weiteres auf das Vollstreckungsrecht übertragen lassen.

aa. Die Unterschiede zwischen dem Straf- und dem Polizeirecht: Schon die Grundsätze, nach denen die Polizei zur Gefahrenabwehr respektive zur Strafverfolgung tätig wird, bilden ein geradezu klassisches Gegensatzpaar. Während das Legalitätsprinzip aus §§ 152 Abs. 2 und § 163 Abs. 1 StPO die Polizei beim Verdacht einer Straftat zur Aufklärung des Geschehens *verpflichtet*[276], stellt das Opportunitätsprinzip das Einschreiten zur Gefahrenabwehr gem. § 3 Abs. 1 PolG NW ins Ermessen der Beamten[277]. Sofern sich das Auswahlermessen nicht auf eine einzig mögliche Handlungsweise reduzieren läßt, entscheidet deshalb die Dringlichkeit der Gefahr, das Ausmaß des drohenden Schadens und die Zweckmäßigkeit des Eingriffs darüber, ob und wie die Polizei zur Gefahrenabwehr tätig wird.

Auch die „Perspektive", aus der die Beamten über den Fall entscheiden, ist im Strafrecht eine andere als bei der Gefahrenabwehr. Bei der Strafverfolgung finden die Beamten einen abgeschlossenen Sachverhalt vor, den sie ex post aufklären. Bei der Gefahrenabwehr greifen die Beamten hingegen in ein Geschehen ein, das noch im Fluß ist. Wenn ihr Einsatz Erfolg hat, verhindern sie jedenfalls, daß es zu einer vollendeten strafbaren Rechtsgutsverletzung kommt. Zu diesem Zeitpunkt können die Beamten jedoch nur die bereits verwirklichten und damit sofort wahrnehmbaren objektiven Tatbestandsmerkmale registrieren. Ob das tatsächliche Geschehen mit der Vorstellung des Täters übereinstimmt, läßt sich dagegen erst in der nachträglichen Gesamtbetrachtung feststellen, bei der der Vernehmung des Täters erhebliche Bedeutung zukommt. Insbesondere die Delikte mit einer sogenannten überschießenden Innentendenz, wie die Unterschlagung, zeigen jedoch, daß der subjektive Tatbestand einen wesentlichen Bestandteil des Deliktes ausmacht, der sich keinesfalls auf das Spiegelbild des objektiven Tatbestandes reduzieren läßt. Erst beide Seiten bilden zusammenge-

---

275 Vgl. BVerfGE 27, 10 ff., 28

276 Vgl. KLEINKNECHT-MEYER-GROSSNER Rn. 1; KARLSRUHER KOMMENTAR, Rn. 1 zu § 163.

277 Vgl. GÖTZ, Rn 264.

nommen die Grundlage für das im Strafmaß zum Ausdruck gebrachte Unwerturteil[278] und die persönliche Verantwortlichkeit des Störers.

Zudem hängt die Sanktion nicht von der Zuordnung des strafbaren Verhaltens zur Kategorie der Verbrechen oder Vergehen ab. Dieses Kriterium gibt zwar gem. § 23 Abs. 1 StGB für die Versuchsstrafbarkeit und gem. § 30 Abs. 1 Satz 1 StGB für den strafbaren Versuch einer Beteiligung den Ausschlag. Die individuelle Sanktion ergibt sich erst aus der abschließenden Betrachtung aller Umstände. Dabei erfüllen insbesondere die einzelnen erfolgsqualifizierten Strafschärfungen und -milderungen ihren Sinn; denn sie passen die Grundentscheidung des Gesetzgebers den Besonderheiten des Einzelfalls an und ermöglichen so, im konkreten Fall ein angemessenes Strafmaß festzusetzen. Das Polizeigesetz begnügt sich in § 64 Abs. 1 PolG jedoch mit einem rein formalen Unterscheidungskriterium, bei dessen Anwendung die auf den Einzelfall anzuwendenden Modifikationen ausdrücklich als irrelevant bezeichnet werden[279]. Damit gewinnt § 12 StGB eine Bedeutung, die das Strafgesetzbuch in dieser Form nicht vorgesehen hat.

Das läßt sich an einem Beispiel verdeutlichen: Wenn ein Polizist beobachtet, daß ein Mann einen anderen verprügelt, weiß er allein aufgrund dieser Beobachtung noch nicht, ob er Zeuge einer einfachen Körperverletzung gem. § 223 StGB, einer gewaltsamen Nötigung gem. § 240 StGB oder eines Raubes gem. § 249 StGB ist. Da allein der Raub ein Verbrechen i. S. von § 12 Abs. 1 StGB ist, wäre der Schußwaffengebrauch ohne die Sonderregelung in § 64 Abs. 1 Nr. 1 PolG nur zur Abwehr des Raubversuchs zulässig. Ob es der Angreifer tatsächlich auf die Brieftasche seines Opfers abgesehen hat, hängt jedoch vom Vorsatz des Angreifers ab und ergibt sich erst aus der nachträglichen Ermittlung.

bb. Wertungswidersprüche bei der Anwendung des Kriteriums Verbrechen und Vergehen auf den präventiven Schußwaffengebrauch: Wegen dieser grundlegenden Unterschiede ergeben sich bei der Anwendung des § 64 Abs. 1 Nr. 2 PolG zahlreiche Unstimmigkeiten, die die Entscheidung für oder gegen den Schußwaffengebrauch eher behindern als fördern.

Die Verbindung zwischen beiden Rechtsgebieten mag zwar sinnvoll erscheinen, weil im Strafrecht[280] wie im Polizeirecht der Rechtsgüterschutz als vorrangige Aufgabe rangiert. Das schafft freilich nur dann hinreichende Berührungspunkte, wenn beide dieses Ziel mit annähernd denselben Mitteln verfolgen. Da die Strafe nur noch einseitig gegenüber dem Störer auf den Normver-

---

[278] Vgl. BVerfGE 45, 187 ff., 256.

[279] So ausdrücklich auch VVPolG 64.0.

[280] Vgl. BVerfGE 45, S. 187 ff., 253, 254.

stoß reagiert, diesen aber nicht mehr abwenden kann, steht der mit der Freiheitsstrafe verbundene Eingriff in die Rechte des Störers unter besonderem Rechtfertigungszwang[281]. Auch bei der Festlegung des Regelstrafmaßes kommen deshalb keine auf das Opfer bezogenen Gesichtspunkte zum Tragen. Für die Strafe als Reaktion auf den begangenen Rechtsbruch bedarf es dessen auch nicht: Die Kompensation des angerichteten Schadens ist Thema des Deliktsrechts. Auch ein Täter-Opfer-Ausgleich i. S. von § 46 a StGB ist nicht entscheidend; es steht im Ermessen des Richters, ob er die Bemühung um einen solchen Ausgleich strafmindernd berücksichtigt. Wie weit die Unterschiede bei der Umsetzung des Rechtsgüterschutzes reichen, zeigt sich besonders deutlich in bezug auf die generalpräventive Funktion der Strafe[282]. Bei ihr steht die Bestätigung der Normgeltung gegenüber allen ihren Adressaten im Vordergrund[283]. Das Regelstrafmaß bewirkt den Rechtsgüterschutz durch die abschreckende Wirkung der Strafandrohung. So prägt das in den §§ 211 und 212 StGB zum Ausdruck gebrachte Verbot zu töten die Wertmaßstäbe der Normadressaten; die lebenslange Freiheitsstrafe für den Mord errichtet eine abschreckende Hemmschwelle[284]. Dagegen geht es beim präventiven Rechtsgüterschutz um konkrete Maßnahmen zum Schutz gefährdeter Rechtsgüter vor bestimmten Gefahren.

Über die Merkmale Verbrechen und Vergehen kommen zudem nicht allein die um die subjektiven Merkmale verkürzten Straftatbestände zum Tragen. Mit dem Abstellen auf die Deliktsnatur macht sich das Polizeigesetz das für diese Straftatbestände festgelegte Regelstrafmaß[285] und damit indirekt auch die Gesichtspunkte zu eigen, die für dessen Festlegung ausschlaggebend sind[286]. Wegen der bereits festgestellten Differenzen zwischen dem Polizeirecht und dem Strafrecht ist absehbar, daß die in das Regelstrafmaß einfließenden Bewertungsgesichtspunkte wichtige polizeirechtliche Wertungen überlagern. So wäre zum Beispiel im Strafrecht eine Figur wie der Nichtstörer i. S. von § 6 PolG undenkbar; das Strafrecht folgt dem Grundsatz: „nulla poena sine culpa“; das heißt, es kommt hier entscheidend auf die persönliche Verantwortung des Einzelnen für das abgeschlossene Geschehen an. Im Polizeirecht geht es dagegen darum, eine Gefahr effektiv und mit angemessenen Mitteln zu beseitigen.

Obwohl die Unterscheidung anhand des Regelstrafmaßes gem. § 12 StGB rein formal ist und Gewähr für hinreichende Klarheit bietet[287], besteht anderer-

---

[281] Vgl. BVerfGE 22, S. 180, 219; 45, S. 187 ff.

[282] Vgl. BVerfGE 45, S. 187 ff., 254 bis 257; G. JAKOBS, Strafrecht, 1. Abschnitt, Rn. 14.

[283] Vgl. G. JAKOBS, Strafrecht, 1. Abschnitt, Rn. 8.

[284] Vgl. BVerfGE 39, S. 1, 57.

[285] Dazu LK-TRÖNDLE, Rn. 15 und SCHÖNKE–SCHRÖDER-ESER, Rn. 6 zu § 12 StGB.

[286] Vgl. BVerfGE 27, 10 ff., 29

[287] Vgl. LK–TRÖNDLE, Rn. 15 zu § 12, SUNDERMANN, S. 112 f.

seits das Problem, daß das Regelstrafmaßes seinerseits von den Wertungsmaßstäben der Rechts- und Kriminalpolitik abhängt[288]. So führte die Entkriminalisierung im Bereich der Körperverletzungsdelikte, vor allem wegen des zum Vergehen herabgestuften § 223 a StGB, zu erheblichen „Verwerfungen" in den einschlägigen Vorschriften über den polizeilichen Schußwaffengebrauch. Das gilt in vergleichbarer Weise auch für das Sechste Gesetz zur Reform des Strafrechts vom 26. Januar 1998 (6. StRG)[289], das sich die strafrechtliche Neubewertung einzelner Straftaten[290] zum Ziel gesetzt hat. Diese Neubewertung durch Herauf- oder Herabsetzen des Regelstrafmaßes betrifft freilich nur die Rechtsfolgenseite der Delikte. Der Charakter der einzelnen Deliktstatbestände, vor allem aber die von den Angriffen ausgehende Gefahr für das Opfer bleiben hingegen im Kern dieselben. Nur das Kriterium, das den Ausschlag für die Zulässigkeit des präventiven Schußwaffengebrauchs geben soll, hängt ganz von rechtspolitischen Bewertungen ab.

c. Ergebnis

Die Ausrichtung des präventiven Schußwaffengebrauchs an den strafrechtlichen Begriffen „Verbrechen" oder „Vergehen" lassen die für das Polizeirecht typische Beurteilungsperspektive und die Gesichtspunkte eines effektiven Rechtsgüterschutzes nur auf Umwegen zur Geltung kommen. Für das Strafrecht und das Strafprozeßrecht steht die nachträgliche Ahndung des Angriffs und die Frage, welcher Vorwurf den Täter trifft, im Vordergrund. Daß die Kriterien Verbrechen und Vergehen keine Antwort darauf geben, mit welchen Mitteln die Tat verhindert werden darf, ist nicht der Fehler des Strafgesetzbuchs. Dieses braucht auf die Belange eines in sich konsistenten Verwaltungsvollstreckungsrechts keine Rücksicht zu nehmen. Ob sich der "Import" mit dem eigentlich zu regelnden Schußwaffengebrauchsrecht verträgt, ist allein Sache der dafür zuständigen Gesetzgeber. In der Regel sind dies die Landesgesetzgeber. Das gilt freilich in derselben Weise auch für das Gesetz über den unmittelbaren Zwang durch Vollzugsbeamte des Bundes. Auch hier liegt der Fehler im Vollstreckungsrecht, das sich ohne Rücksicht auf die Wertungswidersprüche die Maßstäbe des Strafgesetzbuchs zu eigen gemacht hat.

Verglichen mit den Kriterien Verbrechen und Vergehen stellt der in § 64 Abs. 1 Nr. 1 und 5 PolG geforderte Zusammenhang zwischen schutzbedürftigen Rechtsgütern und der Abwehr von Gewaltdelikten auf die eigentlich ausschlag-

[288] Vgl. SUNDERMANN, S. 114.

[289] Sechstes Gesetz zur Reform des Strafrechts vom 26. Januar 1998 (6. StRG), BGBl I S. 164.

[290] Das Ziel dieser Strafrechtsreform war es, das offenkundige Mißverhältnis zwischen der Bestrafung von Vermögens- und Eigentumsdelikten auf der einen und Delikten gegen höchstpersönliche Rechtsgüter auf der anderen Seite zu korrigieren, BT Drucksache 13/8587, S. 19 ff.

gebenden Anhaltspunkte beim präventiven Schußwaffengebrauch ab. Denn hier bezeichnet der Gesetzgeber Fälle, in denen der Schußwaffengebrauch zur Gefahrenabwehr nicht nur geeignet, sondern wegen der Gewalttätigkeit des Angreifers und der Bedeutung des bedrohten Rechtsgutes auch erforderlich und angemessen ist. Ansatzweise begegnet dies auch in den Tatbestandsalternativen, die bei der Abwehr und der Verfolgung von Vergehen zusätzlich verlangen, daß der Adressat mit seiner Bewaffnung eine besondere Gewaltbereitschaft an den Tag legt.

Um nicht bei der Schelte des Gesetzgebers stehen zu bleiben, wird im Anschluß an die Untersuchung der Versuch unternommen, ausgehend von den beiden Ausnahmetatbeständen einen Vorschlag für eine sachgerechtere Regelung des präventiven Schußwaffengebrauchs zu entwickeln[291].

VI. Der Adressat des Schußwaffengebrauchs

1. Der Adressat i. S. von § 64 Abs. 1 PolG

Aus § 64 Abs. 1 PolG ergibt sich nicht allein, wann der Schußwaffengebrauch zulässig ist, sondern auch, gegen welche Personen sich der Eingriff richten darf.

a. Der Verhaltensstörer als Adressat des präventiven Schußwaffengebrauchs

Von Schußwaffen kann zur Gefahrenabwehr Gebrauch gemacht werden, wenn ein Störer das staatliche Gewaltmonopol verletzt, und deshalb mit hoheitlicher Gegengewalt in seine Schranken verwiesen werden muß. Solch ein Angriff setzt ein vom Adressaten ausgehendes aggressives Verhalten voraus, das allein beim Verhaltensstörer i. S. von § 4 PolG gegeben ist. Die Polizeipflicht des Zustandsstörers i. S. von § 5 PolG beruht hingegen auf dem zurechenbaren gefährlichen Zustand einer Sache. Dieser gibt keinen Anlaß, gegen den Störer selbst Gewalt anzuwenden. Vielmehr geht es hier um vertretbares Handeln, so daß die Ersatzvornahme i. S. von § 52 PolG das geeignetste Zwangsmittel ist. Das gilt z.B. auch dann, wenn die Beamten ein krankes Tier töten müssen. Dessen Halter ist zwar Störer, aber nicht der Adressat des Zwangseingriffs.

[291] S. Fünftes Kapitel der Arbeit.

b. Der mutmaßliche oder verurteilte Straftäter als Adressat des repressiven Schußwaffengebrauchs

Als Adressaten des repressiven Schußwaffengebrauchs kommen diejenigen in Betracht, die einer Straftat dringend verdächtig sind[292], die eine Freiheitsstrafe verbüßen oder Personen, die sich aufgrund anderer richterlicher angeordneter Sicherungsmaßnahmen gem. §§ 63 ff. StGB in einer psychiatrischen Anstalt oder einer Entziehungsanstalt befinden. Solange der Adressat nur wegen eines Vergehens verfolgt wird, kommt das zusätzliche Erfordernis aus § 64 Abs. 1 Nr. 3 lit. b und 4 lit. b PolG zum Tragen. Die Beamten müssen Grund zu der Annahme haben, daß der Adressat Schußwaffen oder Sprengmittel mit sich führt. Durch die damit zum Ausdruck gebrachte Gewaltbereitschaft werden diese Personen dann auch Verhaltensstörer i. S. des Gefahrenabwehrrechts.

Da der Schußwaffengebrauch allein zur Durchsetzung eines hineichend gesicherten staatlichen Strafanspruchs in Betracht kommt, scheiden als Adressaten alle Personen aus, gegen die in der betreffenden Sache kein dringender Tatverdacht besteht oder gegen die wegen der Straftat nicht vorgegangen werden kann. Zeugen, die den Anordnungen der Beamten gewalttätigen Widerstand entgegensetzen oder Kinder, die jünger als 14 Jahre sind[293], scheiden als Adressaten des repressiven Schußwaffengebrauchs a limine aus.

2. Die Ausnahmevorschrift für Kinder unter vierzehn Jahren in § 63 Abs. 3 PolG

a. Das Verbot des Schußwaffengebrauchs gegen Kinder in § 63 Abs. 3 PolG

Dem Nebeneinander von präventiven und repressiven Eingriffen entsprechend gibt es im Polizeigesetz zwei verschiedene Altersregelungen. Grundsätzlich verbietet § 63 Abs. 3 PolG den Schußwaffengebrauch gegen Kinder, die ihrem äußeren Erscheinen nach noch keine vierzehn Jahre alt sind. Diese sind gem. § 19 StGB noch nicht strafmündig; ein Strafverfahren, dem der Eingriff dienen könnte, ist damit ausgeschlossen. § 19 StGB schützt sie davor, für ein Verhalten zur Rechenschaft gezogen zu werden, dessen Tragweite sie nicht überschauen können. Soweit das Polizeigesetz den repressiven Schußwaffengebrauch regelt, übernimmt es diese Wertung, so daß der Eingriff mangels eines zulässigerweise zu fördernden Strafverfahrens unter allen Umständen ausscheidet. Mit 14 Jahren setzt dann zwar die eingeschränkte Schuldfähigkeit ein; die

---

[292] Gegen diese ist der Schußwaffengebrauch sowohl gem. § 64 Abs. 1 Nr. 3 beim ersten Zugriff, als auch gem. § 64 Abs. 1 Nr. 4 PolG zulässig, um den Ausbruch aus der Untersuchungshaft zu verhindern.

[293] Zu diesen sogleich unter b.

Jugendlichen haben sich deshalb wegen ihrer Straftaten vor dem Jugendrichter zu verantworten[294]. In diesem Rahmen zieht das Übermaßverbot dem Eingriff enge Grenzen: Das Polizeigesetz erkennt hier an, daß das Jugendstrafrecht verschiedene Rechtsfolgen einer Straftat vorsieht. Das Jugendstrafrecht zielt gem. § 5 Abs. 2 JGG in erster Linie auf die Erziehung des Jugendlichen ab. Für die herkömmlichen Strafen im Sinne des Erwachsenenstrafrechts ist nur Raum, wenn die Erziehungsmaßnahmen nicht gefruchtet haben. Diesem Unterschied trägt das Polizeigesetz Rechnung, indem es den repressiven Schußwaffengebrauch zum Schutz des Jugendarrests und der Durchsetzung einer bloßen Erziehungsmaßnahme verbietet. Hier rechtfertigt kein hinreichendes eigenständiges Interesse an der Ergreifung des Jugendlichen das Risiko, den Ausbrecher tödlich zu treffen. Diese Einschränkung gilt jedoch nur für den Schutz des Jugendarrests als besondere Form amtlichen Gewahrsams. Wenn der Jugendliche aus der Jugendhaftanstalt ausbricht, ist der Schußwaffengebrauch nach Maßgabe des § 64 Abs. 1 Nr. 3 und 4 PolG im Rahmen des Verhältnismäßigkeitsprinzips zulässig.

Anders verhält es sich beim präventiven Schußwaffengebrauch. Da es bei der Gefahrenabwehr nicht um die individuelle Verantwortlichkeit, sondern um die Inanspruchnahme wegen gefährlichen Verhaltens geht, können Kinder unabhängig von ihrer geistigen Reife Verhaltensstörer i. S. von § 4 PolG sein. Daß § 63 Abs. 3 PolG auch ihnen gegenüber die Altersgrenze für die Zulässigkeit des Schußwaffengebrauchs auf 14 Jahre festlegt, folgt hier aus dem Übermaßverbot. Denn selbst bei einem Schuß, der dem Störer lediglich leichte Verletzungen zufügt, würde das Erlebnis für sich genommen einen nachhaltigen psychischen Schock auslösen und sich so weitaus härter als bei Erwachsenen auswirken.

Für die handelnden Beamten wirft § 63 Abs. 3 PolG zunächst das praktische Problem auf, das Alter der Kinder einzuschätzen. Das ist nicht einfach, da auch hier die Notwendigkeit, ex ante zu entscheiden, die absolute Sicherheit über das Alter der Störer geradezu ausschließt. Als Kriterien läßt das Gesetz den äußeren Eindruck ausreichen, wie er sich aus der Größe, dem Aussehen, dem Auftreten und der Kleidung ergeben[295]. Die Verwaltungsvorschriften[296] ordnen

---

[294] § 1 Abs. 2 JGG differenziert die strafrechtlich relevanten Altersstufen: ab 14 Jahren sind die Straftäter Jugendliche und nach Maßgabe des JGG strafmündig. Wenn sie 18 Jahre alt sind, sind sie als Heranwachsende gem. § 105 JGG nach Maßgabe des Strafgesetzes zu behandeln, sofern sie nicht in ihrer Entwicklung den Jugendlichen näher stehen als den Erwachsenen oder eine typische Jugendverfehlung begangen haben. Mit Vollendung des 21. Lebensjahres unterliegen sie dann ganz dem Strafrecht.

[295] Ausdrückliche Fragen nach dem Alter erweisen sich in kritischen Fällen als wenig hilfreich, da die "erfahreneren" unter den Störern mit Blick auf § 19 StGB und das JGG im Alter von 13 Jahre verharren.

an, daß der Störer im Zweifel wie ein Kind unterhalb der Altersgrenze zu behandeln ist. Diese Zweifelsregelung begünstigt deshalb nicht allein zurückgebliebene Jugendliche, die auch äußerlich noch kindlich auftreten; sie schützt auch die Kinder, über deren Alter die Beamten nicht sicher sind.

b. Die Ausnahmeregelung in § 63 Abs. 3 Satz 2 PolG

Von zündelnden Kindern entfachte Brände oder tödliche Unfälle beim „Räuber- und Gendarmspiel" zeigen, daß Kinder zwar nicht die Staatsanwaltschaft, wohl aber die Feuerwehr und die Polizei beschäftigen. Denn nicht immer erkennen sie die Gefährlichkeit eines „Spielzeugs" und gehen deshalb zu unbesorgt mit diesem um. Da die polizeirechtliche Störereigenschaft i. S. von §§ 4 und 5 PolG nicht von der Einsichtsfähigkeit oder Verantwortlichkeit für das eigene Verhalten, sondern von der unmittelbaren Verursachung einer Gefahr abhängt[297], steht das Alter des Störers einer Gefahrenabwehrmaßnahme grundsätzlich nicht entgegen. Allerdings fehlt es in den meisten Fällen an einer hinreichend gefährlichen Störung und damit an einem angemessenen Auslöser für den Schußwaffengebrauch, so daß der Eingriff unabhängig vom Alter des Störers ausgeschlossen ist[298].

Die Übereinstimmung der Altersgrenze aus § 63 Abs. 3 PolG mit dem Beginn der Schuldfähigkeit i. S. von § 19 StGB mag es nahelegen, hinter dem Verbot des präventiven Schußwaffengebrauchs gegen Kinder eine weitere Anpassung des Polizeirechts an das Strafgesetzbuch zu vermuten. Gegen eine solche Übernahme spricht jedoch § 63 Abs. 3 Satz 2 PolG. Der Gesetzgeber läßt dort – was mit der absolute Altersgrenze des StGB unvereinbar wäre – eine Abwägung zwischen dem Schutzbedürfnis des Kindes auf der einen und dem des Bedrohten auf der anderen Seite zu, wenn das Kind mit seinem Verhalten Leib und Leben des Betroffenen gefährdet. SUNDERMANN[299] hält dies für widersprüchlich, da Satz 2 den Schutz der Kinder, den § 63 Abs. 3 Satz 1 PolG begründet hat, praktisch wieder aufhebe. Er befürwortet statt dessen die Gleichbehandlung von Kindern und Unbeteiligten. Gerade sein Beispiel vom Angriff eines mit einem Messer bewaffneten Kindes auf gebrechliche Personen spricht aber durchaus für die Regelung im Musterentwurf und dem ihm folgenden nordrhein-westfälischen Polizeigesetz. Denn in diesen Fällen lassen sich der Ablauf des Angriffs, sein Ausgang und dementsprechend auch die zur Gefahrenabwehr erforderlichen Zwangsmittel im Voraus kaum absehen.

---

296 Vgl. VVPolG 63.3.

297 Vgl. OVGE 5, S. 185; DREWS-WACKE-VOGEL-MARTENS, S. 293, 313 ff; GÖTZ, Rn. 191 f.; HEISE-RIEGEL, Rn 4 und 15 f. zu § 4 PolG; KNEMEYER, Rn. 248.

298 Vgl. KRÜGER, S. 37; SUNDERMANN, S. 40.

299 SUNDERMANN, S. 41 f. in Bezug auf den gleichlautenden § 41 Abs. 3 ME.

§ 63 Abs. 3 Satz 2 PolG erscheint deshalb ausgewogen und angemessen. Er schließt den unangemessenen Schußwaffengebrauch zur Verhinderung von Unfug und Sachbeschädigungen aus. Zum andern überläßt er die Beurteilung, ob eine gegenwärtige Gefahr für Leib und Leben im Einzelfall mittels Schußwaffengebrauchs abzuwenden ist, den Beamten. § 63 Abs. 3 PolG fügt sich so in den Zusammenhang mit § 63 Abs. 4 PolG und § 65 PolG ein, die ihrerseits das Verhältnismäßigkeitsprinzip konkretisieren. Dabei unterstreicht § 63 Abs. 3 PolG den Unterschied zwischen der Abwehr einer Gefahr und der Sanktion für das gefährliche Verhalten. Um einen irreparablen Schaden zu verhindern, darf und muß die Polizei unmittelbar auf den zugreifen, der diese Gefahr verursacht. Ob dieser den entstandenen Schaden auch zu vertreten hat, ist vor allem eine delikts- oder strafrechtliche Frage.

c. Keine Analogie zugunsten von Geistesgestörten

Der Schutz, den der Gesetzgeber grundsätzlich Kindern zuteil werden läßt, legt die Frage nahe, ob auch für Geistesgestörte ein ähnlich weitgehender Schutz in Betracht kommt oder gar erforderlich ist. Die analoge Anwendung von § 63 Abs. 3 PolG setzt indessen voraus, daß bei diesen Personen ebenso wie bei Kindern die Gefahr zumindest überwiegend auch mit milderen Mitteln abgewehrt werden kann und sich der Schußwaffengebrauch generell überdurchschnittlich hart auswirkt. Anders als bei Kindern läßt sich dies bei Geistesgestörten keinesfalls mit gleicher Sicherheit voraussagen. Die Gemeinsamkeit besteht vor allem in der Unfähigkeit beider Störerpersönlichkeiten, das Unrecht ihres Handelns zu erkennen.

Bereits bei der ersten Prämisse erscheint es sehr fraglich, ob sich die Ausgangslage mit der bei Kindern hinreichend vergleichen läßt. Denn bei Geisteskranken trifft die Unfähigkeit, das Unrecht einer Handlung einzusehen, häufig mit den körperlichen Kräften Erwachsener zusammen, die bei gewalttätigen Anfällen durch keine rationalen Hemmungen des Kranken in Zaum gehalten werden. Diese Störer können deshalb weitaus größeren Schaden anrichten als ein Kind. Von daher ist es durchaus nicht ausgeschlossen, daß ein Tobsüchtiger, den die Polizei vom Selbstmord abzuhalten versucht, auf die helfenden Beamten losgeht und diese lebensbedrohlich verletzt.

Ein Analogieschluß läßt sich auch nicht aus der Anlehnung an die Schuldunfähigkeit von dauernd Geistesgestörten und zeitweise unzurechnungsfähigen Personen[300] ziehen. Gerade die Schuldunfähigkeit ist ein Gesichtspunkt, der im Polizeirecht unberücksichtigt bleibt. Selbst wenn diesem Aspekt Bedeutung zukäme, ließe sich die Schuldunfähigkeit i. S. von § 19 StGB mit der von erwachsenen Straftätern nicht vergleichen. Die §§ 20 und 21 StGB zeigen nämlich, daß es zwischen der völligen und der eingeschränkten Schuldunfähigkeit Abstufun-

---

[300] Z. B. Betrunkene, Drogenabhängige.

gen gibt. Ob und wie weit der Störer schuldunfähig ist, kann ein Polizeivollzugsbeamter in einer akuten Gefahrenlage nicht erkennen. Diese Feststellung obliegt den Sachverständigen und kann erst nach der Beendigung der Tat getroffen werden.

Die Lage für Kinder und Geistesgestörte ist daher zu verschieden, um im Ergebnis eine Gleichbehandlung zu rechtfertigen. In Einzelfällen werden die Beamten bei der Entscheidung über ihr Vorgehen freilich alle erkennbaren Gesichtspunkte zu berücksichtigen haben und mögen deshalb im Rahmen des allgemeinen § 63 Abs. 2 PolG zu einem Ergebnis gelangen, das dem des § 63 Abs. 3 S. 1 PolG entspricht.

VII. Der Schutz Unbeteiligter vor dem polizeilichen Schußwaffengebrauch

Zu den besonderen Schutzvorschriften zählt auch das Verbot aus § 63 Abs. 4 PolG, beim Schußwaffengebrauch Unbeteiligte zu gefährden, das die §§ 65 und § 66 Abs. 2 Satz 2 PolG für den Umgang mit gewalttätigen Menschenmengen nochmals spezifizieren. Für sie ist schon das Risiko, von Querschlägern oder Fehlschüssen in Mitleidenschaft gezogen zu werden, unzumutbar. Folgerichtig räumt § 65 PolG ihrem Schutz Vorrang vor der Gefahrenabwehr ein. Allerdings erkennt er Notlagen an, in denen dieses Risiko verglichen mit dem unmittelbar bevorstehenden Schaden als das geringere Übel in Kauf genommen werden muß. Das Gesetz verlangt von Unbeteiligten freilich auch ein vernünftiges Verhalten. Im Zusammenhang damit wird auch zu erörtern sein, ob sich diese Regelung zumindest ihrer ratio nach auf solche Personen ausdehnen läßt, die sich allen Anordnungen und Warnungen der Polizeivollzugsbeamten zum Trotz an die Seite des oder der Adressaten stellen.

1. Der Schutz Unbeteiligter i. S. von § 63 Abs. 4 PolG

Obwohl das Gesetz dem Schutz des Unbeteiligten hohen Stellenwert beimißt, enthält es weder eine Definition des Unbeteiligten, noch nennt es die Voraussetzungen dafür, wann dieser weitreichende Schutz eingreift. Immerhin beschreibt § 65 Abs. 2 PolG aber, wann eine Person *„nicht Unbeteiligter im Sinne des § 63 Abs. 4 PolG“* ist[301]. Bei der Interpretation dieser Vorschrift als Grund-

[301] Der Terminus „Beteiligter“ empfiehlt sich zwar als kurz und griffig. Er darf aber nicht mit dem Beteiligten i. S. des Strafrechts verwechselt werden. Bei diesem geht es um Mithaftung für das begangene kriminelle Unrecht. Hier hingegen steht die gerechte Risikoverteilung und die Schutzwürdigkeit der einzelnen Personen im Mittelpunkt. Wenn im Folgenden vom „Beteiligten“ die Rede ist, wird der Begriff nur zur kürzeren Umschreibung derjenigen verwendet, die ohne selbst Adressaten des Schußwaffengebrauchs zu sein, aus unter-

lage für eine allgemeine Definition des Unbeteiligten oder die Ableitung einer neuen Figur des Beteiligten i. S. des Schußwaffengebrauchsrechts[302] ist freilich Vorsicht geboten: § 65 PolG bezieht sich als lex specialis in erster Linie auf den Fall der gewalttätigen Menschenmenge. Ob sich diese Regelung ohne weiteres auf Einzelpersonen übertragen läßt, erscheint deshalb fraglich.

Diese Zuordnung zu den Unbeteiligten oder Beteiligten kann zum Beispiel in den folgenden Lagen Probleme bereiten:

Polizeibeamte treffen vor einem Juweliergeschäft Einbrecher auf frischer Tat an. Einer der Einbrecher bewacht die Ladentüre und ist im Begriff, auf die Beamten zu schießen. Als diese auf den Täter zielen, tritt unmittelbar hinter dessen Komplize mit der Beute aus dem Geschäft.

Die Lage wird komplizierter, wenn der erste Täter den Ladeninhaber als Geisel in seiner Gewalt hat und droht, diesen mit der bereits entsicherten Pistole zu erschießen, wenn die Polizei die Täter nicht mitsamt ihrer Beute ziehen läßt.

In beiden Fallvarianten besteht das erhebliche Risiko, daß die Beamten anstelle des ersten Einbrechers dessen Komplizen oder gar die Geisel treffen. Deshalb dürfen die Beamten nur dann schießen, wenn die beiden nicht als Unbeteiligte i. S. von § 63 Abs. 4 S. 1 PolG geschützt sind oder wenn die Ausnahme des § 63 Abs. 4 S. 2 PolG greift.

a. Der Unbeteiligte i. S. von § 63 Abs. 4 PolG

Wie weit der Schutzbereich des § 63 Abs. 4 PolG geht, hängt vor allem von der Definition des Unbeteiligten ab. Es stellt sich damit die Frage, wie entfernt jemand dem Geschehen stehen muß, um in den Genuß dieser Sonderstellung zu gelangen.

aa. Wortlautauslegung: Bei der engsten möglichen Auslegung des Begriffs gelten allein diejenigen als Unbeteiligte, die in keiner Weise Anteil an dem Geschehen haben. Dann schützt § 63 Abs. 4 PolG freilich nur zufällig vorbeikommende Passanten[303]. Die herrschende Meinung[304] betrachtet dagegen schon diejenigen als Unbeteiligte, die nicht selbst Adressat des Schußwaffengebrauchs sind. Das erscheint jedoch unbefriedigend. Denn diese weite Auslegung erstreckt in den Beispielsfällen den Schutz gleichermaßen auf den Mittäter wie auf die Geisel, die der Adressat aufgrund des gemeinschaftlich gefaßten Tat-

---

schiedlichen Gründen auch nicht den weitreichenden Schutz des § 63 Abs. 4 PolG genießen.

[302] Vgl. HEESEN-HÖNLE, Rn. 13 zu § 12 UZwG; KRÜGER, Schußwaffengebrauch, S. 35 f.

[303] Vgl. KREY-MEYER, ZRP 1973, S. 1 ff., 4.

[304] Vgl. KAY-BÖCKING, Polizeirecht Nordrhein-Westfalen Rn. 438; KRÜGER, S. 35; RACHOR, in LISKEN-DENNINGER, Rn. 530; TEGTMEYER, Rn. 15 zu § 63.

plans in seine Gewalt gebracht hat. Es liegt daher nahe, als unbeteiligt diejenigen anzusehen, die „keinen Anteil an der Tat“ haben, die zum Schußwaffengebrauch führt[305].

bb. Systematische Auslegung: Auch wenn § 65 Abs. 2 PolG einen Sonderfall regelt, bietet es sich an, sich bei der Beschreibung des Unbeteiligten an dieser Vorschrift zu orientieren. Ihr läßt sich zwar keine positive Definition des Unbeteiligten entnehmen; sie sagt aber jedenfalls, wer diesen Schutz nicht beanspruchen kann.

Die dreifache Negation im Wortlaut des § 65 Abs. 2 PolG[306] läßt sich zu der positiven Aussage umformulieren: „Wer auch nach der wiederholten Androhung des Schußwaffengebrauchs in der Nähe des Adressaten bleibt, gilt als Beteiligter“. Unbeteiligte verdienen ihren Schutz deshalb nur, wenn sie sich so weit als möglich von den Gewalttätern und „Einheizern“ distanzieren. Wer sich auch nach den wiederholten Androhungen[307] des Schußwaffengebrauchs nicht in Sicherheit gebracht hat, bleibt auf eigenes Risiko in der Menge.

Überträgt man diese Bedingung auf den Grundfall des § 63 Abs. 4 PolG zurück, scheiden Mittäter und Gehilfen des Adressaten schon dann aus dem Schutzbereich aus, wenn sie nach der Androhung in dessen Nähe bleiben. In dieser umfassenden Weise wird sich § 65 Abs. 2 PolG freilich nicht auf den allgemeinen Fall zurückübertragen lassen. Denn allein die bloße Anwesenheit der Mittäter in der Nähe des Adressaten läßt sich mit dem Verbleiben einer Person in einer gewalttätigen Menschenmenge nicht vergleichen. Dem steht schon der Wortlaut des § 65 Abs. 2 PolG entgegen. Denn auch § 65 Abs. 2 PolG bezieht sich ausdrücklich auf den Begriff des Unbeteiligten und sagt, wer nicht mehr unter diesen Begriff zu subsumieren ist. Das ist aber eine andere Aussage, als wenn die Regelung die Figur eines Beteiligten i. S. des Schußwaffengebrauchsrechts einführen wollte. Schon wegen der weitreichenden Folgen für den Betroffenen hätte das Gesetz diese besondere Figur deutlicher herausheben müssen. § 65 Abs. 2 PolG sollte deshalb als Sondervorschrift für den Umgang mit gewalttätigen Menschenmengen betrachtet werden.

---

[305] Vgl. HEESEN-HÖNLE Rn. 13 zu § 11 UZwG; HITZ, in FISCHER-HITZ-LAKOWSKI-WALTER, Rn. 18 zu § 12; KRÜGER, Schußwaffengebrauch, S. 35 f.

[306] Danach ist nicht (1. Negation) Unbeteiligter (2. Negation der Beteiligung) i. S. von § 63 Abs. 4 PolG, wer sich aus der Menschenmenge nicht entfernt (3. Negation).

[307] Gem. § 61 Abs. 3 Satz 2 PolG ist gegenüber Menschenmengen die Androhung des Schußwaffengebrauchs unmittelbar vor dessen tatsächlicher Anwendung zu wiederholen. Nach der ersten Androhung muß Unbeteiligten hinreichend Zeit verbleiben, um sich aus der Menge zurückzuziehen. Wenn diese Zeit abgelaufen ist, müssen die Beamten den in der Menge verbliebenen Störern den Schußwaffengebrauch nochmals androhen, um diese zum letzten Mal zu warnen.

Eine andere Regelung für den Schutz Unbeteiligter, die wegen ihres von § 63 Abs. 4 PolG abweichenden Wortlautes zur Klärung beitragen kann, findet sich in der bundesrechtlichen Parallelvorschrift des § 12 UZwG. Grundsätzlich verbietet auch sie den Schußwaffengebrauch, wenn dieser Unbeteiligte gefährdet. Sie läßt eine Ausnahme aber zu, wenn sich dies beim Einschreiten gegen gewalttätige Menschenmengen i. S. § 10 UZwG nicht vermeiden läßt. Aus dem Zusammenhang mit § 10 Abs. 2 UZwG, der den Schußwaffengebrauch gegen gewalttätige Menschenmengen nur zuläßt, wenn Zwangsmaßnahmen gegen einzelne ausscheiden, läßt sich insbesondere bei richtiger Würdigung der vom Übermaßverbot geforderten Einschränkungen der Schluß ziehen, daß nur solche Personen als Unbeteiligte Schutz genießen, die selbst nicht aktiv an den Ausschreitungen der Menschenmenge beteiligt sind[308]. Beiden Vorschriften läßt sich damit entnehmen, daß allein die Nähe und selbst die Teilnahme an Ausschreitungen den Schutz als Unbeteiligten nicht automatisch aufheben. Es kommt vielmehr darauf an, wie sich die Personen verhalten, wenn der Waffengebrauch gegen die eigentlichen Störer angedroht wird.

cc. Historische Auslegung: Der Gesetzgeber von 1980 hat sich bei den Regelungen für den Schutz Unbeteiligter an den Notwehrvorschriften orientiert[309]. Für ihn stand, wie bei den Schutzvorschriften zugunsten von Kindern, die Frage im Mittelpunkt, inwieweit den Beamten aufgrund ihrer besseren Ausbildung im Umgang mit Zwangsmitteln[310] anders als Privatleuten besondere Rücksichtnahme und genauere Einschätzung des mit dem Schußwaffengebrauch verbundenen Risikos zuzumuten ist[311]. Die Frage, wer Unbeteiligter im Sinne des Gesetzes ist, hat den Gesetzgeber hingegen nicht beschäftigt. Ähnlich verhielt es sich mit dem Schußwaffengebrauch gegen Personen in einer Menschenmenge: auch hier stand nicht die Person des Unbeteiligten sondern das besondere Problem im Vordergrund, daß friedlichen Personen der Rückzug aus der Menschenmenge abgeschnitten sein könnte[312]. In Anlehnung an den Mu-

---

[308] HEESEN-HÖNLE, Rn. 13 zu § 12 UZwG; HITZ, in FISCHER-HITZ-LAKOWSKI-WALTER, Rn. 18 zu § 12.

[309] Vgl. LT-Drucksache 8/5656, S. 96 f.

[310] Es ist einigermaßen erstaunlich, woher Privatleute eine Ausbildung zum Einsatz von Zwangsmitteln erhalten können, die sich mit derjenigen der Polizeivollzugsbeamten vergleichen läßt. Offensichtlich ist der Umgang mit Waffen als solchen gemeint. Allerdings spricht der Zusammenhang, den der Gesetzgeber zwischen dem Schutz für Kinder und dem für Unbeteiligte gesehen hat, dafür, daß der Schwerpunkt dieser Regelungen auf der Frage nach der Zumutbarkeit von besonderen Vorsichtsmaßnahmen wegen besonderer Belastungen aufgrund des Schußwaffengebrauchs liegt. Denn in beiden Fällen ging es offensichtlich darum, unter welchen Umständen das Interesse an der Notwehr (oder eben der Gefahrenabwehr) hinter dem besonderen Schutzbedürfnis des Betroffenen zurückzutreten habe.

[311] Vgl. LT-Drucks. 8/5656, S. 96.

[312] Vgl. LT-Drucks. 8/5656, S. 96.

sterentwurf beschränkte sich der Gesetzgeber von 1980 deshalb darauf, den Schußwaffengebrauch gegen eine Menschenmenge auszuschließen und den Schutz Unbeteiligter entsprechend zu modifizieren[313].

dd. Teleologische Auslegung: Welche Nichtadressaten unter dem besonderen Schutz des Gesetzes stehen, hängt letztlich von der ratio legis ab. Dabei muß man die folgenden Prämissen berücksichtigen: Der Schußwaffengebrauch ist nur dann angemessen, wenn er den eigentlichen Adressaten angriffs- oder fluchtunfähig macht. Jeder Fehlschuß, der anstelle des Adressaten einen Unbeteiligten trifft, ist deshalb ungeeignet und als rechtswidrig zu werten[314]. Je weiter der gesetzliche Begriff des Unbeteiligten deshalb ausgelegt wird, desto eher verhindert man, daß die Personen in der unmittelbaren Nähe des Adressaten in Mitleidenschaft gezogen werden.

Es gehört zu den klassischen Problemen des Schußwaffengebrauchsrechts, ob neben völlig Außenstehenden auch das Angriffsopfer als Unbeteiligter einzustufen ist. Bedenken hiergegen sind verständlich. Schon rein äußerlich steht gerade das Opfer im Mittelpunkt des Geschehens und scheint dadurch notwendig ein Beteiligter zu sein[315]. Vor allem erreichen KREY und MEYER[316] mit ihrer engen Auslegung, daß sich die Voraussetzungen für den Schußwaffengebrauch bei der Geiselnahme lediglich nach § 64 Abs. 1 Nr. 2 PolG richten und die Einschränkung wegfällt, die § 63 Abs. 4 PolG auferlegt.

Die Kehrseite dieser Lösung ist freilich, daß das Opfer damit gleichsam in eine Risikogemeinschaft mit dem eigentlichen Angreifer gerät: Zu der Bedrohung durch den Angreifer kommt hinzu, daß die Polizei auch dann auf den Täter schießen darf, wenn sie eine ernstliche Gefährdung des Opfers nicht ausschließen kann. Da der Schußwaffengebrauch nur als Abwehr rechtswidriger Gewalt gerechtfertigt ist, ist schon das Risiko, anstelle oder zugleich mit dem Störer getroffen zu werden, weder rechtstreuen Bürgern, die sich zufällig am Ort des Geschehens aufhalten, noch dem Opfer rechtswidriger Gewalt als allgemeines Lebensrisiko zuzumuten[317]. Gerade das Opfer ist in besonderer Weise auf den Schutz durch die Polizei angewiesen. Von daher erweist sich die Be-

---

[313] Vgl. Allgemeine Begründung zum Musterentwurf 3.44, S. 22; so auch der Gesetzesentwurf der CDU-Fraktion, LT-Drucks. 8/3130, S. 85 f.

[314] Vgl. TEGTMEYER, Rn. 15 zu § 63 PolG.

[315] Vgl. RACHOR, in LISKEN-DENNINGER, Rn. 530; RASCH, ME § 41 Abs. 8; WAGNER, in AK-PolG, § 41 Rn. 8.

[316] Vgl. KREY-MEYER, ZRP 1973, S. 1 ff., 4.

[317] Zu den von allen hinzunehmenden Beeinträchtigungen zählen beispielsweise Ausweiskontrollen im Zusammenhang einer Razzia gem. § 12 Abs. 1 Nr. 2 PolG oder einer Kontrollstelle gem. Nr. 4. Darüber hinaus setzt insbesondere § 6 Abs. 1 PolG den Möglichkeiten enge Grenzen, Maßnahmen gegen andere Personen als den Störer zu erlassen.

handlung als Unbeteiligter als die einzig sachgerechte Lösung. Dem läßt sich auch nicht entgegenhalten, daß bei dieser Auffassung zunächst jedenfalls die Rechnung des Geiselnehmers „aufgeht“. Der Schußwaffengebrauch ist zwar in der Tat grundsätzlich verboten. Dieses Verbot beruht freilich auf der vorrangigen Sorge um die Sicherheit des Opfers. Daß sich der Täter nicht nur in pekuniärer Hinsicht die Sorgen der Angehörigen, sondern während des Angriffs gerade auch die vorrangige Rücksichtnahme der Polizei auf das Leben der Geisel zunutze macht und die Geisel als Schutzschild gegen die Polizei mißbraucht, begründet den schweren Vorwurf gegen den Täter in den §§ 239 a und 239 b StGB[318]. Es darf aber die Lage der Geisel nicht zusätzlich verschlechtern.

Dieses Ergebnis bedarf freilich noch der Bestätigung durch die verfassungskonforme Auslegung des § 63 Abs. 4 PolG. Bei der Gefahrenabwehr mit der Schußwaffe kommt Art. 2 Abs. 2 GG in mehrfacher Hinsicht zur Geltung. Während beim Angreifer vor allem die Abwehrrechte, also der status negativus der Grundrechte angesprochen ist, kommt der Grundrechtsschutz für das Opfer in vielschichtigerer Weise zur Geltung. Denn die Grundrechte erlegen dem Staat den Schutz des Opfers auf. Dieser darf freilich nicht in sein Gegenteil umschlagen und der Geisel das volle Risiko von Fehlschüssen aufbürden. Wenn dieses Risiko schon ganz Außenstehenden unzumutbar ist, muß das erst recht für denjenigen gelten, der im Einzelfall auf staatlichen Schutz angewiesen ist[319]. Es wäre widersprüchlich, dem Opfer zwar einerseits einen besonderen Schutzanspruch gegen den Staat zuzubilligen, ihm andererseits aber, gleichsam als Preis für diesen Schutz, das Risiko von Fehlschüssen aufzubürden. Vielmehr ergänzen sich Abwehr- und Schutzrechte in der Weise, daß der Schutz nur unter größt möglicher Schonung des Opfers erfolgen darf. Die Interessen des Opfers werden daher am besten gewahrt, wenn man es als Unbeteiligten behandelt. Die Unterausnahme des § 63 Abs. 4 Satz 2 PolG läßt hinreichenden Raum für die vom Unter- und Übermaßverbot gleichermaßen geforderte beziehungsweise tolerierte Inkaufnahme riskanter Rettungsschüsse in sonst ausweglosen Lagen. Ohne diesen besonderen Schutz wäre allenfalls eine frühere Inkaufnahme riskanter Schüsse möglich, die aber keinesfalls effizienteren Schutz gewährleisten.

---

[318] § 239 a StGB stellt den erpresserischen Menschenraub, § 239 b StGB die Geiselnahme unter Strafe. Beide Straftatbestände unterscheiden sich vor allem durch die Forderungen, die der Täter erhebt. Beide Male nützt er jedoch die Sorge um die in seiner Gewalt befindliche Person aus, um seiner Forderung Nachdruck zu verleihen.

[319] Hierzu ausführlich im 4. Kapitel B II 3 c.

Als Zwischenergebnis läßt sich deshalb festhalten: Unbeteiligt sind alle, die nicht selbst die Gefahr herbeigeführt haben, zu deren Abwehr der Schußwaffengebrauch erforderlich wird[320].

Eine andere Frage ist, ob auch Mittäter und Gehilfen als Unbeteiligte gelten, wenn sie mit dem Adressaten zusammenarbeiten, ohne selbst Anlaß zum Schußwaffengebrauch zu geben. Aus der Sicht des Adressaten würden diese Mittäter damit geradezu zu einer Lebensversicherung, weil sie ihn gegen einen an sich gebotenen und angemessenen Schußwaffengebrauch abschirmen. Eine solche Ausweitung des Schutzbereichs erscheint insbesondere in Hinblick auf § 65 Abs. 2 PolG und die dort getroffene Regelung höchst zweifelhaft. Wenn nämlich auch solche Personen den Schutz als Unbeteiligte einbüßen können, die sich „lediglich" trotz Androhung des Schußwaffengebrauchs nicht aus einer gewalttätigen Menschenmenge entfernen, muß dies erst recht für die gelten, die bewußt und gewollt mit dem Adressaten zusammenwirken. Für eine Sonderbehandlung dieser Personen als Beteiligte spricht auch der Unterschied zwischen ihnen und den Passanten, beziehungsweise dem Opfer rechtswidriger Gewalt. Anders als diese sind die Mittäter nämlich weder zufällig, noch gegen ihren Willen am Tatort, sondern nehmen aktiv am Rechtsbruch teil. Auch wenn sie selbst keine Gewalt anwenden, *lassen* sie diese aber vom Adressaten verüben. Sie haben deshalb ein eigenes Interesse am Ausgang des gewaltsamen Angriffs, was sie wiederum von anfeuernden Gaffern oder Sympathisanten unterscheidet. Wer sein eigenes kriminelles Verhalten derartig mit den Gewalttaten eines anderen abstimmt und von diesen abhängig macht, ist nicht in gleicher Weise schutzwürdig wie der Passant und das Angriffsopfer.

Die geringere Schutzwürdigkeit bedeutet freilich nicht zwangsläufig, daß die Teilnehmer damit eine feste Gruppe bilden, der das Risiko eines Fehlschusses ohne weiteres zuzumuten ist. Das liefe auf eine von vornherein bestehende Mithaftung hinaus, wie sie das Strafrecht in den §§ 25 StGB kennt[321]. Bei der Frage nach einer vollstreckungsrechtlich relevanten Beteiligung steht freilich allein die angemessene Risikoverteilung im Mittelpunkt. Um den Verlust des grundsätzlich geltenden Schutzes zu erklären, bedarf es eines weiteren Anhaltspunktes, an dem die Konsequenzen angemessenerweise anknüpfen können. Dazu bietet sich das Verhalten der Tatbeteiligten gegenüber der Polizei an. Wenn sie deren Anordnungen sofort befolgen, distanzieren sie sich von den illegalen Gewalttaten und erweisen sich als schutzwürdig. Wenn der Mittäter hingegen an seinem Vorhaben festhält und möglicherweise den Adressaten zum Weitermachen auffordert, bleibt er keine Randerscheinung mehr, wie sie auch in der

---

[320] Vgl. HEESEN-HÖNLE Rn. 13 zu § 11 UZwG; HITZ, in FISCHER-HITZ-LAKOWSKI-WALTER Rn. 18 zu § 12; KRÜGER, Schußwaffengebrauch, S. 35 f.

[321] Vgl. RACHOR, in LISKEN-DENNINGER, Rn. 530.

Person des sympathisierenden Schaulustigen[322] begegnet. Vielmehr bestärkt er den Adressaten in seinem Vorhaben und nimmt dabei größeren Einfluß auf ihn, als das bei Einmischungen Außenstehender der Fall wäre. Unter diesen Umständen ist es angemessen, ihm das Risiko fehlgehender Schüsse aufzuerlegen und damit der effizienten Gefahrenabwehr wieder den Vorrang vor den Schutzinteressen der Störer einzuräumen. Denn der Betroffene hat hier durch eigenes Zutun und in Kenntnis seines Risikos den besonderen Schutz verwirkt.

ee. Ergebnis: § 63 Abs. 4 PolG gewährt dem Schutz Unbeteiligter grundsätzlich Vorrang vor dem Interesse an effektiver Gefahrenabwehr und verhindert den Einsatz der Schußwaffe. Diese Vorzugsstellung kommt nur denjenigen zu, die weder aktiven Anteil noch eigenes Interesse an dem gewaltsamen Angriff haben. Deshalb zählen zu den geschützten Unbeteiligten nicht nur zufällig anwesende Passanten, sondern auch das Opfer, die der Angreifer in seine Gewalt gebracht und als Schutzschild für sich mißbraucht. Der Tatbeteiligte hingegen, der neben dem Adressaten als Verhaltensstörer in Erscheinung tritt, büßt seinen Schutz ein, wenn er sein Vorhaben nicht aufgibt, sondern weiterhin mit dem Adressaten gemeinsame Sache macht.

b. Höchstwahrscheinliche Gefährdung durch den Schußwaffengebrauch

Der Schutz Unbeteiligter greift freilich nur, wenn die Gefahr erkennbar mit hoher Wahrscheinlichkeit Gestalt angenommen hat. Allein die bloße Möglichkeit oder das unvorhersehbare Dazwischentreten Unbeteiligter reicht nicht aus, um den an sich gebotenen Schußwaffengebrauch zu verbieten oder rechtswidrig werden zu lassen. Vielmehr beschränkt das Gesetz das Eingriffsverbot auf die Fälle, in denen der Unbeteiligte so nahe beim Adressaten steht, daß die Polizisten nicht mehr zuverlässig zielen können, ohne den Unbeteiligten zu gefährden. In welcher Lage eine derartige Gefahr besteht, hängt von den Umständen des konkreten Falls ab. WAGNERS[323] Versuch, die Wahrscheinlichkeit i. S. des Polizeigesetzes mathematisch genau mit 5 bis 15 % festzuschreiben, bleibt zu abstrakt. Diese Berechnung bietet keinen Anhaltspunkt dafür, wann der Schußwaffengebrauch zu riskant wird, um noch zuverlässig zur Rettung des Opfers dienen zu können. Hohe Wahrscheinlichkeit i. S. des § 63 Abs. 4 PolG liegt zum Beispiel vor, wenn sich bei Nebel oder Dunkelheit hinter dem Adressaten Umrisse einer weiteren Person abzeichnen. In jedem Fall verpflichten schlechte Sicht oder unübersichtliche bauliche Verhältnisse die Beamten dazu, sich vor der Abgabe eines Schusses darüber zu vergewissern, daß sie nicht versehentlich

---

[322] Vgl. RACHOR, in LISKEN-DENNINGER, Rn. 530 erklärt störende Gaffer sowie selbst ernannte Vermittler für schutzwürdig. Wie weit Außenstehende sich einmischen und Schutz für sich in Anspruch nehmen können, wird unter 2 b in diesem Abschnitt zu erörtern sein.

[323] Vgl. WAGNER, in AK-PolG, Rn. 8 zu § 41 PolG.

einen Unbeteiligten gefährden[324]. Wenn freilich auf einer menschenleeren Straße noch nicht einmal Schritte hörbar sind, darf der Beamte von der Schußwaffe Gebrauch machen. Ebensowenig muß der Beamte damit rechnen, daß ein Unbeteiligter sich plötzlich wieder aus der Deckung begibt, nachdem er sich zunächst in Sicherheit gebracht hatte.

2. Der Vorrang der Gefahrenabwehr vor dem Schutz Unbeteiligter

Da der Schutz Unbeteiligter auf deren Rechtsgütern[325] beruht, kann die Regel des § 63 Abs. 4 Satz 1 PolG in Ausnahmefälle auch zu unangemessenen Ergebnissen führen. Das Polizeigesetz hat zwei dieser Ausnahmefälle geregelt: In dem einen nehmen die Gefahr und der unmittelbar bevorstehende Schaden ein derartiges Ausmaß an, daß die „bloße" Gefährdung eines Unbeteiligten zum geringeren Übel wird. Insofern liegt § 63 Abs. 4 S. 2 PolG „auf einer Linie" mit § 63 Abs. 3 S. 2 PolG. Gem. § 65 Abs. 2 PolG verwirkt der Unbeteiligte durch sein eigenes Verhalten den Anspruch auf besonderen Schutz. Die Beamten dürfen deshalb gegen den Störer vorgehen, ohne auf die noch anwesenden Nichtadressaten besondere Rücksicht nehmen zu müssen. Zwischen diesen gesetzlich geregelten Fallgruppen stehen Personen, die in den Einsatz- und Gefahrenbereich eindringen und dort die Gefahrenabwehr behindern[326]. Für diese Fälle enthält das Polizeigesetz keine explizite Regelung. Die Lösung läßt sich freilich unmittelbar aus dem Übermaßverbot herleiten.

a. Die Ausnahmeregelung des § 63 Abs. 4 Satz 2 PolG

§ 63 Abs. 4 S. 2 PolG regelt, wann das Gesetz Ausnahmen von dem strengen Grundsatz der unbedingten Rücksichtnahme auf Unbeteiligte zuläßt. Die Lage spitzt sich noch weiter zu, wenn der Schuß das Angriffsopfer selbst mit hoher Wahrscheinlichkeit gefährdet. Denn in dieser Lage haben die Beamten gleichzeitig Schutz *durch* und Schutz *vor* der staatlichen Gewalt zu gewähren. Diesen Widerspruch aufzulösen, stellt das Hauptproblem im Zusammenhang mit § 63 Abs. 4 S. 2 PolG dar.

Trotz des grundsätzlichen Verbots in § 63 Abs. 4 S. 1 PolG gestattet S. 2 den Schußwaffengebrauch als ultima ratio zur Abwehr einer gegenwärtigen Lebensgefahr. Auch wenn die Parallelen zu § 63 Abs. 3 S. 2 PolG unverkennbar sind, ist § 63 Abs. 4 S. 2 PolG restriktiver. Denn die Ausnahme vom Schutz

---

[324] S. hierzu die VVPolG 63.4 S. 3: „Kann die Schußrichtung wegen der örtlichen Verhältnisse (insbesondere Dunkelheit oder sonstige Sichtbehinderungen) nicht überblickt werden, ist besondere Sicherheit geboten."

[325] Vgl. KRÜGER, S. 34 f.

[326] Für Verwirkung KRÜGER, S. 36; NEUWIRTH, S. 69; dagegen RACHOR, in LISKEN–DENNINGER, Rn. 530.

Unbeteiligter greift nur, wenn eine gegenwärtige Lebensgefahr droht, während der Schußwaffengebrauch gegen Kinder schon zur Abwehr einer Gefahr für die körperliche Unversehrtheit in Betracht kommt.

SUNDERMANN[327] rügt diese Differenzierung als unsachgemäß. Der Schutz des Kindes laufe praktisch leer, da der Schußwaffengebrauch in allen Fällen zulässig bleibe, in denen er auch bei Erwachsenen tatsächlich eine Rolle spiele. Gleichwohl besteht hier ein wichtiger Unterschied: anders als kindliche Störer, die das Gesetz aufgrund ihres Alters vor den übermäßig belastenden Folgen des gebotenen und zweckmäßigen Schußwaffengebrauchs schützt, gibt der Unbeteiligte keinen Anlaß zu hoheitlicher Gewalt. Da es für die Polizeipflichtigkeit nicht auf die Schuldfähigkeit eines Störers, sondern auf die objektive Gefahrenverursachung ankommt[328], bestehen in der Tat gute Gründe für die größere Schutzwürdigkeit des Unbeteiligten. Die praktische Bedeutung dieser Einschränkung hält sich freilich in Grenzen. Denn in der Regel lassen sich ex ante schwere Körperverletzungen und Lebensgefahren kaum von einander abgrenzen. Damit rechtfertigt entweder eine offenkundige Lebensgefahr den Eingriff, oder er muß außer Betracht bleiben.

Bereits die Behandlung als Unbeteiligter i. S. von § 63 Abs. 4 PolG sichert dem Angriffsopfer die größtmögliche Rücksichtnahme auf seine Lage. Bei Geiselnahmen stellt sich das von DENNINGER auch im Zusammenhang mit seiner Kritik an § 42 Abs. 2 Satz 2 ME bereits angesprochene Problem, zu welchem Zeitpunkt sich das Dauerdelikt so zuspitzt, daß der riskante Schußwaffengebrauch neben der gegenwärtigen Lebensgefahr i. S. des § 63 Abs. 4 Satz 2 PolG das kleinere Übel ausmacht[329].

Hier zeigt sich nochmals, daß die Behandlung der Geisel als Beteiligter[330] keinen Vorteil bringt. Es bleibt der Geisel nämlich nicht erspart, daß die Polizei mit ihrer gewaltsamen Befreiung abwarten muß, bis der Geiselnehmer – gedeckt von seinem Opfer – der Polizei gegenübertritt[331]. Bis dahin werden die Beamten kaum eine Gelegenheit finden, mit einigermaßen kalkulierbaren Folgen unmit-

---

[327] Vgl. SUNDERMANN, S. 41 f.; Zweifel an der geringeren Schutzwürdigkeit von Kindern auch bei WAGNER, in AK-PolG, Rn. 8 zu § 41 PolGNW.

[328] Vgl. DENNINGER, in LISKEN-DENNINGER, Rn. 58; DREWS-WACKE-VOGEL-MARTENS, S. 293.

[329] Vgl. DENNINGER, Vorgänge 1975, S. 44 ff.

[330] Vgl. KREY-MEYER, ZRP 1973, S. 1 ff., 4.

[331] Typischerweise verschanzt sich der Angreifer während der Verhandlungen mit der Polizei in einem Gebäude, so daß sich die Beamten allenfalls durch das Anbringen von Richtmikrofonen oder mit Hilfe von bereits installierten Überwachungskameras, ein eigenes Bild von der Lage der Geiseln machen können. Auch wenn den Geiseln in diesem Stadium keine akute Lebensgefahr droht, erweist sich ein gewaltsamer Zugriff ohne einen genauen Überblick als zu riskant.

telbar auf den Verbrecher zuzugreifen. Zudem dürfte die Eigenschaft der Geiselnahme als Dauerdelikt gegen die Notwendigkeit sprechen, die Geisel als „Beteiligten" einzustufen und dadurch ihres besonderen Schutzes zu berauben. Denn der Angriff und die Morddrohung dauern an, solange der Geiselnehmer das Opfer in seiner Gewalt hat[332]. Daß sich die Anspannung im Verlauf einer Geiselnahme vorübergehend verschärft, worauf dann wieder Intervalle der Entspannung folgen, steht dem nicht entgegen. Denn auch in solchen Phasen der Entspannung bleibt die Geisel in der Gewalt des Täters, und es steht allein in seinem Belieben, wie er mit dem Opfer umgeht. Die Tatbestandsvoraussetzungen des § 63 Abs. 4 Satz 2 PolG sind deshalb spätestens erfüllt, sobald der Täter seiner erpresserische Forderung übermittelt[333]. Die Auswahl des Zugriffszeitpunktes ist dagegen in erster Linie eine Frage der Geeignetheit und Erforderlichkeit.

b. Das Problem zudringlicher Schaulustiger

Neben Unbeteiligten, die zufällig oder gezwungenermaßen in eine gewaltsame Auseinandersetzung zwischen Polizei und Adressaten verwickelt werden, stehen Schaulustige oder selbsternannte Vermittler. Wenn sie sich wie eine Pufferzone zwischen die Polizei und den Störer schieben, fallen sie nicht nur lästig; sie werden zu einem ernst zu nehmenden Problem. Als von § 63 Abs. 4 S. 1 PolG geschützte Unbeteiligte verhindern sie einen zulässigen und gebotenen Schußwaffengebrauch. Hier braucht man nicht nur an die makabre Rolle der Presse bei dem Gladbecker Geiseldrama im August 1988 denken, als Reporter die Gangster interviewten, die Geiseln aus nächster Nähe fotografierten und den überraschenden Zugriff vereitelten. Auch bei der Verfolgung eines flüchtigen Straftäters können Schaulustige oder Fluchthelfer dazwischentreten, die zwar nicht die Voraussetzungen des § 64 Abs. 1 Nr. 5 PolG erfüllen, aber den Zugriff auf den eigentlichen Adressaten verhindern.

Das Problem, ob derartige Störer ihren Schutz als Unbeteiligte verwirken können, stellt sich in der Praxis äußerst selten. In der Regel verschaffen sich die Beamten mit Hilfe eines Platzverweises gem. § 34 PolG den notwendigen Freiraum am Einsatzort. Solch ein Platzverweis läßt sich mit Absperrungen durchsetzen[334]; diese halten die Zuschauer auf Abstand und gewährleisten die Zufahrt

---

[332] Vgl. DENNINGERS Bedenken in Vorgänge 1975, S. 44; zum Ende von Dauerdelikten SCHÖNKE-SCHRÖDER-ESER, Rn. 12 zu § 239 StGB; SCHÖNKE-SCHRÖDER-STREE, Rn. 84 vor § 52 StGB.

[333] Zur Vollendung bei den beiden Tatbestandsalternativen SCHÖNKE-SCHRÖDER-ESER, Rn. 17 und 24. Im sogenannten Entführungstatbestand tritt Vollendung ein, sobald der Täter das Opfer in seine Gewalt gebracht hat; im sogenannten Ausnutzungstatbestand erst, wenn er den bereits bestehenden Zustand zur Erpressung ausnutzt.

[334] Hier handelt es sich um ein typisches Hilfsmittel körperlicher Gewalt i. S. des § 58 Abs. 3 PolG.

für Rettungsfahrzeuge[335]. Selbst wenn sich einzelne Personen über diese Absperrungen hinwegsetzen, führt das nicht ohne weiteres zum Verlust des besonderen Schutzes. Vielmehr können die Beamten diese Personen gem. § 35 Abs. 1 Nr. 3 PolG in Gewahrsam nehmen und mit dieser Zwangsmaßnahme auf das störende Verhalten der Schaulustigen reagieren.

Die Frage nach einer möglichen Verwirkung stellt sich, wenn die Schaulustigen, die sich dem Platzverweis und den Absperrungen widersetzen, zu zahlreich sind, um immer wieder aus dem Einsatzbereich entfernt zu werden, und sie durch ihr Verhalten den Einsatz gefährden. Die Verwirkung kann freilich nur dann in Betracht kommen, wenn sie sich beharrlich über die Vorkehrungen hinwegsetzen, die sie aus dem Gefahrenbereich fernhalten sollen und damit auch ihrem Schutz bewirken[336]. Dieser Verwirkung steht dann auch kein geschütztes Interesse der Schaulustigen entgegen, in diesen Bereich vorzudringen[337].

Da § 63 Abs. 4 S. 2 PolG im Zusammenhang mit Abs. 4 S. 1 das Übermaßverbot konkretisiert, muß ungeachtet des starren Wortlautes in Einzelfällen auch dann Raum für einen angemessenen Interessenausgleich bleiben, wenn dieser zu Lasten des Unbeteiligten ausfällt. § 63 Abs. 4 PolG geht davon aus, daß sich die Unbeteiligten vernünftig verhalten und die ihnen drohende Gefahr nicht mutwillig herausfordern. Dies gilt vor allem, wenn die Beamten erkennbar Vorkehrungen getroffen haben, die zwar auch dem Schutz dieser Unbeteiligten, vor allem aber dazu dienen, den Beamten freie Hand bei der Gefahrenabwehr

[335] Der Platzverweis gem. § 34 S. 1 PolG kann zur Abwehr einer Gefahr im Wege der Allgemeinverfügung ergehen, § 35 Abs. 2 VwVfG. Da es sich um eine unaufschiebbare Maßnahme der Gefahrenabwehr i. S. von § 80 Abs. 2 Nr. 2 PolG handelt, erfolgt der Vollzug gem. 50 Abs. 1 PolG im Wege des unmittelbaren Zwangs durch Hilfsmittel der körperlichen Gewalt gem. §§ 55 Abs. 1 und 58 Abs. 3 PolG.

[336] NEUWIRTH, S. 69

[337] Weder privaten Zuschauern noch solchen im Solde der Regenbogenpresse und des Reality-TV hilft das Recht auf Information aus allgemein zugänglichen Quellen gem. Art. 5 Abs. 1 Satz 1 GG, beziehungsweise die Pressefreiheit weiter. Die Vorgänge im abgesperrten Bereich sind wegen des Platzverweises weder für Privatleute noch für Journalisten eine allgemein zugänglichen Quelle der Informationsbeschaffung. Diese Einschränkung durch das Polizeigesetz ergibt sich aus einem allgemeinen Gesetz i. S. des Art. 5 Abs. 2 GG. Vgl. HERZOG, in MAUNZ-DÜRIG, Rn. 89 zu Art. 5 Abs. I, II; SCHMIDT-JORTZIG, in HStR VI, § 141, Rn. 32, STARCK, in MANGOLDT-KLEIN-STARCK, Bd. I, 3. Aufl., Rn. 31 zu Art. 5 Abs. 1 und 2, mit der Einschränkung, daß es sich um keine eigenständige Entscheidung staatlicher Stellen über den Zugang zu der betreffenden Quelle, sondern nur um die Interpretation des Begriffs durch die Polizei handelt. Für die Pressefreiheit und das Recht auf Informationssammlung gilt dasselbe; vgl. BULLINGER, in HStR VI, § 142, Rn. 15; gegen den grundrechtlichen Informationsanspruch gegenüber dem Staat HERZOG bei MAUNZ-DÜRIG, Rn. 137.

im Umgang mit gewalttätigen Schwerverbrechern zu lassen. Wenn der Staat in dieser Lage den Schutz Unbeteiligter beiseite läßt und ohne weitere Rücksichten auf Unbeteiligte von der Schußwaffe Gebrauch macht, verfängt auch der Vorwurf nicht mehr, die Polizei gebe individuelle Schutzinteressen der Staatsräson preis. Wer sich wissentlich und trotz wiederholter Abmahnung durch die Polizei über solche Sicherheits- und Schutzmaßnahmen hinwegsetzt, bringt damit zum Ausdruck, daß er die Gefahr kennt und diese bewußt eingeht. Er gerät deshalb weder ohne sein Wissen noch gegen seinen Willen zwischen die Fronten von Beamten und Adressaten und kann nicht mehr verlangen, wie typische und vernünftig handelnde Unbeteiligte behandelt zu werden. Der grundrechtlich verankerte Anspruch des Opfers auf Schutz würde verletzt, wenn die Gaffer weiterhin bevorzugte Rücksichtnahme für sich in Anspruch nehmen könnten. In dieser Lage können die Beamten vielmehr der Befreiung des Opfers wieder den Vorrang vor dem Schutz der Unbeteiligten einräumen.

3. Der Schußwaffengebrauch gegen Personen in gewalttätigen Menschenmengen

Die gesamte Lage verschärft sich, wenn mehrere Gewalttäter gemeinsam auftreten. Ob und unter welchen Voraussetzungen dann noch Raum für den Schußwaffengebrauch bleibt, hängt davon ab, ob die Störer schon eine Menschenmenge i. S. von § 65 PolG bilden, oder ob es die Polizeivollzugsbeamten mit einzelnen Störern zu tun haben, die wenigstens teilweise die Voraussetzungen des § 64 Abs. 1 PolG erfüllen.

a. Die Ausgangsregelung des § 65 Abs. 1 PolG

aa. Die Menschenmenge i. S. von § 65 Abs. 1 PolG: Um die Menschenmenge i. S. von § 65 Abs. 2 PolG näher beschreiben zu können, empfiehlt es sich, den Tatbestand des Landfriedensbruchs gem. § 125 StGB heranzuziehen. Denn auch dort tritt eine größere Menschenmenge in Aktion, ohne sich vorher dazu verabredet haben zu müssen, wie das für die Beteiligung i. S. der §§ 25 ff. StGB erforderlich wäre. Sowohl im Strafrecht wie auch im Polizeirecht erweisen sich quantitative Kriterien als die zuverlässigsten Abgrenzungsmerkmale gegenüber einer Bande von Einzeltätern. Von einer Menschenmenge kann man danach ausgehen, wenn so viele Personen räumlich vereinigt zusammenkommen, daß ihre Anzahl nicht sofort festzustellen ist[338] und deren Zusammenhalt vom Verweilen, Hinzukommen und Weggang einzelner Personen nicht mehr abhängt[339]. In einer solchen Größenordnung verselbständigt sich die Men-

[338] Vgl. RACHOR, in LISKEN-DENNINGER, Rn. 532; SCHÖNKE-SCHRÖDER-LENCKNER, Rn. 8 zu § 125 StGB, weitere Nachweise daselbst unter Rn. 10.

[339] Die Menschenmenge spielt auch im Rahmen der Haus- und Landfriedensbruchtatbestände in §§ 124 bis 125 StGB eine Rolle. Der schwere Hausfriedensbruch i. S. von § 124 StGB

ge und tritt als ein eigenständiges Ganzes in Erscheinung. Wichtig ist, daß von der Größe der Menge selbst eine Gefahr ausgeht[340]. Während die Polizei kleinere Banden unter Kontrolle bringen kann, indem sie die Gewalttäter entweder ganz umstellt oder in einzelne Gruppen aufspaltet, sind in einer Menschenmenge bereits so viele Personen versammelt, daß sich das Abspalten einer kleineren Gruppe nicht auf die gesamte Menge auswirkt. Die allein an der Größe ausgerichtete Definition der Menschenmenge trägt zudem deren inhomogener Zusammensetzung Rechnung. Denn trotz gemeinsam begangener Gewalttätigkeiten besteht eine Menschenmenge keineswegs allein aus den Anführern und ihren aktiven Helfern. Es gehören stets auch solche Teilnehmer dazu, die „lediglich" anfeuern, schweigend billigen oder erfolglos widersprechen. Um die zu schützen, die mit den Gewalttätern keine gemeinsame Sache machen, sondern sich spätestens bei der Androhung des Schußwaffengebrauchs zurückziehen, enthält § 65 Abs. 2 PolG die besondere Definition des nicht Unbeteiligten.

Neben dem quantitativen Kriterium werden auch qualitative Anhaltspunkte für das Auftreten einer Menschenmenge genannt. So stellt DREHER darauf ab, daß die einzelnen Personen hinter dem Ganzen zurücktreten und deshalb weder einzeln ansprechbar sind[341], noch die übrigen Gewalttäter mit Worten oder durch ihr Verhalten beeinflussen können. Dieses Merkmal charakterisiert jedoch ebenso kleinere Banden von Gewalttätern. Denn eine Gruppendynamik, die einzelne über die Hemmschwelle vor Gewalttaten hinwegträgt[342], kann auch in kleineren Banden entstehen[343].

Die Rechtsprechung[344] spricht mittlerweile bei mehr als fünfzehn oder zwanzig Teilnehmern von einer „Menschenmenge". Aber auch ohne eine numerische Grenze erlaubt das quantitative Merkmal eine zuverlässige Abgrenzung

---

verlangt eine Menschenmenge, die sich zusammenrottet, um in einer Wohnung, in Geschäftsräumen oder befriedetem Besitztum eines anderen oder in abgeschlossenen Räumen, die zum öffentlichen Dienst bestimmt sind, mit vereinten Kräften Gewalttätigkeiten zu verüben.

[340] Vgl. TEGTMEYER, Rn. 4 zu § 65.

[341] Vgl. DREHER, Rn. 2 zu § 124 StGB.

[342] Vgl. HEISE-TEGTMEYER, 6. Aufl., Rn. 4 zu § 43 PolG; VVUZwG 15.12 zu § 15 UZwGNW von 1962: Menschenmenge ist eine größere Anzahl von Personen, von der eine Gefahr für die öffentliche Sicherheit und Ordnung ausgehen kann, auch wenn deren Zahl bekannt ist.

[343] Nochmals VVUZwG Nr. 15.12: „Erfahrungsgemäß verlieren Menschen in der Menge an Urteilsfähigkeit und Besonnenheit, so daß insbesondere die aufrührerische Menschenmenge unabhängig vom Verhalten einzelner Personen, eine erhebliche Gefahr für die Allgemeinheit und für die Polizeivollzugsbeamten sein kann, die den Gebrauch der Schußwaffe notwendig macht".

[344] Vgl. BGHSt 33, 308 mit Anm. OTTO, NStZ 1986, S. 71; LG Berlin StrV 83, 464; LG Frankfurt NStZ 1983, S. 25.

zu kleineren Schlägertrupps. So bekommt die Schlägerbande in der Regel, anders als eine demonstrierende Menschenmenge, von Außenstehenden kaum tatsächliche Verstärkung. Sie bleibt deshalb zahlenmäßig überschaubar. Wenn es den Vollzugsbeamten gelingt, einige Mitglieder der Bande von den übrigen abzuspalten, dürften die Ausschreitungen der Restgruppe bald zum Ende kommen.

bb. Schwerwiegende Gewalttaten i. S. von § 65 Abs. 1 PolG: Der Schußwaffengebrauch gegen Personen in einer Menschenmenge steht gem. § 65 Abs. 1 PolG freilich unter dem Vorbehalt, daß aus dieser Menge heraus Gewalttaten begangen werden. Damit schützt das Polizeigesetz überwiegend friedliche Menschenmengen, indem es der Ausübung der Versammlungsfreiheit aus Art. 8 GG Vorrang vor der Ausschöpfung aller zweckdienlichen Mittel zur Gefahrenabwehr einräumt[345]. Gewalttätige Menschenmengen fallen dagegen aus dem Schutzbereich des Art. 8 Abs. 1 GG heraus, der die Versammlungsfreiheit ohnehin von vornherein unter den Vorbehalt der Friedlichkeit stellt. Sie erfüllen statt dessen den Tatbestand des Landfriedensbruchs gem. § 125 StGB[346], der die Gefährdung der öffentlichen Sicherheit durch gemeinschaftliche Gewalttätigkeiten in Form von besonderer Aggressivität gegen Menschen oder Sachen[347], die Drohung mit diesen oder das „Aufstacheln" zu ihnen unter Strafe stellt. Allerdings geht das Polizeirecht über § 125 Abs. 1 StGB hinaus und fordert „schwerwiegende" Gewalttaten. Ihr Gewicht erhalten diese Gewaltdelikte dadurch, daß sie *„besonders hochwertige Rechtsgüter verletzen oder für die Allgemeinheit lebensnotwendige Einrichtungen zerstören"*[348]. Ungeachtet großer Sachschäden führt nicht schon jede Straßenschlacht, die sich Demonstranten oder Fußballfans mit der Polizei und „gegnerischen" Schlägertrupps liefern, zum Schußwaffengebrauch gegen Personen in einer Menschenmenge. Wegen des hohen Risikos und der Eskalationsgefahren, die in diesen Lagen mit dem Schußwaffengebrauch einhergehen, muß der Eingriff auf die Abwehr von Lynchjustiz, von Anschlägen auf lebenswichtige Einrichtungen der Daseinsfürsorge[349] oder auf staatliche Einrichtungen[350] beschränkt bleiben.

---

[345] Vgl. SUNDERMANN, S. 34.

[346] Vgl. SCHÖNKE-SCHRÖDER-LENCKNER, Rn. 5 f. zu § 125.

[347] Vgl. SCHÖNKE-SCHRÖDER-LENCKNER, Rn. 5 zu § 125.

[348] So VVPolGNW 65.1; im einzelnen zählt die Verwaltungsvorschrift hierzu die Tötungsdelikte, gefährliche oder schwere Körperverletzungen, gemeingefährliche Straftaten, oder die Nötigung von Verfassungsorganen unter Gewaltandrohung.

[349] So z.B. auf die Strom- und Wasserversorgung.

[350] So z.B. auf Justizvollzugsanstalten oder den Sitz von Verfassungsorgane des Bundes oder eines Landes.

b. Die Verwirkung des Schutzes als Unbeteiligter gem. § 65 Abs. 2 PolG

§ 65 Abs. 1 PolG läßt wie der Musterentwurf[351] den Schußwaffengebrauch nur gegen bestimmte Personen in einer Menschenmenge zu. Während das Bundesrecht sogar in seiner heutigen Fassung noch vom „Schußwaffengebrauch gegen eine Menschenmenge" spricht, schließt der Wortlaut des Polizeigesetzes in § 65 Abs. 2 PolG einen Schußwaffengebrauch, bei dem es auf die Person des Adressaten nicht ankommt, schon vom Wortlaut her aus[352]. Auch die §§ 10 und 12 Abs. 2 UZwG lassen im Zusammenhang mit dem Erforderlichkeitsprinzip kein wahlloses Schießen in die Menge zu, solange der Schußwaffengebrauch nicht gegen bestimmte Störer gerichtet werden kann. Erst wenn tatsächlich die gesamte Menge gemeinschaftlich zum Störer wird, wird die Menge selbst zum Adressaten, ohne daß es auf den einzelnen Störer noch ankommt.

§ 65 PolG schließt den repressiven Schußwaffengebrauch gegen Einzelpersonen nicht ausdrücklich aus, doch spricht vieles gegen eine so weite Interpretation. Der Wortlaut verlangt deutlich, daß die Menschenmenge zum Zeitpunkt des Schußwaffengebrauchs Gewalttaten verübt. Hinzu kommt, daß ohne die Sonderregelung des § 65 Abs. 2 PolG das Risiko für Dritte nur gem. § 65 Abs. 2 PolG zur Abwehr einer Lebensgefahr in Kauf genommen werden darf. Von daher erscheint es angezeigt, den Adressatenkreis auf Verhaltensstörer zu beschränken, die die Voraussetzungen des § 64 Abs. 1 Nr. 1, 2 oder 5 PolG[353] erfüllen[354].

Bereits im Zusammenhang mit den Kriterien für das Vorliegen einer Menschenmenge kam die inhomogene Zusammensetzung größerer Menschenmengen zur Sprache. § 65 Abs. 2 PolG trägt dem mit der Modifizierung des Schutzes für Nichtadressaten in der Menge Rechnung. Er stellt klar, wer den Schutz des § 63 Abs. 4 PolG nicht mehr verdient. Damit verhindert das Gesetz, daß Nichtadressaten ohne Rücksicht auf ihren Beitrag zu den Gewalttätigkeiten in Gefahr geraten, anstelle des eigentlichen Störers getroffen zu werden.

Der Beteiligte i. S. des § 65 Abs. 2 PolG ist bereits oben[355] zur Sprache gekommen. Es genügt zu rekapitulieren, woran der Gesetzgeber den Schutz Unbeteiligter knüpft und unter welchen Umständen er entfällt: In einer gewalttäti-

---

[351] Dort § 43; Anm. zu Abs. 1. Der Musterentwurf von 1978 ging damit über die Erstfassung vom 2. Juni 1975 hinaus und dem damaligen Landesrecht voraus, das noch den Schußwaffengebrauch gegen eine Menschenmenge zuließ. Nach älterem Recht richtete sich das Zwangsmittel generell gegen die Menge, die einzelnen Individuen spielten keine Rolle.

[352] Vgl. RACHOR, in LISKEN–DENNINGER, Rn. 531.

[353] Das ist denkbar, wenn der Ausbruchshelfer in der Mitte der Gefangenen gestellt wird.

[354] Vgl. RACHOR, in LISKEN–DENNINGER, Rn. 533; TEGTMEYER, Rn. 2 zu § 65.

[355] S. in diesem Abschnitt unter 1. a.

gen Menschenmenge verlangt das Polizeigesetz von den Unbeteiligten, daß sie sich spätestens, wenn der Schußwaffengebrauch unmittelbar bevorsteht, räumlich von den eigentlichen Störern zurückziehen. Das setzt voraus, daß ihnen das möglich ist, und verpflichtet die Polizeivollzugsbeamten, für derartige Rückzugsmöglichkeiten Sorge zu tragen. RACHOR[356] weist zurecht darauf hin, daß die Beamten hingegen dann, wenn sie eine Einkesselung planen und bis zum Ende durchzuführen beabsichtigen, trotz schwerer Tumulte im Kessel, wenn überhaupt, nur unter den verschärften Bedingungen des § 63 Abs. 4 PolG schießen dürfen[357].

Im übrigen kommt vor allem der Androhung des Waffengebrauchs besondere Bedeutung zu. § 61 Abs. 3 Satz 2 2. Halbs. PolG verlangt ausdrücklich, den Schußwaffengebrauch wiederholt anzudrohen. Die einschlägige Verwaltungsvorschrift verschärft diese Anforderungen noch, indem sie verlangt, daß die Beamten neben der Ankündigung des Zwangsmittels auch auf die Verwirkung ihrer Stellung als Unbeteiligte hinweisen[358]. Wer sich ungeachtet dieser Androhungen und Warnungen nicht entfernt, stellt sich durch sein Verhalten auf die Seite der Rädelsführer und befreit die Polizeivollzugsbeamten gem. § 65 Abs. 2 PolG von den besonderen Einschränkungen gem. § 63 Abs. 4 PolG. Befinden sich im Umfeld der Störer tatsächlich nur noch Beteiligte i. S. des § 65 Abs. 2 PolG, ist der Schußwaffengebrauch deshalb zulässig, sobald der Adressat die Voraussetzungen des § 64 Abs. 1 Nr. 1, 2 und 5 PolG erfüllt und der Eingriff auch anderweitig angemessen ist.

Das erweist sich als problematisch. Denn einerseits darf die Androhung nur erfolgen, wenn die Polizeivollzugsbeamten schießen dürfen und dies auch zu tun beabsichtigen. Andererseits richtet sich die Zulässigkeit gem. § 63 Abs. 4 PolG weitgehend danach, wie sich die Umstehenden nach der Androhung verhalten. Es muß daher für die Zulässigkeit der Androhung selbst genügen, daß der Adressat die Voraussetzungen des § 64 Abs. 1 PolG erfüllt und die Menge insgesamt gewalttätig ist.

c. Der Vorrang milderer Maßnahmen beim Umgang mit gewalttätigen Menschenmengen

Die praktische Bedeutung dieser Vorschrift bleibt gering. Als ultima ratio des unmittelbaren Zwangs hat der Schußwaffengebrauch zu unterbleiben, wenn der Polizei mildere, aber gleich wirksame Mittel zur Gefahrenabwehr bleiben.

---

[356] Vgl. RACHOR, in LISKEN–DENNINGER, Rn. 532.

[357] Allerdings wäre es wenig realistisch anzunehmen, daß dieser Schuß seinen Adressaten findet. Vielmehr liegt die Vermutung nahe, daß ein solcher Schuß schon mangels Eignung nicht abgegeben werden dürfe.

[358] VVPolG 65.2: In der Androhung (vgl. Rn. 61.3) soll darauf hingewiesen werden, daß jeder Beteiligter i. S. von § 65 PolG ist, wer sich nicht aus der Menschenmenge entfernt.

Das wird so lange der Fall sein, wie die Personen in der Menschenmenge nicht selbst mit Schußwaffen gegen die Polizei vorgehen. Bislang ist aber selbst bei schweren Ausschreitungen, wie sie beispielsweise regelmäßig am 1. Mai in Berlin stattfinden, der Polizei immer wieder gelungen, die innere Sicherheit auch ohne den Schußwaffengebrauch gegen Personen in einer Menschenmenge wieder herzustellen. Hierzu wurde in den letzten Jahren neben den milderen Zwangsmitteln eine höchst erfolgreiche Deeskalationsstrategie genutzt, die bereits mehrfach befürchtete schwere Krawalle abgewendet hat.

4. Fazit

Gegenüber Personen, die nicht selbst verantwortlicher Adressat sind, darf die Schußwaffe nicht eingesetzt werden. Sie sind vielmehr vor unkontrollierbaren Geschossen, Fehlschüssen oder Querschlägern zu schützen. § 63 Abs. 4 PolG trägt dem mit dem grundsätzlichen Verbot des Eingriffs Rechnung. Eine Ausnahme hiervon ist nur möglich, um eine gegenwärtige Gefahr für das Leben des Opfers abzuwenden. Darüber hinaus droht Unbeteiligten die Verwirkung der Vorzugsstellung, wenn sie sich trotz wiederholter und deutlicher Warnung zwischen die Polizei und den Adressaten drängen. Um Dritte vor den absehbaren Folgen ihrer eigenen Uneinsichtigkeit zu schützen, braucht das Interesse an der wirksamen Gefahrenabwehr nicht zurückzutreten. Die Polizei muß um die Sicherheit Außenstehender nicht besorgter zu sein, als es diese selbst sind.

B Die Eignung der Notrechte als Rechtsgrundlage für den hoheitlichen Schußwaffengebrauch

Das Schußwaffengebrauchsrecht in den einschlägigen Polizeigesetzen zählt zum Sonderrecht des Staates und regelt die Ausübung des hoheitlichen Gewaltmonopols. In diesem Zusammenhang erscheint der Notrechtsvorbehalt in § 57 Abs. 2 PolG deplaziert[359]: Denn bereits mit dem Auftreten der Polizisten müßte die Selbsthilfe hinter der regulären Ausübung des hoheitlichen Gewaltmonopols zurücktreten. Die Unsicherheit über die Zulässigkeit des finalen Rettungsschusses zeigt freilich, daß das strengere Polizeirecht an den entscheidenden Stellen nicht klar genug und deshalb scheinbar lückenhaft ist[360]. Auf diese Weise entsteht der Eindruck, daß die zum Schußwaffengebrauch ermächtigten Beamten schlechter stehen als Private, die sich auf ihre Notrechte berufen.

---

[359] Vgl. SCHOLLER-BROSS, Grundzüge, 2. Aufl., S. 231.

[360] So KRÜGER, NJW 1970 und 1973; v. WINTERFELD, NJW 1972, S. 1881 ff.

Da das Polizeigesetz in § 64 Abs. 1 Nr. 1 den Schußwaffengebrauch zum Schutz von Leib und Leben zuläßt, ist den Beamten auch die Selbstverteidigung nach Maßgabe des Polizeigesetzes gestattet. Damit ist die Diskussion um die Notrechtsvorbehalte zwar entschärft. Sie hat sich aber nicht erledigt. Denn selbst die Länder, die den finalen Rettungsschuß geregelt haben, behalten den Notrechtsvorbehalt[361] unverändert bei und schaffen damit eine Schnittstelle zwischen den hoheitlichen Befugnissen und den Notrechten für jedermann.

I. Die Rechtsnatur der Notrechte

Die Notwehr und der Notstand i. S. von § 57 Abs. 2 PolG begegnen im Strafrecht[362], im Strafprozeßrecht[363] und im Zivilrecht[364]. Wie das Nebeneinander von polizeirechtlichen Ermächtigungen und Notrechten zu verstehen ist, hängt vor allem davon ab, in welcher Weise das Gewaltmonopol des Staates Raum für private Befugnisse zur Gewaltanwendung läßt. Das wiederum läßt sich freilich erst dann klären, wenn feststeht, wie diese Befugnissen beschaffen sind.

1. Die Notrechte i. S. von § 57 Abs. 2 PolG

Die Notrechtsvorbehalte erklären nicht sämtliche Notrechte für unberührt, sondern nennen ausdrücklich die Notwehr und den Notstand. Diese Rechtfertigungsgründe finden sich im Strafgesetzbuch und im Bürgerlichen Gesetzbuch. Obwohl die Rechtsgebiete unterschiedliche Schwerpunkte setzen, gestatten beide Gesetze, bestimmten Notlagen im Wege der Selbsthilfe abzuhelfen. Im Zusammenhang mit dem Schußwaffengebrauch der Polizei haben freilich vor allem die strafrechtlichen Notrechte aus §§ 32 und 34 StGB Bedeutung erlangt.

a. Die Notwehr i. S. von § 32 StGB

Nach der Legaldefinition in § 32 Abs. StGB und § 227 Abs. 2 BGB[365] ist Notwehr „*die Verteidigungshandlung, die erforderlich ist, um einen gegenwärtigen rechtswidrigen Angriff von sich oder einem anderen abzuwenden.*“

Zur Begründung der Notwehr gibt es zwei Ansätze, die sich beide im geltenden Recht wiederfinden. Die sogenannte individualistische Begründung be-

---

[361] Erstmals so benannt bei Blei, JZ 1955, S. 625 ff.

[362] § 32 StGB Notwehr und § 34 StGB rechtfertigender Notstand.

[363] § 127 Abs. 1 StPO.

[364] § 227 BGB Notwehr und §§ 228 BGB (defensiver) und (aggressiver) Notstand.

[365] Als einzige Abweichung im Wortlaut der beiden Vorschriften bezeichnet das BGB in § 227 Abs. 2 die Notwehr als „nicht widerrechtlich“, während das StGB, ohne im Grunde etwas anderes zu meinen, in § 32 Abs. 2 die Handlung für „nicht rechtswidrig“ erklärt.

tont den Selbstschutzeffekt der Notwehr. Dagegen rückt die altruistische Begründung den „Kampf um das Recht" in den Vordergrund. Je stärker der altruistische Aspekt zum Tragen kommt, desto eher vermag sich die Erklärung der Notwehr von dem Bezug auf die Person des Verteidigenden zu lösen. Damit vergrößert sich auch der Eingriffsspielraum des Notwehr Leistenden. Im Gegenzug kommen freilich auch die sozial-ethischen Beschränkungen der Notwehr stärker zum Tragen[366]. Für die Deutung der Notrechte als subsidiäre Ersatzermächtigung für die Polizisten dürfte der altruistischen Notwehrbegründung besondere Bedeutung zukommen. Denn als Kampf um das Recht steht sie dem weiten Schutzbereich der öffentlichen Sicherheit näher als die individualistische Verteidigung eigener, rein subjektiver Rechte. Im geltenden Recht läßt sich die Notwehr jedoch keinem von beiden Begründungsansätzen ausschließlich zuordnen[367]. Nach der sogenannten dualistischen Lehre vereint die heute geltende Form der Notwehr Merkmale beider Erklärungen[368], wobei die individualistische Notwehrbegründung leicht überwiegt[369]. Insbesondere kommt das in der Bedeutung des Verteidigungswillen als subjektivem Element der Notwehr zum Ausdruck. Wer sich gegen einen rechtswidrigen Angriff nicht wehren und den Kampf ums Recht nicht aufnehmen will, braucht sich auch von Dritten keine Nothilfe aufdrängen zu lassen[370].

b. Der rechtfertigende Notstand i. S. von § 34 StGB

Der rechtfertigende Notstand gem. § 34 StGB ist erst 1953 mit dem Dritten Strafrechtsänderungsgesetz[371] Teil des Strafgesetzbuchs geworden[372]. Anders als das Bürgerliche Gesetzbuch unterscheidet das Strafrecht nicht zwischen dem

---

[366] Vgl. ROXIN, ZStrW 93, S. 68 ff.

[367] Vgl. JESCHECK, S. 336 ff; SCHÖNKE-SCHRÖDER-LENCKNER, RN. 1, 1a; SK-SAMSON, in SK Rn. 1; LK-SPENDEL, Rn. 11-14 zu § 32; WAGNER, Notwehrbegründung, S. 34 f.

[368] Vgl. JESCHECK, S. 336 f.; MAURACH-ZIPF, Rn. 4.

[369] Vgl. JESCHECK, S. 301 ff; ROXIN, ZStrW 93, S. 68 ff., 76 f.; SK-SAMSON, Rn. 1; SCHÖNKE-SCHRÖDER-LENCKNER, Rn. 1, 1a; LK-SPENDEL, Rn. 11-14 zu § 32.

[370] DREHER-TRÖNDLE, Rn. 7 zu § 32.

[371] Drittes Strafrechtsänderungsgesetz v. 4. August 1953, BGBl. I, S. 1735.

[372] Anders als die Notwehr war der rechtfertigende Notstand ursprünglich ein rein zivilrechtlicher Rechtfertigungsgrund. Daß allein die Notwehr als strafrechtlicher Rechtfertigungsgrund nicht ausreicht, wurde freilich bald offenkundig. Schwangerschaftsabbrüche zum Schutz der Mutter vor schweren Gesundheitsschäden und die Wirren der Weimarer Republik veranlaßten die Gerichte dazu, einen zunächst noch übergesetzlichen, rechtfertigenden Notstand anzuerkennen. S. dazu beispielsweise RGSt 61, S. 242, 245; 62, S. 35, 46 f. (Fememorde); 62, 137; 63, 215, 224 ff.; 64, S. 101, 104 (Fememorde); 65, S. 422, 427 (Beschimpfung des Reichspräsidenten); 77, S. 113, 115 f. Bis zur gesetzlichen Regelung des Notstandes führte der Bundesgerichtshof diese Rechtsprechung weiter, in BGHSt 2, S. 111 und 3, S. 7 ff.

defensiven und dem aggressiven Notstand (§§ 228 und 904 BGB)[373]. Trotz dieser und anderer geringfügiger Abweichungen[374] beruhen der zivil- wie der strafrechtlichen Notstand auf derselben Idee: Während es bei der Notwehr um die Verteidigung gegen einen rechtswidrigen Angriff geht, trägt der Notstand einer Interessenkollision Rechnung. Die Abwehrhandlung ist gerechtfertigt, wenn sich das verteidigte Interesse in der Abwägung als vorrangig erweist. Daß der Gerechtfertigte über die Verteidigung seiner vorrangigen Interessen hinaus einen Einsatz für die Rechtsordnung erbringt, ist hingegen nicht erforderlich[375].

2. Notrechte als staatlich bewilligte Befugnis zur Selbstverteidigung

Die Notrechtsvorbehalte beschreiben das Verhältnis von hoheitlichen Eingriffsbefugnissen und den Notrechten nur mit der mehrdeutigen Formulierung „unberührt". Für das Verhältnis von Ermächtigungen und Notrechten bieten sich damit drei Varianten an: Die Notrechte können das gesamte hoheitliche Handeln erfassen; sie können den Beamten von seiner persönlichen straf- und zivilrechtlichen Haftung freistellen; schließlich kann man den gesamten Bereich hoheitlichen Handelns als ein abgeschlossenes System betrachten, in dem sich die Rechtmäßigkeit und Rechtswidrigkeit der Amtshandlungen allein nach dem einschlägigen öffentlichen Recht richten. Daneben bleibt für die Notrechte dann nur noch der Bereich privaten Handelns.

Welche dieser drei Richtungen die zutreffende ist, hängt entscheidend von der Rechtsnatur der sogenannten Notrechte ab. Wenn man die Notrechte als überpositive Naturrechte und damit dem Gewaltmonopol vorgegeben ansieht[376], erstreckt sich ihre Geltung automatisch auf das Polizeirecht[377]. Sie sind dann genuine Befugnisse jedes Einzelnen und zumindest im Kern der Verfügungsgewalt des Staates entzogen. Mit dieser Begründung begegnen die Notrechte in verschiedenen Rechtsgebieten mit im wesentlichen gleichen Inhalt. Gegen diese Auffassung hingegen spricht das Selbstverständnis des modernen Staates, der für sich das Gewaltmonopol in Anspruch nimmt und darüber bestimmt, wer ausnahmsweise private Gewalt anwenden darf. Für die Ablösung der Naturrechte durch staatlich eingeräumte Befugnisse spricht auch, daß sich der jeweilige Zuschnitt der Notrechte immer wieder änderte. Je mehr Einfluß und Prä-

---

[373] Im aggressiven Notstand schädigt der Täter jemanden, von dem keine Gefahr ausgeht, um die Gefahr abzuwenden, z.B. wenn ein Spaziergänger einem anderen den Spazierstock entreißt, um ein tollwütiges Tier in Schach zu halten.

[374] Der strafrechtlich Notstand läßt nicht nur Eingriffe in Sachgüter, sondern auch gegen höchstpersönliche Rechtsgüter zu.

[375] Vgl. JESCHECK, S. 361.

[376] Vgl. SCHMIDHÄUSER, GA 1991, S. 123 f.

[377] Vgl. KLOSE, ZStrW 89, S. 87.

senz der Staat für sich in Anspruch genommen hatte, desto enger begrenzte er daneben die Notrechte.

Es bedurfte nicht erst des modernen Staates, um das staatlich geregelte Verfahren als Garanten für inneren Frieden und innere Sicherheit zu „entdekken". Schon im 15. Jahrhundert stellten der Reichslandfrieden und die Landfriedensordnungen dem vorstaatlichen Selbsthilfe- und Fehderecht ein geordnetes obrigkeitliches Verfahren entgegen[378]; die Begriffe *pax* und *securitas* rückten als vordringliche Aufgaben des Staates ins Bewußtsein[379]. Jedoch erst der sogenannte modernen Staat erkannte die Garantie der innere Sicherheit als seine Hauptaufgabe und nahm dazu das gesamte Instrumentarium zur gewaltsamen Unrechtsabwehr ausschließlich für sich in Anspruch. Konsequenterweise durfte der Staat neben sich keine originären privaten Befugnisse zur Gewaltausübung mehr dulden. Diesem theoretischen Anspruch entspräche eine perfekte Gefahrenabwehr, die sich in der Praxis nur mit einer allgegenwärtigen Polizei und einem lückenlosen Überwachungsapparat bewerkstelligen ließe. Das ist freilich weder realisierbar[380], noch wäre solch ein Zustand wünschenswert[381]. Diese Perfektion verlangt der „contrat social" zwischen den Bürgern und dem Staat auch gar nicht[382]. Der Staat genügt seiner selbst übernommenen Schutzpflicht und dem damit übernommenen Anspruch, die einzige Ordnungsmacht zu sein, vielmehr schon dann, wenn er die Selbstverteidigung im Gesetz verankert und die Verfolgung der Straftaten sicherstellt, die er nicht hat verhindern können[383]. So gleicht der Staat auf der einen Seite seine begrenzten Möglichkeiten bei der Gefahrenabwehr aus; auf der anderen Seite kommt Selbsthilfe nur dann in Betracht, wenn die eigentlich vorgesehene staatliche Hilfe im Einzelfall ausfällt. Damit weist der Staat der privaten Selbsthilfe neben der hoheitlichen Gefahrenabwehr nur subsidiäre Bedeutung zu und vermeidet, daß Private einen Polizeieinsatz durchkreuzen.

---

[378] Vgl. CONZE, S. 836 f.

[379] MACHIAVELLI Il principe 6 streicht Sicherheit als Gegenpart zum Zufall heraus, dem sich ein Fürst ausliefere, wenn er nicht auf die Sicherheit in seinem Herrschaftsgebiet achte.

[380] Der Versuch des Staatssicherheitsdienstes in der DDR, eine lückenlose Überwachung aller durch alle zu organisieren, scheiterte nicht zuletzt auch daran, daß die Bespitzelung an ihren eigenen Daten förmlich erstickte.

[381] Es ist kein Zufall, wenn sich insbesondere solche Staaten mit ihren niedrigen Kriminalitätsraten schmücken, die sich mit der Gewährleistung der bürgerlichen Freiheit um so schwerer tun. Umgekehrt sind die Vereinigten Staaten nicht nur als ein Hort der Freiheit, sondern auch als Wirkungsstätte „legendärer" Gangster, in die Geschichte eingegangen.

[382] Vgl. HOFFMANN-RIEM, ZRP 1977, S. 260; MERTEN, Rechtsstaat, S. 57; WAGNER, Notwehrbegründung, S. 28.

[383] S. dazu unter Kapitel 4 B I 3 c aa.

3. Ergebnis

Daraus ergibt sich der folgende Schluß: Wenn die Notrechte auf staatlicher Zuteilung beruhen, darf der Staat sie aber auch hinter vorrangigen Belangen zurückstellen[384] und im Bereich der Gefahrenabwehr die Anwendbarkeit der Notrechte ausschließen[385]. Dann aber bleibt neben der Gefahrenabwehr nach Maßgabe der einschlägigen Polizeigesetze kein Raum für die Selbsthilfe[386].

II. Die Bedeutung des Notrechtsvorbehalts in § 57 Abs. 2 PolG

Gem. § 57 Abs. 2 PolG[387] bleiben die Vorschriften über Notwehr und Notstand unberührt. Es ist freilich höchst umstritten, wie sich diese Unberührtheit äußert. Die vorherrschenden Ansichten im Strafrecht[388] und öffentlichen Recht[389] lassen sich auf den gemeinsamen Nenner bringen, daß die Notrechte neben dem Polizeirecht ihre Wirkung nicht vollständig einbüßen. Danach blei-

---

[384] Vgl. KINNEN, MDR 1974, S. 631 ff.; MERTEN, Rechtsstaat und Gewaltmonopol, S. 57; QUARITSCH, Der Staat Bd. 1, S. 307 f.; SEELMANN, ZStrW 89, S. 57.

[385] Vgl. KIRCHHOF, Aktuelle Probleme, S. 68; anders KLOSE, ZStrW 89, S. 87; SCHMIDTHÄUSER, GA 1991, S. 123 f.

[386] Vgl. JAKOBS, 12. Abschnitt, Rn. 42.

[387] Die Polizeigesetze anderer Länder und das UZwG des Bundes weichen zwar hinsichtlich der Reichweite der Notrechtsvorbehalte von einander ab. Während das Polizeigesetz von Baden-Württemberg in § 54 Abs. 3 und das Gesetz über die Anwendung unmittelbaren Zwangs durch die Vollzugsbehörden des Bundes in § 10 Abs. 2 generell auf *die übrigen Rechte zum Gebrauch der Schußwaffe* Bezug nehmen, nennt § 57 Abs. 2 PolG NW die *Notwehr und den Notstand.* Der Musterentwurf und die ihm folgenden Gesetze, wie das Bayerische PAG in Art. 39, präzisieren das Verhältnis der polizeigesetzlichen Ermächtigung und der Notrechte nochmals. Sie schließen Auswirkungen auf das Polizeirecht ausdrücklich aus.

[388] Vgl. BVerfG NJW 1977, S. 2157, s. AMELUNG, NJW 1978, S. 623; BGHSt 26, S. 98 ff.; BGH LM zu § 53 a.F. Nr. 5 (Schuß auf randalierenden Studenten), Bespr. bei KRÜGER, Schußwaffengebrauch, S. 87 f; BGH VersR 1964, S. 536; BGH NJW 1977, S. 2173; BGH JR 1990, S. 167; BGH JZ 1973, S. 128 f. (Angriffe aus der JVA) mit Anm. MÜLLER-DIETZ; OLG Frankfurt NJW 1975, S. 271; OLG Hamburg JR 1973, S. 69 f. mit Anm. F. C SCHROEDER; OLG München NJW 1972, 2275; OLG München BayVBl 91, S. 475 mit Bespr. SCHMIDHÄUSER, JZ 1991, S. 337; ROGALL, JuS 1992, S. 551; BayObLG Beschl. vom 13.12.1990, Az.: 5 St 152/90, zitiert bei LEMKE, Nr. 13 zu § 32.

[389] Vgl. DREWS-WACKE-VOGEL-MARTENS, S. 548; GÖTZ, Polizeirecht Rn. 414; KINNEN, MDR 1974, S. 633 f.; KIRCHHOF, Aktuelle Probleme, S. 68 f. und 73–76; DERS., NJW 1979, S. 970; KLINKHARDT, VerwArch. Bd. 55, S. 347; KRÜGER, 4. Aufl., S. 84 ff., 86; ders., NJW 1970, S. 1484; 1974, S. 1; MERTEN, Aktuelle Probleme, S. 106; NEUWIRTH, S. 26 f., RIEGEL, NVwZ 1985, S. 639, 640; THEWES, S. 48 f.; v. WINTERFELD NJW 1972, S. 1881, 1882.

ben dem Amtswalter für seine persönliche Verteidigung gegen den Vorwurf der Körperverletzung im Amt gem. § 340 StGB die Notrechte erhalten; das hoheitliche Handeln des Staates hingegen bleibt polizeirechtswidrig. Im Ergebnis ebnet diese Ansicht den Betroffenen den Weg zu einer erfolgreichen Amtshaftungsklage; gleichzeitig erlaubt sie dem Amtswalter, sich auf seine Rechtfertigungsgründe zu berufen, wenn er persönlich für das Geschehen zur Verantwortung gezogen wird. Ob diese Kreuzung rechtlicher Wohltaten indessen Bestand hat, bedarf der Überprüfung.

1. Der Wortlaut der Notrechtsvorbehalte

Bund und Länder weichen auch in der Gestaltung ihrer Notrechtsvorbehalte voneinander ab. Die meisten Bundesländer haben sich der Version des Musterentwurfs angeschlossen. Dessen § 35 Abs. 2 erklärt nur die „straf- und zivilrechtlichen *Wirkungen* der Vorschriften über Notwehr und Notstand" (Herv. der Verf.) für unberührt; das heißt der Musterentwurf enthält nur eine Rechtsfolgenverweisung[390], inkorporiert aber nicht die Vorschriften selbst. Dagegen bezeichnet der Notrechtsvorbehalt im Polizeigesetz von Nordrhein-Westfalen „die Vorschriften über Notwehr und Notstand" insgesamt als unberührt. Das Gesetz ist hier genauer als die Literatur zu der Streitfrage, in der schlicht von „*den Notrechten*" die Rede ist.

Gem. § 57 Abs. 2 PolG bleiben die genannten Vorschriften unberührt. Das Polizeigesetz ändert also nichts an deren Bestand und Wirkungsweise. Vielmehr treten die Regelungen für den hoheitlichen Schußwaffengebrauch neben die Vorschriften über Notwehr und Notstand, ohne deren Wirkungsweise zu beeinflussen. Wie das Verhältnis zwischen den beiden Vorschriften beschaffen ist, geht aus dem Begriff nicht eindeutig hervor. Die weitestgehende Ansicht im Strafrecht deutet dies im Sinne eines unbedingten Vorrangs zugunsten der Notrechte, die dann auch die engeren Ermächtigungen in den Polizeigesetzen verdrängen[391]. Diese Interpretation ist freilich nicht zwingend. Der Begriff trägt ebenso die gegenteilige Ansicht, daß sich das hoheitliche Vorgehen der Polizei einer Regelung durch die Notrechte schlechthin entzieht und beide Rechtsgebiete verbindungslos nebeneinander stehen.

---

[390] Vgl. Anm. zu § 35 Abs. 2 Rn. 4 ME; daselbst allgem. Begründung 3.44, S. 22 unten.

[391] BOCKELMANN, FSchr. DREHER, S. 238 ff.; KLOSE, ZStrW 89, S. 84 f.; SCHÖNKE-SCHRÖDER-LENCKNER, Rn. 21. Aufl. 42 a zu § 34 StGB; LK-SPENDEL, Rn. 278 zu § 32 StGB.

2. Historische Auslegung

Die Notrechtsvorbehalte bilden seit den 50er Jahren einen festen Bestandteil der Verwaltungsvollstreckungs- und Polizeigesetze. In dieser Zeit begannen Bund und Länder, die bisherigen verwaltungsinternen Regelungen des Schußwaffengebrauchs[392] durch formell-gesetzliche Regelungen[393] zu ersetzen. Dabei stießen insbesondere die Länder auf den vermeintlichen Widerspruch, daß bei der Bewältigung derselben Sachlage die Befugnisse der Polizeivollzugsbeamten hinter den bundesrechtlich geregelten Notrechten „zurückbleiben". Um die Folge der Nichtigkeit gem. Art. 31 GG zu vermeiden, fügten sie einen Notrechtsvorbehalt ein, der den Vorrang der bundesrechtlichen Notrechte klarstellte[394].

Der nordrhein-westfälische Gesetzgeber hielt auch 1990 an der ursprünglichen Fassung des Notrechtsvorbehalts fest. Damit war in erster Linie die Absicht verbunden, die Regelung des finalen Rettungsschusses zu vermeiden und die Entscheidung darüber dem Nothilfewillen des einzelnen Beamten zu überlassen[395]. Die historischen Gesetzgeber, die an § 57 Abs. 2 PolG und seinen Vorgängervorschriften gearbeitet hatten, gingen eindeutig vom Vorrang des Bundesrechts aus. Damit spricht die historische Auslegung für die strafrechtliche Interpretation.

3. Systematische Auslegung

Das Polizeigesetz regelt den Notrechtsvorbehalt im Zusammenhang mit den Rechtsgrundlagen unmittelbaren Zwangs. § 57 Abs. 1 PolG bezieht sich auf die Ermächtigungsgrundlagen zum Schußwaffengebrauch; daneben erklärt Abs. 2 die Vorschriften über Notwehr und Notstand für unberührt. Der Notrechtsvor-

---

[392] Für Nordrhein-Westfalen galt die *Dienstanweisung über den Waffengebrauch der Polizei* i.d.F. vom 14. März 1951 MBl., S. 350. Um die Zeit bis zum Ergehen des Gesetzes zu überbrücken, wurde das Preußische Polizeiverwaltungsgesetz in einer Neufassung vom 27. November 1953 in Kraft gesetzt, das in § 55 dem Innenminister gestattete, die Anwendung unmittelbaren Zwangs durch Verwaltungsvorschriften zu regeln.

[393] In Nordrhein-Westfalen ließ sich der Gesetzgeber damit freilich Zeit und wartete noch das Inkrafttreten des beinahe gleichzeitig entstandenen Bundesgesetzes über den unmittelbaren Zwang am 1. April 1961 ab; s. dazu SMEKTALA, LT-Plenarprotokolle 4. WP, 80. Sitzung am 10. April 1962, S. 2971. Erst am 22. Mai 1962 erging das Gesetz über die Ausübung und die Grenzen unmittelbaren Zwangs (GVBl S. 260), (UZwGNW).

[394] SMEKTALA, daselbst S. 2973. Noch deutlicher ist insofern die Beschlußvorlage, LT-Drucks. 4. WP Nr. 148 auf S. 35: „Werden diese Voraussetzungen (der Notwehr und des Notstandes) geltend gemacht, so kommt es allein auf die Prüfung der hierfür geltenden bundesrechtlichen Vorschriften, nicht dagegen darauf an, ob die besonderen Voraussetzungen des Entwurfs gegeben sind".

[395] S. dazu ausführlich A IV 3 a cc.

behalt zielt deshalb nicht darauf ab, zu den regulären Ermächtigungen i. S. des Abs. 1 eine weitere hinzuzufügen. Eine solche hätte – wenn auch abgesetzt oder in anderer Weise herausgehoben – sinnvollerweise im Zusammenhang mit Abs. 1 gestanden. Die explizite Regelung im Gesetz unterstreicht aber, daß der Gesetzgeber den Notrechten Bedeutung für das Handeln der Polizei beigemessen hat.

4. Teleologische Auslegung

a. Rein strafrechtliche Betrachtungsweise: Rechtfertigung des polizeirechtswidrigen Schußwaffengebrauchs durch die Notrechte

aa. Vorrang des Strafrechts: Insbesondere BOCKELMANN[396], LENCKNER[397] und SPENDEL[398] lösen das als widersprüchlich empfundene Nebeneinander der engen Eingriffsbefugnisse und der weit gefaßten Notrechtsvorbehalte einseitig zugunsten der letzteren auf. Da sie die Notrechte als vorrangiges Bundesrecht ansehen, gelten die Notrechtsvorbehalte nur noch als deklaratorische Erinnerung[399]. Mehr braucht es auch nicht, denn die wirksame Abbedingung der Notrechte durch das Landesrecht scheitert ihrer Ansicht nach bereits an der fehlenden Zivil- und Strafrechtskompetenz der Länder[400]. Das Umfunktionieren der Jedermannsrechte in hoheitliche Ermächtigungen rechtfertigt SCHWABE mit einem Erst-Recht-Schluß[401]: Wenn das Strafgesetzbuch den Bürgern und den Behörden mit Verboten und Strafandrohungen Einschränkungen auferlegen kann, soll es die Handlungsbefugnisse erst recht auch erweitern können. BOCKELMANN[402] gelangt auf der überwiegend altruistischen Notwehrbegründung aufbauend zu demselben Ergebnis[403]. Wenn § 32 StGB nicht allein der Selbsterhaltung diene, sondern das Eintreten für die Rechtsordnung prämiere, mache sich der Polizist zur Pflicht, wozu er - wie jeder andere auch – ohne-

---

396 Vgl. BOCKELMANN, FSchr. DREHER, S. 238 ff.

397 Vgl. SCHÖNKE-SCHRÖDER-LENCKNER, 21. Aufl., Rn. 42 a zu § 34 StGB.

398 Vgl. LK-SPENDEL, Rn. 278 zu § 32 StGB.

399 Vgl. BOCKELMANN, FSchr. DREHER, S. 240 f; KLOSE, ZStrW 89, S. 84 f.; LK-SPENDEL Rn. 264 f., 268; SCHÖNKE-SCHRÖDER-LENCKNER, Rn. 42 b zu 32.

400 Vgl. BOCKELMANN, FSchr. DREHER S. 241; SCHÖNKE-SCHRÖDER-LENCKNER, Rn. 42 b zu § 32.

401 Vgl. SCHÖNKE-SCHRÖDER-LENCKNER, Rn. 42 a zu § 32; SCHAFFSTEIN, GSchr. SCHRÖDER, S. 97 ff., 107; SCHWABE, JZ 1974, S. 636.

402 Vgl. BOCKELMANN, FSchr. DREHER, S. 241 f.; SCHÖNKE-SCHRÖDER-LENCKNER, Rn. § 42 b; LK-SPENDEL, Rn. 268 zu § 32.

403 Die auf die reine Selbsterhaltung ausgerichtete Selbsthilfe werde dagegen durch § 35 StGB entschuldigt, bleibe aber Unrecht.

dies berechtigt sei und bleibe[404]. Bei der Nothilfe übernähmen die Bürger dann die Rolle des Polizisten. Für den Polizisten ergänzten die übertragenen und deshalb begrenzten Pflichten[405] die ohnedies vorhandenen Rechte des Bürgers in Uniform[406]. Solange der Beamte deshalb den Rahmen seiner privaten Befugnisse, das heißt also das Maß des Erforderlichen, nicht überschreite, kann er nach dieser Ansicht gar nicht rechtswidrig handeln[407].

bb. Kritik an der strafrechtlichen Betrachtungsweise: Diese rein strafrechtliche Interpretation geht davon aus, daß die hoheitliche und die private Gefahrenabwehr nicht nur äußerlich weitgehend identisch verlaufen, sondern auch der Sache nach übereinstimmen. Damit verkennen sie, daß es wegen des Gewaltmonopols weniger auf die gewaltsame Angriffsabwehr als solche als vielmehr darauf ankommt, *wer* einschreitet. Danach entscheidet sich, ob der Schuß zur Angriffsabwehr als Ausübung des Gewaltmonopols grundsätzlich erlaubt oder als private Selbsthilfe lediglich eine geduldete und rechtfertigungsbedürftige Ausnahmeerscheinung ist. Insofern unterschätzt BOCKELMANN[408] die Bedeutung der Uniform. Sie bringt lediglich äußerlich zum Ausdruck, daß die Angriffsabwehr keine spontan initiierte Privatsache ist[409], sondern im Rahmen, mit den Mitteln und nach den Vorschriften der regulären hoheitlichen Gefahrenabwehr stattfindet[410].

Bereits die Prämisse, daß sich die Ermächtigungen und die Rechtfertigungsgründe ergänzen, erweist sich als problematisch. Die strafrechtliche Perspektive erfaßt nur einen Ausschnitt des gesamten Problems. Vor allem vernachlässigt sie die grundlegenden Unterschiede zwischen den Ermächtigungen des Polizeigesetzes und den Rechtfertigungsgründen im Strafgesetzbuch. Die Polizeigesetze betreffen die reguläre hoheitliche Gefahrenabwehr und legen die Anwendung unmittelbaren Zwangs auf rechtsstaatliche Formen fest[411]. Ihre Adressaten sind deshalb die Behörden als die zuständigen Organe des Staates. Da die Beamten als Amtswalter für den Staat auftreten, müssen sie bei der Ausübung ihrer Befugnisse Art. 20 Abs. 3 GG und die Vorgaben des Polizeigesetzes beachten. Wenn ihre gesetzlichen Befugnisse nicht ausreichen, dürfen sie diesem Mangel nicht selbst abhelfen, indem sie ihre privaten Selbsthilferechte „einbringen".

---

[404] Vgl. BOCKELMANN, FSchr. DREHER, S. 240.

[405] Vgl. SCHÖNKE-SCHRÖDER-LENCKNER, Rn. § 42 b; LK-Spendel, Rn. 268 zu § 32 .

[406] Vgl. BOCKELMANN, FSchr. DREHER, S. 243, BREMER S. 98.

[407] So BOCKELMANN, FSchr. DREHER, S. 244.

[408] In diesem Sinne BOCKELMANN, FSchr. DREHER, S. 243.

[409] JAKOBS, 12. Abschnitt, Rn. 41.

[410] KLINKHARDT, VerwArch Bd. 55, S. 340-348.

[411] ISENSEE, HStR I, § 13 Rn 78.

Als Pendant zu den Ermächtigungen kommt im Rechtsbereich der Bürger die verwaltungsrechtliche Erlaubnis in Betracht. Der Inhaber einer Fahr- oder Schankerlaubnis darf Auto fahren oder eine Gaststätte betreiben; er braucht keine einzelfallbezogene Rechtfertigung, denn er unternimmt etwas vom Recht ausdrücklich Gebilligtes. Ein grundlegender Unterschied besteht jedoch zwischen der Ermächtigung und der Erlaubnis: Die Erlaubnis erweitert für die Bürger den Freiraum der allgemeinen Handlungsfreiheit. Die Behörden hingegen üben keine Freiheitsrechte aus, sondern nehmen gem. § 1 Abs. 2 VwVfG öffentliche Verwaltungsaufgaben wahr. Die Ermächtigungen dienen insofern nur als Werkzeug zur Erfüllung dieses Auftrages[412] und verpflichten zu deren recht- und sachgemäßem Gebrauch[413].

Ganz anders verhält es sich mit den Rechtfertigungsgründen. Bei ihnen stört genaugenommen bereits die Bezeichnung als Jedermannsrechte oder –befugnis[414]. Denn die Vorschriften über Notwehr und Notstand erlauben die Gewalttaten nicht im Voraus[415]. Sie heben lediglich ausnahmsweise das Rechtswidrigkeitsurteil für Verstöße gegen das Verbot „*neminem laedere*" auf, weil es dafür im Einzelfall einen billigenswerten Grund gibt[416]. So rechtfertigt § 32 StGB die tatbestandsmäßige Körperverletzung[417], wenn der Täter einen rechtswidrigen Angriff mangels staatlicher Hilfe selbst abwehrt; § 34 StGB akzeptiert die Auflösung einer Interessenkollision zugunsten des „Täters". Neben diesen im Gesetz verankerten Rechtfertigungsgründen kennt das Strafrecht auch ungeschriebene Rechtfertigungsgründe wie z.B. die Einwilligung des Geschädigten. Von ihrem Kontext her sind die Notrechte deshalb weder geeignet, noch dazu bestimmt, zu hoheitlichem Handeln zu ermächtigen. Wenn § 32 StGB tatsächlich hoheitliches Handeln erlaubt, gibt man den Weg für Eingriffe in grundrechtlich geschützte Positionen frei, ohne daß die inhaltlichen Anforderungen an eine solche Ermächtigung erfüllt sind[418].

Diese Unterschiede zeigen, daß allein die äußerliche Übereinstimmung der Mittel und Zwecke die Gleichsetzung von Gefahrenabwehr und Notwehr nicht trägt. Ebensowenig ergänzen sich die Rechtsfolgen von Ermächtigungen und

---

412 THEWES, S. 46 f.

413 KNEMEYER, VVDStRL 35, S. 258.

414 Verwirrend insofern auch KLINKHARDT, VerwArch. Bd. 55, S. 340 ff., 346 f., der zwischen öffentlich-rechtlichen und privaten Zwangsbefugnissen unterscheidet.

415 Das Gesetz hätte dies immerhin vorsehen können, indem es die erforderlichen Abwehrhandlungen bereits aus dem Tatbestand ausschließt.

416 Das gilt vor allem auch für den indizierten Heileingriff des Arztes: er ist, um den Patienten vor nicht indizierten Experimenten zu schützen, nicht schlechthin strafrechtlich irrelevant.

417 MERTEN, Rechtsstaat und Gewaltmonopol, S. 59.

418 S. dazu im 4. Kapitel unter Abschn. A I.

Rechtfertigungsgründen. Während bei den polizeigesetzlichen Ermächtigungen die Rechtmäßigkeit des Eingriffs nur die Folge der Regelung ist, bezwecken die Notrechte gerade diese Legitimationswirkung[419]. Wenn ein Beamter in der vom Polizeigesetz vorgegebenen Weise gegen einen gewaltsamen Störer vorgeht, erfüllt er den gesetzlichen Auftrag seiner Behörde. Dazu macht er von deren gesetzlichen Befugnissen Gebrauch. Er übertritt nicht erlaubtermaßen eine Verbotsnorm[420]. Das gesetzmäßige Vorgehen der Beamten nach Maßgabe der Ermächtigungen ist deshalb von Anfang an nicht tatbestandsmäßig i. S. von § 340 StGB[421]. Die Umdeutung eines rechtmäßig hoheitlichen Eingriffs in ein tatbestandsmäßig rechtfertigungsbedürftiges Verhalten läßt sich nur aus einer einseitig auf das Strafrecht abstellenden Perspektive halten. Dieses einseitige Abstellen auf strafrechtliche Wertungen erweist sich freilich als problematisch. Denn die Amtsdelikte begründen keine eigenen Pflichtverstöße, sondern kriminalisieren Verstöße gegen die beamtenrechtlichen Pflichten. Sie verhalten sich insoweit akzessorisch zum Beamtenrecht[422]. Das bedeutet dann aber, daß die beamtenrechtlichen Wertungen zu achten sind, da sich sonst der bestätigende Zweck derartiger Kriminalisierungen in ihr Gegenteil verkehrt.

Dieser grundlegende Unterschied zwischen den Ermächtigungen und Rechtfertigungsgründen läßt das Argument aus Art. 31 GG leerlaufen. Gegen das vermeintliche Nebeneinander spricht schon, daß das System der Kompetenzverteilung zwischen Bund und Ländern keine Doppelzuständigkeit vorsieht[423]. Da der Bund die Rechtfertigungsgründe bereits geregelt hat, unterfallen diese der Sperrwirkung des Art. 72 GG. Art. 31 GG kommt als Kollisionsnorm nur zum Tragen, wenn zwischen den beiden Vorschriften eine sachliche Konkurrenz besteht. Zwischen den Ermächtigungen zu hoheitlichem Handeln und damit zur Ausübung des staatlichen Gewaltmonopols auf der einen und den Notrechten, die den Bürgern die Selbsthilfe erlauben, auf der anderen Seite,

---

[419] THEWES, S. 46 f.

[420] WAGNER, Amtsdelikte, S. 305; anders aber die ansonsten einhellige Meinung im Strafrecht.

[421] Insofern verhält es sich mit dieser Frage ganz ähnlich wie mit der Diskussion um die Tatbestandsmäßigkeit von ärztlichen Heileingriffen. Unter etwas anderen rechtlichen Vorzeichen geht es dort freilich um Eingriffe durch Privatpersonen, deren Gewalttaten grundsätzlich rechtswidrig sind. Dennoch findet der lege artis durchgeführte Heileingriff als sozialadäquates Verhalten Anerkennung. Von daher ist ihm die Billigung durch die Rechtsordnung ebenso von vornherein sicher, wie dem Zwangseingriff des Polizisten.

[422] Ähnlich verhält es sich mit den Umweltdelikten, die den Verstoß gegen einschlägige Gesetze zum Umweltschutz unter Strafe stellen und ihnen dadurch besonderes Gewicht verleihen.

[423] GÖTZ, Polizeirecht Rn. 414, S. 152; KINNEN, MDR 1974, S. 630, 634; SEELMANN, ZStrW 89, S. 51 f.; THEWES, S. 46 f.

kann eine solche Konkurrenz gar nicht bestehen. Erst die Notrechtsvorbehalte stellen die Verbindung her und lösen die damit verbundene Unsicherheit aus.

KLINKHARDT[424] legt zutreffend dar, daß die Vorfrage nach der rechtlichen Zuordnung des Vorgangs nur im Sinne einer Zuordnung zu hoheitlichem Handeln entschieden werden kann. Er begründet sein Ergebnis mit der sogenannten Interessentheorie, für die ausschlaggebend ist, ob ein Vorgehen und Verhalten dem Interesse des Staates dient. Aber auch nach der jetzt vorherrschenden Subjektionstheorie kann die Abgrenzungsfrage nichts anderes ergeben: Der gesamte Vorgang, also auch die Selbstverteidigung des Beamten, fällt in den Bereich der Gefahrenabwehr, die vorrangig Aufgabe des Staates ist. Erst danach bleibt Raum für die Frage, ob beim hoheitlichen, aber rechtswidrigen Handeln die privaten Ermächtigungen neben den einschlägigen Ermächtigungsvorschriften zur Anwendung kommen. Das Abstellen auf den Beamten als Staatsbürger in Uniform erweist sich zur Begründung eines solchen Vorgangs als ungeeignet. Allein daß der Beamte auch „in der Uniform" Bürger und Normadressat des Strafgesetzbuches bleibt, vermag den absoluten Vorrang strafrechtlicher vor polizeirechtlichen Beurteilungsmaßstäben nicht zu begründen.

Auch der Begriff des Staatsbürgers[425] in Uniform erweist sich letztlich nicht als hilfreich. Ganz abgesehen davon, daß es sich nicht um einen verbindlichen Rechtsbegriff handelt, begegnet er üblicherweise in einem Kontext, der eher gegen als für die Anwendbarkeit der Notrechte auf hoheitliches Handeln spricht.

1955 kam dieser Begriff im Zusammenhang mit der neu eingerichteten Bundeswehr auf. Der „Staatsbürger in Uniform" bezeichnete das Selbstverständnis der Soldaten als Streitkräfte im demokratischen Rechtsstaat. Damit unterschied sich die Bundeswehr von der als „Staat im Staat" bezeichneten Reichswehr. Die Stellung der Beamten gegenüber dem demokratischen Rechtsstaat als Dienstherrn stimmt mit derjenigen der Soldaten im wesentlichen überein[426]. Von daher gesehen ist es richtig, Polizeivollzugsbeamte wie Soldaten als Bürger in Uniform zu bezeichnen. Auf den status des Beamten[427] als Staatsbürger, das heißt als Träger von Grund- und Bürgerrechten, kommt es aber nur im

---

[424] KLINKHARDT, VerwArchiv Bd. 55, S. 341-348.

[425] Verwendet bei BOCKELMANN, FSchr. DREHER, S. 242 f.

[426] F. KIRCHHOF, HStR III, § 78 Rn. 37 f.

[427] Übertragen auf Beamte erweist sich der Begriff als zu eng; es sei denn, er stellt nicht mehr in erster Linie auf die Uniform, als vielmehr auf das Dienst- und Treueverhältnis ab. Denn Lehrer oder Finanzbeamte sind beide nicht uniformiert und stehen gleichwohl als Beamte ebenso wie die Polizisten und Soldaten in einem Dienst- und Treueverhältnis zum Staat. Unbestritten sind sie darüber hinaus genauso Staatsbürger wie die uniformierten Beamten.

sogenannten Grundverhältnis zum Dienstherren an[428]; denn nur dieser und nicht der einzelne Bürger ist gem. Art. 1 Abs. 3 GG zu deren Achtung verpflichtet. In der Diskussion um die Notrechte geht es aber nicht um die Beziehung zum Dienstherren, sondern um die Ermächtigung für das Einschreiten gegenüber anderen Grundrechtsträgern. Ihnen tritt mit dem uniformierten Beamten gerade kein Privatmann gegenüber; der Beamte handelt vielmehr für den Staat und von ihm erwartet der Störer deshalb auch, daß er die Regeln des Polizeigesetzes und die Grenzen des Übermaßverbotes einhält.

Der Polizist als „Bürger in Uniform“ begegnet hingegen im britischen Polizeirecht in der Gestalt des *Constabler* oder eben des „*Bobby*“. Seine besondere Stellung im Staat bringt der Begriff des Bürgers in Uniform zutreffend zum Ausdruck. Denn die *Constabularies* sind ursprünglich von den Bürgern organisierte und wahrgenommene Verbände einer kommunalen Schutzpolizei. Als solche unterstehen sie gerade nicht dem Innenministerium und der Krone, sondern sind auch heute noch regional organisiert[429]. Wegen dieser „Herkunft“ von den regionalen Bürgerwehren stehen den Constablers keine anderen als die allgemeinen Befugnisse zur Selbsthilfe zu, also die „private defences“ und das allgemeine Festnahmerecht aus der Criminal Act von 1967[430]. Eine Kumulierung von staatlichen und privaten Befugnisse, auf die die strafrechtliche Theorie hinausläuft, ist für ihn schlechterdings ausgeschlossen[431].

Auch SCHWABES Erst-Recht-Schluß von den Verboten auf im Strafgesetzbuch verankerte Erlaubnisse hält einer Überprüfung nicht stand. Schon die Ansicht, die Straftatbestände beschränkten hoheitliches Handeln, überzeugt nicht. Das Strafrecht befaßt sich nicht mit hoheitlichem Handeln der Behörden, sondern mit natürlichen Personen, die als Amtswalter versagen. Nur diese können Straftatbestände erfüllen und dafür persönlich zur Verantwortung gezogen werden. Die Ermächtigungen zu hoheitlichem Handeln sprechen aber nicht die einzelne private Person, sondern den Amts- oder Organwalter an, der für seine Be-

---

[428] F. KIRCHHOF, HStR III, § 78 Rn. 37 f.

[429] V. URFF, S. 8.

[430] Das sind vor allem die allgemeinen Rechte aus dem *Common Law* und der *Criminal Law Act* von 1967. Die *Criminal Act* räumt in ihrer section 3 ein mit § 127 Abs. 1 StPO vergleichbares Festhalterecht ein, V. URFF, S. 15 f.; HECKENBERGER, S. 233.

Section 3 der Criminal Law Act lautet:

(1)A person may use such force as is reasonable in the circumstances in the prevention of crime, or in effecting or assisting in the lawful arrest of offenders or suspected offenders or persons unlawfully at large.

(2)Subsection (1) above shall replace the rules of common law on the question when force used for a purpose mentioned in the subsection is justified by that purpose.

[431] Zur Frage der Waffenlosigkeit des Constablers als Zeichen für einen möglichen Verzicht des Staates auf den Einsatz von Schußwaffen s. 4. Kapitel Teil B I.

hörde tätig wird. Was aber für die Straftatbestände gilt, trifft erst recht auf die Rechtfertigungsgründe zu. Falls sie überhaupt zur Anwendung gelangen, kommen sie allein der natürlichen Person, nicht aber dem Amtswalter oder gar seiner Behörde zugute.

Selbst wenn man § 32 StGB grundsätzlich für anwendbar hielte, stünde der Rechtfertigung rechtswidrigen hoheitlichen Handelns gem. § 32 StGB auch entgegen, daß neben der regulären hoheitlichen Gefahrenabwehr private Gefahrenabwehr nicht mehr „geboten" ist. Solange nämlich Amtswalter präsent sind, ist es ihre Aufgabe, gegen die Gefahr mit hoheitlichen Mitteln einzuschreiten[432]. Vor allem gilt dies für den Amtswalter selbst. Da er selbst die staatliche Gefahrenabwehr leistet, wäre sein Rückgriff auf die Rechtfertigungsgründe geradezu ein Widerspruch in sich. Die Befugnisse des Amtswalters sind insofern keine spezielleren Sonderbefugnisse, die dem Amtswalter kumulativ zu seinen Selbsthilfe-„Befugnissen" zustehen. Vielmehr verstößt er gegen die für ihn einschlägigen Vorschriften und muß für diesen Verstoß gem. § 59 Abs. 2 LBG NW einstehen[433]. BOCKELMANNS Annahme, daß der Beamte mehr tue, als ihm die Dienstvorschriften auferlegen, hieße konsequent weiter gedacht, daß der Beamte mit dem polizeirechtswidrigen Schußwaffengebrauch eine besondere Leistung erbringt.

Die Unterschiede zwischen den Ermächtigungen und den Rechtfertigungsgründen sprechen gegen jede Interpretation des Notrechtsvorbehaltes als hoheitliches Handeln. Deshalb kommt es auch nicht darauf an, ob die Notrechtsvorbehalte auf die vorrangigen bundesgesetzlichen Normen verweisen oder ob die Inkorporierung, von der KLOSE[434] ausgeht, der sachgerechtere Weg zur Heranziehung der Notrechte ist. Dadurch ändert sich lediglich die „Verpackung", nicht aber der Inhalt der Rechtfertigungsgründe. Den von den Notrechten selbst ausgehenden Widerspruch im Polizeigesetz darf man deshalb nicht einseitig zugunsten des Strafrechts auflösen.

b. Vermittelnde Ansicht: Rechtfertigung des Amtswalters für den polizeirechtswidrigen Schußwaffengebrauch

Im Öffentlichen Recht hat sich die Ansicht durchgesetzt, daß die Rechtfertigungsgründe dem Amtswalter zugute kommen. Diese Ansicht hat Früchte getragen. Sie liegt offenkundig dem Notrechtsvorbehalt des § 35 Abs. 2 ME[435] zugrunde und hat von dort aus Eingang in diejenigen Polizeigesetze gefunden, die sich § 35 Abs. 2 ME zueigen gemacht haben.

---

[432] G. JAKOBS, 12. Abschnitt, Rn. 45.

[433] LK-HIRSCH, Rn 14 zu § 34.

[434] KLOSE, ZStrW 89, S. 87.

[435] S. Begründung in ME 2. Aufl. 3.44.

aa. Unabhängigkeit der straf- und polizeirechtlichen Betrachtung: Die vermittelnde Ansicht geht zutreffend von einem grundsätzlich verschiedenen Wirkungsbereich der Ermächtigungen auf der einen und der Notrechte auf der anderen Seite aus. Sie schließt daraus, daß Ermächtigungen und die Rechtfertigungsgründe auf unterschiedlichen Ebenen zum Tragen kommen[436]. Weil sich jede dieser Ebenen allein nach dem für sie einschlägigen Recht richte, ist nach der im öffentlichen Recht herrschenden Ansicht die Rechtfertigung amtlichen Handelns durch die Notrechte ausgeschlossen. Der Amtswalter, der in einer Notlage unter Verstoß gegen das Polizeigesetz von seinen Notrechten Gebrauch macht, darf sich hingegen zu seiner Verteidigung auf § 32 berufen. Sofern die Notrechtsvorbehalte nicht ohnedies dem Musterentwurf folgen, halten die Vertreter der herrschenden Meinung eine verfassungskonforme Auslegung im Sinne des Musterentwurfs für nötig[437].

Daß dabei die einheitliche Wertung des gesamten Sachverhalts entfällt, betrachtet insbesondere KIRCHHOF[438] als unschädlich. Die Unterscheidung zwischen Gesetzmäßigkeit i. S. von tatbestandsmäßigem Verhalten und Rechtmäßigkeit weist seiner Ansicht nach darauf hin, daß verschiedene Regelungen für einen Sachverhalt zu ganz unterschiedlichen und scheinbar widersprüchlichen Rechtsfolgen gelangen können[439]. Gerade im öffentlichen Recht gebe es verschiedene Kontrollsysteme, die denselben Sachverhalt unterschiedlich beurteilen. Er hält es deshalb lediglich für erforderlich, diese verschiedenen Rechtsgebiete konsequent auseinanderzuhalten[440]. Bei der Bewertung des Schußwaffengebrauchs komme das Polizeirecht mit seinen strengeren Maßstäben zum Schutz des Adressaten zur Geltung, während das Strafrecht die persönliche Strafwürdigkeit des Amtswalters in den Mittelpunkt rücke und deshalb die Notwehrlage des Amtswalters zu berücksichtigen habe.

bb. Kritik an der vermittelnden Auslegung: Für diese Aufspaltung des einheitlichen Sachverhalts in einen polizeirechtlich und einen strafrechtlich be-

---

[436] DREWS-WACKE-VOGEL-MARTENS, S. 548; GÖTZ, Polizeirecht, Rn. 414; KRÜGER, Schußwaffengebrauch, 4. Aufl., S. 84 ff.; DERS., NJW 1970, S. 1484; 1974, S. 1; KINNEN, MDR 1974, S. 633 f.; KLINKHARDT, VerwArch. Bd. 55, S. 347; P. KIRCHHOF, Aktuelle Probleme, S. 68 f. und 73–76; DERS., NJW 1979, S. 970; MERTEN, Aktuelle Probleme, S. 106; RIEGEL, NVwZ 1985, S. 639, 640; THEWES, S. 48 f.; V. WINTERFELD, NJW 1972, S. 1881, 1882.

[437] P. KIRCHHOF, Aktuelle Probleme, S. 77; DERS., NJW 1978 S. 969 unter Berufung auf BVerfGE 33, S. 1, 16 f.; W. LANGE, MDR 1974, S. 357, 358; KINNEN, MDR 1974, S. 630, 634.

[438] P. KIRCHHOF, NJW 1978, S. 969 ff.

[439] P. KIRCHHOF, Unterschiedliche Rechtswidrigkeit in einer einheitlichen Rechtsordnung, S. 8 ff., 25 ff., 30 ff., ebenso aber ohne Begründung W. LANGE, MDR 1974, 357, 358.

[440] P. KIRCHHOF, NJW 1978, S. 969, 972.

werteten Teil spricht, daß der Beamte gem. § 59 Abs. 2 LBG persönlich für sein gesamtes dienstliches Verhalten einzustehen hat. Neben der dienst- und vermögensrechtlichen Haftung[441] umfaßt § 59 Abs. 2 LBG insbesondere die strafrechtliche Verantwortung des Amtswalters[442]. Das neben einem Disziplinarverfahren selbständig durchgeführte Strafverfahren ist also durchaus mit den Grundvorstellungen des Beamtenrechts zu vereinbaren. Schließlich bedeutet der Freispruch oder die Verfahrenseinstellung nicht, daß der Vorfall ohne dienstrechtliche Konsequenzen bleibt. Vielmehr steht es im Ermessen des Dienstherrn, ein Disziplinarverfahren durchzuführen, wenn die Ermittlungen ergeben haben, daß der Beamte in polizeirechtlicher Hinsicht versagt hat[443].

Das Bild der unterschiedlichen Rechtsebenen trägt aber nur zum Teil. Es illustriert zutreffend, daß derselbe Sachverhalt in verschiedenen Rechtsgebieten unter jeweils unterschiedlichen rechtlichen Vorzeichen zum Tragen kommen kann. Diese Betrachtung rechtfertigt jedoch nicht den Schluß, daß die beiden Rechtsgebiete den Sachverhalt zwangsläufig unterschiedlich bewerten müssen. Wenn dasselbe Grundprinzip in verschiedenen Rechtsgebieten zum Tragen kommt, stimmen auch die Urteile über das relevante Geschehen überein.

Das Gewaltmonopol ist solch ein allgemein verbindliches Grundprinzip. Das alleinige Vorrecht, seine Zwecke gewaltsam durchsetzen zu dürfen, berührt sowohl das Sonderrecht des Staates wie auch das Straf- und das Zivilrecht. Während das Polizeirecht den Normalfall legaler Gewaltanwendung auf bestimmte Formen festlegt, geht es im Zivil- und Strafrecht um die Folgen illegaler Gewalt und die Gründe, die ausnahmsweise für eine Duldung der an sich mißbilligten Gewalt sprechen. Da die verschiedenen Rechtsgebiete Einzelaspekte desselben Grundgedankens regeln, müssen sie sich wie Puzzleteile zu einem schlüssigen Gesamtbild zusammenfügen lassen.

Zu diesem Gesamtbild gehört vor allem das Regel-Ausnahme-Verhältnis zwischen hoheitlicher Gefahrenabwehr und privater Selbsthilfe: Die Rechtsordnung nimmt private Gefahrenabwehr hin, weil sie, verglichen mit der Hinnahme der rechtswidrigen Tat, das kleinere Übel darstellt[444]. Solange aber ein Polizei-

---

[441] Von einer vermögensrechtlichen Inanspruchnahme aufgrund von § 839 BGB befreit ihn bei der Notwehrleistung auch nicht der Staatshaftungsartikel 34 GG. Dieser leitet die Ersatzpflicht auf den Dienstherren über, solange der Amtswalter *seine Amtspflichten* nicht vorsätzlich oder grob fahrlässig verletzt hat. Um den Weg zu den Notrechten überhaupt freizumachen, gilt die Notwehr des Amtswalters aber sowohl der rein strafrechtlichen Lehre wie auch der vermittelnden Theorie als privates Handeln des Amtswalters.

[442] So FELIX, Remonstrationsrecht, S. 8.

[443] Dazu 3.44 Allgemeine Begründung zum ME; KNEMEYER, VVDStRL 35 S. 258 Rn. 117 a.E.

[444] ISENSEE, Grundrecht auf Sicherheit, S. 56 ff.

vollzugsbeamter als Amtswalter des Staates präsent ist, besteht für die Angegriffenen in puncto Gefahrenabwehr „Abnahmezwang". Dieser „Abnahmezwang" erschöpft sich nicht nur im Vorrecht der Polizei, Gewalttäter in ihre Schranken zu weisen. Vor allem richtet sich die Gefahrenabwehr ausschließlich nach dem Sonderrecht des Staates. Für Selbsthilfe Privater ist daneben kein Platz[445]. Was insoweit für jeden beliebigen Dritten gilt, trifft erst recht auf den Amtswalter zu. Denn er ist es, der für den Staat als den Inhaber des Gewaltmonopols auftritt und die reguläre hoheitliche Gefahrenabwehr leistet[446]. Er darf die engen Grenzen, die ihm das Gesetz und das Verhältnismäßigkeitsprinzip dabei setzen, weder dadurch umgehen, daß er bei der Ausübung von Hoheitsbefugnissen eine auf § 32 StGB gestützte „Schützenhilfe" Privater annimmt, noch darf er die Schranken des Übermaßverbotes durch einen Rückgriff auf die eigenen Notrechte unterlaufen.

Die Probleme und Grenzen dieser vermittelnden Auslegung zeigen sich besonders deutlich bei gelenkten Einsätzen. Bei diesen trifft der Einsatzleiter die Entscheidungen für oder gegen den Schußwaffengebrauch ebenso wie über den Zeitpunkt, in dem es zum Eingriff kommt. Der einzelne Beamte darf im Rahmen dieser Vorgaben nur noch darüber entscheiden, ob er den Gehorsam verweigern muß, weil die Ausführung der Anordnung eine Straftat darstellt oder die Menschenwürde verletzt. Mehr als diese negative Entscheidung gegen die Ausführung der Anordnung gestattet § 59 Abs. 2 PolG nicht. Wenn der Notrechtsvorbehalt aber so zu lesen ist, daß der eigenmächtige und tatbestandsmäßige Schußwaffengebrauch wenigstens in strafrechtlicher Hinsicht ohne Konsequenzen bleibt, erkennt das Polizeigesetz die Möglichkeit an, die Unterordnung unter die Anordnungen des Vorgesetzten zu umgehen und damit das Gelingen des Einsatzes aufs Spiel zu setzen.

Auch die vermittelnde Ansicht führt freilich nicht daran vorbei, daß der Beamte zwar strafrechtlich gerechtfertigt sein mag, aber daß die Maßnahme dem Polizeirecht widerspricht. Entsprechend hat der Staat zwar Amtshaftungsansprüchen gem. § 239 BGB i. V. mit Art. 34 GG zu gewärtigen[447] und der Beamte wird sich ungeachtet seiner Rechtfertigung nach strafrechtlichen Maßstäben in einem dienstinternen Disziplinarverfahren zu verantworten haben. Beide Sanktionen können aber an dem fait accompli eines rechtswidrigen Schußwaffengebrauchs mit allen seinen Folgen für den Geschädigten nichts mehr ändern,

---

[445] JAKOBS, 12. Abschnitt Rn. 45; MERTEN, Gewaltmonopol, S. 56 f.; WAGNER, Notwehrbegründung, S. 61 f.,

[446] JAKOBS, 12. Abschnitt, Rn. 41 ff.

[447] Für den Regreßanspruch gegen den einzelnen Beamten wie für das dienstinterne Disziplinarverfahren kommt es dann auch auf den Vorsatz des Beamten an. Dieser dürfte, wenn sich der Beamte wissentlich und willentlich zur Nothilfe entschlossen hat, regelmäßig gegeben sein.

sondern ziehen nur noch die Konsequenzen aus demselben. Diese Konsequenzen tragen der eigentlichen Bedeutung der polizeigesetzlichen Regelung jedoch nur zum Teil Rechnung. Das Gesetz soll polizeiliches Handeln im Voraus regeln und auf bestimmte Formen festlegen. Diese Lenkungsfunktion wird bereits durch den Ausweg aus der strafrechtlichen Bindung beeinträchtigt, den die Rechtfertigungsgründe eröffnen. Denn wenn sich ein Beamter dazu entschließt, als Nothelfer eine schwere Sachbeschädigung abzuwenden, weil die Vorschriften des Polizeigesetzes den Schußwaffengebrauch nicht tragen, schiebt er in der Praxis auch die rechtsstaatlichen Einschränkungen für hoheitliches Handeln beiseite. Wenn das Polizeigesetz bei der nachträglichen Beurteilung des Falls greift, sind die Tatsachen bereits unwiderruflich geschaffen. Von daher darf der Staat nicht auf seinen ausschließlichen Anspruch verzichten, das Einschreiten der Beamten zu lenken.

Im Ergebnis weicht deshalb die herrschende öffentlich-rechtliche Ansicht von der rein strafrechtlichen nicht so weit ab, wie man vermuten mag. Denn die Notwehr unterliegt keiner Grundrechtsbindung; der Amtswalter wiederum verfügt regelmäßig über die Verteidigungsmittel, die das Waffengesetz den privaten Personen üblicherweise vorenthält[448]. Die Möglichkeit, im Dienst mit der Dienstwaffe Notwehr zu üben, durchbricht deshalb das engmaschige Netz, mit dem die Rechtsordnung den Gebrauch der Schußwaffe in Grenzen hält. Man kann zwar versuchen, die Schranken der Notwehr durch eine extensive Auslegung des Merkmals „erforderlich" den Anforderungen des Verhältnismäßigkeitsprinzips im engeren Sinn anzupassen. Das kommt freilich dem Eingeständnis gleich, mit den vorausgegangenen Zugeständnissen zu weit gegangen zu sein.

Auch gegen die vermittelnde Theorie bestehen deshalb gewichtige Bedenken. Trotz der überzeugenden Ablehnung der primär strafrechtlichen Auslegung vermag auch sie nicht den gerügten Widersprüchen zu entgehen. Da diese Widersprüchen auf der Verbindung zweier unvereinbarer Rechtsmaterien beruhen, legt dies die Konsequenz nahe, daß das offenkundig Unvereinbare getrennt bleiben muß, um die unauflöslichen Widersprüche in der Rechtsordnung zu vermeiden.

c. Rein polizeirechtliche Betrachtungsweise: Bedeutungslosigkeit der Notrechte für die Polizeivollzugsbeamten

Da keiner der Versuche, die Notrechte ins Polizeirecht zu übertragen und zu integrieren, überzeugt, bleibt nur eine streng am Polizeirecht ausgerichtete Interpretation übrig. Auch wenn dieser Weg in seiner Konsequenz zugunsten

---

[448] § 6 Abs. 1 WaffG kann die Polizeivollzugsbeamten nur deshalb vom Anwendungsbereich des Waffengesetzes ausnehmen, weil sie die Waffe benutzen, um damit für den Staat einzustehen und sie nach dessen weitaus strengerem Reglement zu gebrauchen.

des Polizeirechtes prima vista „dürr“ erscheint, weil er jeglichen Kompromiß zwischen den Vorschriften über den Schußwaffengebrauch und denen über die Notrechte ablehnt, führt allein er zu einer widerspruchsfreien Lösung des Problems.

Der Ausschluß der Notrechte im Polizeirecht begegnet nur dann Bedenken, wenn die Beamten ohne die Zubilligung von Notrechten wirklich schlechter stünden als die zur Selbsthilfe befugten Bürger. Eine solche unangemessene Einschränkung läßt sich hingegen nicht erkennen. Daß der Beamte aufgrund seiner Dienstpflicht auch schwer bewaffneten Gewalttätern gegenübertreten muß und dabei in Lebensgefahr geraten kann, gehört zum typischen Risiko, das der Laufbahnbewerber mit seiner Berufswahl bewußt in Kauf genommen hat[449]. Weiter geht diese Pflicht zum vollen Einsatz aller Kräfte jedoch nicht. Vielmehr verpflichtet die beamtenrechtliche Fürsorgepflicht den Dienstherren dazu, den Beamten die tatsächlichen und rechtlichen Möglichkeiten zur angemessenen Selbstverteidigung gegen gewalttätige Störer einzuräumen. Bevor der Gesetzgeber 1980 im Anschluß an den Musterentwurf eine ausdrückliche Regelung für den Schußwaffengebrauch zum Schutz von Leib und Leben getroffen hatte[450], waren die Beamten de lege lata den zur Notwehr berechtigten Bürgern unterlegen. Denn § 12 Abs. 1 UZwGNW ließ den Schußwaffengebrauch nur zur Abwehr von Verbrechen oder von Vergehen zu, die mit Schußwaffen oder Sprengstoffen verübt wurden. Da aber § 64 Abs. 1 Nr. 1 PolG auch den Schußwaffengebrauch zur Selbstverteidigung trägt[451], erhalten die Beamten insoweit denselben Schutz, den der Staat in den Grenzen seiner grundrechtlichen Bindungen allen Bürgern leistet. So gesehen steht der Beamte bei der Selbstverteidigung nach Maßgabe des Polizeigesetzes nicht schlechter als die übrigen Bürger. Wenn er sich hingegen bei Verstößen gegen das Polizeirecht unter Berufung auf die Rechtfertigungsgründe von der strafrechtlichen Verantwortlichkeit befreien könnte, stünde er ungleich besser als die übrigen Bürger. Diese sind zwar nicht an die Grundrechte gebunden und haben bei der Selbsthilfe nur die Grenzen der §§ 32 und 34 StGB zu beachten. Dafür stehen ihnen aber auch in der Regel keine Waffen zu Gebote; ihre Selbsthilfe ist daher ungleich riskanter. Erst die wie auch immer begründete Ergänzung der staatlichen Machtmittel durch die Rechtfertigungsgründe im Falle rechtswidrigen Polizeihandelns führte zu der Kombination von Gewaltmitteln und rechtlich gebilligten Handlungsmöglichkeiten, die die Rechtsordnung in dieser Form gerade nicht gewollt hat.

Allerdings beschränkt sich die Selbstverteidigung der Beamten allein auf diese höchstpersönlichen Rechtsgüter, während § 32 StGB erlaubt, jeden

---

[449] MAUNZ-DÜRIG, Rn. 17 zu Art. 2 Abs. 2 GG.

[450] In der Fassung von 1980 in § 42 Abs. 1 PolG.

[451] TEGTMEYER Rn. 2 zu § 64.

rechtswidrigen Angriff abzuwehren. Diese Einschränkung ist indessen angemessen. Sobald nämlich nicht mehr die höchstpersönlichen Rechtsgüter betroffen sind, kommen die durch die Grundrechtsbindung verschärften Anforderungen zum Tragen. Soweit und solange aber das Polizeigesetz den Beamten den Schußwaffengebrauch zum Schutz von Sachgütern untersagt, stellt ihn das nicht zwingend schlechter als einen beliebigen unbewaffneten Bürger. Beiden bleibt es unbenommen, den Angriff mit milderen Mitteln abzuwehren.

Je konsequenter man hier eine Vermischung von Ermächtigung und Rechtfertigung hoheitlichen Handelns ausschließt, desto eher kann man auch der Gefahr entgegenwirken, daß der Gesetzgeber die Notrechtsvorbehalte benutzt, um unter Verweis auf die persönliche Verantwortung und praktisch im voraus zugebilligte Notwehr der Beamten, unpopuläre Vorschriften im Gesetz zu umgehen. Wie nahe dieser Ausweg aus dem politischen Dilemma liegt, zeigt die Debatte über die Regelung des finalen Rettungsschusses von 1980 im nordrhein-westfälischen Landtag[452]. Der Schaden ist jedoch ein dreifacher: Solange die Notrechtsvorbehalte dem Beamten eine „Privatsphäre" zugestehen, in der er mit den Notrechten vollenden darf, was der Gesetzgeber im Sonderrecht zu regeln sich scheut, stellt der Staat seinen eigenen Anspruch auf Vorrang bei der Gefahrenabwehr in Frage. Zudem entgleitet ihm die Kontrolle über den Einsatz seiner Machtmittel, weil er die Beamten geradezu auffordert, sie für Privatzwecke zu gebrauchen. Ein weiterer rechtsstaatlicher „Verlustposten" ergibt sich hinsichtlich der Vorhersehbarkeit hoheitlichen Handelns. Wenn nämlich die Beamten eine fehlende polizeigesetzliche Legitimation mit Hilfe der Vorschriften über Notwehr und Notstand ergänzen dürfen, hat der Adressat keinerlei Gewißheit mehr darüber, was er seitens des Amtswalters zu gewärtigen hat. Wenn der Gesetzgeber, den finalen Rettungsschuß, anstatt ihn als hoheitliche Maßnahme zu behandeln, als rechtfertigungsbedürftige, vom Gewissen diktierte Straftat seiner Beamten ausgibt, nimmt er billigend mehr als nur „ein bißchen Unsicherheit bei dem einzelnen in Kauf"[453].

5. Ergebnis der Auslegung

Wenn die rechtsstaatlichen Garantien ihren Wert behalten sollen, dürfen die sogenannten Notrechte keinen Einfluß auf hoheitliches Handeln bekommen. § 57 Abs. 2 PolG hat danach – wie bei der rein strafrechtlichen Auslegung – nur deklaratorische Bedeutung. Allerdings bedeutet „unberührt" im Kontext einer konsequent öffentlich-rechtlichen Auslegung, daß die Notrechte neben den einschlägigen Ermächtigungen irrelevant sind.

---

[452] Siehe dazu in diesem Kapitel unter A IV 3 a cc.

[453] MdL POHLMANN, in LT-Plenarprotokolle 8/130, S. 8839; vollständig zitiert in Teil A III 3 a cc.

III. Fazit

Notrechte und hoheitliche Gewaltbefugnisse mögen in derselben Lage und gegen dieselben Gefahren zur Anwendung kommen. Sie stehen alternativ nebeneinander, können sich jedoch nicht kumulativ ergänzen. Als Ausweg aus der strengen Bindung an Gesetz und Recht, insbesondere an die von Art. 1 Abs. 3 GG diktierte Grundrechtsbindung, laufen sie den rechtsstaatlichen Garantien zuwider. Im Rechtsstaat darf es aber keine Befugnis zum Rechtsbruch durch Übertreten der gesetzlich festgelegten Schranken[454] geben. Eine konsequente rechtsstaatliche Interpretation der Notwehrvorbehalte ist daher allein im Vorrang des Polizeigesetzes vor den Rechtfertigungsgründen zu sehen.

---

[454] BÖCKENFÖRDE, NJW 1978, S. 1883 f.

VIERTES KAPITEL

DIE VERFASSUNGSRECHTLICHE RECHTFERTIGUNG FÜR DEN SCHUSSWAFFENGEBRAUCH DER POLIZEI

A Die Kompetenzverteilung bei der Regelung des Schußwaffengebrauchs

I. Gesetzgebungskompetenzen für den präventiven Schußwaffengebrauch

Da der präventive Schußwaffengebrauch eine Maßnahmen der Gefahrenabwehr ist, gilt für diese dasselbe wie für das übrige Polizeirecht. Dem Bund steht als Annex[1] zu der Kompetenz für die Errichtung besonderer Bundespolizeibehörden in Art. 87 Abs. 1 S. 2 GG[2] auch die Kompetenz zu, deren Procedere gesetzlich festzulegen[3]. Darüber hinaus sind die Länder gem. Art. 70 Abs. 1 GG dafür zuständig, den Schußwaffengebrauch ihrer eigenen Polizeibehörden zu regeln[4].

II. Gesetzgebungskompetenz für den repressiven Schußwaffengebrauch

Die Regelung des repressiven Schußwaffengebrauchs durch die Länder verletzt möglicherweise die Kompetenz des Bundes für das Strafprozeßrecht

---

1 Vgl. BVerfGE 8, S. 143.

2 Art. 87 Abs. 1 S. 2 GG: „Durch Bundesgesetz können Bundesgrenzschutzbehörden, Zentralstellen für das polizeiliche Auskunfts- und Nachrichtenwesen, für die Kriminalpolizei und zur Sammlung von Unterlagen für Zwecke des Verfassungsschutzes und des Schutzes gegen Bestrebungen im Bundesgebiet, die durch Anwendung von Gewalt oder darauf gerichtete Vorbereitungshandlungen, auswärtigen Belange der Bundesrepublik gefährden, eingerichtet werden."

3 Vgl. BVerfGE 3, S. 407, 433 f.; 8, S. 143, 149; 22, S. 180, 210; BULLINGER, AöR 96 (1971), S. 237, 239 f.; LERCHE, in MAUNZ-DÜRIG Rn. 121 zu Art. 87; RENGELING, HStR IV Rn. 56 ff; STERN, Staatsrecht Bd. I, S. 507 f; v. MÜNCH, Rn. 20 zu Art. 70; ACHTERBERG, DÖV 1966, S. 695 und 699 und PIOCH, Einl. zum UZwG, S. 70 führen die Kompetenz auf die Organisationsgewalt und die Erforderlichkeit einer gesetzlichen Regelung gem. Art. 19 Abs. 2 GG zurück.

4 Vgl. DREWS-WACKE-VOGEL-MARTENS, S. 18; GÖTZ, Rn. 41; KNEMEYER, Rn. 16; RENGELING, HStR IV § 100 Rn. 299.

einschließlich der Strafverfolgung aus Art. 72 und 74 Nr. 1 GG. Denn gem. Art. 72 GG entfalten die aufgrund dieser Kompetenz ergangenen Regelungen Sperrwirkung, das heißt, sie schließen landesrechtliche Vorschriften zu derselben Frage aus[5]. Gleichwohl verpflichten die Art. 72 und 74 GG den Bund nicht dazu, die betreffende Materie erschöpfend zu regeln. Vielmehr bleibt es ihm unbenommen, bestimmte Fragen für die Länder auszusparen[6]. Andererseits kann er mit absichtlichen Lücken[7] die Länder von der Regelung einer Frage auch ganz ausschließen[8]. Da § 63 Abs. 1 Nr. 3 und 4 PolG[9] mit dem repressiven Schußwaffengebrauch den Bereich des Strafverfahrens mindestens berührt und anstelle der Strafprozeßordnung regelt, fügt sich diese Regelung nur dann in die Kompetenzverteilung zwischen Bund und Ländern ein, wenn der Bund diese Frage den Ländern zur eigenständigen Regelung überlassen hat.

Die StPO ermächtigt die Polizei zwar zu Strafverfolgungsmaßnahmen, regelt aber nicht deren Vollstreckung. 1877 bedurfte es dessen auch nicht; denn der Gesetzgeber ging von dem Gewohnheitsrecht des Staates zur Vollstreckung seiner eigenen Anordnungen aus[10]. Mit Inkrafttreten des Grundgesetzes hat sich dies freilich geändert[11]. Der Gesetzesvorbehalt in Art. 2 Abs. 2 Satz 3 GG verlangt jetzt eine formell-gesetzliche Grundlage für den Eingriff. Die Strafprozeßordnung selbst enthält diese nicht und erweist sich insofern als lückenhaft. Es bleibt deshalb die Frage, ob der Bund von seiner konkurrierenden Gesetzgebungskompetenz erschöpfend Gebrauch gemacht oder noch Raum für eine eigene Regelung durch die Länder gelassen hat.

Die bundesgesetzliche Regelung des repressiven Schußwaffengebrauchs läßt im Rahmen von § 12 UZwG keinen Schluß auf die ausschließliche Zuständigkeit des Bundes zu. Mit der Regelung zeigt der Bund vielmehr, daß er die

---

[5] Vgl. BVerfGE 18, S. 407, 415; 20, S. 238 ff., 319 ff.; 42, S. 314; 45, S. 345; 67, S. 324; BVerwGE 65 S. 178; 62, S. 354, 396; 78, S. 249, 250; MAUNZ-DÜRIG, Rn. 9 f. zu Art. 72; RENGELING, HStR IV, § 100, Rn. 113, 116; SCHMIDT-BLEIBTREU, Rn. 3 zu Art. 72; v. MÜNCH, Rn. 6 zu Art. 72.

[6] Vgl. STETTNER, in DREIER, Rn. 23 zu Art. 72.

[7] Vgl. BVerfGE 36, S. 211 f, 320 f.; SCHMIDT-BLEIBTREU, Rn. 3 zu Art. 72.

[8] Vgl. STETTNER, in DREIER, Rn. 25 zu Art. 72.

[9] Darüber hinaus enthält das Strafvollzugsgesetz vom 16. März 1976 (StVollzG) (BGBl I S. 581, ber. S. 2088 und 1977 I, S. 436) auch explizite Regelungen für den repressiven Schußwaffengebrauch. Dabei kommt es freilich nicht zu Überschneidungen mit dem Handeln der Polizei, da im Strafvollzug die sogenannten Vollzugsbediensteten für die Anwendung unmittelbaren Zwanges zuständig sind. Polizeibeamte kommen lediglich im Wege der Amtshilfe in der Vollzugsanstalt zum Einsatz; vgl. KOEPSEL, in SCHWIND-BÖHM Rn. 4; AK-StVollzgG, Rn. 1 und 8 zu § 94.

[10] Vgl. HECKENBERGER, S. 234.

[11] S. dazu im 1. Kapitel B I und C

Strafprozeßordnung für ergänzungsbedürftig erachtet. Zudem beschränkt sich die bundesrechtliche Ergänzung ausdrücklich auf die Vollstreckungsbeamten des Bundes. Den unmittelbaren Zwang durch die Vollzugsbeamten der Länder wollte sie offenkundig nicht regeln. Aus dieser Selbstbeschränkung des Bundes ergibt sich mindestens ein Indiz dafür, daß die Länder ihrerseits den Schußwaffengebrauch ihrer eigenen Beamten selbst regeln dürfen.

Diese Kompetenzaufteilung zwischen Bund und Ländern erscheint auch rechtspolitisch sachgerecht. Denn für eine bundeseinheitliche Regelung verlangt Art. 72 Abs. 2 GG, daß die Wahrung der Rechtseinheit im gesamtstaatlichen Interesse eine bundesgesetzliche Regelung erfordert. Gerade im Bereich des repressiven Schußwaffengebrauchs stimmen die Vorschriften der Länder weitgehend überein, so daß für eine weitere Vereinheitlichung kein Bedarf mehr besteht. Vielmehr ermöglicht die Lückenfüllung durch die Länder eine in sich geschlossene Regelung des gesamten unmittelbaren Zwangs, ohne daß die Beamten beim Übergang vom präventiven zum repressiven Einschreiten ein ganz anderes Gesetz anwenden müssen.

Daß es den Beamten bei länderübergreifenden Einsätzen schwerfällt, die Abweichungen zwischen den einzelnen Polizeigesetzen zu beachten, ist ein typisches Problem im Bundesstaat. Das Unbehagen über solche Abweichungen in Detailfragen spricht aber weniger für eine bundes-*rechtliche*, als für eine bundes-*einheitliche* Regelung nach Maßgabe des Musterentwurfs. Zudem vermöchte eine Regelung in der Strafprozeßordnung nur einen Teil der Unsicherheiten zu beheben; für den präventiven Schußwaffengebrauch bleibt es bei der ausschließlichen Zuständigkeit der Länder. Die Aufteilung der Zuständigkeit für den repressiven Schußwaffengebrauch zwischen Bund und Ländern erweist sich deshalb insgesamt als schlüssig.

III. Fazit

Der Bund hat deshalb in der StPO seine Gesetzgebungskompetenz nicht ganz ausgeschöpft, sondern die Regelung des repressiven Schußwaffengebrauchs zur Durchsetzung strafprozessualer Maßnahmen den Ländern überlassen.

B Verfassungsmäßigkeit des geltenden Schußwaffengebrauchsrechts

Die Bemühungen, den polizeilichen Schußwaffengebrauch als ultima ratio erschöpfend zu regeln, haben zu einem Gewebe komplizierter Vorschriften geführt: Die Frage, welche Anforderungen Art. 2 Abs. 2 S. 3 GG an den Gesetzgeber stellt, betrifft vor allem das Verhältnis von formellem Gesetz und Verwaltungsvorschriften, die für die Konkretisierung der Polizeigesetze eine wichtige Rolle spielen. Der Auslöser für die Diskussion war § 2 Abs. 4 UZwG, der die Aufzählung zulässiger Schußwaffen an die Verwaltung delegierte. Heute bereitet vor allem die Abneigung der Gesetzgeber, kontroverse Entscheidungen zu treffen, Probleme. In beiden Fällen besteht die Gefahr, daß das formelle Gesetz zu Hülse wird, während die Realität des Polizeirechts in den Verwaltungsvorschriften oder der Praxis zum Ausdruck kommt.

I. Regelung des Schußwaffengebrauchs in Verwaltungsvorschriften

1. Relevante Eingriffsvorbehalte beim polizeilichen Schußwaffengebrauch

Wenn das Geschoß sein Ziel trifft, führt es zu Verletzungen oder zerstört die Sache, gegen die es sich richtet. Damit berührt der Eingriff grundrechtlich geschützte Rechtspositionen. Dies ist beim Schußwaffengebrauch gegen Personen offenkundig. Die Zerstörung von Sachen berührt das Grundrecht aus Art. 14 Abs. 1 Satz 1 GG, wenn das Eigentum an der zerstörten Sache tatsächlich geschützt ist und deren Gebrauch nicht gegen ein Gesetz i. S. von Art. 14 Abs. 1 Satz 2 GG verstößt. Auch wenn die Polizei gefährliche Sachen unschädlich macht, müssen die Beamten die Grenzen des Übermaßverbotes einhalten. Solange beispielsweise ein Tier aufgrund einer offenkundig heilbaren Verletzung, oder nachdem es seinem Halter entlaufen ist, in ungewohnter Umgebung aggressiv reagiert, genügt es bereits, dieses auf schonende Weise ruhig zu stellen, um es dann zu versorgen, beziehungsweise in seine gewohnte Umgebung zurückzubringen. Das Tier zu töten wäre unangemessen.

Schranken i. S. von Art. 14 Abs. 1 Satz 2 GG finden sich auch in den Polizeigesetzen. Sachen, deren gefährlicher Zustand die Haftung ihres Inhabers gem. § 5 Abs. 1 PolG auslöst, stehen deshalb nicht mehr unter dem Schutz des Art. 14 Abs. 1 GG. Wenn die Polizeivollzugsbeamten eine solche Sache unschädlich machen und dabei zerstören, weisen sie deren Inhaber in die immanenten Schranken des ausgeübten Rechts zurück[12]. Sie beschränken nicht etwa dessen Recht. Der Gesetzgeber muß den Schußwaffengebrauch gegen gefährliche Sachen deshalb nicht selbst regeln[13]. Ungefährliche Sachen hingegen sind

[12] Vgl. BGHZ 5, S. 144, 151; GÖTZ, Rn. 326; ISENSEE, Grundrecht auf Sicherheit, S. 44 f; MAUNZ-DÜRIG, Rn. 82 zu Art. 2 Abs. 2.

[13] Vgl. BVerfGE 20, S. 359, 361; BVerwGE 38, S. 209, 218; ERLER, Maßnahmen der Gefahrenabwehr, S. 225 ff; GÖTZ, Rn. 184; KNEMEYER, Rn. 296.

wegen der Sozialbindung des Eigentums gem. Art. 14 Abs. 2 GG zwar nicht unantastbar. Hier kommen aber die Voraussetzungen und Formvorschriften des Art. 14 Abs. 3 GG zum Tragen. Dem Erfordernis einer Entschädigungsregelung trägt das Polizeigesetz in § 67 PolG mit der Verweisung auf die Entschädigungsregelung in § 39 Abs. 1 Nr. 1 lit. a OBG Rechnung.

Beim Schußwaffengebrauch gegen Personen verhält es sich von vornherein anders. Der Eingriff tangiert kein im Sinne der Immanenzlehre[14] mißbrauchtes Grundrecht[15], sondern die Grundrechte auf Leben und körperliche Unversehrtheit, bei denen ein solcher Mißbrauch von vornherein unmöglich ist. Hier liegt deshalb in jedem Fall ein Grundrechtseingriff vor. Für diesen verlangt Art. 2 Abs. 2 Satz 3 GG eine formell-gesetzliche Grundlage. Solange sich die Lage nicht so weit zuspitzt, daß nur noch ein finaler Rettungsschuß Aussicht auf Erfolg bietet, richtet sich der Eingriff allein gegen das Grundrecht auf körperliche Unversehrtheit. Selbst wenn sich dann das latente Risiko einer tödlichen Schußverletzung verwirklicht, fehlt es an der Finalität des Eingriffs in das Grundrecht auf Leben[16]. Ist der Schutz des Angegriffenen nur noch mit einem tödlichen Eingriff zu bewerkstelligen, greift die Polizei gezielt in das Grundrecht auf Leben ein. Die Versuche, die Natur des Eingriffs durch Hinweise auf die mißbilligende Inkaufnahme des tödlichen Ausgangs und dessen bloße, wenn auch hohe Wahrscheinlichkeit zu umschreiben, ändern nichts an der Natur des Eingriffs.

Eingriffe in die Grundrechte auf Leben und körperliche Unversehrtheit sind gem. Art. 2 Abs. 2 Satz 3 GG nur aufgrund eines Gesetzes zulässig. Dafür kommt allein ein vom Parlament verabschiedetes formelles Gesetz in Betracht. Untergesetzlichen Normen der Verwaltung fehlt trotz ihrer Bedeutung für die Anwendung des formellen Gesetzes die notwendige demokratische Legitimation, um als hinreichende Ermächtigungsgrundlage in Betracht zu kommen.

2. Verweisung auf Dienstvorschriften in § 2 Abs. 4 UZwG

Gerade das Polizeirecht zeigt, wie schwer es ist, die erforderlichen Ermächtigungsgrundlagen mit der gebotenen Deutlichkeit abzufassen und den Beamten gleichzeitig genügend Raum zu lassen, um ungewöhnliche Fallkonstellationen auf dem Boden des geltenden Rechts zu entscheiden. Dem Gesetzgeber und der Verwaltung stehen zwar mit Generalklauseln und Verwaltungsvor-

---

[14] Vgl. MAUNZ-DÜRIG, Rn. 81 zu Art. 2 Abs. 2. S. 1.

[15] Das vom Angreifer mißbrauchte Grundrecht wären allenfalls die Handlungsfreiheit, die Art. 2 Abs. 1 GG von vornherein nur vorbehaltlich der Rechte Dritter schützt.

[16] Vgl. BLECKMANN, Staatsrecht Bd. II, § 12 Rn. 34; LERCHE, HStR V, § 121 Rn. 50.

schriften[17] geeignete Gestaltungsmittel zur Verfügung. Deren Anwendung setzt der Parlamentsvorbehalt jedoch Grenzen[18]. Die Generalklausel mit Verweisung auf Verwaltungsvorschriften darf nicht zum Freibrief für die Verwaltung werden, die Einzelheiten eines Grundrechtseingriffs selber festzulegen. Dieser Einwand wird freilich gegen die Regelung des § 2 Abs. 4 UZwG erhoben[19]. Das Bundesgesetz verzichtet darauf, die „Hieb- und Schußwaffen" näher zu beschreiben und überläßt dies den einschlägigen Dienstvorschriften[20]. Die Kritiker dieser Delegation monieren, daß wesentliche Details des Eingriffs im Gesetz offen bleiben und werfen dem Bund einen Verstoß gegen den Gesetzesvorbehalt vor. Diese Kritik an § 2 Abs. 4 UZwG überzeugt aber nur, wenn das Gesetz tatsächlich nicht hinreichend erkennen läßt, welche Ausmaße der bevorstehende Eingriff annehmen kann.

a. Art. 80 Abs. 1 Satz 2 GG als Maßstab für die inhaltlichen Anforderungen an polizeigesetzliche Generalklauseln

Um den von den ermächtigenden Gesetzen vorgegebenen Rahmen mit verwaltungsinternen Vorschriften auszufüllen und so die einheitliche Anwendung des formellen Gesetzes sicherzustellen, bedarf es zwar keiner expliziten Ermächtigung[21] wie für die außenwirksamen Verordnungen i. S. von Art. 80 GG. Dieser Vorschrift kommt gleichwohl Bedeutung zu. Wenn das formelle Gesetz nämlich schon in einer Verordnungsermächtigung alle essentialia legis zu bestimmen hat, muß dies erst recht gelten, sobald allein das formelle Gesetz als publizierte und formell ergangene Rechtsgrundlage zur Verfügung steht. Von daher kommt als Maßstab dafür, ob § 2 Abs. 4 UZwG noch verfassungsgemäß ist, Art. 80 Abs. 1 Satz 2 GG in Betracht.

Das Bestimmtheitsgebot aus Art. 80 Abs. 1 Satz 2 GG trägt zwei Verfassungsprinzipien Rechnung: neben dem aus dem Rechtsstaatsprinzip abgeleite-

---

17 Einen Überblick über die Typologie der einzelnen Verwaltungsvorschriften gibt OSSENBÜHL, in HStR III, § 65 Rn. 14 bis 29.

18 Vgl. BVerfGE 7, S. 43; 13, S. 160; 20, S. 158; 38, S. 368; LEIBHOLZ-RINCK-HESSELBERGER, Art. 20 Rn. 946 f., 1038.

19 Verfassungswidrigkeit bejahen ARNDT, DVBl 1965, S. 189 ff., 813; DENNINGER-BEYE, S. 10 ff.; ULE, DVBl 1962, S. 353, 359; WACKE, JZ 1962, S. 140; verneinen BAUMANN, DVBl 1962, S. 806; MAUNZ-DÜRIG, Art. 143 Rn. 14; PIOCH, S. 88; BREMER, S. 33 ff.; nur referierend, aber für strengen Maßstab, OSSENBÜHL, Verwaltungsvorschriften, S. 354.

20 Mit Ausnahme von Baden-Württemberg § 50 PolGBWü. Diese Vorschrift geht mit der Delegation sogar noch weiter; sie begnügt sich damit, die Zwangsanwendung mit „Waffen" zuzulassen. Die Differenzierung der einzelnen Waffen und deren Aufzählung, überläßt es dann der Verwaltung zur dienstlichen und damit auch internen Regelung.

21 Vgl. BVerfGE 26, S. 338, 396; BVerwGE 67, S. 222, 229; BAUER, in DREIER Rn. 15 zu Art. 80; OSSENBÜHL, HStR III § 64 Rn. 64.

ten Gebot der Vorhersehbarkeit staatlichen Handelns[22] bringt Art. 80 Abs. 1 GG mit dem Vorbehalt eines formellen Ermächtigungsgesetzes vor allem das Demokratieprinzip zur Geltung. Denn das mit den Wahlen erteilte Mandat überträgt dem Gesetzgeber eine Verantwortung, aus der er sich nicht mit der ausdrücklichen Ermächtigung zum Verordnungserlaß i. S. von Art. 80 GG oder durch das Verwenden auslegungsbedürftiger Blankettnormen verabschieden darf[23]. Deshalb setzt Art. 80 Abs. 1 Satz 2 GG den Verordnungsermächtigungen Grenzen, mit denen der Gesetzgeber die Befugnis zum Erlaß von Rechtsnormen an die Verwaltung delegiert, der eine vergleichbare demokratischen Legitimation und das Mandat zur Gesetzgebung fehlt.

Im Polizeirecht erweist sich das als besonders bedeutsam, da diese Rechtsmaterie in hohem Maß auf Generalklauseln angewiesen ist. Die Beamten müssen in der Lage sein, mit dem vom Gesetzgeber bereitgestellten Instrumentarium auch auf unvorhergesehene und unvorhersehbare Lagen zu reagieren. Wenn der Gesetzgeber an die Grenzen des Machbaren stößt, bedarf es eines eindeutigen Kriteriums für die Reichweite seiner Regelungspflicht. Das Bestimmtheitsgebot aus Art. 80 Abs. 1 Satz 2 GG, das vom Gesetzgeber verlangt, Inhalt, Zweck und Ausmaß der künftigen Verordnung im Voraus festzulegen, liefert hier einen tragfähigen Anhaltspunkt für den Umfang der Regelungspflicht[24]. Die Regelung der übrigen Details darf der Gesetzgeber dann der Verwaltung überlassen. Eine hinreichend deutlich und konkret gefaßte Generalklausel erweist sich in solchen Fällen nicht so sehr als Quelle für Unsicherheiten, sondern vielmehr als Garant für eine dem Einzelfall angepaßte und angemessene Lösung[25]. Was zu den essentialia legis zählt, hängt dabei jeweils vom Gegenstand der einzelnen Vorschriften ab.

Im Kontext mit der umstrittenen Verweisung in § 2 Abs. 4 UZwG führt dies zu folgenden Überlegungen: Sowohl unter dem Gesichtspunkt des Parlamentsvorbehalts als auch dem des Eingriffsvorbehalts bedarf die Frage, welche Waffen die Beamten bei der Anwendung von Verwaltungszwang verwenden dürfen, einer gesetzlichen Regelung. Wenn aber bereits die Zulassung von Schußwaffen als solche Inhalt, Zweck und Ausmaß des bevorstehenden Grundrechtseingriffs hinreichend deutlich beschreibt, hat der Gesetzgeber seiner Ver-

---

[22] Vgl. BVerfGE 29, S. 198, 210; 55, S. 226; 56, S. 1, 12; SCHMIDT-ASSMANN, HStR III, § 24 Rn. 58 ff., 61 ff.

[23] Vgl. BVerfGE 40, S. 237; OSSENBÜHL, Verwaltungsvorschriften und Grundgesetz, S. 354; DERS., HStR III § 62 Rn. 59; STERN, Staatsrecht Bd. II, S. 657; STAUPE, Parlamentsvorbehalt, S. 34.

[24] Vgl. STERN, Staatsrecht Bd. II, S. 660 f.

[25] Vgl. OSSENBÜHL, Verwaltungsvorschriften, S. 354.

antwortung Genüge getan und darf die Benennung der einzelnen Schußwaffen-Arten der Verwaltung zur internen Bestimmung überlassen.

Ausgehend von diesen verfassungsrechtlichen Vorgaben, gelangt die überwiegende Ansicht der Autoren zu dem Ergebnis, daß § 2 Abs. 4 UZwG den Anforderungen aus dem Vorbehalt des Gesetzes nicht gerecht wird[26]. Im Hinblick auf die Auswirkungen des Schußwaffengebrauchs mag die Forderung nach einer möglichst weitgehenden gesetzlichen Regelung überzeugen. Diese Einschätzung trägt freilich dem Wesen dieses besonderen Eingriffsmittels nicht genügend Rechnung, das sich bereits mit weniger Definitionsaufwand hinreichend beschreiben läßt. Denn die einschlägigen Definitionen für Schußwaffen in den §§ 1 Abs. 1 und 2 Abs. 3 des Waffengesetzes[27] geben hinreichenden Aufschluß über die Wirkungsweise von Schußwaffen. Das Geschoß verfügt über eine größere Reichweite als z.B. Hiebwaffen oder der Einsatz körperlicher Gewalt. Es eignet sich daher zum Aufhalten eines Flüchtigen oder zur Abwehr von Angreifern, die dem Beamten körperlich überlegen sind. Dieser bereits im Gesetz enthaltenen Information fügt die einschlägige Verwaltungsvorschrift zu § 2 Abs. 4 UZwG beziehungsweise der inhaltlich gleichlautende § 58 Abs. 4 PolG keine wesentlichen Details hinzu. Beide beschränken sich auf die Aufzählung der einzelnen zulässigen Schußwaffen. Da aber das Ausmaß des dem Adressaten zugefügten Schadens vor allem von der Geschwindigkeit, der Masse und dem Aufbau des Geschosses, sowie der Empfindlichkeit des getroffenen Organs und der Schnelligkeit abhängt[28], mit der sich Sekundärschäden einstellen[29], zählt die Art der verwendeten Schußwaffe gerade nicht zu den Essentialien der Regelung, die der Gesetzgeber zwingend selbst regeln muß.

Die vom Gesetzgeber in § 2 Abs. 4 UZwG ausgesprochene Verweisung auf Dienstvorschriften ist deshalb nicht allein vertretbar, sondern auch sinnvoll. Anstatt an „Nebenschauplätzen" den Eindruck der Vollständigkeit zu schaffen, nutzt der Gesetzgeber die Möglichkeit zur „Arbeitsteilung"[30].

---

[26] Vgl. ULE, DVBl 1962, S. 353 ff.; WACKE, JZ 1962, 137 ff.

[27] Legaldefinitionen im Waffengesetz vom 19. September 1972 in der Fassung der Bekanntmachung vom 8. März 1976 (BGBl I, S. 432): § 1 Abs. 1 WaffG: "*Schußwaffen* im Sinne dieses Gesetzes sind Geräte, die zum Angriff, zur Verteidigung, zum Sport, Spiel oder Jagd bestimmt sind und bei denen Geschosse durch einen Lauf getrieben werden". § 2 Abs. 3 WaffG: "*Geschosse* im Sinne dieses Gesetzes sind 1. feste Körper oder 2. gasförmige, flüssige oder feste Stoffe in Umhüllungen".

[28] Vgl. ROPOHL, in FORSTER, S. 158 f.: Das Geschoß bildet beim Eindringen in den Körper eine sogenannte temporäre Höhle, in der dann die Energie frei wird und das umliegende Gewebe zerstört.

[29] Vgl. ROPOHL, in FORSTER, a.a.O.

[30] Vgl. WOLF-STEPHAN, Rn. 8 zu § 50 PolGBWü.

b. Umdeutung des § 2 Abs. 4 UZwG in eine Verordnungsermächtigung

DÜRIG[31] hält die Verweisung für ungenügend und deutet sie deshalb in eine Ermächtigung i. S. von Art. 80 Abs. 1 Satz 1 GG um. An die Stelle der internen Ermessenslenkung[32] tritt bei ihm also eine delegierte Rechtsetzungskompetenz. Eine solche Umdeutung kommt freilich nur in Betracht, wenn § 2 Abs. 4 UZwG auch die formellen Voraussetzungen aus Art. 80 Abs. 2 und 3 GG erfüllt.

Diese Formerfordernisse verlangen, daß das Ermächtigungsgesetz den Adressaten genau bezeichnet. Der Adressat wiederum muß seiner Verordnung eine Präambel voranstellen, in der er sich auf die ermächtigende Norm bezieht[33]. Da § 2 Abs. 4 PolG weder einen bestimmten Adressaten erkennen läßt, noch Anspruch darauf erhebt, eine außenwirksame Verordnung zu sein[34], ist keines der beiden Transparenzerfordernisse erfüllt. Als „zu kurz geratene" Ermächtigung zum Verordnungserlaß kann § 2 Abs. 4 UZwG deshalb nicht überzeugen.

3. Fazit

§ 2 Abs. 4 UZwG enthält einen hinreichend genauen Hinweis auf die Art und das Ausmaß des drohenden Schadens. Die Dienstvorschriften führen ihrerseits keine wesentlichen Gesichtspunkte neu ein, sondern treffen nur Bestimmungen, für die es des abstrakt-generellen Gesetzes nicht dringend bedarf. Mit der Einführung von Schußwaffen als zulässigen Waffen der Polizei hat der Gesetzgeber deshalb das Seine zur Regelung dieser Frage getan. Die Einzelheiten der Waffen- und Geschoßtypen darf er der Verwaltung überlassen. § 2 Abs. 4 UZwG erweist sich so als anschauliches Beispiel dafür, daß selbst bei einem Eingriff wie dem Schußwaffengebrauch nicht jede Frage im Gesetzestext beantwortet muß oder beantwortet werden kann. Vielmehr steht auch der Gesetzgeber vor der Aufgabe, wesentliche Details von unwesentlichen zu trennen.

---

[31] Vgl. MAUNZ-DÜRIG, Rn. 14 zu Art. 143 GG.

[32] Im Grunde ebenso WACKE, JZ 1962, S. 141, der aber die Anforderungen aus Art. 80 Abs. 2 S. 2 und 3 GG an eine solche Ermächtigung nicht als erfüllt ansieht.

[33] Vgl. OSSENBÜHL, HStR III, § 64 Rn. 65.

[34] Vielmehr zeigt ihr Aufbau, bei dem die einzelnen Vorschriften jeweils auf eine der gesetzlichen Vorschriften Bezug nehmen, daß es sich hier um erläuternde Vorschriften handelt.

II. Eingriff in das Grundrecht auf körperliche Unversehrtheit aus Art. 2 Abs. 2 S. 1 GG

1. Schutzbereich des Grundrechts auf körperliche Unversehrtheit

Art. 2 Abs. 2 S. 1 GG schützt die vom Willen des Grundrechtsträgers umfaßte Ungestörtheit der Körpersphäre. Da das beim Schußwaffengebrauch gegen Personen verwendete Projektil entweder in den Körper eindringt und dort wundballistische Verletzungen im Gewebe verursacht oder beim Aufprall auf dem Körper zu Prellungen führt, wird der Schutzbereich des Art. 2 Abs. 2 Satz 1 GG in jedem Fall berührt.

2. Legitimer Zweck des Schußwaffengebrauchs

Eingriffe in die körperliche Unversehrtheit sind nur nach Maßgabe des Übermaßverbotes zulässig. Der Eingriff muß also einem verfassungsmäßigen Ziel dienen; er muß geeignet und erforderlich sein; schließlich darf er zu dem angestrebten Zweck nicht außer Verhältnis stehen. Die Wirkung des Grundrechts erschöpft sich aber nicht im Verbot unverhältnismäßiger Eingriffe; ebenso verpflichtet sie den Staat, den Grundrechtsträger vor rechtswidriger Gewalt Privater zu schützen[35].

Der Schußwaffengebrauch dient wie die übrigen Zwangsmaßnahmen aufgrund der §§ 57 ff. PolG der Gefahrenabwehr oder der Strafverfolgung. Er beruht damit auf einer staatstheoretischen Grundlage, die weit älter ist als die liberale Staatslehre des grundrechtsgebundenen Verfassungsstaates[36].

a. Die Verantwortlichkeit des Staates für die innere Sicherheit

Weder die Verdrängung des Kriegspfades durch den Rechtsweg, noch die Gewährleistung der inneren Sicherheit als Staatsaufgabe sind Errungenschaften des 18. Jahrhunderts. Aus den Bürgerkriegen des 16. und 17. Jahrhunderts zog das 18. die Lehre, daß die innere Sicherheit nicht nur eine Aufgabe des Staates unter vielen anderen, sondern schlechthin die raison d'être für den Staat ist[37]. Um nach dem zügellosen Gewaltmißbrauch wieder zur inneren Sicherheit zurückzufinden, verweist THOMAS HOBBES auf das Gewaltmonopol des Staates und die Friedenspflicht der Bürger[38], die in dem Gebot: „neminem laede" zum Ausdruck kommt. Gleichzeitig sichert das Gewaltmonopol dem Staat die lega-

---

[35] Vgl. BVerfGE 79, S. 174, 201 f.

[36] Vgl. ISENSEE, Grundrecht auf Sicherheit, S. 4-10; DERS., HStR V, § 111, Rn. 32 ff.

[37] Vgl. ISENSEE, JZ 1999, 265 ff., 270 ff.

[38] Vgl. ISENSEE, Grundrecht auf Sicherheit, S. 15; STERN, Staatsrecht, Bd. III/2 S. 1026.

len Mittel zur Abwehr illegaler Gewalttaten und zur Durchsetzung notwendiger Strafverfolgungsmaßnahmen. Die „Zumutung“, auf die eigene Sicherung und Verteidigung zu verzichten, ist aber nur tragbar, solange die staatliche Gefahrenabwehr effizient und zuverlässig ist. Das heißt: Die Staatsgewalt rechtfertigt sich und ihren Anspruch auf Gehorsam durch ihre Fähigkeit, die innere Sicherheit aufrechtzuerhalten. Diese wiederum ist kein Selbstzweck. Sie ist vielmehr die conditio sine qua non für die Ausübung der individuellen Freiheit[39]; solange die Bürger sich jederzeit gegen gewaltsame Übergriffe von Seiten Stärkerer behaupten oder vor diesen verstecken müssen, können sie von ihrer Freiheit keinen wirklichen Gebrauch machen.

Die Notwendigkeit, dem Leviathan die Krallen zu stutzen[40], trat erst ins Bewußtsein, nachdem die innere Sicherheit zum selbstverständlichen Normalzustand geworden war. Je mehr der einzelne die Furcht vor seinem „wölfischen Nächsten“ ablegen konnte, desto mehr gerieten hoheitliche Maßnahmen zur Gewährleistung beziehungsweise Wiederherstellung der Sicherheit selbst zur Bedrohung individueller Freiheiten. Schon das Preußische Allgemeine Landrecht von 1794 trug dem Bedürfnis nach Zügelung der Staatsgewalt Rechnung; es setzte den staatlichen Sicherheitsmaßnahmen durch das objektive Recht und das Übermaßverbot Grenzen[41]. Dem liegt die Einsicht zugrunde, daß sich Sicherheit und Freiheit der Bürger gegenseitig bedingen[42]. Wenn sich die innere Sicherheit verselbständigt und die Ausübung der Freiheit zum Sicherheitsrisiko erklärt, wird die innere Sicherheit zur Ruhe eines Kirchhofs[43].

b. Das Gewaltmonopol im positiven Verfassungsrecht

Das Grundgesetz konnte die Schutzaufgabe des Staates als selbstverständliche Prämisse voraussetzen und sich selbst als Instrument zu deren Verwirklichung verstehen[44]. Die theoretischen Grundlagen hinterlassen aber überall dort „Spuren“, wo das GGG, wie zum Beispiel in Art. 1 Abs. 1 GG oder bezogen auf Ehe und Familie in Art. 6 Abs. 1 GG, einen besonderen Schutz für geboten hielt. Spuren finden sich auch im einfachen Recht überall dort, wo die Rechtsordnung privater Gewalt Grenzen zieht, besondere Sanktionen für rechtswidrige Gewalttätigkeit verhängt und den Justizgewährleistungsanspruch der Bürger durch konkrete Regelungen verwirklicht.

---

[39] Vgl. ISENSEE, HStR V, § 115 Rn. 112.

[40] Vgl. DENNINGER, Der gebändigte Leviathan, S. 29.

[41] Einleitung ALR § 79: "Die Gesetze und Verordnungen des Staates dürfen die natürliche Freyheit (sic) und Rechte der Bürger nicht weiter einschränken, als es der gemeinsame Endzweck erfordert“.

[42] Vgl. ISENSEE, Grundrecht auf Sicherheit, S. 5.

[43] So bei SCHILLER, Don Carlos, III/10, 3156.

[44] Vgl. ISENSEE, HStR V, § 111 Rn. 102.

Im positiven Recht verwirklichen also das Grundgesetz und vor allem die einfachen Gesetze das Gewaltmonopol und die Friedenspflicht der Bürger. Als hoheitliches Mittel gegen rechtswidrige Gewalt dient der Schußwaffengebrauch deshalb einem verfassungsmäßigen Ziel.

3. Die Verhältnismäßigkeit des Schußwaffengebrauchs als Mittel zur Gefahrenabwehr

Die wichtigste, wenn auch im Grundgesetz nicht explizit verankerte[45] Schrankenschranke für die hoheitliche Beschränkung der Grundrechte ist das Übermaßverbot[46]. Dieses Prinzip beansprucht als Grundsatz des gesamten Staatsrechts Verbindlichkeit[47]. Die Zulassung des Schußwaffengebrauchs als Zwangsmittel ist deshalb verfassungsgemäß, wenn der Eingriff zur Gefahrenabwehr oder Ergreifung eines Täters geeignet, erforderlich und angemessen[48] ist[49].

a. Die Verantwortlichkeit des Staates für die innere Sicherheit

Das Gebot der Eignung verlangt, daß eine Maßnahme den erwünschten Erfolg näherbringt[50]. Dabei steht dem Gesetzgeber ein weiter Prognosespielraum zu. Dieser trägt der Notwendigkeit Rechnung, im Voraus verbindliche Entscheidungen zu treffen, ohne absehen zu können, wie sich die Ausgangslage

---

[45] Das Verhältnismäßigkeitsgebot ist zunächst vor allem ein Grundgedanke des Staatsrechts gewesen. Das Polizeirecht nahm ihn auf und verwendete ihn erstmals im positiven Recht.

[46] Vgl. BVerfGE 30, S. 292, 316; 37, S. 1, 21 ff.; 39, S. 210, 230 ff.; 51, S. 193, 208; 61, S. 156, 189; 67, S. 157, 173; 70, S. 278, 286; 76, S. 1, 51; 78, S. 38, 50; 78, S. 256, 270; 80, S. 1, 24, 137, 159 ff.; 88, S. 115, 163; ausführlich zu den einzelnen Punkten M. JAKOBS, S. 59 ff; STERN, Staatsrecht Bd. III/2, S. 775.

[47] Vgl. BVerfGE 6, S. 389, 439; 19, S. 342, 348 f; 21, S. 378, 387 f.; 34, S. 238, 246, 249; 35, S. 382, 400 f.; 45, S. 187, 261; 63, S. 88, 115; 67, S. 157, 173; 81, S. 156, 192; 90, S. 145, 173, 92, S. 277, 327; HERZOG, in MAUNZ-DÜRIG, Art. 20 Rn. 71; LEIBHOLZ-RINCK-HESSELBERGER, Art. 20 Rn. 776; SCHNEIDER, FG Bundesverfassungsgericht, S. 394; SCHULZE-FIELITZ, in DREIER Art. 20 (Rechtsstaat), Rn. 167; gegen die Aufwertung der polizeirechtlichen Eingriffsschranke FORSTHOFF, Staat in der Industriegesellschaft, S. 137; DERS., weniger skeptisch in VerwR, 10. Aufl., S. 70.

[48] Vgl. LEIBHOLZ-RINCK-HESSELBERGER, Art. 20 Rn. 776; STERN möchte deshalb auch begrifflich zwischen dem Übermaßverbot als Oberbegriff und dem Verhältnismäßigkeitsgebot als der letzten Prüfungsstufe trennen, in Staatsrecht, Bd. III/2, S. 763.

[49] Vgl. BVerfGE 30, S. 292, 316; 37, S. 1, 21 ff; 39, S. 210, 230 ff, 232 ff; 51, S. 193, 208; 81, S. 156, 189; HERZOG, in MAUNZ-DÜRIG Art. 20 Rn. 73; LEIBHOLZ-RINCK-HESSELBERGER, Art. 20 Rn. 776; SCHULZE-FIELITZ, in DREIER Art. 20 (Rechtsstaat), Rn. 168

[50] Vgl. GENTZ, NJW 1968, S. 1600, 1603; M. JAKOBS, S. 59 f.; SCHNAPP, JuS 1983, S. 850, 852; STERN, Staatsrecht Bd. III/2, S. 779.

tatsächlich entwickelt, in der sich die Maßnahme zu bewähren hat[51]. Diesem Prognosespielraum auf der Tatbestandsebene entspricht auf der Rechtsfolgenseite bei der Auswahl der Maßnahmen ein Gestaltungsspielraum für den Gesetzgeber. Wenn das Auswahlermessen nur auf offenkundige Ermessensfehler überprüft wird, nimmt das Bundesverfassungsgericht das Ergebnis der gesetzgeberischen Gestaltungsfreiheit hin, solange die Untauglichkeit des Mittels nicht evident ist[52].

Auf dieser ersten Prüfungsstufe ist die Frage zu beantworten, ob der Schußwaffengebrauch als solcher zur Gefahrenabwehr beziehungsweise zur Fluchtvereitelung geeignet ist. Sowohl aufprallende Gummigeschosse wie auch die Geschosse, die im Körper des Adressaten innere Verletzungen verursachen, entfalten die oben[53] bereits erläuterte „man-stop-power". Diese schmerzbedingte Schockwirkung hindert den Adressaten, seinen Angriff oder die Flucht fortzusetzen, so daß gegen die Tauglichkeit des Schußwaffengebrauchs keine Bedenken bestehen.

b. Die Erforderlichkeit des Schußwaffengebrauchs

Der Schußwaffengebrauch ist erforderlich, wenn nicht derselbe oder ein besserer Erfolg mit einem milderen Mittel herbeigeführt werden kann[54]. Hierbei darf man die Betrachtung nicht auf den Adressaten beschränken. Ein Mittel, das nur diesen schont und Unbeteiligte „die Zeche" zahlen läßt, stellt keine vorzugswürdige Alternative i. S. des Gebot des geringsten Mittels dar[55].

aa. Die Pflicht der Polizei zum Tragen der Schußwaffen: Das Beispiel des britischen Polizeirechts, das zwischen den regulären Polizeibeamten der Krone und den in der Regel unbewaffneten *Constables* unterscheidet[56], zeigt, daß es Alternativen zur zwingenden Bewaffnung aller Polizisten gibt. Aus dem Vergleich ergibt sich zunächst die Frage, ob es tatsächlich erforderlich ist, alle Polizeivollzugsbeamten im Dienst mit Dienstwaffen auszurüsten.

Diese Rollenverteilung in der britischen Polizei beruht jedoch auf der besonderen Stellung und Tradition der Constabularies, die aus den von der Krone unabhängigen Bürgerwehren hervorgegangen sind. Die Constables haben an der Ausübung des Gewaltmonopols keinen Anteil; wenn sie Gewalt anwenden, ma-

---

[51] BVerfGE 25, 12 (Mühlengesetz); SCHNEIDER, FG Bundesverfassungsgericht, S. 396.

[52] Vgl. BVerfGE 17, S. 307, 315 ff. (Mitfahrerzentrale); 19, S. 119, 126 f. (Sachkundenachweis im Einzelhandel); STERN, Staatsrecht Bd. III/2, S. 779.

[53] S. 3. Kapitel, III 2 c aa.

[54] BVerfGE 17, S. 269, 279 f.; 19, S. 342 ff.; 90, S. 145, 172 f., 182 f.; 91, S. 207, 222 f.; 92, S. 277, 327; M. JAKOBS, S. 66.

[55] Vgl. M. JAKOBS, S. 68 ff.; SCHULZE-FIELITZ, in DREIER Art. 20 (Rechtsstaat), Rn. 171.

[56] Vgl. HILSE, in LISKEN-DENNINGER, Abschnitt B, Rn. 78; V. URFF, S. 14.

chen sie von den sogenannten „private defences" Gebrauch[57]. Ihre Waffenlosigkeit[58] beruht deshalb nicht auf der besonderen Friedfertigkeit des Staates, sondern im Gegenteil auf der strengen Beachtung des Gewaltmonopols, das auch für den Bürger in Uniform gilt[59]. Der Vergleich mit dem englischen Polizeirecht reduziert sich deshalb auf die Frage, ob eine Aufteilung des Polizeivollzugsdienstes in einen nur mit Schlagstöcken bewaffneten Sicherheitsdienst und wenige Spezialeinheiten, denen alle Waffen i. S. des § 58 Abs. 4 und 5 PolG zu Gebote stehen, gleichermaßen zur Gefahrenabwehr imstande und damit vorzugswürdig wäre.

Gegen das britische Modell spricht nicht, daß die zunehmende Gewaltkriminalität die Constabularies zur Aufgabe ihrer Tradition und zur polizeimäßigen Aufrüstung nötigt. Denn steigende Kriminalität rechtfertigt nicht die Ermächtigung zu hoheitlichem Zwang, sondern indiziert Versäumnisse bei der Gefahrenabwehr[60]. Vor allem erklärt sie nicht, weswegen alle Polizeivollzugsbeamten Schußwaffen führen müssen. Deren Bewaffnung rechtfertigt sich vielmehr durch die Verpflichtung des Staates, als Inhaber des Gewaltmonopols die effiziente Gefahrenabwehr zu gewährleisten, da sonst die Selbsthilfe der Angegriffenen die hoheitliche Gefahrenabwehr unterwandert. Wenn sich die Polizei hingegen damit begnügte, der Kriminalitätsentwicklung hinterherzuhinken und nachzurüsten, könnte sie von den Bürgern nicht verlangen, auf eigene Sicherungsmaßnahmen zu verzichten[61]. Deshalb bleibt festzuhalten: ebensowenig wie das Gewaltmonopol dem Staat carte blanche zur Gewaltanwendung gibt, be-

---

[57] Vgl. v. URFF, S. 10 f.

[58] Eine grundsätzlich Ausnahme gilt für die Royal Ulster Constabularies, die wegen der bürgerkriegsähnlichen Zustände in Nordirland regelmäßig Schußwaffen mit sich führen. Aber auch die übrigen Constables sind nicht schlechthin unbewaffnet. Sie bekommen die Schußwaffen aber nur im Bedarfsfall ausgehändigt, da deren Einsatz die Ausnahme bildet, vgl. dazu HECKENBERGER, S. 236, dort insbes. auch FN 647.

Den ursprünglich gültigen allgemeinen Gewaltbefugnissen hat die *Police and Criminal Evidence Act* von 1984 eine Vorschrift für die Anwendung unmittelbaren Zwangs hinzugefügt, die den Schußwaffengebrauch einschließt. Die einschlägige section 117 erlaubt neben section 3 der *Criminal Act* ganz allgemein, unmittelbaren Zwang anzuwenden. Als Grenze für die Zwangsanwendung gilt das Ausmaß der „*reasonable force*":

„Where any provision of this Act

(a) confers a power on a constable; and

(b) does not provide that the power may only be exercised with the consent of some person, other than a police officer

the officer may use reasonable force, if necessary, in the exercise of the power."

[59] Vgl. v. URFF, S. 10 f.

[60] Vgl. MERTEN, Aktuelle Probleme, S. 87.

[61] Vgl. ISENSEE, Grundrecht auf Sicherheit, S. 56 ff.

rechtigt es zum Verzicht auf diese[62]. Dieser wäre kein Verdienst, sondern die Kapitulation vor der rechtswidrigen Gewalt.

Deshalb wäre auch eine gesetzliche oder in Dienstvorschriften verankerte Beschränkung des Schußwaffengebrauch auf wenige bewaffnete Sondereinheiten bedenklich. Denn gerade bei der Abwehr gewaltsamer Angriffe ist in der Regel Gefahr im Verzuge; ohne Waffengleichheit zwischen den Polizeivollzugsbeamten und dem Gewalttäter würde die Gefahrenabwehr zu schwerfällig, um den Schaden rechtzeitig abwehren zu können. Die Streifenpolizisten müßten jedesmal auf bewaffnete Verstärkung warten. In der Zwischenzeit könnte beispielsweise ein Amokläufer weitere Opfer töten oder ein flüchtiger Straftäter Geiseln in seine Gewalt bringen.

Die Ausstattung der gesamten Vollzugspolizei mit Schußwaffen entspricht schließlich der beamtenrechtlichen Fürsorgepflicht. Es gehört zwar zu der freiwillig übernommenen Aufgabe der Polizeivollzugsbeamten, Gewalttätern entgegenzutreten[63]; das hinzunehmende Risiko einer gefährlichen Auseinandersetzung schließt aber nicht das hohe Berufsrisiko ein, dabei rechtswidrigen Gewalttaten eines solchen Angreifers zum Opfer zu fallen[64]. Die Möglichkeit, sich gem. § 64 Abs. 1 Nr. 1 PolG gegen tätliche Angriffe mit dem Schußwaffengebrauch zur Wehr zu setzen, muß deshalb allen Beamten offenstehen.

Die Aufteilung des Polizeivollzugsdienstes wäre deshalb keine Alternative. Wenn die innere Sicherheit garantiert bleiben soll, darf der Staat auf die Ausrüstung seiner Polizei mit Schußwaffen, beziehungsweise auf deren Einsatz nicht verzichten.

bb. Der Schußwaffengebrauch als ultima ratio unmittelbaren Zwangs: Der Schußwaffengebrauch als härteste Erscheinungsform unmittelbaren Zwangs ist gleich in doppeltem Sinne ultima ratio im Repertoire des Vollstreckungsrechts. Er kommt nur in Betracht, wenn die Voraussetzungen für die schonenderen Zwangsmittel der Ersatzvornahme und des Zwangsgeldes nicht erfüllt sind und mildere Formen des unmittelbaren Zwangs nichts ausrichten würden. Solange ein milderes Zwangsmittel den gleichen Erfolg verspricht, ohne den Adressaten in gleicher Weise zu belasten, scheidet der Schußwaffengebrauch aus. Welche Mittel den Schußwaffengebrauch unter welchen Umständen verdrängen, hängt jedoch ganz vom Einzelfall ab. Das verdeutlicht beispielsweise die Wirkungsweise von Gummigeschossen: Sie prallen mit erheblicher Bewegungsenergie auf dem Körper auf und verursachen dabei Prellungen, aber, anders als die Vollmantel-Geschosse, keine inneren Verletzungen. Wenn sie den

[62] Vgl. MERTEN, Aktuelle Probleme, S. 86.

[63] Vgl. DÜRIG, in MAUNZ-DÜRIG, Art. 2 Abs. 2 Rn. 17; SUNDERMANN, S. 102 f.

[64] Vgl. SUNDERMANN, S. 103 f.; dagegen FUNK-WERKENTIN, KJ 1976, S. 129 f.

Adressaten am Kopf treffen, können sie ihm Schädel- oder Augenverletzungen zufügen, deren Ausmaß mit dem einer typischen Schußverletzung durchaus vergleichbar ist.

Zudem ist zu beachten, daß die Beamten bei der Auswahl des milderen Mittels nicht Dritte belasten dürfen, um den Adressaten mit schonenderen Mitteln angriffs- oder fluchtunfähig machen zu können. So wäre die Polizei beispielsweise nicht verpflichtet, vom Schußwaffengebrauch auf einen flüchtigen Verbrecher Abstand zu nehmen, weil sie diesen früher oder später in der bereits angelaufenen Großfahndung fassen könnte. Bis es soweit wäre, müßten nämlich auch andere Verkehrsteilnehmer die Straßenkontrollen über sich ergehen lassen; zudem bestände die Gefahr, daß der flüchtige Straftäter weitere Straftaten begeht, um seine Flucht zu sichern. Gleiches gilt im Rahmen von präventiven Eingriffen, bei denen sich die Beamten nicht darauf einlassen müssen, eine zahlenmäßige Übermacht von Beamten mit Schlagstöcken gegen einen Gewalttäter zum Einsatz aufzubieten und dadurch obendrein den Schein einer Menschenjagd zu erwecken[65].

cc. Die Erforderlichkeit besonderer Waffen: Während die Befugnis der Polizei zum Schußwaffengebrauch an sich keinen ernsthaften Zweifeln begegnet, erweist sich die Ausstattung der Polizei mit „besonderen Waffen" i. S. von § 58 Abs. 4 PolG, also mit Maschinengewehren und Handgranaten, als problematisch. Diese vollautomatischen Waffen machen wegen der Streuwirkung ihrer Geschosse einen auf einzelne Personen oder auch nur auf deren Arme und Beine des Störers beschränkten Schuß unmöglich. Diese spezifische Wirkungsweise läßt daher den Einsatz der besonderen Waffen nur zu, wenn auch die Voraussetzungen des finalen Rettungsschusses erfüllt sind und der gezielte Schußwaffengebrauch gegen eine einzelne Person entweder unmöglich ist oder keinen Erfolg verspricht.

Unterhalb der Schwelle für den Streitkräfteeinsatz gem. Art. 87 a Abs. 4 GG dürfte diese Voraussetzung freilich nur erfüllt sein, wenn die Störer ihrerseits über schwere Waffen verfügen und deren Einsatz anders nicht abzuwenden ist. Obwohl es im Umfeld von Demonstrationen immer wieder zu schweren Ausschreitungen kommt[66], sind innere Unruhen dieses Ausmaßes derzeit unrealistisch. Denkbar wäre allerdings, daß Strafgefangene bei einer Meuterei die

---

[65] Vgl. STARCK, in v. MANGOLDT-KLEIN-STARCK, Rn. 205 zu Art. 2 Abs. 2

[66] Gewalttätige Ausschreitungen wie die an der Startbahn-West in den frühen 80er Jahren, die Demonstrationen zum 1. Mai in Berlin und die Kurden-Demonstrationen im Februar 1999 bedrohen zwar den inneren Frieden und die Sicherheit, erreichen aber in aller Regel nicht das Ausmaß, das den Einsatz besonderer Waffen rechtfertigt. Auch wenn die Störer die Beamten mit improvisierten Waffen wie z.B. Pflastersteinen und Eisenstangen angreifen, wird die Polizei der Lage doch noch mit ihren üblichen Hilfsmitteln, insbesondere Reizstoffen, Herr.

Waffen des Aufsichtspersonals unter ihre Kontrolle bekommen. In diesem Fall könnten die Beamten auf besondere Waffen angewiesen sein, um sich gegen die Meuterer behaupten und die Sicherheit innerhalb der Anstalt wieder herstellen zu können.

Nach Ansicht von DENNINGER und BEYE verstößt die Zulassung besonderer Waffen gegen das Erforderlichkeitsprinzip. Sie sehen diese Waffen als Kriegswaffen an, weil sie auf die Vernichtung von Feinden ausgerichtet seien und deshalb gegen die eigene Bevölkerung nicht zum Einsatz kommen dürfen. Ihrer Ansicht nach scheidet für die grundrechtsgebundene Polizei die Vernichtung des Adressaten als Ziel des Eingriffs schlechthin aus. Solange die Verfassung intakt und das Verhältnismäßigkeitsprinzip nicht der Effizienz als dem Gebot des Krieges gewichen ist, sehen DENNINGER und BEYE deshalb weder für Bundeswehreinsätze im Inneren, noch für den Einsatz militärischer Gewalt einen Anlaß[67].

DENNINGER und BEYE stellen bei ihrer Argumentation in erster Linie auf die Aufgabe der Gefahrenabwehr ab. Das Grundgesetz verteilt die Rollen bei der Bekämpfung innerer Unruhen jedoch nach anderen Gesichtspunkten. Die Frage, welche Waffen für die Polizei erforderlich sind, ist im Zusammenhang mit dem Einsatz der Bundeswehr im Inneren des Landes zu sehen. Je schlagkräftiger die Polizei ist, desto eher gelingt es ihr, auch schwere innere Unruhen unter Kontrolle zu bekommen, ohne die Bundeswehr in Anspruch nehmen zu müssen. Aus Art. 87 a Abs. 4 GG, ergibt sich offenkundig, daß der Einsatz der Streitkräfte so lange als möglich hinausgeschoben werden soll[68]. Sie sollen nur im Verfassungsnotstand nach Art. 91 Abs. 2 GG gegen militärisch ausgerüstete Aufständische zum Einsatz kommen; selbst dann räumt das Grundgesetz ihnen nur eine untergeordnete Rolle zur Unterstützung der zivilen Sicherheitskräfte ein[69]. Diese Aufgabenverteilung gerät ins Wanken, wenn der einfache Gesetzgeber die Polizeikräfte „schwächt" und ihnen die besonderen Waffen vorenthält. Je machtloser die Beamten der Gewalt gegenüberstehen[70], desto eher muß die Polizei den Streitkräften das Feld überlassen. Damit ist dann freilich ein Rubikon überschritten, jenseits dessen die Grenzen vom polizeilichen zum militärischen Einsatz der Streitkräfte fließend werden.

---

67 Vgl. DENNINGER-BEYE, Gutachten, S. 25.

68 Vgl. KOKOTT, in SACHS, Rn. 46 zu Art. 87 a GG.

69 Insofern zeigt sich deutlich der Unterschied zur Vollzugshilfe gem. § 47 PolG. Bei dieser bestimmt der zu Hilfe gebetene über das Wie der Gefahrenabwehr. Derjenige, der um Hilfe ersucht, gibt damit das Geschehen aus der Hand.

70 Wenn man den Beamten tatsächlich die besonderen Waffen verweigert, würde der Einsatz der Beamten zur reinen - aber für die Polizei verlustreichen - Formsache. Praktisch leisteten die Streitkräfte dann nicht mehr nur Unterstützung, sondern die eigentliche Abwehr von verfassungsfeindlichen Unruhen mit militärisch bewaffneten Störern.

c. Die Angemessenheit des Schußwaffengebrauchs

Das Gewaltmonopol gibt dem Staat zwar das Recht, sich mit vis absoluta Gehorsam zu verschaffen. Das Mittel muß aber zu dem mit ihm verfolgten Zweck in angemessenem Verhältnis stehen[71]. Bei der Frage nach der Angemessenheit spielt vor allem eine Rolle, ob der Schußwaffengebrauch präventiven oder repressiven Zwecken dient. Davon hängt ab, wie weit die Polizei mit dem Eingriff gehen, und welche Risiken sie in Kauf nehmen darf. Solange der präventive Schußwaffengebrauch auf den Schutz grundrechtlich geschützter Individualrechtsgüter abzielt, rechtfertigen vor allem die Schutzpflichten des Staates und die Schutzrechte der Bürger den Eingriff[72]. Beim Schußwaffengebrauch zum Schutz des Staates und zur Strafverfolgung löst sich der Eingriff hingegen aus dem Zusammenhang des Dreieckverhältnisses von Staat, Störer und Opfer und dient nur mehr dem Interesse des Staates.

aa. Rechtfertigung des Schußwaffengebrauchs durch die grundrechtlichen Schutzpflichten: Nach beinahe einhelliger Ansicht[73] rechtfertigen die Schutzpflichten des Staates gegenüber den Bürgern den präventiven Schußwaffengebrauch zum Schutz individueller Rechte. Wie der Staatszweck „Sicherheit" sind auch die Schutzpflichten Bestandteil der materiellen Verfassung. Es ist indessen umstritten, wie diese Grundlagen im Grundgesetz verankert sind[74].

(1) Die Schutzpflichtrechtsprechung des Bundesverfassungsgerichts: Das Bundesverfassungsgerichts stellt die Schutzpflichten[75] je nach Lage des Falls auf eine mehr oder weniger konkrete Grundlage. Vor allem den beiden Entscheidungen über die Fristenregelung beim Schwangerschaftsabbruch vom 25. Februar 1975[76] und vom 28. Mai 1993[77] kommt hier große Bedeutung zu. Denn bei ihnen geht es um den Schutz menschlichen Lebens vor der Abtreibung, also dem Angriff durch die Schwangere und den Arzt. In der Entschei-

---

[71] Vgl. BVerfGE 9, S. 338, 345; 65, S. 54; 80, S. 312; 83, S. 1, 19 f.; M. JAKOBS, S. 22; KIRCHHOF, FSchr. LERCHE, S. 133 ff., 137, 138 f.; OSSENBÜHL, Festg. Gesellschaft für Rechtspolitik, S. 315 ff.; STERN, Staatsrecht Bd. III/2, S. 783.

[72] Vgl. ISENSEE, HStR V, § 111, Rn. 157.

[73] Vgl. DREIER, Vorbem. Rn. 62 ff.; HERMES, Grundrecht, S. 105 ff.; ISENSEE, HStR V, § 111, Rn. 77 ff.; STERN, Staatsrecht Bd. III/1, S. 931 ff.

[74] Vgl. ISENSEE, HStR I, § 13, Rn. 77; DERS., Grundrecht auf Sicherheit, S. 31 f., 34.

[75] Zur Schutzpflichten-Rechtsprechung des Bundesverfassungsgerichts insbesondere BVerfGE 39, S. 1 ff., 47 (Fristenlösung); 46, S. 160 ff., 164 (Schleyer); 49, S. 89, 140 (Kalkar); 53, S. 30, 57 (Mülheim-Kärlich); 56, S. 54, 80 f. (Fluglärm); 77, S. 170, 214 f. (C-Waffen); 79, S. 174 (Verkehrslärm); 88, S. 203, 250 (Schwangerschaftsabbruch); NJW 1983, S. 2931 (Waldschäden); 1987, S. 2287 (Aids).

[76] Vgl. BVerfGE 39, S. 1 ff., 47 (Fristenlösung).

[77] Vgl. BVerfGE 88, S. 203, 250 f. (Schwangerschaftsabbruch).

dung aus dem Jahr 1975 ging das Gericht von einer „Gesamtschau des verfassungsrechtlichen Normenbestandes“ und der in ihm beschlossenen „objektiven Werteordnung“[78] aus. Es leitete die umfassende Schutzpflicht gegenüber dem menschlichen Leben aus der ratio und der Entstehungsgeschichte des Art. 2 Abs. 2 GG ab und setzt sie in Bezug zu der ausdrücklichen Schutzpflicht gegenüber der Menschenwürde in Art. 1 Abs. 1 S. 1 GG[79]. Das Gericht begnügte sich damit, die Schutzpflichten zu begründen. Deren Konkretisierung überließ es dem Gesetzgeber und gestand diesem einen weiten, nicht justiziablen Gestaltungsspielraum zu[80]. Je nach der im Einzelfall drohenden Gefahr mißt das Gericht den aus der objektiven Werteordnung des Grundgesetz abgeleiteten Schutzpflichten unterschiedlich weitgehende Bedeutung und Wirkung zu[81]. Im zweiten Abtreibungsurteil aus dem Jahre 1993 schlug es dann den Bogen zu den konkret aus den Grundrechten abgeleiteten subjektiv-rechtlichen Schutzpflichten, indem es das von CANARIS[82] und ISENSEE[83] entwickelte Untermaßverbot als Maßstab für die Erfüllung der Schutzpflichten zugrunde legte.

(2) Die grundrechtlich verankerten Schutzpflichten des Staates: Dieses Untermaßverbot ergibt sich als Korrelat zum Übermaßverbot aus einer Verankerung der Schutzpflichten in den subjektiven Grundrechten[84]. Beide knüpfen dabei am klassischen Staatszweck an, die Bürger vor dem Faustrecht und den anarchischen Zuständen des bellum omnium contra omnes zu schützen. Während Canaris[85] die Schutzpflichten aus dem Menschenwürdegehalt eines jeden Grundrechtes ableitet, geht ISENSEE davon aus, daß die Grundrechte aus sich heraus eine solche Schutzwirkung entfalten[86]. Dieser Vorstellung liegt JELLINEKS status-Lehre zugrunde[87]: JELLINEK beschreibt mit den Grundrechts-

---

[78] Vgl. BVerfGE 39, S. 1 ff., 36.

[79] Vgl. BVerfGE 39, S. 1 ff., 42; 49, S. 24, 56 f.

[80] Vgl. BVerfGE 39, S. 1 ff., 44.

[81] Diese unterschiedlichen Akzente hängen auch von der Art der abzuwehrenden Gefahr ab. Wo es wie zum Beispiel in der Fluglärm-Entscheidung oder in der Mülheim-Kärlich-Entscheidung um den Schutz der Bevölkerung vor allgemeinen Gesundheitsbeeinträchtigungen oder -gefährdungen geht, die nicht auf einen aggressiven rechtswidrigen Akt, sondern auf die grundsätzlich sozialadäquate Nutzung der Technik beruhen, spielen bei den Schutzpflichten andere Gesichtspunkte eine Rolle.

[82] Vgl. CANARIS, AcP 184 (1984), S. 201 ff., 228.

[83] Vgl. ISENSEE, HStR V, § 111 Rn. 90.

[84] Vgl. ALEXY, Grundrechte, S. 414; CANARIS, AcP 184 (1984), S. 201 ff, 227; ISENSEE, Grundrecht auf Sicherheit, S. 27 ff., 33 f.; DERS., HStR V, § 111 Rn. 84 f.

[85] Vgl. CANARIS, AcP 184 (1984), S. 226 f.

[86] Vgl. ISENSEE, HStR V, § 111 Rn. 86.

[87] Vgl. G. JELLINEK, System der subjektiv öffentlichen Rechte, S. 83 ff.; DERS., Allgemeine Staatslehre, S. 419 ff.

Status den Zustand des einzelnen Bürgers als Rechtssubjekt im und gegenüber dem Staat; die Beziehungen zwischen beiden werden von den Grundrechten bestimmt und erschöpfen sich keinesfalls in der Sicherung eines staatsfreien Raumes zur Entfaltung des Einzelnen (status negativus). Vielmehr tritt der Bürger dem Staat als Träger von Teilnahmerechten (status activus) und Ansprüchen auf Zuwendungen oder aktives Einschreiten (status positivus) entgegen. Zu diesen aus dem status positivus abgeleiteten Pflichten zählen auch die grundrechtlichen Schutzpflichten[88]. Da der Staat allen Grundrechtsträgern, also dem Störer wie seinem Opfer, gleichzeitig verpflichtet ist, ergänzen und begrenzen sich der status negativus und der status positivus gegenseitig; es ist dann die Aufgabe des Staates, die einzelnen Auswirkungen der Grundrechte mit- und untereinander auszugleichen.

(3) Die Schutzpflichten beim Schußwaffengebrauch zum Schutz von Individualrechtsgütern: In den unmittelbaren Konsequenzen der Schutzpflichtenlehre stimmen das Bundesverfassungsgericht und die Lehre vom Grundrecht auf Schutz überein. Insbesondere besteht Einigkeit darüber, daß die Schutzpflichten in erster Linie den Gesetzgeber verpflichten, wenn der Schutz wesentliche Richtungsentscheidungen oder, wie im Zusammenhang mit dem Schußwaffengebrauch, Eingriffe in Grundrechte des Störers verlangt[89].

Die Unterschiede wirken sich vor allem bei der Interpretation des einfachen Rechts und der Entscheidung zwischen kollidierenden Belangen des Störers und des Opfers aus. Ein Grundrecht auf Schutz verhindert die einseitige Konzentration auf die Abwehrrechte[90]; denn den Abwehrrechten des Störers steht dann nicht nur eine objektiv-rechtliche Pflicht des Staates, sondern ein gleichrangiges, wenn auch in der Wirkung gegenläufiges, Grundrecht des Angegriffenen gegenüber. Wenn die Schutzpflichten hingegen nur als objektivrechtlicher Schutzauftrag ins Gewicht fallen, rangieren sie neben anderen verfassungsmäßigen Zielen und können von diesen auch verdrängt werden. Erst die grundrechtliche Verankerung der Schutzpflichten vermag deshalb dem rechtswidrig angegriffenen, friedlichen Bürger den „Genuß der Gesetze“[91] zu sichern.

---

[88] Vgl. ISENSEE, Grundrecht auf Sicherheit, S. 34 ff.; DERS., HStR V, § 111 Rn. 3.

[89] Vgl. BVerfGE 39, S. 1 ff., 42 und 44 ff.; CANARIS, AcP 184 (1984), S. 227; HERMES, S. 201; ISENSEE, HStR V, § 111 Rn. 148 f.; s. dazu auch unter 4. Anspruch auf konkrete Maßnahmen.

[90] Vgl. ALEXY, S. 414 f.; CANARIS, AcP 184 (1984), S. 227; HERMES, S. 204 ff.; ISENSEE, Grundrecht auf Sicherheit, S. 49 ff.; DERS, HStR V, § 111 Rn. 85; OSSENBÜHL, DÖV 1981, S. 1, 4 ff.; SUHR, JZ 1980, S. 166 ff.

[91] SCHILLER, Don Carlos III/10: König: „Ich bin nicht gewohnt, in meiner Diener Schuld zu stehn – Erbittet Euch eine Gnade.“ Posa: „Ich genieße die Gesetze.“ – König: „Dies Recht hat auch der Mörder.“ - Posa: „Wieviel mehr der gute Bürger! - Sire, ich bin zufrieden.“

Die als subjektives Grundrecht abgesicherten Schutzpflichten fügen sich problemlos in das Beziehungsdreieck zwischen Staat, Störer und Opfer ein[92]. Wenn der Störer einen rechtswidrigen Angriff auf ein verfassungsrechtlich geschütztes Rechtsgut seines Opfers unternimmt, hat der Staat einzugreifen und die Verletzung abzuwehren. Soweit die Gefahrenabwehr einen Grundrechtseingriff verlangt, ist wegen des Eingriffsvorbehaltes zunächst der Gesetzgeber gefordert. Ihm obliegt es, ein angemessenes Mittel zur Gefahrenabwehr zu finden und abstrakt-generell festzulegen[93]. Wie er diesen Ausgleich erzielt, bleibt ihm überlassen[94]. Grenzen erwachsen seinem gesetzgeberischen Gestaltungsermessen indessen nicht aus dem Über-, sondern aus dem Untermaßverbot[95]. Genau genommen handelt es sich hier um die Anwendung des Übermaßverbotes auf die Schutzrechte[96]. Die Bezeichnung als Untermaßverbot hebt indessen deutlicher hervor, daß die Schutzrechte dem Staat eine Leistung abverlangen und durch unzureichenden Grundrechtsschutz verletzt werden.

Gegen die grundsätzliche Angemessenheit des Schußwaffengebrauchs zum Schutz von Individualrechtsgütern vor gegenwärtigen Angriffen bestehen keine Bedenken. Ein gewaltsamer Angriff stellt gerade den Ernstfall dar, in dem der Staat zur Ausübung seines Gewaltmonopols gefordert ist. Das Gebot „neminem laedere" begründet zumindest die berechtigte Erwartung[97], daß der Staat dem friedlichen Bürger den erforderlichen Schutz gewährt.

Auch das Verhalten des Angreifers spricht für die grundsätzliche Angemessenheit des Schußwaffengebrauchs. Erst der Angriff des Störers gibt den Grund zu Eingreifen. Die Maßnahme wiederum fällt um so härter aus, je hartnäckiger der Störer sich den Anordnungen widersetzt. Gerade darin unterscheidet sich der polizeiliche Zwang von der strafrechtlichen Sanktion: Zwangsmittel dürfen so lange angewendet werden, bis sie ihren Zweck erreicht haben; sobald der Adressat von seinem Opfer abläßt beziehungsweise dem Befehl Folge leistet, hat auch der Zwang aufzuhören.

---

92 Vgl. ALEXY, S. 410 f.; HERMES, S. 199 ff.; ISENSEE, Grundrecht auf Sicherheit, S. 34; DERS., HStR V, § 111 Rn. 5; ROBBERS, S. 124.

93 Vgl. ISENSEE, HStR V, § 111 Rn. 9.

94 Vgl. ISENSEE, Grundrecht auf Sicherheit, S. 54 f.

95 Vgl. BVerfGE 88, S. 208, 254; CANARIS, AcP 184 (1984), S. 228 ff.; ISENSEE, HStR V, § 111 Rn. 9 lit. g und Rn. 165; dagegen HERMES-WALTER, NJW 1993, S. 982; HESSE, FSchr. MAHRENHOLZ, S. 541 ff.; STERN, Staatsrecht Bd. III/2, S. 813 f.; RUPPRECHT, FSchr. GEIGER, S. 298.

96 Vgl. MURSWIEK, in SACHS Rn. 33 zu Art. 2.

97 Ob es einen Anspruch auf bestimmte Schutzmaßnahmen gibt, ist unter III 2 noch zu erörtern.

So gesehen liegt es beim Adressaten, mit welcher Intensität sich der hoheitliche Zwang gegen ihn richten wird. Wenn der Störer seine Ziele gewaltsam verfolgt oder auch nur den Eindruck echter Gefährlichkeit erweckt und in der Konfrontation mit der Polizei aufrechterhält, geht er nicht allein das Risiko strafrechtlicher Sanktionen ein, sondern auch das Risiko, auf gewaltsame und überlegene Abwehr des Staates zu stoßen. Wer den Grundkonsens der Friedlichkeit durchbricht und den Staat als Träger des Gewaltmonopols herausfordert, begibt sich in die Gefahr, daß der Staat ihm mit gleichen Mitteln entgegentritt und von seinen legalen Machtmitteln so lange Gebrauch macht, bis der Störer zur Fortsetzung seines Angriffs außerstande ist.

Beim Schutz von Sachgütern kollidieren unterschiedliche Interessen. Auf Seiten des Störers ist nach wie vor die körperliche Unversehrtheit betroffen, die zu den Höchstwerten der Verfassung zählt. Ob die Erhaltung des gefährdeten Sachgutes den Schußwaffengebrauch rechtfertigt, hängt vor allem von den Umständen des Einzelfalls ab. Nach geltendem Recht kommt der Schußwaffengebrauch zum Sachgüterschutz in Betracht, um die Verbrechen der Brandstiftung gem. §§ 306 ff. StGB und der Herbeiführung von Sprengstoffexplosionen gem. § 311 StGB, beziehungsweise Vergehen abzuwehren, bei denen der Täter Schußwaffen oder Sprengstoff verwendet. In diesen Fällen sind immer auch Leib und Leben gefährdet. Dasselbe gilt im Zusammenhang mit einem gewalttätigen Raubüberfall gem. § 249 StGB. Diese Gewalttätigkeit gibt dann auch den Ausschlag für die Angemessenheit des Schußwaffengebrauchs; darauf, ob die Gewalt selbst nur einem weiteren Ziel des Angreifers dienen soll oder ob sich das Delikt in der Gewaltanwendung erschöpft, kommt es nicht an.

bb. Angemessenheit des Schußwaffengebrauchs zur Durchsetzung von Interessen des Staates und der Gemeinschaft: Die dargelegte Konstellation von Schutz- und Abwehrrechten kommt nur zum Tragen, soweit die Polizei zum präventiven Schutz von Individualrechtsgütern eingreift. Wenn die Beamten Gemeinschafts- oder Rechtsgüter des Staates schützen, greifen die Schutzpflichten als Argument für die Angemessenheit des Eingriffs nicht mehr. Denn da der Schußwaffengebrauch nur zur Abwehr illegaler Gewalt zulässig ist, beschränken sich die möglichen Eingriffsfälle auf die Verhinderung und die Abwehr von gewaltsamen Straftaten gegen die Allgemeinheit wie Unruhen i. S. von § 81 Abs. 1 Nr. 1 und 2 StGB.

Soweit solche Unruhen den Bestand des Staates und seine Verfassungsordnung bedrohen, rechtfertigt die Garantiefunktion der verfassungsmäßigen Ordnung den Eingriff zum Schutz des Staates. Das Bundesverfassungsgericht umschreibt im SRP-Urteil vom 23. Oktober 1952[98] die tragenden Prinzipien der

---

[98] Vgl. BVerfGE 2, S. 1, 13; vgl. im übrigen BVerfGE 5, S. 85, 197 f.; BECKER, HStR VII, § 167 Rn. 47.

freiheitlich demokratischen Grundordnung als „die Achtung vor den in den Grundrechten konkretisierten Menschenrechten, vor allem vor dem Recht der Persönlichkeit auf freie Entfaltung, die Volkssouveränität, die Gewaltenteilung, die Verantwortlichkeit der Regierung, die Gesetzmäßigkeit der Verwaltung, die Unabhängigkeit der Gerichte, das Mehrparteiensystem und die Chancengleichheit für alle politischen Parteien mit dem Recht auf verfassungsmäßige Opposition". Mit der freiheitlich demokratischen Grundordnung wird deshalb der Kern einer Verfassungsordnung geschützt, die sich dem Schutz der individuellen Freiheit verpflichtet und deren organisatorischer Aufbau den Fortbestand dieser Ordnung sicherstellt. Der Schutz derselben ist deshalb kein Selbstzweck, der ein etabliertes Staatsgefüge vor der Ablösung schützt. Angriffe auf die freiheitlich demokratische Grundordnung gefährden auch die Freiheitsordnung, in der der Einzelne unter dem Schutz des Staates seine Grundrechte ausüben und von seinen Freiheiten Gebrauch machen darf. Daß die Verfassung selbst eine solche Abwehr zuläßt, ergibt sich schon in Hinblick auf die rechtlichen Vorkehrungen, die das Grundgesetz und das einfache Recht zum Selbstschutz des Staates und seiner Verfassung getroffen haben und die unter dem Stichwort „wehrhaften Demokratie" zusammengefaßt sind. Sie wehren den Mißbrauch gewährter Freiheiten ab, der die Institutionen des Staates scheinbar legal in Anspruch nimmt, um diese in Wahrheit zu unterwandern und auszuhöhlen. Wenn nämlich schon diese verfassungsfeindliche Ausnutzung staatsbürgerlicher Freiheiten[99] und Mitbestimmungsrechte[100] oder das Unterwandern des Staatsdienstes[101] ein umfassendes Verbot der mißbräuchlichen Tätigkeit nach sich ziehen können, ist die verfassungsmäßige Ordnung erst recht vor offenkundig illegalen, gewalttätigen Angriffen zu schützen. Dieser Schutz der freiheitlich demokratischen Grundordnung kommt übrigens auch dem Adressaten zugute.

Da sich nämlich der Rechtsstaat nur mit rechtmäßigen Mitteln schützen darf, ist er bei der „Selbstverteidigung" zur besonderen Umsicht verpflichtet. Das ändert aber nichts daran, daß es grundsätzlich angemessen ist, den auf größtmögliche Freiheit und Beteiligungsmöglichkeiten angelegten Staat auch mit dem härtesten Zwangsmittel zu verteidigen. Denn die rechtsstaatliche Verfassungsordnung würde mit dem Verzicht auf die Selbstverteidigung nicht allein sich selbst, sondern die Gemeinschaft im Ganzen und deren Werte der rechtswidrigen Gewalt preisgeben. Da Staat und Verfassungsordnung vor allem durch ihre Amts- und Organwalter und deren Handeln sichtbar werden, richten sich gewaltsame Aktionen gegen die Verfassung in erster Linie gegen deren

---

[99] So verbietet das Grundgesetz in Art. 9 Abs. 2 GG verfassungsfeindliche Vereine.

[100] So das Parteienverbot aus Art. 21 Abs. 2 GG, das Parteien trifft, die die freiheitlich demokratische Grundordnung bekämpfen oder beseitigen wollen.

[101] § 4 Abs. 1 Nr. 2 BRRG verlangt die Gewähr für Verfassungstreue als unabdingbare Voraussetzung für die Berufung in das Beamtenverhältnis.

Repräsentanten und deren Sachgüter. Wenn die Person eines Amts- oder Organwalters bedroht wird, treten zu der freiheitlich demokratischen Grundordnung als Schutzgut Leib und Leben der bedrohten Amtswalter hinzu. Es kommt auch hier wieder zur Kollision gleichartiger Rechtsgüter. Die Beamten dürfen von ihren Waffen Gebrauch machen, wenn mildere Formen des unmittelbaren Zwangs keine hinreichende Hilfe versprechen.

Richtet sich der Angriff hingegen gegen Gebäude, die ein Verfassungsorgan beherbergen oder gegen andere Einrichtungen, die den ordnungsgemäßen Geschäftsablauf sicherstellen sollen, wird der Schußwaffengebrauch erst in Frage kommen, wenn durch die Gewalttätigkeiten die Arbeit der Verfassungsorgane so nachhaltig gestört werden, daß diese in kritischer Lage ihrer Verantwortung für die freiheitlich demokratische Grundordnung nicht mehr gerecht werden können. Der Schutz des täglichen Geschäftsablaufs mit der Schußwaffe wäre politisch bedenklich. Wenn sich ein Verfassungsorgan bei seinem üblichen „Tagesgeschäft" nur noch mit Hilfe von massiver Gewalt Respekt verschaffen kann, verliert es sein aus der Verfassung erwachsendes Gewicht. Anders ist indessen die Lage, wenn die Störer Organwalter an der Erfüllung ihres Amtes so nachhaltig behindern, daß diese ihren verfassungsmäßigen Auftrag nicht mehr erfüllen können. So könnte der Schußwaffengebrauch in Betracht kommen, um die gewaltsame Besetzung von Amtssitzen oder die Störung von Wahlen beziehungsweise Parlamentsentscheidungen gewaltsam behindert werden.

Obwohl beim bewaffneten Landfriedensbruch der Staat und die Verfassungsordnung noch nicht unmittelbar bedroht sind, verhält es sich mit der Angemessenheit des Schußwaffengebrauchs im wesentlichen wie auch beim Schutz der anderen Rechtsgüter: Denn mit ihren gemeinschaftlichen, bewaffneten Gewalttaten setzen sich die Störer über die Ächtung der Gewalt als Mittel zur Auseinandersetzung hinweg.

Beim repressiven Schußwaffengebrauch wird der Zweck des Eingriffs, den Adressaten der Strafverfolgung oder dem Vollzug zuzuführen, den Gebrauch der ultima ratio sogar begrenzen. Denn die Schußverletzung und das unvermeidliche Risiko, den Adressaten des Eingriffs zu töten[102], sind nur angemessen, wenn das Interesse des Staates an der Durchsetzung seines Strafanspruchs dem Abwehrrecht des Verfolgten vorgeht.

Wie bei der Gefahrenabwehr läßt sich auch dieses Interesse auf die mit dem Gewaltmonopol verbundene Verantwortlichkeit des Staates für die innere Sicherheit zurückführen: Der Staat monopolisiert allein die rechtliche Befugnis, Gewalt anzuwenden. Das heißt, private Gewalt ist nicht unmöglich, sondern

---

[102] Tatsächlich wird weitaus öfter bei der Strafverfolgung als bei der Gefahrenabwehr von der Schußwaffe Gebrauch gemacht.

illegal. Das Gewaltmonopol und der Anspruch des Staates auf dessen Beachtung liefe aber leer, wenn sich die präventive Unrechtsabwehr nicht in einer effizienten Strafverfolgung fortsetzt und der Polizei die Befugnis zur Durchsetzung ihrer Strafverfolgungsmaßnahmen vorenthalten bliebe. Da die Alternative zur ausreichenden Gefahrenabwehr und Strafverfolgung zwangsläufig auf eine Ausweitung und Aufwertung der Selbsthilfe hinausläuft, muß der Staat auch ex post für eine effiziente Gefahrenabwehr sorgen[103]. Wie die Gefahrenabwehr dient deshalb auch die Strafverfolgung der Sicherung des inneren Friedens[104]. Allerdings entfällt beim repressiven Schußwaffengebrauch das Argument der kollidierenden Grundrechte. Vielmehr kommt es allein darauf an, wie schwer die abgeschlossene Tat wiegt. Je schwerer das begangene Delikt ist, desto größeres Interesse besteht an der Durchführung des Strafverfahrens.

Auch im Zusammenhang mit der Strafverfolgung gilt für die Zumutbarkeit dasselbe wie beim präventiven Schußwaffengebrauch. Wie der Störer hat es deshalb auch der mutmaßliche Straftäter in der Hand, durch rechtzeitigen Gehorsam gegenüber den Anordnungen bzw. Einlenken im Augenblick der Androhung, den Zwang von sich abzuwenden. Wenn der Adressat hingegen ungeachtet der de lege lata zwingend angeordneten Androhungen[105] vor dem Zugriff flieht und den sachlich gerechtfertigten (wenn auch möglicherweise irrigen) Eindruck von seiner Gefährlichkeit nicht zerstreut, ist auch der repressive Schußwaffengebrauch angemessenes Mittel zum Aufrechterhalten der inneren Sicherheit.

4. Fazit

Die Regeln über den Schußwaffengebrauch entsprechen damit sowohl in formell- wie in materiell-rechtlicher Hinsicht den Vorgaben des Grundgesetzes. Daß die Aufzählung der zulässigen Schußwaffen ihren Platz im Polizeigesetz gefunden hat, wäre zwar nicht erforderlich gewesen; sie erweist sich lediglich als unnötiger, aber verfassungsrechtlich unbedenklicher Ballast im Gesetz. Da der Schußwaffengebrauch einem legitimen Zweck dient, in den beschriebenen Lagen geeignet, erforderlich und angemessen ist, ist der Eingriff grundsätzlich auch verfassungsmäßig.

---

103 Vgl. ISENSEE, Grundrecht auf Sicherheit, S. 56 ff.

104 Vgl. BVerfGE 33, S. 367, 383; 38, S. 105,115 f.; 38, S. 312, 321; 39, S. 156, 163; 41, S. 246, 250; 46, S. 214, 222 f; EuGRZ 1977, S. 334, 338.

105 Das Polizeigesetz läßt in § 61 Ausnahmen vom Androhungserfordernis nur zu, wenn die Androhung den Täter dazu veranlassen könnte, die Gefahr nun erst recht zu verwirklichen. Bei der Festnahme Verdächtiger oder Verurteilter haben die Beamten den Eingriff immer anzudrohen.

III. Die verfassungsrechtliche Rechtfertigung für den Eingriff in das Grundrecht auf Leben aus Art. 2 Abs. 2 S. 1 GG

Beim finalen Rettungsschuß spitzt sich die Abwägungsfrage zu. Es gibt bei diesem Eingriff, von der Unterscheidung zwischen einer Gefährdung und der Vernichtung des Rechtsguts abgesehen, keine graduellen Abstufungen, wie sie beim Eingriff in die körperliche Unversehrtheit möglich gewesen ist. Deshalb scheint die Wesensgehaltsgarantie aus Art. 19 Abs. 2 GG solchen Eingriffen entgegenzustehen. Es gilt also zunächst, den scheinbaren Widerspruch zwischen Art. 2 Abs. 2 und Art. 19 Abs. 2 GG aufzulösen; danach ist zu klären, ob ein tödlicher Eingriff von hoher Hand verhältnismäßig ist.

1. Der Schutzbereich des Grundrechts auf Leben

Das Grundgesetz schützt das Lebens in zweifacher Weise: Neben dem allgemeinen Grundrecht in Art. 2 Abs. 2 S. 1 GG erklärt Art. 102 GG als spezielleres Schutzrecht[106] die Todesstrafe für abgeschafft. Für den finalen Rettungsschuß als ultima ratio der Gefahrenabwehr ist freilich nicht Art. 102 GG, sondern Art. 2 Abs. 2 S. 1 GG der einschlägige Prüfungsmaßstab. Art. 2 Abs. 2 S. 1 GG schützt das menschliche Leben als „vitale(n) Basis für die Menschenwürde und Voraussetzung für die übrigen Grundrechte"[107].

Als einheitliches und unteilbares Rechtsgut steht das Leben unter dem Schutz der Verfassung, sobald und solange eine menschliche Individualexistenz nachweisbar ist[108]. Der Schutzbereich erschöpft sich freilich nicht in dieser rein biologischen Definition. Es tritt vielmehr noch eine persönliche Komponente hinzu. Sie schützt mit dem Rechtsgut Leben die physische Voraussetzung der Menschenwürde. Dabei spielt es für die Schutzwürdigkeit des einzelnen Rechtsguts keine Rolle[109], ob der einzelne Rechtsgutsträger die Möglichkeiten zur Persönlichkeitsentfaltung in vollem Umfang zu nutzen imstande ist.

Schon aus der Bezeichnung als *finaler* Rettungsschuß geht hervor, daß es sich um einen klassischen Grundrechtseingriff handelt. Er richtet sich gezielt gegen ein unteilbares Rechtsgut[110]. Ein Eingriff in das Rechtsgut liegt aber auch

---

[106] Vgl. MAUNZ-DÜRIG Art. 102 Rn. 18; RACHOR, in LISKEN-DENNINGER, Rn. 553; STARCK, in v. MANGOLDT-KLEIN-STARCK, Rn. 57 zu Art. 1 I.

[107] Vgl. BVerfGE 39, S. 1, 42; 88, S. 203, 251.

[108] Vgl. LORENZ, HStR VI, § 128 Rn. 8; DÜRIG, in MAUNZ-DÜRIG, Rn. 9 f.; STARCK, in v. MANOLDT-KLEIN-STARCK, Rn. 129 zu Art. 2 Abs. 2; PODLECH, in AK-GG, Rn. 10 zu Art. 2.

[109] Vgl. LORENZ, HStR VI, § 128 Rn. Rn. 8.

[110] Vgl. DREIER, Vorb. Rn. 81; LORENZ, HStR VI § 128 Rn. 24; MURSWIEK, in SACHS, Rn. 151 zu Art. 2.

dann vor, wenn die Beamten in Notwehrlagen schießen, obwohl sich das Risiko eines tödlichen Treffers mit an Sicherheit grenzender Wahrscheinlichkeit verwirklichen wird[111]. Nach Ansicht des Bundesverfassungsgerichts liegt sogar schon dann ein Eingriff vor, wenn es mit hinreichender Wahrscheinlichkeit zur Grundrechtsbeeinträchtigung kommt[112]. Übertragen auf den Schußwaffengebrauch dürfte eine relevante Gefährdung vorliegen, wenn die Beamten schießen, ohne die Trefffläche zuverlässig auf Arme oder Beine des Adressaten begrenzen zu können.

2. Die Wesensgehaltsgarantie gem. Art. 19 Abs. 2 GG

a. Das Ziel der Wesensgehaltsgarantie

Da es bei der Wesensgehaltsgarantie darum geht, den unantastbaren Wesensgehalt jedes Grundrechts zu schützen, entzieht sich dieser einer abstrakten Beschreibung[113]. Um so mehr bedarf es einer verläßlichen und verallgemeinerungsfähigen Methode, nach der dieser Kern zu ermitteln ist. Soviel läßt sich in jedem Fall vorweg nehmen: Art. 19 Abs. 2 GG verhindert, daß der Gesetzgeber ein Grundrecht formal im Grundgesetz bestehen läßt, es durch einfachgesetzliche Schranken aber materiell entwertet[114]. Diese inhaltliche Umschreibung sagt jedoch nicht, wie man diesen Wesensgehalt eines konkreten Grundrechts näher bestimmen kann. So ist auch umstritten, ob Art. 19 Abs. 2 GG die Grundrechte nur als objektiv-rechtliche Grundsätze schützt oder ob die Garantie auch den subjektiven Rechtspositionen des einzelnen Grundrechtsträgers zugute kommt.

Weder dem Grundgesetz im allgemeinen noch Art. 19 Abs. 2 GG im besonderen lassen sich eindeutige Hinweise darauf entnehmen, wie weit der Schutz der Wesensgehaltsgarantie geht. Auch bei den Beratungen des Parlamentarischen Rats ging es in erster Linie darum, „die Grundrechte" in ihrem Bestand vor Eingriffen zu schützen; ob der Schutz den Grundrechten als objektive Verfassungsnormen oder als subjektive Rechte des einzelnen zugute kommen soll, blieb dabei offen[115].

---

[111] Vgl. LORENZ, HStR VI, § 128 Rn. 24; MURSWIEK, in SACHS, Rn. 151 zu Art. 2.

[112] Vgl. BVerfGE 49, S. 89, 142 (Kalkar).

[113] Vgl. BVerfGE 22, S. 180, 219; STERN, Staatsrecht Bd. III/2, S. 874.

[114] Vgl. BVerfGE 2, S. 266, 285; ERICHSEN, NJW 1976, S. 1721 ff. 1724; zu anderen Umschreibungen HERZOG, FSchr. ZEIDLER, Bd. II, S. 1425; HESSE, Verfassungsrecht Rn. 332; LERCHE, HStR V § 122 Rn. 28; STERN, Staatsrecht Bd. III/2, S. 876; DREIER, Rn. 9; KRÜGER, in SACHS, Rn. 38 f.; MAUNZ-DÜRIG, Rn. 15 zu Art. 19 Abs. 2.

[115] Vgl. ERICHSEN, NJW 1976, S. 1722.

ERICHSEN[116] stellt auf den systematischen Zusammenhang der Wesensgehaltsgarantie mit Art. 19 Abs. 1 GG und Art. 79 Abs. 3 GG ab. Aus den Regelungen für die Grundrechtseinschränkung durch einfaches Gesetz und der sogenannten Ewigkeitsklausel andererseits zieht er den Schluß, daß die Grundrechte als Teil der Verfassung und damit höherrangiges Recht dem willkürlichen Zugriff des Gesetzgebers entzogen sind. DREIER[117] sieht in Art. 19 Abs. 4 GG einen Hinweis auf ihren besonderen Charakter als subjektive Rechte, der die Justiziabilität der Grundrechte gewährleistet und sie zu subjektiven Rechten der einzelnen Personen aufwertet. Die Wesensgehaltsgarantie fügt sich ihrer Ansicht nach nahtlos in den Katalog verfassungsrechtlicher Regelungen zum Schutz der Grundrechte vor dem Gesetzgeber ein[118].

b. Der Wesensgehalt eines Grundrechtes mit unteilbarem Schutzgut

Damit ist freilich das Problem nicht gelöst, wie die Wesensgehaltsgarantie als Schutz des subjektiven Rechts zum Tragen kommt und wann der Wesensgehalt verletzt ist. Diese Frage bereitet insbesondere bei dem unteilbaren Rechtsgut Leben Schwierigkeiten, bei dem zwangsläufig jeder Eingriff zur Vernichtung führt. Da Art. 2 Abs. 2 Satz 3 GG Eingriffe in dieses Rechtsgut ausdrücklich zuläßt, stellt sich die Frage, in welchem Verhältnis Art. 19 Abs. 2 GG und der Eingriffsvorbehalt zu einander stehen. Die sogenannten absoluten und relativen Interpretationen des Art. 19 Abs. 2 GG versuchen, hierauf Antwort zu geben.

aa. Absolute Auslegung bei PODLECH: Die sogenannte absolute Auslegung des Art. 19 Abs. 2 GG, wie beispielsweise PODLECH[119] sie vertritt, nimmt Art. 19 Abs. 2 GG „beim Wort". Sie setzt, das Grundrecht und damit auch dessen Wesensgehalt mit dem von ihm geschützten unteilbaren Rechtsgut gleich[120]. Da jeder Eingriff zwingend zum Untergang des Rechtsguts führt, tastet er tatsächlich das Grundrecht in seinem Wesensgehalt an. Gleichwohl billigt auch PODLECH den Beamten zu, sich bei der Selbstverteidigung mit einem lebensgefährlichen Schuß wehren zu dürfen[121].

---

[116] So auch BVerfGE 45, S. 187 ff., 270 nach anfänglichen Tendenzen in Richtung auf engere Auslegung, die nur den objektivrechtlichen Rechtssatz schützte in BVerfGE 2, S. 266, 285; ALEXY, S. 268; ERICHSEN, a.a.O., S. 1722; so auch DENNINGER in AK-GG Rn. 5; DREIER Rn. 9 zu Art. 19 Abs. 2.

[117] Vgl. DREIER Vorbemerkung Rn. 13 und 15.

[118] Vgl. DÜRIG, AöR 81 (1956), S. 117 ff., 136; ebenso HÄBERLE, AöR 114 (1989), S. 386 f. zu den Verfassungen, die das Beispiel explizit oder als ungeschriebener Teil der materiellen Verfassung aufgegriffen haben.

[119] Vgl. PODLECH, in AK-GG, Rn. 12 ff. zu Art. 2 Abs 2.

[120] Vgl. PODLECH, in AK-GG, Rn. 9 und 14.

[121] Vgl. PODLECH, in AK-GG, Rn. 16 bis 18 zu Art. 2.

Gegen diese absolute Interpretation spricht nicht nur der Eingriffsvorbehalt des Art. 2 Abs. 2 S. 3 GG[122]. Der pauschalen Gleichsetzung von Grundrecht und geschütztem Rechtsgut steht auch der Sinn des Art. 19 Abs. 2 GG entgegen, der gerade den Kern des Grundrechts schützt. Die völlige Gleichsetzung von Rechtsgut und Grundrecht widerspricht der Vorstellung vom Wesensgehalt als Essenz des jeweiligen Grundrechts. Die Probleme dieser rigorosen Verfassungsauslegung zeigen sich auch daran, daß PODLECH selbst eine in Kauf genommene Lebensgefahr für zulässig hält[123]. Die einwände gegen diese Differenzierung zwischen dem finalen Rettungsschuß und einer nur mißbilligend in Kauf genommenen Tötung sind bereits im Zusammenhang mit § 64 Abs. 3 Satz 2 des Alternativentwurfs[124] erörtert worden. Die Zuhilfenahme des dolus eventualis unterstellt den handelnden Beamten lediglich eine bestimme Willensrichtung und beseitigt damit zwar das Odium einer bewußten und willentlichen Tötung. An den objektiven Umständen und dem Wesen des Eingriffs vermag dies freilich nichts zu ändern. Da auch eine Grundrechtsgefährdung als Eingriff gilt[125], müßte PODLECH konsequenterweise auch diese in Kauf genommene Tötung als verfassungswidrig ablehnen.

bb. Auslegung des Bundesverfassungsgerichts: Das Bundesverfassungsgericht und die übrige höchstrichterliche Rechtsprechung[126] schlägt einen Mittelweg ein[127]: in einigen Fällen geht es ausdrücklich von einem absolut geschützten Kern aus. Diesen erklärt es selbst dann für unantastbar[128], wenn überwiegende Interessen der Allgemeinheit für einen solchen Eingriff sprächen und der Eingriff angemessen wäre. Zur Begründung beruft es sich freilich nicht immer auf Art. 19 Abs. 2 GG, sondern läßt Hinweise und Stichworte wie den „Kernbereich" oder „Substanz" des Grundrechts genügen, um den unantastbaren Wesensgehalt vor Eingriffen des Gesetzgebers zu sichern[129]. Diese Urteile sind freilich zu Grundrechten mit teilbaren Schutzgütern ergangen, die bei ei-

---

122 Vgl. MURSWIEK, in SACHS, Rn. 169 zu Art. 2.

123 Vgl. PODLECH, in AK-GG, Rn. 16 zu Art. 2.

124 S. hierzu im 3. Kapitel unter III 3 b cc

125 S. zum Schutzbereich in diesem Abschnitt B II unter 1.

126 Vgl. BVerfGE 6, S. 32, 41; 34, S. 238, 245; 75, S. 187, 228; 45, S. 178 (lebenslängliche Freiheitsstrafe); 84, S. 90, 121 (Bodenreform); BGHSt 4, S. 375, 377; 4, S. 385, 399; BGH DÖV 1955, S. 729, 730; BVerwGE 1, S. 165, 168; BVerwG NJW 1955, S. 763; 1975, S. 1135, 1143.

127 Die Akzentverschiebungen zwischen der absoluten und der relativen Auslegung, aber auch zwischen der ausdrücklichen Argumentation mit Art. 19 Abs. 2 GG und dessen bloßer Andeutung in Stichworten zeichnet HÄBERLE ausführlich nach, in AöR 95 (1970), S. 617 ff., 618 FN 5; DERS. Wesensgehaltsgarantie, S. 286 ff.

128 Vgl. BVerfGE 27, S. 344, 350 f; 32, S. 373, 378 ff.; 34, S. 28, 245.

129 So z.B. in BVerfGE 20, S. 150, 155; 35, S. 35, 39; 42, S. 312, 331 f.; 44, S. 322, 340.

nem Eingriff nicht zwingend untergehen. Dies ist vor allem der Fall beim Grundrecht auf Koalitionsfreiheit gem. Art. 9 Abs. 3 GG[130] oder bei den Institutionsgarantien des Berufsbeamtentums aus Art. 33 Abs. 5[131] und der kommunalen Selbstverwaltung gem. Art. 28 Abs. 2 S. 1 GG[132]. Anders hingegen verhält es sich bei unteilbaren oder anderen höchstpersönlichen Grundrechten. Dies gilt insbesondere für die Fortbewegungsfreiheit[133], für die Meinungsfreiheit[134] und den Schutz für Ehe und Familie[135]. Hier betont das Gericht zunächst den hohen Rang der geschützten Freiheit und deren Vorrang vor anderen Belangen. Freilich sind auch hier, ähnlich wie bei der Bestimmung von verfassungsimmanenten Grundrechtsschranken, Ausnahmen zulässig, sofern besonders schwerwiegende und – wie in der Wechselwirkungsrechtsprechung zu Art. 5 Abs. 1 GG entwickelt[136] – verfassungsimmanente Gesichtspunkte nach sorgfältiger Abwägung den Eingriff zwingend gebieten[137].

Das Bundesverfassungsgericht stellt also auf die Bedeutung ab, die „das Grundrecht nach der getroffenen Entscheidung noch für das soziale Leben im Ganzen besitzt"[138]. Um diese Bedeutung einschätzen zu können, zieht das Gericht das Verhältnismäßigkeitsprinzip heran. Soweit unteilbare Grundrechten berührt sind, relativiert das Bundesverfassungsgericht den Schutz und läßt in den Grenzen verfassungsimmanenter Schranken auch den Eingriff in ein Grundrecht mit unteilbarem Wesensgehalt zu.

Die Lehre nimmt bei der Auslegung von Art. 19 Abs. 2 GG andere Grundsätze zur Hilfe, um die Wesensgehaltsgarantie auf eine klare Aussage festzulegen. So orientieren sich DÜRIG, LERCHE und STERN[139] am Menschenwürdegehalt, mit dem Art. 1 Abs. 1 GG auf die spezielleren Grundrechte ausstrahlt.

---

[130] Vgl. BVerfGE 4, S. 96, 106 f.; 38, S. 306; 44, S. 322, 340; in 50, S. 290, 396 (Mitbestimmung) gilt der absolute Schutz des Wesensgehaltes freilich nur, soweit die Schranken nicht aus verfassungsimmanenten Schranken begründet sind; wenn dies der Fall ist, läßt das Gericht Raum für sachlich gebotene Einschränkungen und leitet damit über zur relativierenden Auslegung.

[131] Vgl. BVerfGE 43, S. 242, 278; 56, S. 146, 162.

[132] Vgl. auch ERICHSEN, NJW 1976, S. 1723 f.

[133] Vgl. BVerfGE 19, S. 342, 347; 20, S. 45, 49; 20, S. 144, 147; 42, S. 263, 294 f.

[134] Vgl. BVerfGE 7, S. 198, 208 f. (Lüth); 47, S. 198, 233; 54, S. 129, 136; 57, S. 321, 265; 60, S. 234, 240.

[135] Vgl. BVerfGE 49, S. 24 (Kontaktsperre).

[136] Bei dieser kommt der Wesensgehalt und erst recht dessen sedes materiae im Grundgesetz nicht explizit zur Sprache.

[137] Hierzu auch HÄBERLE, Wesensgehaltsgarantie, S. 295 f.

[138] Vgl. ERICHSEN, NJW 1976, S. 1721, 1724.

[139] Vgl. DÜRIG, AöR 81 (1956), 136 ff.; STERN, Staatsrecht Bd. III/2, S. 873; ebenso HERZOG, FSchr. ZEIDLER, S. 1425; LERCHE, HStR V, § 122 Rn. 29.

STERN[140] betrachtet Art. 1 Abs. 1 GG als die Ouvertüre und Art. 19 Abs. 2 GG den Schlußakkord des Grundrechtsabschnitts. Allerdings läßt es auch STERN beim allgemeinen Kriterium des Menschenwürdegehalts nicht bewenden, sondern verlangt darüber hinaus noch ein grundrechtsspezifisches Merkmal für den Wesensgehalt des Grundrechts.

cc. Relative Auslegung bei ALEXY und HÄBERLE: Vor allem ALEXY[141] und HÄBERLE[142] geben der sogenannten relativen Auslegung den Vorzug. Sie interpretieren die Wesensgehaltsgarantie i. S. des Verhältnismäßigkeitsgrundsatzes. So gesehen kommt Art. 19 Abs. 2 GG freilich nur noch deklaratorische Bedeutung zu. Gegen diese „Entwertung" der Wesensgehaltsgarantie spricht aber das grundsätzliche Nebeneinander von Verhältnismäßigkeitsprinzip und Wesensgehaltsgarantie. Es erscheint schwer vorstellbar, daß die Väter des Grundgesetzes eine wichtige Schrankenschranke wie das Übermaßverbot übersehen oder als Wesensgehaltsgarantie „verkleidet" in das Grundgesetz eingeführt haben sollen. Weitaus näher liegt es, daß der Wesensgehaltsgarantie besondere Bedeutung beigemessen und die Anerkennung des Verhältnismäßigkeitsprinzips als selbstverständlich vorausgesetzt worden ist. So gesehen wurde 1949 in Art. 19 Abs. 2 GG ein neues und regelungsbedürftiges aliud zum Übermaßverbot verankert.

Aus ähnlichem Grund erscheint auch das Abstellen auf den Menschenwürdegehalt, das STERN befürwortet, problematisch. Denn damit übernähme Art. 19 Abs. 2 GG nicht nur eine an anderer Stelle getroffene Wertung[143]. Gegen diese Orientierungshilfe spricht auch, daß der Menschenwürdegehalt eher den auf Art. 1 Abs. 1 GG zurückzuführenden gemeinsamen Nenner aller Grundrechte, als das in jedem einzelnen Grundrecht liegende Spezifikum beschreibt.

dd. Ergebnis: Letztlich gilt es deshalb, aufgrund der jeweiligen Grundrechtsnorm, den spezifischen und unberührbaren Kern jeder Grundrechtsgarantie gesondert zu ermitteln[144]. Bei einem unteilbaren Rechtsgut kommt es darauf an, welche Bedeutung dem Grundrecht nach dem zugelassenen Eingriff noch zukommt; wenn bereits die Ermächtigung zum vernichtenden Eingriff in individuelle Rechtsgüter die Garantie insgesamt leerlaufen läßt, ist der Wesensgehalt des Grundrechtes verletzt.

---

[140] Vgl. STERN, Staatsrecht Bd. III/2, S. 876.

[141] Vgl. ALEXY, S. 269.

[142] Vgl. HÄBERLE, AöR 114 (1989), S. 361 ff., 389; DERS., Wesensgehaltsgarantie, S. 326 ff.

[143] In diesem Sinne auch HERZOG, FSchr. ZEIDLER, Bd. 2, S. 1415 ff., 1424 f.

[144] Vgl. KRÜGER, in SACHS Rn. 39 zu Art. 19 Abs. 2, zur Korrektur des reinen Abstellens auf den Menschenwürdegehalt auch STERN, Staatsrecht Bd. III/2, S. 876.

c. Der Wesensgehalt des Grundrechts auf Leben

Beim Rechtsgut Leben läßt sich kein absolut geschützter Wesensgehalt abtrennen. Jeder Eingriff in seine Substanz vernichtet es. Wenn man daraus nicht wie PODLECH[145] den Schluß ziehen will, daß der finale Rettungsschuß als „exekutive Exekution"[146] mit der Vollstreckung eines gem. Art. 102 GG verfassungswidrigen Todesurteils auf einer Stufe steht, bedarf es deshalb einer relativierenden Auslegung. Hierbei hilft die Bezugnahme auf Art. 1 Abs. 1 GG, bei der noch andere Gesichtspunkte als die biologisch-physiologische Existenz den Wesensgehalt des Grundrechts ausmachen. Die inhaltliche Nähe der Grundrechte Menschenwürde und Leben, sowie deren grundlegende Bedeutung für die Entfaltung aller weiteren Freiheitsrechte legen es nahe, für das Grundrecht auf Leben den Menschenwürde- und den Wesensgehalt gleichzusetzen[147]. Denn wenn sich bereits der Schutzbereich des Grundrechts auf Leben nicht allein auf die bloße physiologisch-biologische Existenz beschränkt, gilt dies parallel auch für die Bestimmung des Wesengehaltes. Die entscheidenden Anhaltspunkte die zu dem ausdrücklichen Schutz jedes menschlichen Lebens gem. Art. 2 Abs. 2 Satz 1 GG hinzukommen und den Wesensgehalt des Grundrechts Leben genauer bestimmen, ergeben sich aus Art. 1 Abs. 1 GG[148]. Nach den vom Bundesverfassungsgericht aufgestellten Kriterien[149] sind Eingriffe in das Grundrecht auf Leben deshalb grundsätzlich unzulässig. Ausnahmen von diesem Grundsatz kommen allenfalls in Frage, wenn der Schutz eines gleichrangigen oder vielmehr gleichermaßen als Höchstwert der Verfassung eingestuften Belangs den tödlichen Eingriff zwingend gebietet und der Betroffene keinen entwürdigenden Quälereien ausgesetzt wird.

Um die Lage beim finalen Rettungsschuß zu verdeutlichen, empfiehlt sich der Vergleich mit der Vollstreckung eines Todesurteils, die Art. 102 GG für abgeschafft erklärt und die als verfassungswidriger Eingriff Anhaltspunkte dafür gibt, wann ein Eingriff in das Rechtsgut Leben gegen die Grundwerte der Verfassung verstößt. Da die Vollstreckung eines verfassungswidrigen Todesurteils und der von Art. 2 Abs. 2 S. 3 GG zugelassene Eingriff in das Grundrecht auf Leben gleichermaßen zum Tod des Betroffenen führen, gibt offenkundig nicht das Ergebnis, sondern das Ziel und die Umstände des Eingriffs den Ausschlag

---

[145] Vgl. PODLECH, in AK-GG, Rn. 15 zu Art. 2 Abs. 2.

[146] Das Wortspiel mag auf den ersten Blick bestechen. Es verkürzt indessen den gesamten Bereich der Vollstreckung und hebt zugleich die rechtshistorische Trennung von Justiz und Exekutive auf. Diesem Schluß von der ausdrücklichen Abschaffung der Todesstrafe auf die Verfassungswidrigkeit des finalen Rettungsschusses fallen dann auch die sachlichen Unterschiede zwischen Zwangsmaßnahmen und Strafen zum Opfer.

[147] Vgl. LORENZ, HStR VI, § 128 Rn. 40; RACHOR, in LISKEN-DENNINGER, Rn. 553.

[148] Hierzu sogleich unter 3 c aa.

[149] Vgl. BVerfGE 49, 24, 53.

für dessen Verfassungsmäßigkeit. Der entscheidende Unterschied liegt darin, daß die Vollstreckung eines Todesurteils anders als der finale Rettungsschuß nicht zur Abwehr einer gegenwärtigen Gefahr dient. Während der finale Rettungsschuß einen Gewalttäter angriffsunfähig macht, bezieht sich die Hinrichtung auf einen abgeschlossenen Angriff. Sie kann diesen nicht mehr verhindern, sondern bringt nur noch die Mißbilligung darüber in einer Weise zum Ausdruck, die dem Verurteilten nicht nur jede Möglichkeit zu einer erfolgreichen Resozialisierung, sondern auch das Recht zu leben abspricht[150]. Dagegen wendet der tödliche Schußwaffengebrauch eine gegenwärtige Gefahr von einem hilflosen Opfer ab[151]. Der Eingriff dient also nicht nur dem Interesse des Gemeinwesens, sondern beendet eine Grundrechtskollision. Bei der Auflösung dieser Grundrechtskollision stellen die Schutzpflichten eine verfassungsimmanente Schranke dar, die den Staat zum Schutz des Lebens vor rechtswidriger Gewalt seitens Dritter verpflichtet. Als grundrechtlich verankerte Rechtsposition jedes einzelnen Grundrechtsträgers fallen auch diese Schutzrechte in den Wirkungsbereich des Art. 19 Abs. 2 GG. Wenn die Beamten deshalb vor der Alternative stehen, den Störer entweder zu töten oder ihn gewähren zu lassen und damit das Leben seines Opfers preiszugeben, tritt die Wesensgehaltsgarantie zu dem allgemeinen Auftrag, Grundrechte zu schützen, hinzu. Solange der Eingriff ohne eine erniedrigende Behandlung des Angreifers erfolgt und das Verhalten des Betroffenen keine andere Möglichkeit zur Abwehr irreparabler Schäden vom gleichermaßen unteilbaren Rechtsgut auf Leben seitens des Angegriffenen läßt, verletzt er weder den Menschenwürdegehalt noch den Wesensgehalt des Grundrechts.

3. Die Verhältnismäßigkeit eines Eingriffs in das Grundrecht auf Leben

Auch wenn der finale Rettungsschuß dasselbe verfassungsmäßige Ziel verfolgt wie der gewöhnliche Schußwaffengebrauch, stehen die Eignung, Erforderlichkeit und Angemessenheit des Eingriffs diesmal im Verhältnis zum Grundrecht auf Leben auf dem Prüfstand. Bei der Diskussion über die Eignung des finalen Rettungsschusses gilt es, die beiden verschiedenen Ausgangslagen zu trennen, in denen der Eingriff in Betracht kommt. Einmal handelt es sich um den finalen Rettungsschuß zur Geiselbefreiung; weitaus häufiger kommt es in-

---

[150] Vgl. BVerfGE 28, S. 389, 391; 45, S. 187, 227 ff.; DEGENHARDT, in SACHS Art. 102 Rn. 8; KUNIG, in V. MÜNCH, Rn. 16 zu Art. 102; PODLECH, in AK-GG Art. 1 Abs. 1 Abs..1; offen geblieben bei SCHMIDT-BLEIBTREU, in SCHMIDT-BLEIBTREU-KLEIN, Rn. 1; keinen Konflikt sieht SCHOLZ, in MAUNZ-DÜRIG Rn. 4 und 12 zu Art. 102.

[151] LERCHE, in FSchr. V. D. HEYDTE, S. 1033, 1034; RACHOR, in LISKEN-DENNINGER, Rn. 553; SCHMIDTHÄUSER, in MERTEN, Aktuelle Probleme, S. 64; SEEBODE, StrVert. 1991, S. 80.

dessen im Zusammenhang mit der Selbstverteidigung von Polizeivollzugsbeamten zum finalen Rettungsschuß. Diese unterschiedlichen Lagen kommen insbesondere im Hinblick auf die Eignung und die Erforderlichkeit des Eingriffs zum tragen. Wegen der Verschiedenheit der Fallkonstellationen sind abstrakt-generelle Aussagen über die Verhältnismäßigkeit dieses Eingriffs nur begrenzt möglich.

a. Die Eignung des finalen Rettungsschusses zur Gefahrenabwehr

aa. Der finale Rettungsschuß in Notwehrlagen: Weitaus häufiger als bei der Geiselbefreiung kommt es in „gewöhnlichen" Notwehr- und Nothilfelagen zum tödlichen Schuß. Wenn der Angreifer dem Beamten mit gezogener und allem Anschein nach auch entsicherter Waffe gegenübersteht, kommt es nicht weniger als bei der Geiselnahme darauf an, den Angreifer zu töten, bevor dieser seinen Angriff auf den Polizisten oder eine dritte Person vollendet. Bei der Selbstverteidigung kommt es aber weniger auf die *sofortige* Tötung des Angreifers, als vielmehr darauf an, daß die Beamten in einer für sie lebensbedrohlichen Lage schießen dürfen, obwohl sich ein tödliches Risiko für den Gegenüber nicht ausschließen läßt. Zudem fehlen den Streifenbeamten in einer unversehens eskalierenden Auseinandersetzung die Zeit und die speziellen Waffen, die einen auf die sofortige tödliche Wirkung berechneten Schuß erst möglich machen.

bb. Die Eignung des finalen Rettungsschusses zur Geiselbefreiung: Die Geiselbefreiung ist zweifellos der „klassische" Fall des finalen Rettungsschusses. Die Gelegenheit dazu ergibt sich in der Regel erst, wenn der Geiselnehmer zusammen mit der Geisel der Polizei gegenübertritt und versucht, ein bereitstehendes Fluchtfahrzeug zu erreichen[152]. Ob die Beamten diesen Moment zur Befreiung der Geisel nutzen können, richtet sich ganz nach den Umständen des Einzelfalls und entzieht sich damit einer allgemeinen Bewertung. Es gibt freilich auch einen grundlegenden Einwand gegen den finalen Rettungsschuß, auf den an dieser Stelle einzugehen ist.

Immer wieder wird in Zweifel gezogen, ob die Polizei tatsächlich in der Lage ist, den Täter so genau zu treffen, daß dieser sofort stirbt. Die Lagen, in denen tatsächlich jeder Reflex ausgeschaltet werden muß und in denen deshalb ein Schußwaffengebrauch, der das nicht bewirkt, untauglich ist, treten nur ein, wenn der Täter seine Waffe offenkundig so in Einsatzbereitschaft hält, daß jede auch nur willkürliche Bewegung ausreicht, um die Geisel zu töten. Für den

---

[152] So verhielt es sich beispielsweise beim Münchener Bankraub vom 3. und 4. August 1971; hier verließ der Geiselnehmer Rammelmayer die Deckung freilich erst, nachdem seine Geisel bereits im bereitgestellten Fluchtauto saß. Da es nicht gelang, ihn auf dem kurzen Weg zum Auto zu erschießen, stand er bereits neben der Geisel, als der tödliche Schuß fiel. S. dazu die Wiedergabe der dpa-Meldungen über die Schießerei zur Befreiung der Geiseln bei F. C. SCHROEDER, S. 13 ff. und 48 ff.

Schuß stehen den Beamten der Sondereinsatzkommandos Spezialwaffen mit Zielfernrohren und vor allem Hohlspitzgeschosse zur Verfügung, deren ballistische Wirkung ein Überleben des Angreifers praktisch ausschließt. Auch diese Munition führt jedoch nur dann zum sofortigen Tod, wenn sie unmittelbar das Stammhirn des Adressaten trifft[153]. Die Möglichkeit eines solchen Treffers ist immer wieder angezweifelt worden[154]. Insbesondere rügen Autoren das hohe Risiko für das Opfer, weil „kaum mehr als ein Fingerzucken über Tod oder Leben des Opfer entscheidet" und schon der geringste Fehler den Tod des Opfers und das Scheitern des gesamten Einsatzes zur Folge haben kann[155]. Seit dem Münchener Bankraub im Jahre 1971, als die Geisel durch einen Schuß starb, den der bereits tödlich getroffene Geiselnehmer durch eine Reflexbewegung auslöste, wurden die Schußwaffen technisch weiterentwickelt und gewähren eine weitaus größere Zielsicherheit. Bei der Entscheidung für oder gegen den finalen Rettungsschuß bereitet daher weniger die Treffsicherheit der Beamten das entscheidende Problem. Vielmehr kommt es darauf an, die Lage und die Person des Täters richtig einzuschätzen. So sprechen taktische Gründe gegen einen Schußwaffengebrauch, wenn die Polizei es mit mehreren Tätern und Geiseln zu tun hat. Wenn die Polizei hier nur auf einen einzigen Störer schießt, muß sie sich ein sehr genaues Bild über die Persönlichkeit der übrigen Geiselnehmer machen können, um die Reaktion des überlebenden Täters einzuschätzen und keine Vergeltungsschläge zu provozieren.

Diese Fragen stellen sich auch dann, wenn es beim finalen Rettungsschuß nicht auf das umgehende Ausschalten aller Reflexe ankommt. Solche Konstellationen treten beispielsweise ein, wenn die Beamten den Geiselnehmer auf der Flucht stellen. Hier mag zwar schon ein gezielter Schuß auf den Kopf oder den Oberkörper den Geiselnehmer daran hindern, seine Drohung zu verwirklichen. Wenn der Geiselnehmer aber infolge der Schußverletzung die Kontrolle über das Fluchtfahrzeug verliert, ist die Geiselnahme mit dem Tod des Störers zwar beendet, doch wird zugleich dem Opfer ein neuerliches erhebliches Risiko aufgebürdet.

---

[153] Anders als bei einem Kopfschuß bleibt dem Adressaten bei Verletzungen infolge eines Bauchschusses in 50 %, bei einem Herzschuß in 30 % aller Fälle zunächst noch die volle Handlungsfähigkeit erhalten. Auch bei einem Kopfschuß, der das Gehirn von Schläfe zu Schläfe durchschlägt, bleibt die Handlungsfähigkeit noch erhalten, ROPOHL, in FORSTER, S. 161

[154] Bedenken sind beispielsweise angemeldet worden im AE, Anm. 7 zu § 64 unter Bezugnahme auf BERNDT, Die Polizei 1975, S. 197 ff., 198; ebenso RACHOR, in LISKEN-DENNINGER, Rn. 560; WEICHERT, VBlBW 1991, S. 253; WESSLAU-KUTSCHA, ZRP 1990, S. 170.

[155] Vgl. RACHOR, in LISKEN-DENNINGER, Rn. 560.

b. Die Erforderlichkeit des finalen Rettungsschusses

aa. Mildere Mittel bei der tödlichen Nothilfe: Beim finalen Rettungsschuß zur Notwehr und Nothilfe begegnen im wesentlichen dieselben Probleme wie beim Eingriff in das Grundrecht auf körperliche Unversehrtheit des Störers. Das gilt vor allem für die Frage nach der Vorzugswürdigkeit effizienterer Munition. Für den Streifendienst wurde die Verwendung von Hohlspitz- oder Niedrigbrisanzgeschossen abgelehnt, weil sie das Risiko tödlicher Treffer zu sehr steigern und keinen Raum mehr für angemessene Reaktionen auf den Einzelnen Fall lassen. Diese Wertung ändert sich auch nicht dadurch, daß es nunmehr um die Rechtfertigung eines Eingriffs in das Grundrecht auf Leben geht. Auch wenn Art. 2 Abs. 2 Satz 3 GG indiziert, daß die besondere Bedeutung dieses Grundrechts als Höchstwert der Verfassung selbst einen finalen Rettungsschuß nicht schlechthin ausschließt, kommt dieser nur als ultima ratio in Betracht.

Für die Frage nach der Munition in den Dienstwaffen der Streifenpolizisten bedeutet dies: Die Polizei muß sich die Möglichkeit zu einem abgestuften Vorgehen erhalten. Deshalb darf sie ihre üblicherweise verwendete Munition nicht der Extremlage anpassen und auf den finalen Rettungsschuß ausrichten, sondern muß sich im Gegenteil die Schonung des Störers zur Richtlinie ihres Eingriffs machen. Wenn die Beamten die Möglichkeit zum dosierten Schußwaffengebrauch aufgäben, verlöre der Eingriff in das Grundrecht seine Rechtfertigung als ultima ratio hoheitlichen Zwangs. Es muß daher im Regelfall bei den Vollmantel-Rundkopfgeschossen bleiben. Die besondere, effizientere Munition, bei der der tödliche Ausgang unvermeidbar wird, muß für die Fälle der Geiselbefreiung reserviert bleiben, in denen wenn überhaupt nur ein tödlicher Schußwaffengebrauch in Betracht kommt.

bb. Vorrang des Freikaufs vor dem finalen Rettungsschuß? Im Rahmen der Erforderlichkeitsprüfung stellt sich vor allem die Frage, ob die Erfüllung der erpresserischen Forderung das mildere und damit eigentlich erforderliches Mittel zur Gefahrenbeseitigung Vorrang vor dem Schußwaffengebrauch beanspruchen kann. Das gilt insbesondere, wenn die Erpresser die sofortige Freilassung aller Geiseln in Aussicht stellen. Damit bliebe den Geiseln das Risiko erspart, die Geiselnehmer auf der Flucht begleiten zu müssen und diesen damit in besonderer Weise ausgeliefert zu sein. Selbst wenn es der Polizei nämlich gelingt, das Fluchtauto der Verbrecher ständig im Blick zu behalten, hat sie keine Information darüber, was in demselben vorgeht und wie sich die Geiselnehmer unter dem zunehmenden Druck einer andauernden Verfolgung verhalten. Vor allem muß sie mit der Möglichkeit rechnen, daß die Geiselnehmer ihre Opfer als Zeugen und „Sicherheitsrisiko“ beseitigen, sobald diese ihnen zur Last fallen.

Selbst wenn der Geiselnehmer tatsächlich alle Opfer freiläßt, bleibt die Erfüllung der erpresserischen Forderung ein fragwürdiges Mittel. RACHOR[156] betont zwar zurecht, daß als Alternativen zum Schußwaffengebrauch nicht nur die gesetzlich zugelassenen Zwangsmittel, sondern auch Möglichkeiten zu Verhandlungen mit den Geiselnehmern zu berücksichtigen sind. Die Verhandlungslösung verspricht freilich nur dann eine reelle Chance, wenn der Geiselnehmer auf eine rationale Verhandlung mit den Polizeibeamten eingeht. In diesem Augenblick ist es vor allem eine Aufgabe für Psychologen, dem Täter die Aussichtslosigkeit seines Vorhabens und einen Ausweg aus der Lage zu zeigen, in die er sich gebracht hat. Selbst wenn die Chancen, den Geiselnehmer zum Aufgeben zu bewegen, nur gering sind, wäre es unklug, auf solche Verhandlungen zu verzichten. Denn sie vermitteln der Polizei einen auf eigene Wahrnehmung gestützten Eindruck von der Persönlichkeit des Täters. Ohne Gesprächskontakte hingegen wären die Beamten darauf angewiesen, aus den Handlungen des Täters – soweit diese bekannt sind – auf dessen Persönlichkeit zu schließen.

Die Lösung, die Forderung des Geiselnehmers zu erfüllen, rückt überhaupt erst in den Blick, wenn es nicht gelingt, den Täter zum Aufgeben zu bewegen, und er sich glaubwürdig dazu bereiterklärt, sämtliche Geiseln freizulassen. Auch dann entscheidet aber die gesamte Lage über die Vorzugswürdigkeit der Verhandlungslösung. Diese muß in gleicher Weise wie der Schußwaffengebrauch zur Gefahrenabwehr geeignet sein und darf dem Interesse des Geiselnehmers an einer milderen Behandlung nicht die Schutzbelange Unbeteiligter aufopfern. Selbst dann bestehen gegen diese Lösung schwerwiegende Bedenken. Wenn die Polizei die erpresserischen Forderungen erfüllt, beendet sie zwar die Gefahr für die unmittelbar davon Betroffenen. Sie erreicht aber nur einen vorläufigen Erfolg und entläßt zudem einen erwiesenermaßen rücksichtslosen und gewalttätigen Verbrecher aus ihrer Kontrolle, ohne die Gewißheit zu besitzen, daß er seine Verfolger nicht abschüttelt, erneut Geiseln nimmt oder Gewalttaten begeht, um seine Flucht zu ermöglichen[157].

Auch aus generalpräventiven Gründen erweist sich das Nachgeben gegenüber dem Geiselnehmer als gefährlich[158]. Daß sich der Staat nicht beliebig erpreßbar machen und seine Autorität als Garant der Rechtsordnung einbüßen darf, ist keine Leerformel in bedenklich geistiger Nähe zur verfassungswidrigen Todesstrafe[159]. Vielmehr begibt sich der Staat in die Hände von Straftätern, die

---

[156] Vgl. RACHOR, in LISKEN-DENNINGER, Rn. 561.

[157] Die Geiselnehmer Rösner und Degowski brachten im Verlauf des Gladbecker Geiseldramas im August 1988 während ihrer Flucht durch ganz Norddeutschland abwechselnd verschiedene Geiseln – vorübergehend sogar einen Linienbus – in ihre Gewalt und ermordeten zwei ihrer Geiseln.

[158] Vgl. BVerfGE 46, S. 160, 165.

[159] So aber scheinbar RACHOR, in LISKEN-DENNINGER, Rn. 555.

auf verwerfliche Weise aus der Sorge um das Leben der Opfer Kapital schlagen[160]. Während es verständlich ist, daß die Angehörigen eines Entführten exorbitante Lösegeldforderungen aufbringen[161], bleiben diese gefühlsbestimmten Reaktionen dem Staat und seinen Organen verwehrt. Als neutrale Instanzen dürfen sie bei der Erfüllung ihrer Schutzaufgabe allein nach sachlichen Erwägungen vorgehen. Außer dem Wohl der Geisel fallen auch die Schutzpflichten gegenüber den übrigen Bürgern ins Gewicht[162]. Die Notwendigkeit einer flexiblen Strategie zur Terrorismusbekämpfung, die das Bundesverfassungsgericht der Bundesregierung im Schleyer-Urteil zugestanden hat, gilt deshalb gleichermaßen für die Polizei: „Eine wirksame Wahrnehmung dieser (Schutz-; Anm. der Verf.) Pflicht setzt voraus, daß die zuständigen staatlichen Organe in der Lage sind, auf die jeweiligen Umstände des Einzelfalles angemessen zu reagieren; schon dies schließt eine Festlegung auf ein bestimmtes Mittel aus .... Darüber hinaus kann eine solche Festlegung insbesondere schon deshalb nicht von Verfassungs wegen erfolgen, weil dann die Reaktion des Staates für Terroristen von vornherein kalkulierbar würde. Damit würde dem Staat der effektive Schutz seiner Bürger unmöglich gemacht“[163]. Durch prinzipielle Nachgiebigkeit gegenüber erpresserischen Forderungen machte sich die staatliche Gefahrenabwehr zum beherrschbaren und rücksichtslos beherrschten Risiko. Selbst wenn sich der Bürger darauf verlassen könnte, daß der Staat ihn auslöst, käme auf die Dauer eine derartige Politik einer Einladung zu solchen Überfälle gleich und vergrößerte deren Wahrscheinlichkeit.

c. Die Angemessenheit des finalen Rettungsschusses

Da die Natur der geschützten Rechtsgüter eine Kompromißlösung im Sinne eines möglichst schonenden Ausgleichs der Sache nach ausschließt, reduziert sich die Entscheidung auf die Alternative, das unteilbare Rechtsgut entweder ganz zu zerstören oder von der erforderlichen Maßnahme völlig Abstand zu nehmen. Es hilft nicht weiter, den finalen Rettungsschuß mit der pauschalen Entscheidung „in dubio pro vita“ abzulehnen. Denn neben dem Leben des Angreifers steht vor allem das seines Opfers auf dem Spiel. Letztlich geht es bei

---

[160] So ausdrücklich der Wortlaut der Straftatbestände für erpresserischen Menschenraub in § 239 a Abs. 1 StGB: „Wer einen Menschen entführt oder sich eines Menschen bemächtigt, um *die Sorge des Opfers um sein Wohl oder die Sorge eines Dritten um das Wohl des Opfers zu einer Erpressung (§ 235) auszunutzen* (Hervorheb. der Verf.), oder wer die von ihm durch eine solche Handlung geschaffene Lage eines Menschen zu einer solchen Erpressung ausnutzt, wird mit Freiheitsstrafe nicht unter fünf Jahren bestraft“.

[161] Zur Entführung von Hanns-Martin Schleyer, BREUER, in Festg. Gesellschaft für Rechtspolitik, S. 79 ff. Ein „Rekordlösegeld“ in Höhe von 30 Millionen DM erpreßten die Entführer von Jan-Philipp Reemtsma.

[162] Vgl. BVerfGE 46, S. 160, 164 f.

[163] Vgl. BVerfGE 46, S. 160, 165.

der Abwägung darum, ob überragend wichtige Gründe die Polizei zum Einschreiten zwingen[164], auch wenn sie dazu den Störer töten muß. Die Auslegung des Art. 19 Abs. 2 GG hat ergeben, daß die Wesensgehaltsgarantie die sachlich zwingend gebotene Vernichtung des geschützten Rechtsgutes nicht a limine ausschließt. Bei der Frage, wann und zu welchem Zweck der Eingriff gerechtfertigt ist, kommt auch der ausdrückliche Auftrag zum Schutz der Menschenwürde aus Art. 1 Abs. 1 GG zum Tragen, dem auf diese Weise erhebliches Gewicht für die Rechtfertigung des finalen Rettungsschusses zukommt.

aa. Angemessenheit zum Schutz von Menschenleben: Beim finalen Rettungsschuß zur Abwendung eines tödlichen Angriffs ist deshalb zwischen zwei gleichartigen Rechtsgütern abzuwägen. Auf der einen Seite steht das Rechtsgut des Angreifers, das durch den Eingriff vernichtet wird, auf der anderen Seite das des schutzwürdigen Opfers, dessen Leben die Angreifer gefährden[165].

Gerade bei Geiselnahmen zeigt sich besonders deutlich, wie sehr allein die Drohung mit einem Angriff auf Leib und Leben die Menschenwürde des Opfers verletzt. Der Täter macht sein Opfer zum bloßen Spekulationsobjekt, mit dem er aus den Schutzpflichten des Staates und der Sorge der Angehörigen Kapital schlägt[166]. Die Person ist für ihn lediglich das Tatwerkzeug, das die erwarteten Reaktionen der Erpreßten auslösen soll[167]. Die Geisel gerät zwischen die Fronten von Verbrecher und Polizei und in eine ihr vom Geiselnehmer aufgezwungene „Schicksalsgemeinschaft“[168]. Wenn es nicht gelingt, die Geiselnehmer durch rationale Argumente zur Aufgabe und Freilassung der Geiseln zu bewegen, kann sie nur noch hoheitliche Gewaltanwendung aus dieser Lage befreien.

---

[164] Vgl. BVerfGE 67, S. 157, 178; 76, S. 1, 51; 80, S. 297, 312.

[165] Vgl. BVerfGE 67, S. 157, 178; 78, S. 77, 86.

[166] Dagegen WESSLAU und KUTSCHA in ZRP 1990, S. 169, 170. Zu deren Einwänden gegen die Erforderlichkeit des finalen Rettungsschusses näher im 3. Kapitel III 3 a dd.

[167] Das zeigte sich bereits im Tatbestand der Geiselnahme und des erpresserischen Menschenraubs, §§ 239 a und b StGB. Der schwere Eingriff in die Freiheit und Unversehrtheit des Opfers dient dem Täter nur dazu, ein Faustpfand für seine weiteren erpresserischen Forderungen in die Hand zu bekommen. Die ältere Fassung der Straftatbestände bis zum 6. Strafrechtsänderungsgesetz von 1998 machten dies besonderes deutlich, da die Delikte bis dahin ein Drei-Personen-Verhältnis aus Täter, Opfer und Genötigtem voraussetzten.

[168] Schon die Spekulationen, ob die Bitte der Geisel, sie nicht gewaltsam zu befreien, ernst gemeint sind, zeigen, wie sehr deren Äußerungen an Gewicht verlieren. Ähnlich deutlich tritt die Instrumentalisierung der Geiseln hervor, wenn der Täter diese als Mittelsperson und Sprecher gegenüber der Polizei benutzt. Besonders weit gingen die Täter des Münchener Bankraubes von 1971, die dem Kassierer der überfallenen Bank zumuteten, die Kollegin, die den Verbrechern auf der Flucht als Geisel „Deckung“ geben sollte, zum Fluchtauto bringen und damit den Verbrechern ausliefern.

Beim Geiselnehmer ist der Menschenwürdegehalt des Grundrechts auf Leben berührt, wenn der Staat an dem Störer ohne hinreichenden Anlaß ein Exempel statuiert[169] oder für begangene Gewalttaten Rache nimmt[170]. Wenn aber die Aggressivität des Angreifers sein Opfer in eine Lage bringt, aus der es nur noch durch die Polizeivollzugsbeamten mit einem tödlichen Schuß auf den Störer befreit werden kann, trifft diese Maßnahme den Verursacher der gesamten Notlage und reagiert unmittelbar auf dessen Gewalttätigkeiten. Mit dem finalen Rettungsschuß erfüllt sich das absehbare Risiko, das der Gewalttäter mit seinem Verhalten herausgefordert hat. An diesem Zugriff sind die Beamten auch nicht durch vorausgegangene Verhandlungen mit dem Störer gehindert. Sie täuschen kein berechtigtes Vertrauen des Geiselnehmers[171]. Das enttäuschte Vertrauen der Bürger auf staatlichen Schutz stellte das Gewaltmonopol in weitaus bedenklicherer Weise in Frage[172]. Es bleibt deshalb bei der vom Gewaltmonopol vorgegebenen Grundentscheidung: Wer die innere Sicherheit mit massiven Gewalttaten stört, muß jederzeit damit rechnen, mit aller gebotenen Gegengewalt in die Schranken seiner Friedenspflicht zurückgewiesen zu werden.

Der Gedanke der Verursachung trägt im übrigen nicht nur den finalen Rettungsschuß zur Geiselbefreiung, sondern er rechtfertigt diesen auch als Eingriff zur Selbstverteidigung oder Nothilfe gegen andere schwere Gewaltverbrechen. Denn in jedem Fall reagiert die hoheitliche Gewalt auf illegale Gewalt Privater. Die Schonung des Angreifers würde sich unmittelbar zu Lasten des Opfers auswirken, das dem Angreifer hilflos ausgeliefert wäre. Damit spricht auch das Untermaßverbot für die Angemessenheit des finalen Rettungsschusses. Der vorschnelle Verzicht auf die mögliche und erforderliche Verteidigung des Angegriffenen verletzt das Grundrecht auf Leben ebenso wie ein unangemessener Schußwaffengebrauch. Von den Schutzpflichten aus betrachtet erweist sich der finale Rettungsschuß geradezu als Garantiefall im Verhältnis zwischen Bürger und dem Staat. Denn der Verzicht des Einzelnen auf eine effektive Selbstverteidigung verlangt als Gegenleistung des Staates die Bereitschaft zu angemessenem Schutz vor rechtswidriger Gewalt. Da das Opfer der Waffengewalt keine adäquate Abwehr entgegensetzen kann, ließe der Staat mit dem Verzicht auf den finalen Rettungsschuß als ultima ratio hoheitlicher Gewalt in einer exi-

---

[169] Vgl. DÜRIG, Menschenwürde, AöR Band (1956), S. 128.

[170] Wenn man freilich den finalen Rettungsschuß als ultima Ratio betrachtet, scheidet der Eingriff in beiden Fällen bereits als ungeeignet und nicht erforderlich aus. Als Racheakt vermag der Eingriff kein Leben mehr zu retten; wenn die Polizei ein Exempel zu statuieren beabsichtigt und insofern general-präventiven Zwecken dient, ist der Eingriff nicht mehr erforderlich.

[171] Ähnlich BVerfGE 46, S. 214 (Pohle-Beschluß).

[172] Vgl. ISENSEE, Grundrecht auf Sicherheit, S. 56 f.

stentiellen Notlage des Opfers der illegalen Gewalt freien Lauf, anstatt dem Recht zur Durchsetzung zu verhelfen.

Damit rechtfertigen die subjektiv-rechtliche Schutzpflicht und die Aufgabe, mit der inneren Sicherheit auch die Voraussetzungen für die friedliche und reibungslose Ausübung der Grundrechte zu gewährleisten, den finalen Rettungsschuß. Als ultima ratio hoheitlicher physischer Gewalt bildet dieser Eingriff den Schlußstein im Gesamtkonzept der Gefahrenabwehr. Aus den dargelegten Gründen darf der Staat auf diesen Schlußstein auch nicht verzichten. Denn nur wenn die Option zum finalen Rettungsschuß besteht, kann der Staat den rechtstreuen Bürgern die Pflicht zur Waffenlosigkeit zumuten und bei Verhandlungen mit Geiselnehmern erwarten, daß sich diese in der Furcht vor härteren Maßnahmen zur unblutigen Lösung der Lage bereit finden. Damit erweist sich der finale Rettungsschuß als angemessenes Mittel zur Abwehr schwerster Gefahren von Leib und Leben.

bb. Angemessenheit zum Schutz der körperlichen Unversehrtheit: In den bislang dargestellten Fällen ging es darum, Menschenleben zu schützen. Es sprechen aber gute Gründe dafür, auch die körperliche Unversehrtheit jedenfalls dann als schutzwürdig anzuerkennen, wenn dieser schwere Beeinträchtigungen drohen.

Den finalen Rettungsschuß nur zum Schutz des Lebens zuzulassen, wird den tatsächlichen Umständen eines lebensgefährlichen Angriffs nur bedingt gerecht. Den erforderlichen präventiven Eingriff nur deshalb zu untersagen, weil sich die Auswirkungen des rechtswidrigen Angriffs nicht mit Sicherheit vorhersagen lassen, ginge zu Lasten des schutzbedürftigen Opfers. Zudem verteidigt die Polizei mit der körperlichen Unversehrtheit ein dem Leben unmittelbar nahestehendes höchstpersönliches Rechtsgut. Die Belastung, die dem Opfer durch dauerhafte Verletzungen, beispielsweise durch den Verlust wichtiger Gliedmaßen oder eine lebenslängliche Lähmung droht, ist wegen ihrer lebenslang anhaltenden und beeinträchtigenden Wirkung einem Mordanschlag durchaus vergleichbar. Auf der Ebene des einfachen Rechts rechtfertigt auch Art. 2 EMRK dieses Ergebnis, da er tödliche Eingriffe generell zur Verteidigung „eines Menschen gegenüber rechtswidriger Gewaltanwendung“ erlaubt.

KRÜGER[173] hingegen bestreitet die Schutzwürdigkeit der körperlichen Unversehrtheit und hält den finalen Rettungsschuß nur zur Rettung von Menschenleben für angemessen. Er steht damit freilich vor dem Problem, daß sich die Konsequenzen eines schweren Angriffs ex ante, also im Augenblick des Angriffs, noch nicht hinreichend klar ermessen lassen. Von daher hat der Musterentwurf richtigerweise entschieden, daß der finale Rettungsschuß auch zum Schutz der körperlichen Unversehrtheit vor einer schwerwiegenden Verletzung

[173] Vgl. KRÜGER, NJW 1973, S. 1 ff., 3.

in Betracht kommt. Die Lage des Adressaten verschlechtert sich dadurch nicht wesentlich. Daß sich das Ausmaß der zu erwartenden Schäden nicht eindeutig vorhersehen läßt, liegt mehr an den Umständen des einzelnen Falls, als an der vom Angreifer ausgehenden Gewalt. Deshalb bleibt ihm gegenüber der finale Rettungsschuß auch in dem hier beschriebenen Zweifelsfall angemessen.

cc. Angemessenheit zum Schutz der persönlichen Freiheit: Schließlich stellt sich die Frage nach der Angemessenheit des finalen Rettungsschusses zum Schutz der Fortbewegungsfreiheit im Sinne von Art. 2 Abs. 2 Satz 2 GG. Solange es ausschließlich um deren Schutz geht, droht dem Opfer im Unterschied zu den zuvor besprochenen Fällen jedoch kein irreparabler Schaden[174]. Zwar könnte sich das Opfer infolge von Mißhandlungen oder bei einem Fluchtversuch entsprechende Verletzungen zuziehen oder zu Tode kommen. Gerade diese besonderen Gefahren begründen deshalb auch die Angemessenheit des Schußwaffengebrauchs zur Beendigung einer Freiheitsberaubung. Solange es aber an einer solchen Zuspitzung zu einer gegenwärtigen Lebensgefahr fehlt, ist ein tödlicher Eingriff unangemessen.

dd. Angemessenheit zum Schutz von Staat und Verfassung: Aus den vorstehenden Problemfällen zeigt sich deutlich, daß die Rechtfertigung des finalen Rettungsschusses weitgehend auf der Gleichartigkeit und der Bedeutung der beiden höchstpersönlichen Rechtsgüter beruht. Gleichwohl befürwortet vor allem LERCHE[175], die Diskussion über die Zulässigkeit des finalen Rettungsschusses nicht nur auf das Rechtsgut Leben zu beschränken, sondern hält es für angezeigt, die Schutzwürdigkeit anderer Rechtsgüter zumindest in Betracht zu ziehen.

LISKEN[176] hält den finalen Rettungsschuß beispielsweise auch zum Schutz des Staates und der Verfassung für angemessen. Eine solche Ausdehnung des Eingriffs geriete indessen schon auf der Ebene des einfachen Gesetzesrechts mit der EMRK in Konflikt, nach der tödliche Eingriffe ausdrücklich nur dann mit dem Menschenrecht aus Art. 2 Abs. 1 EMRK vereinbar sind, wenn sie zur Verteidigung einer *Person* absolut notwendig sind.

In den bislang diskutierten Fallgruppen wurde die Angemessenheit des Eingriffs mit der Notwendigkeit eines Ausgleichs zwischen kollidieren Grundrechten begründet. Eine vergleichbare Verpflichtung gegenüber zwei Trägern subjektiver Grundrechte fehlte, wenn der Staat den finalen Rettungsschuß in

---

[174] Zu den besonderen Gefahren im Zusammenhang mit der Freiheitsberaubung s. im 5. Kapitel B II 1.

[175] Vgl. LERCHE, FSchr. V. D. HEYDTE, S. 1048 f.; Unterstützung findet diese Überlegung auch bei DREWS-WACKE-VOGEL-MARTENS, S. 549; LISKEN, DRiZ 1989, S. 402 und MERTEN, Aktuelle Probleme, S. 104.

[176] Vgl. LISKEN, DRiZ 1989, S. 402, 404.

eigener Sache abgäbe. Solange es an Bürgerkriegsumständen fehlt, läßt sich keine Parallele zum Grundfall des finalen Rettungsschusses ziehen. Denn hier steht nur auf Seiten des Störers ein schlechthin unteilbares Schutzgut auf dem Spiel, während selbst bewaffnete Angriffe mehrerer Störer kaum den Bestand des gesamten Staates und aller seiner Vorkehrungen zur Sicherung der freiheitlich demokratische Grundordnung auszuschalten vermögen. Es fehlt deshalb an einer mit dem „klassischen" finalen Rettungsschuß vergleichbar auswegslosen Lage, die den tödlichen Eingriff zwingend gebietet.

ee. Angemessenheit zum Schutz von Sachgütern: LERCHE[177] führt seine Anregung, den finalen Rettungsschuß auch zum Schutz von Sachgütern zuzulassen, nicht weiter aus. Außer ihm hält auch SUNDERMANN[178] den finalen Rettungsschuß zum Schutz bestimmter Sachgüter für zulässig und angemessen. Da diese Überlegungen verschiedene Schwerpunkte setzten, ergeben sich insgesamt drei Fallgruppen, in denen der finale Rettungsschuß zum Schutz von Sachgütern erörtert wird.

Die erste dieser Fallgruppen zählt nur vordergründig zu den Fällen des Sachgüterschutzes. Hier stellt die Zerstörung von Sachgütern nur eine Variante des Angriffs auf die Menschen dar. Wenn Terroristen im Begriff sind, eine Autobahnbrücke sprengen oder die Gleisanlagen einer Bahnlinie beschädigen, richtet sich der Angriff in erster Linie gegen die Benutzer dieser Anlagen. Die Sachbeschädigung ist nur Mittel zu diesem Zweck. Es besteht damit eine gegenwärtige Gefahr für Leib und Leben der Benutzer, die den finalen Rettungsschuß rechtfertigt[179].

SUNDERMANN[180] hält einen solchen Eingriff für angemessen, um die irreparable Zerstörung von hochwertigen Sachgütern abzuwenden, wenn mindestens eine Gruppe von Menschen an diesen ein essentielles Interesse hat. Diese Kriterien erscheinen nicht bestimmt genug, um einen derart gravierenden Eingriff eingrenzen zu können. Zudem erscheint es widersprüchlich, wenn SUNDERMANN solchen Belangen einerseits mit dem finalen Rettungsschuß Rechnung trägt, andererseits aber den üblichen Schußwaffengebrauch[181] nur nach

[177] Vgl. LERCHE, FSchr. v. D. HEYDTE, S. 1048 f.; ähnlich auch DREWS-WACKE-VOGEL, S. 549.

[178] Vgl. SUNDERMANN, Schußwaffengebrauch, S. 84.

[179] Der im fünften Kapitel ausgearbeitete Vorschlag für die Regelung des Schußwaffengebrauchs wird sich mit dem Schußwaffengebrauch zum Schutz von Sachgütern auseinandersetzen. Dabei wird dann der Waffeneinsatz ohne Tötungsabsicht erörtert. Ob auch der weitergehende gezielt tödliche Eingriff angemessen ist, ist eine andere Frag, die hier im Zusammenhang mit der Verfassungsmäßigkeit zu erörtern ist.

[180] Vgl. SUNDERMANN, Schußwaffengebrauch, S. 84.

[181] Vgl. SUNDERMANN, Schußwaffengebrauch, S. 117 ff, wo er die am Strafgesetzbuch ausgerichteten Kriterien für ausreichend hält.

Maßgabe des am Strafgesetzbuch orientierten geltenden Rechts zulassen will. Damit bekommt der finale Rettungsschuß den Charakter einer Ausnahme, die sich nicht nach engeren, sondern nach grundlegend anderen Kriterien richtet als der Normalfall des Schußwaffengebrauchs. Im übrigen kommen die bereits erhobenen Einwendungen gegen eine Ausdehnung des finalen Rettungsschusses hier erst recht zum Tragen. Es fehlt nämlich an einer unmittelbar bevorstehenden existentiellen Bedrohung durch den Anschlag. Da das Eigentum selbst kein höchstpersönliches Rechtsgut ist, würde auch die Befürchtung, der betreffende Gegenstand könnte insgesamt untergehen, den finalen Rettungsschuß nicht rechtfertigen.

LERCHE[182] hält darüber hinaus wenigstens die Überlegung für erforderlich, ob die ultima ratio zur Abwehr von Anschlägen auf ein Museum von der Größenordnung der Alten Pinakothek angemessen ist[183]. Auch wenn es in der Tat schwer fallen mag, einer derartigen Sammlung den vollen Schutz des Staates vorzuenthalten, fehlt es hier eindeutig an der auswegslosen Grundrechtskollision, die den Eingriff rechtfertigt. Mit der besonderen Qualität eines Menschenlebens aufgrund von Art. 1 Abs. 1 GG läßt sich ein wegen seiner Bekanntheit und kulturgeschichtlichen Bedeutung einmaliges Kunstwerk in keinem Fall vergleichen. Diese grundsätzlichen Einwände richten sich freilich nur gegen den finalen Rettungsschuß zum Schutz von Kulturgütern. Zu überlegen ist aber auch bei der Erörterung des „schlichten" Eingriffs in die körperliche Unversehrtheit, wie man den Eingriff zum Schutz von Kulturgütern auf greifbare Kriterien festlegen kann[184].

4. Fazit

Als Zwischenergebnis bleibt deshalb festzuhalten: Der finale Rettungsschuß vernichtet zwar das Rechtsgut des Adressaten. Dies ist aber in einer existentiellen Notlage durch den verfassungsrechtlichen Schutzauftrag gedeckt und angemessen. Dagegen geriete die umfassende Ablehnung des gezielt tödlichen Schusses mit dem Untermaßverbot in Konflikt. In diesem Sinn sind insbesondere offene Ermächtigungen wie die in § 63 Abs. 2 PolG verfassungskonform auszulegen.

---

[182] Vgl. LERCHE, FSchr. v. d. HEYDTE, S. 1048 f.; ähnlich SUNDERMANN, S. 83 f.; anders BREMER, S. 128.

[183] Da LERCHE von einem Sprengstoffanschlag ausgeht, ist der Schußwaffengebrauch an sich bereits nach geltendem Recht zulässig. Denn die Herbeiführung einer Sprengstoffexplosion steht gem. § 311 StGB auch dann als Verbrechen unter Strafe steht, wenn der Täter mit diesem Anschlag eine fremde Sache von bedeutendem Wert beschädigt.

[184] 5. Kapitel B II 3 e.

Wegen der unwiderruflichen Wirkung des finalen Rettungsschusses muß sich der Eingriff auf die Fälle beschränken, in denen vergleichbar hochstehenden und höchstpersönlichen Rechtsgütern die Vernichtung droht. Außer dem Rechtsgut Leben kommt nur noch die körperlichen Unversehrtheit als hinreichend schutzwürdig in Betracht, wenn im Voraus nicht erkennbar ist, ob der Angriff tödlich verlaufen wird oder dem Opfer nur eine schwere Körperverletzung i. S. des § 226 StGB droht.

IV. Anspruch des Opfers auf eine bestimmte Rettungsmaßnahme?

Die Rechtfertigung des Schußwaffengebrauchs zum Schutz individueller Rechtsgüter beruht auf den in den Grundrechten verankerten Schutzpflichten des Staates. Die dogmatische Einordnung als subjektives Grundrecht und das daraus folgende Untermaßverbot stärkt die Position des Angriffsopfers gegenüber dem Träger der Abwehrrechte[185]. Aus der Betonung des subjektivrechtlichen Charakters ergibt sich die anschließende Frage, ob Art. 19 Abs. 4 GG den Trägern zu einem justiziablen (und damit auch effektiven) Anspruch auf konkrete Schutzmaßnahmen verhilft[186]. Solch ein Anspruch würde dem Grundrechtsträger im Einzelfall erheblichen Einfluß auf die Gefahrenabwehr verschaffen und den Ermessensspielraum der Polizei weitgehend einschränken.

1. Beispiele

1975 entführten RAF-Terroristen den Berliner Politiker Peter Lorenz. Um ihn aus der Gewalt der Entführer zu befreien, erfüllte die Bundesregierung die Forderung der Terroristen[187] und setzte fünf Strafgefangene auf freien Fuß. 1976 wurde einer dieser Strafgefangenen wieder gefaßt und zur Verbüßung seiner restlichen Strafe nach Deutschland ausgeliefert; das Bundesverfassungsgericht billigte in seinem Beschluß vom 20. Oktober 1977 den Standpunkt der Bundesregierung, daß die erpreßte Freilassung dem Strafanspruch nicht entgegensteht, sondern vielmehr zur Wiederergreifung der Straftäter verpflichtet[188].

Am 5. September 1977 entführten RAF-Terroristen den Arbeitgeberpräsidenten Hanns-Martin Schleyer. Diesmal forderten die Entführer, elf ihrer Gesinnungsgenossen, darunter die in Stammheim einsitzenden RAF-Terroristen

---

[185] Vgl. BVerfGE 88, S. 203 ff., 254; CANARIS, AcP 184 (1984), S. 228; ISENSEE, HStR V, § 111 Rn. 165.

[186] Vgl. HERMES, S. 210; STERN, FSchr. EICHENBERGER, S. 197 ff., 203 f.

[187] S. dazu auch die Stellungnahme des Bundesministeriums der Justiz, Bulletin der Bundesregierung (Presse und Informationsamt) Nr. 30 vom 6. 3. 1975, S. 300; zitiert bei KÜPER, S. 177 ff.

[188] Vgl. BVerfGE 46, S. 214 ff., 223 f. (Pohle).

Baader, Meinhof, Ensslin, Raspe, freizulassen[189]. Am 13. Oktober fiel die Lufthansa-Maschine Landshut in die Hand von Terroristen, die die Forderungen der Schleyer-Entführer unterstützten. Als die Bundesregierung sich weigerte, den Erpressern nachzugeben, erhob der Sohn des Entführten namens seines Vaters Klage beim Bundesverfassungsgericht; das Bundesverfassungsgericht gestand jedoch mit seinem Urteil vom 16. Oktober 1977 der Bundesregierung einen Ermessensspielraum zu und lehnte den Antrag des Entführten ab[190]. Unmittelbar danach befreite die BGS-Einsatzgruppe GSG 9 die Passagiere der Lufthansa-Maschine aus der Gewalt der Entführer; daraufhin begingen die RAF-Terroristen Baader, Ensslin und Raspe Selbstmord. Am 19. Oktober 1977 wurde Hanns-Martin Schleyer ermordet aufgefunden.

In den Entführungsfällen Lorenz und Schleyer fehlte es an der üblichen Dreieckskonstellation. Die staatlichen Organe entschieden nicht über ein Einschreiten gegen die Entführer, sondern über den Freikauf der Opfer; sie hatten deshalb das Recht der Entführten auf Schutz gegen das Interesse der Allgemeinheit an der von Drohungen unbeeinflußten Strafverfolgung abzuwägen. 1975 rechtfertigte die Bundesregierung ihre Entscheidung, der Erpressung nachzugeben, mit den „Prinzipien unserer Verfassung“[191]. Da die Rechtsordnung für diesen Fall nicht geregelt hatte, kamen die verfassungrechtlichen Schutzpflichten unmittelbar zum Zug. Der rechtfertigende Notstand gem. § 34 StGB, auf den sich die Bundesregierung berief[192], gab den Rahmen vor, innerhalb dessen die Regierung das Für und Wider des Nachgebens abgewogen hat.

2. Anspruch des Opfers auf den Schußwaffengebrauch

Im Gegensatz zum status negativus der Grundrechte kommt der status positivus nicht ohne besondere Umsetzung zum Tragen[193]. Während der status negativus auf ein Unterlassen des Staates abzielt, für das bereits ein von der Ver-

---

[189] Zudem verlangten die Entführer ein Lösegeld in Höhe von 15 Millionen US-Dollar. Die Bundesregierung, die die Geldübergabe durch den Sohn des Entführten als höchst gefährlich einschätzte, verhinderte diese mit einer gezielten Indiskretion gegenüber der Presse. Deren Vertreter begaben sich in Scharen zum Ort der geplanten Übergabe und vertrieben die Täter, näher dazu bei BREUER, Festg. Gesellschaft für Rechtspolitik, S. 79 ff.

[190] Zur Begründung sogleich unter 2 c bb (1).

[191] Stellungnahme des Bundesministeriums der Justiz, Bulletin der Bundesregierung (Presse und Informationsamt) Nr. 30 vom 6. 3. 1975, S. 300, bei KÜPER, S. 177 ff.

[192] Die Bundesrepublik sah auch unter strafrechtlichen Gesichtspunkten Rechtfertigungsbedarf, da ihr Verzicht auf den Strafanspruch den objektiven Straftatbestand der Gefangenenbefreiung und der Strafvereitelung im Amt i. S. von §§ 120 und 258 a StGB erfüllte.

[193] Vgl. HERMES, S. 206 – 208; ISENSEE, HStR V, Rn. 90; DERS., Grundrecht auf Sicherheit, S. 43.

fassung ausgesprochenes Verbot ausreicht, bedarf es für Schutzmaßnahmen, die sich gegen Dritte richten, einer abstrakt-generellen Ermächtigung, die nur der Gesetzgeber zu erteilen vermag[194]. Diese Notwenigkeit einer besonderen Ermächtigung legt dann aber auch die Frage nahe, ob und in welcher Form die Schutzrechte eine justiziable Rechtsposition vermitteln. Hier gehen die Meinungen weit auseinander. Insbesondere treffen die Theorien zur Grundrechtsdogmatik mit der älteren Diskussion um den Anspruch auf polizeilichen Schutz zusammen und ergänzen sich.

Neben der Rechtsprechung des Bundesverfassungsgerichts zu den Schutzrechten[195] haben sich vor allem zwei Schutzrechtstheorien herausgebildet, die zwar beide ein aus den Grundrechten abzuleitendes Schutzrecht anerkennen, aber in ihren Schlußfolgerungen unterschiedlich weit gehen. ISENSEE und CANARIS fassen die Schutzpflicht vor allem als Auftrag an den Gesetzgeber auf: Die Verwaltung und die Gerichte haben dessen Gesetze im Sinne der Schutzpflichten anzuwenden. ALEXY, HERMES und ROBBERS gehen über diese Theorie vom gesetzesmediatisierten Grundrecht hinaus und gewähren einen unmittelbaren grundrechtlichen Anspruch auf Schutz.

a. Das gesetzesmediatisierte Grundrecht auf Schutz als taugliche Anspruchsgrundlage

Die dogmatische Konstruktion eines gesetzesmediatisierten Grundrechts auf Schutz geht von dem Gestaltungsauftrag an den Gesetzgeber aus. Obwohl die Grundrechte gem. Art. 1 Abs. 3 GG alle drei Gewalten als unmittelbar geltendes Recht verpflichten, nimmt der Vorbehalt des Gesetzes den Gesetzgeber besonders in die Pflicht und sichert ihm gleichzeitig entscheidenden Einfluß auf die inhaltliche Ausgestaltung des hoheitlichen Schutzes[196]. Die Verfassung überläßt es dem gesetzgeberischen Gestaltungsermessen, mit welchen Schutzmaßnahmen und unter welchen Voraussetzungen die Verwaltung den Schutz in concreto umsetzen soll[197]. Trotz der Weite dieses Gestaltungsspielraums, gewährt die Verfassung aber keinen Freiraum, den einen Grundrechtsträger auf Kosten des anderen zu bevorzugen[198]. Dem setzt das Untermaßverbot Grenzen.

---

[194] Vgl. ISENSEE, HStR V, § 111 Rn. 152, 169; DERS., Grundrecht auf Sicherheit, S. 42.

[195] Vgl. BVerfGE 39, S. 1 ff., 47 (Fristenlösung); 46, S. 160 ff., 164 (Schleyer); 49, S. 89, 140 (Kalkar); 53, S. 30, 57 (Mülheim-Kärlich); 56, S. 54, 80 f. (Fluglärm); 77, S. 170, 214 f. (C-Waffen); 79, S. 174 (Verkehrslärm); 88, S. 203, 250 (Schwangerschaftsabbruch); NJW 1983, S. 2931 (Waldschäden); 1987, S. 2287 (Aids).

[196] Vgl. ISENSEE, Grundrecht auf Sicherheit, S. 50.

[197] Zum Prognosespielraum des Gesetzgebers s. unter I 3 a aa in diesem Kapitel.

[198] Vgl. ISENSEE, Grundrecht auf Sicherheit, S. 53.

ISENSEE kommt deshalb zu dem Ergebnis, daß die Grundrechte ihre Schutzwirkung gesetzesmediatisiert zur Geltung bringen[199]. Die Verpflichtung der Verwaltung und der Rechtsprechung bemißt sich deshalb unmittelbar nach den einschlägigen Schutzgesetzen. Die Grundrechte selbst kommen daneben nur bei der Auslegung von Generalklauseln und als Abwägungsgesichtspunkte zum Tragen[200]. Der Schutzanspruch eines individuellen Grundrechtsträgers in einer konkreten Notlage richtet sich dann nach den üblichen Regeln für einen Anspruch auf Handeln der Verwaltung: Ein Anspruch auf bestimmtes Handeln der Verwaltung besteht grundsätzlich nur im Bereich der gebundenen Entscheidungen. Sobald der Behörde ein Ermessen offensteht, geben auch die Schutzrechte nur einen Anspruch auf fehlerfreies Ermessen[201]. Dieser Anspruch kann parallel zum Ermessensspielraum auf Null schrumpfen. Je nach Sachlage, und allein auf die kommt es an, kann es aber ebenso sachgerecht sein, den Störer gewähren zu lassen[202].

b. Der grundrechtliche Anspruch auf Schutz

HERMES, ALEXY und ROBBERS[203] führen den Anspruch auf Schutz unmittelbar auf die Grundrechte zurück und sehen ihn als justiziable Grundrechtswirkung an[204]. Der Schutzsuchende kann sich deshalb direkt auf sein Grundrecht stützen. Dem Verzicht der Grundrechtsträger auf Selbsthilfe und die Anerkennung des staatlichen Gewaltmonopols stellt ALEXY die staatliche Gegenleistung in Form hoheitlichen Schutzes gegenüber[205].

Der Gewinn dieser dogmatischen Konstruktion ist freilich zweifelhaft. Als unmittelbarer Ausfluß der Grundrechte bleibt der Schutzanspruch in die Verfassungsordnung eingebunden. ALEXY[206] geht davon aus, daß die Grundrechtswirkung mit ihrer formalen und inhaltlichen Fundamentalität die gesamte Rechtsordnung durchdringt[207]. Damit dispensiert auch der unmittelbar aus den Grundrechten abgeleitete Schutzanspruch nicht von den Regeln des Polizeirechts: Das gilt besonders dann, wenn das einfache Recht, wie das Polizeirecht, durch Ermessensvorschriften geregelt ist. Allerdings wird auch das subjektive Grundrecht auf Schutz dem Betroffenen nicht mehr als den Anspruch auf ermessens-

---

[199] Vgl. ISENSEE, Grundrecht auf Sicherheit, S. 43.

[200] Vgl. ISENSEE, Grundrecht auf Sicherheit, S. 53.

[201] Vgl. DI FABIO, VerwArch 86 (1995), S. 214 ff., 222 f.

[202] Vgl. ISENSEE, Grundrecht auf Sicherheit, S. 53 f.

[203] Vgl. ALEXY, S. 414 und 420 ff.; HERMES, S. 208 ff.; ROBBERS, Sicherheit als Menschenrecht, S. 186 ff.

[204] Vgl. ALEXY, S. 420 ff.

[205] Vgl. ALEXY, S. 411, 414 f.

[206] Vgl. ALEXY, S. 473 ff.

[207] Vgl. ALEXY, S. 493 ff.

fehlerfreie Entscheidung über die sachgerechten Schutzmaßnahmen bieten können. Es besteht vielmehr sogar die Gefahr, daß die verfassungsrechtlichen Grundsätze die differenzierten, auf das jeweilige Problem abgestimmten einfach-gesetzlich Regelungen überlagern[208].

Anstatt ein eigenständiges Kriterium dafür beizusteuern, wann das polizeiliche Ermessen auf Null schrumpft[209], erweist sich dessen verfassungsrechtliche „Hochzonung"[210] als durchaus problematisch. DIETLEIN[211] rügt zurecht, daß durch diese Orientierung an den Grundrechten sämtliche Zwischenfälle sofort die Grundrechte berühren. Daneben büßt das einfache Recht die ihm von der Verfassung beigelegte Bedeutung ein, weil jeder Fall wegen seiner Grundrechtsrelevanz letztlich auf der Ebene des Verfassungsrechts entschieden würde. Auf diese Weise würden die Gerichte und die Verwaltung bei der Grundrechtsverwirklichung an die Stelle des Gesetzgebers treten. Deren Einzelfallentscheidungen gehen jedoch die umfassende Geltung von Gesetzen ab. Mit den allein inter partes verbindlichen Urteilen und der auf Verwaltungsvorschriften gestützten Praxis, die aus sachlich zwingenden Gründen jederzeit geändert werden kann, läßt sich jedoch der Zwangseingriff auf keine einheitliche Form festlegen.

Auch den Grundrechten selbst kommt diese „Aufwertung" nicht zugute. Da die Schutzrechte einerseits in allen Konfliktlagen greifen, andererseits aber gerade das Polizeirecht nur im Ausnahmefall eine justiziable Anspruchsgrundlage auf eine bestimmte Maßnahme gibt[212], besteht die Gefahr, die Verfas-

[208] Vgl. DIETLEIN, DVBl 1991, S. 685, 686.

[209] Vgl. DI FABIO, VerwArch 86 (1995), S. 214 ff., 222 f.

[210] Vgl. DI FABIO, VerwArch 86 (1995), S. 221

[211] Vgl. DIETLEIN, DVBl 1991, S. 685 ff., 686

[212] Vgl. BVerfGE 46, S. 214, 222 f. In den Entführungsfällen Lorenz und Schleyer war die Lage eine andere. Hier stand offenkundig als einziger Weg zur Befreiung der Entführten die Freilassung inhaftierter Straftäter offen. Die Bundesregierung hatte deshalb nicht zwischen kollidierenden Individualinteressen, sondern zwischen den Schutzpflichten gegenüber dem Opfer auf der einen und der Gesamtheit aller Bürger auf der anderen Seite abzuwägen. Im Fall Lorenz erfüllte die Bundesregierung die erpresserische Forderung. Dabei erklärte sie ausdrücklich auf den Strafanspruch nicht zu verzichten, hielt es aber für vordringlich, das Leben des Entführten zu retten. Letztlich nahm die Regierung für ihre Entscheidung ihren „staatspolitische(n) Ermessensspielraum" in Anspruch, „in dessen Grenzen ... nach eingehender Abwägung eine an den Prinzipien unserer Verfassung orientierte Entscheidung getroffen worden ist", Stellungnahme des Bundesministeriums der Justiz, Bulletin der Bundesregierung (Presse und Informationsamt) Nr. 30 vom 6. 3. 1975, S. 300; zitiert bei KÜPER, S. 177 ff., 179 ff. 1977 gab sie bei ihrer Entscheidung dem schutzwürdigen Interesse an der von Drohungen unbeeinflußten Durchsetzung des Strafrechts den Vorrang. Im Zusammenhang mit der Entscheidung über die Auslieferung und neuerliche Inhaftierung des mit der Lorenz-Entführung freigepreßten Pohle erkannte das Bundesverfas-

sungsgarantien zur „kleinen Münze" zu machen[213]. Denn ohne die formellen, die Grundrechte verbindlich konkretisierenden Gesetze wären insbesondere die von internen Auslegungsvorschriften unabhängigen Gerichte frei, den Gesetzen durch eigene Auslegung das jeweils Passende zu entnehmen und damit unter Umständen sogar die ratio des Gesetzes zu ändern. Von daher erscheint es sinnvoller, die Grundrechte nur dort einzusetzen, wo sie ipso iure zur Geltung kommen und ihren Träger gegen das einfache Recht beziehungsweise dessen Anwendung in Schutz nehmen können.

c. Ergebnis beider Theorien: Anspruch auf ermessensfehlerfreie Entscheidung

aa. Das Grundrecht auf Schutz und das Opportunitätsprinzip: Im Polizeirecht zeigt sich, daß die unterschiedlich weiten Theorien über den Einfluß der Grundrechte im Ergebnis kaum von einander abweichen. Denn die Ermessensvorschriften des Polizeigesetzes lassen dem einzelnen Grundrechtsträger nur den formalen Anspruch auf ermessensfehlerfreie Entscheidung über Art und Intensität des hoheitlichen Eingriffs. Die damit einhergehende Offenheit ist mit dem rechtsstaatlichen Grundsatz der Vorhersehbarkeit staatlichen Handelns vereinbar. Denn dieser verlangt nur Klarheit darüber, in wie weit ein Eingriff in den Rechtskreis des Einzelnen reichen kann. Es entspricht aber durchaus auch dem Interesse des Adressaten, vor unnötigen Eingriffen geschützt zu werden, wenn die Verwaltung zwar zu einzelnen Maßnahmen ermächtigt, aber nicht gezwungen wird, diesen Eingriff in jedem Falle auch in voller Härte vorzunehmen[214].

Diese Überlegungen kommen gerade bei einem so schweren Eingriff wie dem Schußwaffengebrauch zum Tragen. Dieser ist zwar einerseits durch die grundrechtlich verankerten Schutzpflichten gerechtfertigt, muß aber zwischen den gegenläufigen Interessen des Störers und des Opfers abwägen und beiden so weit als möglich Rechung tragen. Gerade im Interesse einer im Einzelfall sachgerechten Entscheidung ist das Opportunitätsprinzip als wichtiges Gestaltungsmittel des Verwaltungsrechts für die Umsetzung der Schutzpflichten von besonders großer Bedeutung[215]. Dabei wird freilich der subjektiv-rechtliche Anspruch auf Schutz[216] – sei er nun verfassungs- oder einfachrechtlich durch die

sungsgericht dieses Interesse ausdrücklich als Grund gegen eine verbindliche Aufgabe des Strafanspruchs an.

[213] Vgl. DIETLEIN, DVBl 1991, S. 685 ff.

[214] Vgl. BVerfGE 8, S. 274, 325 f.; 9, S. 137, 147 ff.

[215] Vgl. BVerfGE 9, 137 ff., 149; DREWS-WACKE-VOGEL S. 373; OSSENBÜHL, DÖV 1976, S. 463, 466.

[216] Vgl. BVerwGE 11, S. 95 ff.; 11, S. 31; 17, S. 315; 22, S. 129; 24, S. 15, 23; 27, S. 21, 29; 31, S. 15; DIETLEIN, DVBl 1991, S. 685, 687; DI FABIO, VerwArch 86 (1995), S. 214 ff.,

drittschützende[217] Generalklausel begründet – beschnitten; übrig bleibt nur das formale Recht auf ermessensfehlerfreie Entscheidung[218]. Je mehr sich aber das Ermessen auf bestimmte Maßnahmen verengt, desto mehr konkretisiert sich auch der formale Anspruch. Wo die Umstände die Verwaltung zu einer ganz bestimmten Maßnahme zwingen, korrespondiert diesem eingeschränkten, auf Null reduzierten Ermessensspielraum auch ein Anspruch des Gefährdeten auf Polizeischutz in Gestalt dieser bestimmten Maßnahme[219].

bb. Die Möglichkeit einer Ermessensschrumpfung: Es bleibt die Frage, wann eine Ermessensschrumpfung eintritt, die das rein formale Recht zum Anspruch auf den Schußwaffengebrauch reduziert. Da das Ermessen gem. § 40 VwVfG pflichtgemäß, das heißt im Sinne der ermächtigenden Norm, auszuüben ist, müssen sich auch die Voraussetzungen für eine Ermessensreduzierung aus der polizeilichen Generalklausel in § 8 PolG und § 63 Abs. 2 PolG herleiten lassen. Das in der Generalklausel eingeräumte Ermessen verdichtet sich zur Pflicht zum Einschreiten, wenn die Gefahr für das bedrohte Rechtsgut so zunimmt, daß ihre Verwirklichung nur noch durch das sofortige Einschreiten der Polizei abgewendet werden kann und es wegen der Bedeutung des gefährdeten Rechtsgutes schlechthin unvertretbar ist, dieses tatenlos dem Zugriff des Störers preiszugeben. Von daher ergibt sich als Kriterium für eine Ermessensreduzierung auf Null sowohl die Dringlichkeit der Gefahr als auch die Bedeutung des bedrohten Rechtsgutes. Gerade im Zusammenhang mit dem finalen Rettungsschuß, bei dem auf Seiten des Opfers wie des Störers dasselbe Schutzgut betroffen ist, wird dem Moment der Gefahrverwirklichung ausschlaggebende Bedeutung zukommen, denn dies liefert die klareren Anhaltspunkte. Die Abwägung zwischen den Schutzgütern würde hier zu einer Güterabwägung führen, die mit den Zweckmäßigkeitserwägungen im Rahmen der Ermessensentscheidung nicht vermengt werden sollte. Von daher erweist sich vor allem das von Os-

---

233; OSSENBÜHL, in ERICHSEN, § 10 Rn. 22, S. 208; PIETZCKER, JuS 1982, S. 106, 109; SCHOCH, JuS 1994, S. 754, 758.

[217] Vgl. DIETLEIN DVBl. 1991, S. 685 ff. Die drittschützende Natur der Generalklausel ist lange verneint worden; der Vorteil für das Opfer galt als bloßer Rechtsreflex. Heute ist die drittschützende Wirkung jedenfalls dort unproblematisch, wo der Schutz den grundrechtlich geschützten Gütern wie eben Leib, Leben und Eigentum zugute kommt, FROTSCHER, DVBl 1976, S. 695, 698. Die persönlichen Schutzgüter, um die es hier vor allem geht, sind durch Grundrechte geschützt und begründen deshalb ein subjektives Recht. Anders KNEMEYER, der den Anspruch auf Schutz zwar auch auf das Polizeigesetz stützt, innerhalb desselben aber die Aufgabenzuweisungsnorm und nicht die Generalklausel als Anspruchsgrundlage betrachtet, VVDStRL 35, 252 f.; DERS. zum Anspruch der Geisel auf den finalen Rettungsschuß S. 256 ff.

[218] Vgl. ISENSEE, Grundrecht auf Sicherheit, S. 53.

[219] Vgl. BVerwGE 11, S. 95, 97; GÖTZ Rn. 354; OSSENBÜHL, DÖV 1976, S. 463, 467; RACHOR, in LISKEN-DENNINGER, Rn. 66.

SENBÜHL[220] vorgeschlagene Kriterium als hilfreich. Er knüpft am Grundsatz der Subsidiarität an und verlangt, daß der Gefährdete selbst keine gerichtliche Abhilfe schaffen kann. BREUER hingegen stellt vor allem auf die extreme Gefahr für das bedrohte Rechtsgut ab[221]. Die Zumutbarkeit der Beeinträchtigung, auf die verschiedene Obergerichte abstellen[222], dürfte hingegen die Bedeutung des Rechtsguts in den Mittelpunkt rücken, was wiederum der Wertung entspricht, die das Bundesverfassungsgericht in seinem Schleyer-Urteil getroffen hat[223].

Für den Anspruch auf den Schußwaffengebrauch tritt aus § 63 Abs. 2 PolG noch das Merkmal hinzu, daß der Schußwaffengebrauch gegen Personen nur zulässig ist, um angriffs- oder fluchtunfähig zu machen. Übersetzt in den Zusammenhang einer Ermessensreduzierung bedeutet dies: Es besteht ein Anspruch auf den Schußwaffengebrauch, wenn der Angriff so unmittelbar bevorsteht, daß jedes andere Einschreiten die Gefahr für das Opfer eher vergrößern würde. Daß schon die Erfüllung des drittschützenden Ermächtigungstatbestandes ausreicht, wie KNEMEYER[224] annimmt, dürfte hingegen zu weit gehen. Denn erst mit Erfüllung dieses Tatbestandes steht überhaupt der Ermessensspielraum offen.

Eine andere Überlegung tritt hinzu. Schon als ultima ratio des Zwangsrechts kommt der Schußwaffengebrauch nur in den Lagen zum Einsatz, in denen körperliche Gewalt und ihre Hilfsmittel gegen den Störer nichts ausrichten und der Spielraum für Verhandlungen mit dem Angreifer entweder erschöpft ist oder nie bestanden hat. Das mag den Schluß nahelegen, daß sich das Ermessen in einer solchen Lage automatisch auf dieses eine und letzte Zwangsmittel reduziert. Ganz so einfach macht es das Polizeirecht dem Interpreten freilich nicht. Vielmehr beläßt der Gesetzgeber den Beamten auch in diesen Fällen noch einen Ermessensspielraum, der sich in der Tat freilich dann auf Null reduzieren wird, wenn alle Zeichen auf den finalen Rettungsschuß als das einzige noch erfolgversprechende Mittel hinweisen.

(1) Bedeutung des Schleyer-Urteils: Wann es zu einer solchen Ermessensreduzierung kommt, beziehungsweise unter welchen Umständen dem Staat die Entscheidungsfreiheit erhalten bleiben muß, hat das Bundesverfassungsgericht im Schleyer-Urteil – freilich für eine Extremlage - ausführlich dargelegt.

---

[220] Vgl. OSSENBÜHL, DÖV 1976, S. 463, 468 f.

[221] Vgl. BREUER, FG Bundesverwaltungsgericht, S. 89, 104.

[222] Vgl. OVG Münster, NVwZ 1983, S. 101, 102; VGH BWü, BauR 1990, S. 595, 596.

[223] Vgl. BVerfGE 46, S. 160 ff., 164.

[224] Vgl. KNEMEYER, Polizeirecht, Rn. 94 f.

Obwohl der Sachverhalt des Schleyer-Urteils[225] von den üblichen Lagen, in denen der Anspruch auf den Schußwaffengebrauch akut wird, erheblich abweicht und sich das Verlangen gerade nicht auf Durchgreifen, sondern auf das Nachgeben gegenüber den Erpresserforderungen richtete, hat das Urteil grundlegende Bedeutung. Denn das Gericht erkennt in dieser Entscheidung grundsätzlich einen solchen Anspruch an, sofern „in besonders gelagerten Fällen" [226] tatsächlich nur noch ein einziges Mittel übrig bleibt.

Um den Anspruch auf „Freikauf" abzulehnen, verlangt das Gericht zunächst die Notwendigkeit, auf jeden Entführungsfall individuell reagieren zu können[227]. Das zwingende Erfordernis der Flexibilität bei der Terrorismusbekämpfung befreite die Bundesregierung deshalb von jeglicher Bindung an ihre frühere Entscheidung, in der sie den Entführern von Peter Lorenz nachgegeben hatte. Mit diesem Freikauf hatte die Regierung einen prekären Präzedenzfall geschaffen und den Eindruck hinterlassen, die Bundesregierung sei beliebig erpreßbar[228]. Das Gericht hat sodann seine Entscheidung gegen die Ermessensreduzierung und gegen einen Anspruch auf bestimmte Schutzmaßnahmen mit einer Güterabwägung zwischen dem Schaden der Allgemeinheit bei Erfüllung der erpresserischen Forderung und dem Opfer des gefangen gehaltenen Arbeitgeberpräsidenten begründet.

Hier zeigte sich die Besonderheit des Falls. Der von Schleyer gewünschte Schutz hätte keinen die Entführer belastenden Grundrechtseingriff, sondern im Gegenteil gerade die Erfüllung der erpresserischen Forderung bedeutet. Den Schaden hätte die Gesamtbevölkerung zu tragen gehabt. Das Bundesverfassungsgericht mußte zwischen zwei gegenläufigen Schutzansprüchen entscheiden. Auf der einen Seite befand sich Hanns-Martin Schleyer in akuter Lebensgefahr. Auf der anderen Seite stand die Gemeinschaft mit ihrem generellen Anspruch auf Schutz vor weiteren Anschlägen seitens der durch ihren neuerlichen Erfolg ermutigten Terroristen. Das Problem lief deshalb auf die Frage hinaus, ob der Staat einen Einzelnen den Morddrohungen der Terroristen preisgeben durfte, um die Gemeinschaft vor der sich abzeichnenden Spirale terroristischer Erpressungen zu schützen. Unter diesen Umständen attestierte das Gericht der Bundesregierung den uneingeschränkten Entscheidungsspielraum und die volle Abwägungsfreiheit. Anders gesehen: Das Gericht verwies diese Entscheidung in den Bereich des für das Recht nicht mehr zugänglichen politischen Ermessens und der politischen Verantwortung. Für die Richtigkeit der Entscheidung

---

[225] Vgl. BVerfGE 46, S. 160, 164 f.

[226] Vgl. BVerfGE 46, S. 160, 165.

[227] Vgl. BVerfGE 46, S. 160, 165.

[228] Der zweite Entführungsfall innerhalb kurzer Zeit zeigte denn auch, daß die Terroristen dies als Zeichen von Schwäche auffaßten und sofort ausnutzten.

zugunsten der schutzbedürftigen Allgemeinheit sprach sicherlich auch der Eindruck der gleichzeitig und unter Bezug auf die Schleyer-Entführung stattfindenden Flugzeugentführung. Die zusätzliche Erpressung lieferte der Bundesregierung einen Beweis für das Potential, das den Terroristen zu Gebote stand. Ohne den Entschluß zur gewaltsamen Befreiung der Fluggäste und die Unnachgiebigkeit gegenüber den Schleyer-Entführern hätte sich die Folge der Erpressungen unweigerlich fortgesetzt.

(2) Die Ermessensschrumpfung bei der Entscheidung über den Schußwaffengebrauch: Im Polizeirecht sind die Fälle, in denen die Frage nach dem Anspruch auf bestimmte Schutzmaßnahmen gestellt werden, in aller Regel weniger kompliziert gelagert. Die Schutzmaßnahmen, die das Opfer vom Staat verlangt, beeinträchtigen allein den Störer. Anders als in der historischen Ausnahmesituation im Herbst 1977 besteht hier das gewöhnliche Dreiecksverhältnis zwischen Staat, Störer und Opfer. Gegenüber dem Störer ist der Staat sogar gehalten, keine Zweifel an seiner Verteidigungsbereitschaft aufkommen zu lassen. Vielmehr sollte der Staat dem Störer das Risiko, bei Gewalttaten vor allem das eigene Leben aufs Spiel zu setzen, deutlich und glaubhaft vor Augen halten[229].

Der Gesetzgeber hat einige Zweifelsfälle vorab geregelt und Anhaltspunkte dafür gegeben, unter welchen Voraussetzungen die Schutzrechte oder auch die Abwehrrechte Vorrang erhalten. In allen diesen Sonderfällen tritt die Rücksichtnahme auf den Störer zurück, sobald dem Opfer eine *gegenwärtige* Gefahr für Leib und Leben droht. Unter diesen Umständen rechtfertigt die besondere Gefährdung des Rechtsguts und dessen hoher Rang auch die Ermessensreduzierung, so daß der Gefährdete korrespondierend einen Anspruch auf den Schußwaffengebrauch hat. Allerdings heben die fraglichen Vorschriften lediglich das Schießverbot auf. Damit ist aber nicht gesagt, daß die Polizei nunmehr auch schießen muß. In dieser Lage dürfte sowohl die Bedeutung des gefährdeten Rechtsgutes als auch die Notwendigkeit, binnen Sekunden zu seiner Rettung einzuschreiten, für eine Ermessensreduzierung auf Null sprechen. Sind freilich geringere Rechtsgüter zu schützen, hängt die Ermesseneinschränkung gleichermaßen von der Bedeutung des bedrohten Rechtsguts und der Intensität der drohenden Gefahr ab.

---

[229] Diese Demonstration darf natürlich nicht zum Selbstzweck werden. Allein die zuverlässige und angemessene Gefahrenabwehr sagt freilich schon viel über diese Bereitschaft aus, ohne in den Verdacht zu geraten, an Einzelpersonen ein Exempel zu statuieren.

3. Fazit

Damit bleibt festzuhalten, daß der Einzelne im Normalfall lediglich einen formalen Anspruch auf pflichtgemäße Ermessensausübung, nicht aber auf eine bestimmte Maßnahme hat. Je nach Lage des Fall kann es sogar sachgerecht und rechtmäßig sein, einen Störer gewähren zu lassen[230]. Erst mit Eintritt einer Ermessensreduzierung auf Null kristallisiert sich aus dem allgemeinen und formalen Recht der bestimmte Anspruch auf den Schußwaffengebrauch heraus. DI FABIO[231] weist darauf hin, daß diese Ermessensreduzierung auf Null eine Anomalie ist. Ihren Ermessensspielraum darf sich die Verwaltung auch nicht „verbauen". Das Gesetz *wollte* den Beamten einen Freiraum schaffen, den sich die Verwaltung nicht schmälern lassen darf.

V. Zusammenfassung

Die gesetzliche Regelung des Schußwaffengebrauchs ist grundsätzlich verfassungsgemäß: sowohl als Eingriff in das Grundrecht auf körperliche Unversehrtheit, als auch als finaler Rettungsschuß dient der Schußwaffengebrauch in der Regel dazu, die Schutzrechte des Opfers oder überragend wichtige Interessen der Rechtsordnung zu wahren. Über den allgemeinen Anspruch auf Schutz hinaus ergibt sich ein Anspruch auf den Schußwaffengebrauch freilich nur, wenn sich das Ermessen der Beamten auf den Einsatz der Schußwaffe reduziert hat.

Neben dem geltenden Schußwaffengebrauchsrecht besteht das rechtspolitische Problem, daß die Gesetzgeber in den meisten Ländern ihrer Pflicht aus dem Parlamentsvorbehalt immer noch nicht nachgekommen und sich in der zentralen Frage des Schußwaffengebrauchsrechts mit einer undeutlichen Regelung behelfen. Ceterum censeo: Der Gesetzgeber muß nicht nur den Schußwaffengebrauch im Allgemeinen, sondern insbesondere den finalen Rettungsschuß regeln. Je deutlicher er sagt, worauf es für diese Entscheidung ankommt, desto sicherer gewährleistet er, daß sich der Eingriff in den Schranken des Erforderlichen und Angemessenen hält.

---

[230] Vgl. ISENSEE, Grundrecht auf Schutz, S. 53 f.

[231] Vgl. DI FABIO, VerwArch 86 (1995), S. 214 f.

FÜNFTES KAPITEL

VORSCHLAG FÜR EINE SACHGERECHTERE REGELUNG DES SCHUSSWAFFENGEBRAUCHS

A Grundüberlegungen zum Inhalt des Gegenentwurfs

Wie angekündigt, begnügt sich die Untersuchung nicht mit der Kritik am Gesetzgeber, sondern schließt mit einem Vorschlag für eine Regelung, die die auf der Verbindung von Strafrecht und Polizeirecht beruhenden gravierendsten Mängel der geltenden Regelungen vermeiden soll. Im Mittelpunkt der folgenden Überlegung steht damit der Versuch, die Voraussetzungen für den präventiven Schußwaffengebrauch an sachgerechteren Kriterien auszurichten. Da sich darüber hinaus auch der Notrechtsvorbehalt als dogmatisch verfehlt erwiesen hat, sollte er gestrichen werden. Statt dessen enthält der Vorschlag die von der Innenminister-Konferenz ausgearbeitete Regelung des finalen Rettungsschusses, freilich in der früheren Fassung von 1975, in der der Musterentwurf einen gezielten tödlichen Schuß ausdrücklich erwähnt und das Problem dabei „beim rechten Namen nennt".

B Voraussetzungen des präventiven Schußwaffengebrauchs

I. Die Prämissen des Gegenentwurfs

Wenn § 64 Abs. 1 PolG die allgemeine Zweckbestimmung für den Eingriff konkretisieren und klarstellen soll, welche Angriffe die Polizeivollzugsbeamten mit dem Schußwaffengebrauch abwehren dürfen, erscheint es am sinnvollsten, an die „Lückenfüller" in § 64 Abs. 1 Nr. 1 und 5 PolG anzuknüpfen. § 64 Abs. 1 Nr. 1 PolG orientiert sich ausschließlich am Rechtsgüterschutz. § 64 Abs. 1 Nr. 5 PolG betont dagegen deutlicher die Bestimmung des Eingriffs zur Abwehr von rechtswidriger Gewalt[1]. Zusammengenommen lassen beide Vorschriften das „Leitmotiv" des angestrebten Regelungsvorschlags hinreichend deutlich erkennen: Der Schußwaffengebrauch erweist sich nur dann als zweckmäßiges und

---

[1] Es liegt auf der Hand, daß die unter § 64 Abs. 1 Nr. 1 PolG geregelten Tötungs- und Körperverletzungsdelikte, wenn man von der hinterlistigen Vergiftung des Opfers absieht, in aller Regel Gewaltdelikte sind. Deshalb konnte der Gesetzgeber darauf verzichten, dieses explizit festzuhalten.

taugliches Zwangsmittel, wenn der Adressat diese hoheitliche Gewalteinwirkung durch eigene rechtswidrige Gewalttaten gegen bedeutende Rechtsgüter oder die gewalttätige Verletzung des öffentlichen Interesses herausfordert[2].

Für welche Rechtsgüter dieser äußerste Schutz angemessen ist, ergibt sich aus der Güterabwägung, die der Gesetzgeber mit der Auswahl schutzwürdiger Rechtsgüter abstrakt-generell vorwegzunehmen hat. Da die hier angestellten Überlegungen nicht die Ausweitung des präventiven Schußwaffengebrauchs, sondern dessen sachgerechtere Regelung anstreben, stimmt die Auswahl der schutzwürdigen Rechtsgüter im Ergebnis weitgehend mit derjenigen im geltenden Polizeigesetz überein. In zwei Punkten soll der Entwurf allerdings „Neuland" erschließen und einen umfassenderen Schutz vor Freiheitsdelikten und gewaltsamen Sachbeschädigungen ermöglichen. Hier behindert das geltende Recht nicht nur den möglichen Eingriff, sondern verhindert auch den erforderlichen Schutz der betroffenen Güter.

Mit der Konzentration auf schutzwürdige Rechtsgüter würde die Regelung dann auch im Zusammenhang mit § 63 Abs. 2 PolG griffiger. Sie erlaubt es den Beamten, sich auf die eigentliche Frage zu konzentrieren: Ob der Einsatz der Schußwaffe im Einzelfall geeignet, erforderlich und angemessen ist. Diese Entscheidung kann der Gesetzgeber dem Beamten nicht abnehmen. Er kann und muß aber dem rechtsstaatlichen Gebot der Vorhersehbarkeit von Eingriffen nachkommen und deutlich machen, bei welchen Gütern er grundsätzlich auch die ultima ratio hoheitlichen Zwangs für angemessen hält.

Der hier ausgearbeitete Entwurf soll in seinem ersten Absatz die schutzwürdigen Güter für den präventiven Schußwaffengebrauch aufzählen und in einem zweiten Absatz die Regelung aus § 64 Abs. 1 Nr. 3 und 4 PolG übernehmen. Das Verbot in § 64 Abs. 2 PolG, zur Durchsetzung von Jugend- und Strafarrest von der Schußwaffe Gebrauch zu machen, bliebe entweder als dritter Ab-

---

2 O. MAYER, Verwaltungsrecht, Bd. 1, S. 286 f. Fn. 31 unterstreicht, daß Polizeigewalt nur gerechtfertigt ist, wenn sie ihren rechtmäßigen Zweck auch zu erreichen vermag. Als abschreckendes Beispiel verweist er auf zwei Fälle von Beugehaft, die nicht zur Überwindung des Widerstandes dienten, sondern seiner Ansicht nach eine reine Repressalie darstellten. Die Gerichte, die über diese Fälle zu entscheiden hatten, waren anderer Ansicht und hielten die Beugehaft für eine gerechtfertigte Maßnahme zur Bekämpfung des Ungehorsams, der ein ansteckendes Beispiel des Schlechten und damit eine Gefährdung der öffentlichen Sicherheit darstelle. Mayer wörtlich: „Aber alle Polizeigewalt rechtfertigt sich nur durch ihre Geeignetheit für einen bestimmten Erfolg, durch ihren Zweck. Nun haben ja diese Gewaltmaßregeln (in Bezug auf die zuvor beschriebenen Fälle von Beugehaft; Anm. der Verf.) allerdings ihren Zweck, aber der ist kein polizeilicher und wird überhaupt nie so ganz eingestanden: die verletzte Autorität verschafft sich eine eklatante Genugtuung an dem Menschen, der ihre Einladung nicht ehrt. ... Es handelt sich um ein Stück russisches Verwaltungsrecht."

satz im unmittelbaren Zusammenhang mit der Regelung des repressiven Schußwaffengebrauchs bestehen, oder es erweitert die Regelung zum Schutz von Kindern vor dem Schußwaffengebrauch um das Verbot, den Ausbruch aus dem Jugend- und Strafarrest mit Hilfe des Schußwaffengebrauchs zu verhindern.

II. Auswahl der schutzwürdigen Rechtsgüter

Da es in erster Linie darum geht, die tatsächlich schutzbedürftigen und schutzwürdigen Rechts- und Sachgüter herauszufinden, empfiehlt es sich, bei der Auswahl in zwei Schritten vorzugehen. In einem ersten Schritt ist nach der Schutzbedürftigkeit des Rechtsguts zu fragen. Dabei kommt es vorallem darauf an, ob das Rechtsgut typischerweise gewaltsamen Angriffen ausgesetzt ist, zu deren Abwehr auch der Schußwaffengebrauch als ultima ratio des unmittelbaren Zwangs erforderlich wird. In einem zweiten Schritt ist die Schutzwürdigkeit des Rechtsgutes und damit die Angemessenheit des Schußwaffengebrauchs zu erörtern.

Die anschließende Auswahl schutzwürdiger Rechtsgüter wird zunächst das höchstpersönliche Rechtsgut der Fortbewegungsfreiheit und im Anschluß daran die Rechtsgüter des Staates betrachten. Den Abschluß bildet die Frage, ob und wann der Schußwaffengebrauch zum Schutz von Sachgütern angemessen ist. Beim Sachgüterschutz stellt sich dann aber die abschließende Frage nach der Vereinbarkeit dieser Überlegungen mit Art. 2 Abs. 2 EMRK, der als Bundesrecht entgegenstehendes Landesrecht verdrängen würde.

1. Die persönliche Fortbewegungsfreiheit i. S. von Art. 2 Abs. 2 S. 2 GG

Art. 2 Abs. 2 GG schützt außer den höchstpersönlichen Rechtsgütern Leben und körperlicher Unversehrtheit in seinem Satz 2 auch die Fortbewegungsfreiheit[3] vor kriminellen Angriffen. Den Grundtatbestand dieser Angriffe auf die persönliche Fortbewegungsfreiheit stellt § 239 Abs. 1 StGB als Vergehen unter Strafe[4]. Als Hauptfall der Freiheitsberaubung nennt das StGB das Einsperren des Opfers, das regelmäßig mit vis absoluta[5] erfolgt, da es der Täter seinem Op-

---

3 DÜRIG, in MAUNZ-DÜRIG, Rn. 50 zu Art. 2 Abs. 2; KUNIG, in V. MÜNCH, Rn. 73 f. zu Art. 2 II GG.

4 Der 18. Abschnitt des besonderen Teils des StGB ist überschrieben als "Delikte gegen die persönlich Freiheit". In dieser Bezeichnung geht der Gesetzgeber offensichtlich von einem weiteren Freiheitsbegriff aus. Das StGB bedroht in § 240 StGB Angriffe auf die Willensbetätigungsfreiheit und die Entschließungsfreiheit mit Strafe, SCHÖNKE-SCHRÖDER-ESER, Rn. 1; andere Straftatbestände schützten weitere Gesichtspunkte der persönlichen Freiheit.

5 Zum Gewaltbegriff des Strafgesetzbuchs BVerfGE 92, 1, 14 ff., 17 f; DREHER-TRÖNDLE Rn. 5 ff. zu § 240; SK-Horn Rn. 9 ff. zu § 240; SCHÖNKE-SCHRÖDER-ESER Rn. 6 vor

fer objektiv unmöglich macht, seinen Aufenthaltsort zu verlassen. Dabei spielt es keine Rolle, ob er das Opfer niederschlägt und so die Willensbildung ausschaltet, oder ob er es durch verschlossene Türen, verbarrikadierte Fenster, Fesseln oder andere Hilfsmittel körperlicher Gewalt gegen seinen Willen festhält[6]. Vis compulsiva als Mittel der Freiheitsberaubung liegt vor, wenn der Täter den entgegenstehenden Willen seines Opfers gewaltsam beugt und ihm seinen Willen aufzwingt[7], indem der Entführer beispielsweise sein Opfer dazu bringt, sich selbst zu dem Versteck des Angreifers zu begeben und dort zu bleiben. Zur Erfüllung des Tatbestandes kommen aber auch andere Formen des Zwangs in Betracht[8]. So reicht es, daß der Täter sein Opfer durch Drohungen, List[9] oder psychische Schranken davon abhält, sich nach freiem Belieben zu entfernen[10].

Der Angriff auf die persönliche Fortbewegungsfreiheit erschöpft sich aber nicht im vorübergehenden Einsperren des Opfers[11]. Typischerweise kann sich das Opfer weder selbst befreien, noch von außen Hilfe rufen. Es steht damit dem Angreifer völlig isoliert gegenüber und wird weiteren Angriffen nur geringfügigen Widerstand entgegensetzen können. Darüber hinaus zeigen die Qualifikationstatbestände in den §§ 239, bis 239 b StGB, daß der Gesetzgeber auch schwere Körperverletzungen und den Tod des Opfers als typische Folgerisiken einer Freiheitsberaubungen ansieht und diese mit entsprechenden Strafschärfungen würdigt.

Aus strafrechtlicher Sicht erweist es sich als folgerichtig, die besonders schweren Strafdrohungen an die tatsächliche Verwirklichung der zusätzlichen Gefahren zu binden. Anders verhält es sich hingegen für die zur Gefahrenabwehr verpflichteten Polizeibeamten. Sie müssen die gegebene Gefahr unter Be-

---

§ 234. Gewalt im Sinne der Freiheitsdelikte in den §§ 234 ff. jedes Mittel oder Verhalten, womit auf den Willen oder das Verhalten eines anderen durch ein gegenwärtiges empfindliches Übel eine Zwangswirkung ausgeübt wird.

6 So allgemein für die Freiheitsdelikte SCHÖNKE-SCHRÖDER-ESER Rn. 13 vor § 234 und Rn. 6 zu § 239. Dabei fällt auf, daß sich diese Hilfsmittel an sich nicht wesentlich vom Begriff der Hilfsmittel i. S. von § 58 Abs. 3 PolG unterscheiden. Der Unterschied besteht vielmehr in der Zweckrichtung, mit der sie zum Einsatz gelangen.

7 Vgl. LK-SCHÄFER, Rn. 5 zu § 240.

8 Vgl. SCHÖNKE-SCHRÖDER-ESER Rn. 6 zu § 239.

9 DREHER-TRÖNDLE Rn. 4 zu § 239.

10 Beispiele für Freiheitsberaubung LK-SCHÄFER, Rn. 19 f.

11 LK-SCHÄFER, Rn. 22 zu § 239 geht zwar etwas zu weit, wenn er bereits wenige Sekunden ausreichen läßt, um den Tatbestand zu erfüllen. Sein Ansatz, daß die erforderliche Zeitspanne um so kürzer ist, je intensiver die Freiheitsberaubung das Opfer belastet, ist hingegen folgerichtig. Wenn der Täter sein Opfer deshalb nicht nur vorübergehend einsperrt, sondern in dieser Zeit auch fesselt und knebelt, liegt selbst dann eine Freiheitsberaubung vor, wenn der Zustand nur wenige Minuten angedauert haben sollte.

rücksichtigung aller Risiken angemessen beenden, ohne die Dauer der Freiheitsentziehung und das Ausmaß der Gewalt vorhersehen zu können, die dem Opfer in dieser Zeit zugefügt wird. Solange der Störer aber nicht mit Schußwaffen auf sein Opfer losgeht[12] oder dieses nicht länger als eine Woche in seiner Gewalt ist[13], fällt der Angriff unter keinen der in § 64 Abs. 1 PolG geregelten Tatbestände. Zur Abwehr einer Straftat gem. § 64 Abs. 1 Nr. 2 PolG kommt der Schußwaffengebrauch deshalb nicht in Betracht, weil die einfache Freiheitsberaubung nur ein Vergehen ist und es daher zu dessen Abwehr auf die Waffengleichheit zwischen Polizei und Straftäter ankommt. Eine gegenwärtige Gefahr für Leib und Leben i. S. von § 64 Abs. 1 Nr. 1 PolG liegt hingegen nur vor, wenn zum Zeitpunkt des Einschreitens der Eintritt der Leibes- und Lebensgefahr ein hinreichendes Maß an Wahrscheinlichkeit erreicht hat. Darüber jedoch können die Polizeivollzugsbeamten, die häufig nicht einmal wissen, wo der Täter das Opfer verborgen hält, allenfalls Vermutungen anstellen[14]. Wegen der Ungewißheit über das Schicksal des Opfers erscheint es daher geboten, den Beamten bei einem möglichen Zugriff auf die Täter jedenfalls die Option für den Schußwaffengebrauch einzuräumen und ihnen die Entscheidung aufzugeben, ob der Eingriff im Einzelfall zweckmäßig und angemessen ist.

Dieser Eingriff käme aber nur in den übrigen Schranken des Polizeigesetzes zum Tragen. Dabei wird insbesondere das Reglement zum Schutz Unbeteiligter in § 63 Abs. 4 PolG dem Einsatz der Schußwaffen enge Grenzen setzen. Denn das Opfer steht als Unbeteiligter i. S. von § 63 Abs. 4 PolG[15] unter dem besonderen Schutz des Polizeigesetzes. Wenn deshalb bei der Befreiung das Geschoß mit hoher Wahrscheinlichkeit anstelle des Täters das Opfer trifft, hat der Eingriff zu unterbleiben, es sei denn das Opfer schwebt in Lebensgefahr. Dann freilich schützt der Eingriff auch nicht mehr allein die persönliche Fortbewegungsfreiheit, sondern Leib und Leben des Opfers. Da die Beamten grundsätzlich die Möglichkeit in Betracht ziehen müssen, daß der Täter bei der Konfrontation mit der Polizei seinen Gefangenen als Schutzschild mißbraucht, werden die vorrangigen Interessen des Opfers in aller Regel gegen den Schußwaffengebrauch zur Beendigung einer Freiheitsberaubung sprechen. Auch wegen der Un-

---

[12] Wenn der Täter den Beamten selbst mit einer Waffe entgegentritt, um die gewaltsame Beendigung des Angriffs zu verhindern, greift der Schußwaffengebrauch bereits aufgrund von § 64 Abs. 1 Nr. 1 PolG.

[13] Gem. § 239 Abs. 2 Alt. 1 PolG wird eine Freiheitsberaubung zum Verbrechen, wenn das Opfer länger als eine Woche gefangen gehalten wird.

[14] So gibt es immer wieder Fälle, in denen die Täter mit den Angehörigen der Opfer noch über das Lösegeld und dessen Übergabe verhandeln, obwohl sie das Opfer bereits umgebracht haben.

[15] S. dazu im Dritten Kapitel unter VII 1 a dd.

gewißheit über die Lage des Opfers käme es in der Praxis nur selten zum Schußwaffengebrauch.

Von diesen Bedenken abgesehen, können sich Zweifel an der Angemessenheit des Schußwaffengebrauchs und damit an der Schutzwürdigkeit des Rechtsgutes ergeben, wenn man diesen nur zu kurzfristigen Freiheitsberaubungen ins Verhältnis setzt. Denn zur Beseitigung einer lediglich transitorischen Rechtsgutsverletzung wäre der Eingriff in der Tat unangemessen. Diese Ablehnung greift freilich zu kurz und wird der Bedeutung des verletzten Rechtsgutes nicht gerecht. Die Fortbewegungsfreiheit i. S. von Art. 2 Abs. 2 S. 2 GG zählt wie das Leben und die körperliche Unversehrtheit zu den grundlegenden Bestandteilen der individuellen Selbstbestimmung. Zudem geht gerade mit der Freiheitsberaubung und den möglichen Folgedelikten eine schwerwiegende Mißachtung des Opfers einher, da das Opfer völlig der Willkür seines Angreifers ausgesetzt wird. Von daher scheint das Rechtsgut der persönlichen Fortbewegungsfreiheit nicht allein schutzbedürftig, sondern auch hinreichend schutzwürdig, um im Einzelfall auch den Schußwaffengebrauch zu seiner Verteidigung zu rechtfertigen.

2. Der Schutz von Staat und Verfassung

Zum Schutzbereich der öffentlichen Sicherheit zählen auch Rechtsgüter des Staates. Diese umfassen nicht nur das Funktionieren seiner Einrichtungen, sondern auch den Bestand des Staates und seiner verfassungsmäßigen Ordnung[16]. Nach Maßgabe von § 64 Abs. 1 Nr. 2 Alt. 1 PolG i.V. mit §§ 81 f. und 94 StGB läßt schon das geltende Recht grundsätzlich den Schußwaffengebrauch zum Schutz dieser Rechtsgüter zu, ohne daß es nach dem Wortlaut des Gesetzes auf weitere bewaffnete Gewalttaten ankommt. Von daher stellt sich vor allem die Frage, in welchen Lagen diese Rechtsgüter auf den Schutz durch den polizeilichen Schußwaffengebrauch angewiesen sind.

Die gewaltsame Abwehr hochverräterischer Angriffe i. S. von § 81 Abs. 1 Nr. 1 und 2 StGB[17] gegen den Bestand der Bundesrepublik, eines Bundeslandes

---

[16] SCHÖNKE-SCHRÖDER-STREE, Rn. 2 und 7 zu § 81 und Rn. 19 zu § 93. Für die Abwehr von Angriffen i. S. von §§ 81 f. StGB ist vor allem der Bundesgrenzschutz aufgrund der Kompetenz in Art. 91 Abs. 1 GG i.V. mit § 1 Nr. 2 BGSG zuständig, soweit es um die Abwehr von Hochverrat gegen die Bundesrepublik geht. Darüber hinaus kann der Bundesgrenzschutz in Fällen des Hochverrats gegen ein Bundesland i. S. von § 82 StGB gem. Art. 91 Abs. 2 GG auch in Ländern eingreifen, deren Regierung außerstande ist, die Gefahr für den Bestand eines Bundeslandes selbst abzuwehren; primär sind aber die betroffenen Länder selbst zum Einschreiten verpflichtet. Die Staatsschutzdienste, wie der Verfassungsschutz, die hochverräterische Unternehmungen ermitteln, verfügen dagegen über keine Zwangsbefugnisse.

[17] SCHÖNKE-SCHRÖDER-STREE, Rn. 2 und 7 zu § 81 Abs. 1.

oder deren Verfassungen kommt erst dann in Betracht, wenn die Täter ihrerseits den gewaltsamen Umsturz der verfassungsmäßigen Ordnung betreiben und damit das konspirative Vorbereitungsstadium i. S. von § 83 StGB überschritten haben. Zuvor kann es allenfalls nach Maßgabe von § 64 Abs. 1 Nr. 1 oder 3 lit. a PolG zum Schußwaffengebrauch kommen. Ein bewaffneter Aufstand, bei dem die Bürger mit Gewalt gegen den Sitz eines oder aller Verfassungsorgane oder gegen Rundfunk und Fernsehstationen vorgehen, erscheinen derzeit in der Bundesrepublik unwahrscheinlich. Gleichwohl deckt das geltende Recht diese Eventualität ab und erklärt in § 65 Abs. 1 PolG sogar den Schußwaffengebrauch auf Personen in einer gewalttätigen Menschenmenge für zulässig[18]. Dies entspricht dem Grundsatz der wehrhaften Demokratie[19], die es nicht darauf ankommen läßt, im Notfall angemessene Gegenmaßnahmen zu beraten, sondern von vornherein bereit ist, ihren Bestand und ihre verfassungsmäßige Ordnung gegen die Unterwanderung durch demokratiefeindliche Organisationen und erst recht gegen gewalttätige Unruhen zu verteidigen.

Zum Schutz der äußeren Sicherheit vor gewaltsamen Angriffen kommt der Schußwaffengebrauch durch Polizeivollzugsbeamten dagegen kaum in Betracht. Denkbar wären hier allenfalls Fälle des Landesverrates gem. § 94 StGB und der Agententätigkeit i. S. von §§ 98 f. StGB, bei denen sich der Täter gewaltsam Zugang zu Staatsgeheimnissen[20] verschafft.

Beim Schußwaffengebrauch zur Abwehr von gewaltsamen Angriffen auf den Bestand der Bundesrepublik und ihrer verfassungsmäßigen Ordnung steigen die Anforderungen an die Verhältnismäßigkeitskontrolle. Gerade weil es sich hier um die Garanten der rechtsstaatlichen Ordnung und der individuellen Grundrechte handelt, sind die Beamten besonders eng an die rechtsstaatlichen Schranken des Waffengebrauchsrechts gebunden. Der Schutz des Rechts contra legem führte dieses ad absurdum und diskreditierte den Zweck des Eingriffs.

---

[18] Beim Umgang mit gewalttätigen Ausschreitungen selbst ist, wenn diese in der Bannmeile der Landtage oder des Bundesverfassungsgerichts stattfinden, streng zu unterscheiden, gegen wen beziehungsweise gegen was sich diese richten. Solange die Demonstranten gegen die Politik der jeweiligen Verfassungsorgane protestieren, verletzen sie § 106 a StGB, der die betroffenen Verfassungsorgane vor Druck von der Straße schützen soll, richten sich aber noch nicht gegen das Verfassungsorgan selbst. Abgesehen davon, daß die Polizei mit Deeskalationsstrategien letztlich erfolgreicher sein wird, als mit gewaltsamen Ausschreitungen in einer angespannten Lage, ist schon mangels hochverräterischer Umtriebe der Schußwaffengebrauch gegen die Demonstranten unzulässig und unangemessen.

[19] BVerfGE 30, S. 1, 19 f., 39, 334, 349; BECKER, in HStR VII § 167 Rn. 39 f., 43.

[20] Gem. § 93 StGB sind Staatsgeheimnisse "Tatsachen, Gegenstände oder Erkenntnisse, die nur einem begrenzten Personenkreis zugänglich sind und vor einer fremden Macht geheimgehalten werden müssen, um die Gefahr eines schweren Nachteils für die äußere Sicherheit der Bundesrepublik abzuwehren".

Das gilt gerade in besonders dringenden Notlagen, die den Bestand der Verfassungsordnung mit gewalttätigen Ausschreitungen bedrohen. Denn sowohl die einschlägigen Gesetze wie auch die Art. 35 Abs. 2 und 91 GG haben ein Procedere für den Zusammenstoß mit gewalttätigen Angreifern festgelegt und damit den Rückzug auf außergesetzliche oder übermäßige Abwehrmaßnahmen verschlossen.

3. Sachgüterschutz mit der Schußwaffe

Bisher ging es um den Schutz von Rechtsgütern, die auf einen bestimmten Träger, nämlich auf natürliche Personen oder den Staat "zugeschnitten" waren. Neben diesen gibt es freilich auch bedeutende Sachgüter, die in vergleichbarer Weise auf den Schutz durch die ultima ratio hoheitlichen Zwangs angewiesen sind, deren Schutz aber nach geltendem Recht nur unvollkommen gewährleistet ist.

Die Delikte im Bereich der Sachbeschädigung im 26. Abschnitt und die gemeingefährlichen Delikte im 27. Abschnitt des Strafgesetzbuchs stehen überwiegend als Vergehen unter Strafe. Verbrechenstatbestände wie die Brandstiftungsdelikte der §§ 306 ff. StGB und das Herbeiführen von Sprengstoff- oder Kernexplosionen gem. §§ 311 und 310 b StGB bilden die Ausnahme. Überträgt man diese Wertung des Strafgesetzes auf § 64 Abs. 1 Nr. 2 PolG und die Belange der Gefahrenabwehr, erscheint es fraglich, ob auf dieser Grundlage ein hinreichender Sachgüterschutz möglich ist. SUNDERMANN bejaht dies[21]. Er geht von der Prämisse aus, daß Sachbeschädigungen, die besonders gemeinwichtige Sachgüter betreffen, stets in Form von Brandstiftung oder Sprengstoffanschlägen geschehen und deshalb als Verbrechen unter Strafe stehen. Neben diesen Delikten gibt es indessen auch Vandalismus gegen Schienenwege oder Hochspannungsmasten, der der Allgemeinheit erhebliche Schäden zufügt, ohne daß hier Brandsätze noch Sprengstoff zum Einsatz kommen.

So wünschenswert es erscheint, Sachgüter und deren ungestörte Nutzung mit allem Mitteln polizeilicher Zwangsgewalt zu schützen, kann dies nur in einem engen Rahmen genau beschriebener Kriterien in Betracht kommen. SUNDERMANNS Umschreibung des Schutzgutes als „besonders gemeinschaftswichtige Sachgüter“ beziehungsweise als Anlagen und Einrichtungen von hohem Sachwert, an dem zumindest eine Gruppe von Menschen ein essentielles Interesse hat[22], weist deshalb in die richtige Richtung, bedarf aber noch der

---

[21] SUNDERMANN, S. 118 f.

[22] SUNDERMANN, S. 82 bildet hier die Fälle, in denen z.B. die Sprengung einer verkehrswichtigen Brücke das Wirtschaftsleben einer Stadt zum Erliegen bringt, die Zentrale eines Elektrizitätswerkes lahmgelegt oder die Heilquellen einer Kurstadt zerstört werden, was dann zum Erliegen des Kur- und Fremdenverkehrsbetriebs in dieser Stadt führt.

Konkretisierung. Anstelle eines weit gefaßten Schutzbereichs erscheint eine abschließende Auswahl von Sachgütern, zu deren Schutz der Schußwaffengebrauch zweckmäßig, erforderlich und angemessen ist, sinnvoller.

Als schutzwürdige Sachgüter kommen vor allem diejenigen in Frage, die das Strafgesetzbuch durch sogenannte erfolgsqualifizierte Deliktstatbestände schützt. Zu den sensiblen Schutzgütern gehören damit insbesondere die Einrichtungen und Anlagen des Bahn-, Schiffs-, Luft- und Straßenverkehrs und diejenigen, die öffentlichen Betrieben i. S. von §§ 315, 315 b, 316 b StGB dienen. Ihre Beschädigung steht für sich genommen nur als Vergehen unter Strafe. Erst wenn sich die von diesen Anschlägen ausgehenden besonderen Gefahren verwirklichen, sieht das Strafgesetzbuch empfindliche Strafschärfungen vor. Im Strafrecht erweist sich diese Konstruktion als sachgerecht. Denn sie erlaubt es, den individuellen Schuldvorwurf dem Ausmaß der tatsächlich verursachten Schäden anzupassen. Eine solch abgestufte Wertung setzt freilich voraus, daß der Fall abgeschlossen ist und die besonderen Folgen der Tat eingetreten sind. Solange dürfen die Polizisten jedoch nicht abwarten. Sie brauchen vielmehr verläßliche Anhaltspunkte, anhand derer sie bereits zum Zeitpunkt der Gefahrenabwehr entscheiden können.

a. § 15 Abs. 1 Nr. 1 lit. d UZwGBw als Ausgangspunkt

Der Bundesgesetzgeber hat dem Problem ungenügenden präventiven Sachgüterschutzes für den Fall der Sabotagehandlungen an Wehrmitteln gem. § 109 e StGB[23] abgeholfen und in § 15 Abs. 1 Nr. 1 UZwGBw[24] eine an § 109 e StGB angelehnte Fallgruppe aufgenommen: § 15 Abs. 1 Nr. 1 lit. d UZwGBw erlaubt den Schußwaffengebrauch[25] zum Schutz von Wehrmitteln, Anlagen, Einrichtungen und Schiffen vor der vorsätzlichen[26] unbefugten Zerstörung, Beschädigung,

---

[23] Eingeführt durch das Vierte Strafrechtsänderungsgesetz vom 11. Juni 1957, BGBl I S. 597.

[24] Gesetz über die Anwendung unmittelbaren Zwanges und die Ausübung besonderer Befugnisse durch Soldaten der Bundeswehr und zivile Wachposten vom 12. August 1965 (BGBl. I S. 796, geänd. durch Art. 159 EGStGB v. 2. März 1974, BGBl. I S. 469).

[25] Anders als das UZwG für die zivilen Sicherheitskräfte, das deren Befugnis zur Anwendung unmittelbaren Zwangs voraussetzt, enthält § 9 UZwGBw selbst eine Ermächtigung zum Schußwaffengebrauch. Damit hat das UZwGBw der Bundeswehr die Möglichkeit zur Eigensicherung oder "Selbstverteidigung" eingeräumt, die diese in den Fällen des § 15 Abs. 1 UZwGBw auch mit der Schußwaffe ausüben kann.

[26] Dem Vorsatzerfordernis kommt im Rahmen des präventiven Handelns keine Bedeutung zu, da dieses subjektive Erfordernis allenfalls dann erkennbar erfüllt ist, wenn sich die Täter trotz der mündlichen Anordnung nicht von ihrem Tun abhalten lassen. Die Androhung und der Warnschuß dürfen als Indizien des Vorsatzes keine Berücksichtigung finden, da gerade der Warnschuß nicht verselbständigtes Einschüchterungsmittel ist, sondern nur im Rahmen des Verwaltungszwangs zur Anwendung kommen darf. Davon abgesehen liefert die Vorschrift ein gangbares Beispiel dafür, wie man der besonderen Problematik der er-

Veränderung, Unbrauchbarmachung oder Beseitigung. Wehrmittel im Sinne dieser Vorschrift bezeichnen die für den Kampfeinsatz im weiteren Sinne bestimmten Geräte[27], also nicht nur die Waffen und Panzerfahrzeuge, sondern auch Radar- und Funkgeräte, Treibstoff und Karten. Nicht hierzu, sondern zu den Anlagen und Einrichtungen der Bundeswehr, zählen dagegen die Ausbildungsgeräte und Dienstgegenstände, die bei Kampfeinsätzen keine Verwendung finden. Ob ein Gegenstand als Anlage oder Einrichtung[28] i. S. von § 15 Abs. 1 Nr. 1 lit. d UZwGBw anzusehen ist, richtet sich nach der Dauerhaftigkeit, mit der Anlagen im Gegensatz zu den Einrichtungen für die Bundeswehr genutzt werden[29].

Diese Gegenstände werden freilich nicht um ihrer selbst willen, sondern nur dann geschützt, wenn ihr Ausfall wiederum die Sicherheit der Bundesrepublik Deutschland oder eines Entsendestaates[30] einer verbündeten Streitkraft, die Schlagkraft der deutschen oder der verbündeten Truppe oder Menschenleben gefährdet. JESS und MANN[31] wollen dabei den Schußwaffengebrauch nur zulassen, wenn sich die Gefahr zu einer Störung verdichtet hat und der Eingriff zu deren Abwehr dient. Solange es an der Verwirklichung von Tatbestandsmerkmalen fehlt, müßte ihrer Ansicht nach der Schußwaffengebrauch unzulässig sein, da sich dieser unter keine andere Fallgruppe des § 15 Abs. 1 Nr. 1 UZwGBw subsumieren läßt. Diese Einschränkung wäre indessen problematisch. Denn die Berechtigung zum Schußwaffengebrauch beruht auf der besonderen Bedeutung dieser Sachgüter. Die Folgen des Anschlags und das Ausmaß der Gefahr, dürfte daher schon vor Eintritt der Störung hinreichend absehbar sein. Vor allem aber wächst mit dem Zuwarten auch das Risiko, daß sich die mit dem Angriff verbundene weitergehende Gefahr verwirklicht.

Für die Schutzbedürftigkeit der Wehrmitteln spricht ihre Bedeutung und Gefährlichkeit. Daß insbesondere Waffen nicht in unbefugte Hände gelangen dürfen, bedarf keiner Erklärung. Vielmehr belegen die immer wieder vorkommen-

---

folgsqualifizierten Delikte unter dem Gesichtspunkt des präventiven Rechts- und Sachgüterschutz gerecht werden kann.

27 Amtl. Begründung BT-Drucks. 2/3039 S. 13; LACKNER-KÜHL Rn. 2 zu § 109 e.

28 Dieser Begriff wird insgesamt unterschiedlich weit ausgelegt. S. auch BGHSt 31, S. 1, 2; hier überwiegt der engere Begriff, der eine Einrichtung im Gebrauch der Bundeswehr bezeichnet. Der Unterschied wird sich bei der Erörterung von § 316 b StGB bemerkbar machen, s. sogleich unter lit. b bis d in diesem Abschnitt.

29 JESS-MANN, Rn. 4 zu § 2; SCHÖNKE-SCHRÖDER-CRAMER Rn. 5 zu § 316 b.

30 Die Einbeziehung der verbündeten Streitkräfte und die Sicherheit ihres Entsendestaates entspricht deren Einbeziehung in den Schutzbereich des § 109 e StGB durch Art. 7 Abs. 2 Nr. 4 im 4. StrÄG. Amtl. Begründung in BT-Drucks. 4/1004 S. 13; JESS-MANN, Einl. Rn. 8; abgedr. auch bei DREHER-TRÖNDLE Anh. 16.

31 JESS-MANN, Rn. 24 zu § 15.

den Raubüberfälle und Einbrüche in Waffendepots und Munitionslager der Bundeswehr, daß tatsächlich die Notwendigkeit besteht, solche Angriffe effektiv abzuwehren. Bei der Verhinderung von Waffen- und Munitionsdiebstahl wird dies allein schon zur Herstellung der Waffengleichheit mit den Störern notwendig sein. Anders liegt der Fall, wenn es beispielsweise um die Verhinderung von Treibstoffdiebstahl oder den Schutz sensibler technischer Geräte geht; diese haben zwar erheblichen Materialwert, sind aber im normalen Betrieb der Bundeswehr grundsätzlich ersetzbar. Wenn es dagegen im Ernstfall eines Einsatzes[32] gerade auf sie ankommt, fehlt es an der Zeit für komplizierte Reparaturen oder gar das Abwarten einer Ersatzlieferung. Dann ist es aber durchaus möglich, daß Sabotageakte wie zum Beispiel Treibstoffdiebstahl in größeren Mengen nicht nur die davon betroffenen Einheiten lahmlegt, sondern obendrein andere Truppenteile schädigt, die auf die Zusammenarbeit mit der geschädigten Einheit angewiesen sind.

Ob die Vorschrift einer vorsichtigen Erweiterung des Schußwaffengebrauchs zum Schutz allgemein wichtiger Sachgüter oder jedenfalls zur Abwehr einer nur mittelbar bevorstehenden Gefahr für Leib und Leben als Grundlage dienen kann, hängt davon ab, inwieweit § 15 Abs. 1 Nr. 1 lit. d UZwGBw selbst als Ausnahme unter Rechtfertigungszwang steht. Die amtliche Begründung rechtfertigt die Ausnahme unter Hinweis auf das besondere Gewicht der abzuwendenden Angriffe, das einen Verzicht auf den Schußwaffengebrauch als ultima ratio geradezu ausschließe[33]. Damit ist der Spielraum für eine Parallelvorschrift im zivilen Bereich gering. Dennoch gibt es auch dort Sachgüter, deren Bedeutung den Wehrmitteln durchaus entspricht und deren ersatzloser Ausfall Menschenleben beziehungsweise die körperliche Unversehrtheit bedroht. Wenn z.B. Feuerwehrautos ausfallen, weil Randalierer am Einsatzort die Schläuche oder andere Löschapparaturen beschädigen, verzögern oder vereiteln sie die Rettung von Menschenleben. Daß aus einem "bloßen" Sachschaden weitere Schäden für höherrangige Rechtsgüter entstehen können, ist deshalb auch im Bereich ziviler Sachgüter möglich und gibt Anlaß, über mögliche Parallelen zu § 15 Abs. 1 Nr. 1 lit. d UZwGBw nachzudenken. Für diese Fälle ist eine besondere Regelung erforderlich, da es typischerweise an der unmittelbar bevorstehenden Verletzung i. S. von § 64 Abs. 1 Nr. 1 PolG oder von § 15 Abs. 1 Nr. 1 lit. c UZwGBw fehlt. Dem steht nicht entgegen, daß die Störer häufig schon mit den schonenderen Zwangsmitteln von ihrem Vorhaben abzubringen sind, oder

---

32 Der Bundeswehr stellen sich solche Probleme heute weniger im Verteidigungsfall i. S. von Art. 115 a GG, sondern bei NATO- oder UNO-Einsätzen. Dann richtet sich die Abwehr von Störern indessen nicht nach dem deutschen UzwGBw, sondern nach den vorrangigen Rules of Engagement, die jeweils die Leitung des gesamten Einsatzes für den jeweiligen Auftrag ausgibt.

33 Amtl. Begründung BT-Drucks. 2/3039, S. 13.

daß der Schaden bis zum Eintreffen der Polizei am Tatort bereits eingetreten ist. Es geht hier darum, den Beamten im Rahmen des übrigen Waffengebrauchsrechts die Option zum Einsatz aller Zwangsmittel zu eröffnen und ihnen die Entscheidung für das im Einzelfall angemessene Vorgehen zu überlassen.

Um die Rechtsgüter zu ermitteln, zu deren Schutz selbst der Schußwaffengebrauch angemessen ist, kommt es deshalb darauf an, in welchen Fällen die Beschädigung, Zerstörung, Unbrauchbarmachung, Beseitigung oder Entwendung zu weitergehenden irreparablen oder schweren Folgeschäden führen kann. Einen Anhaltspunkt für die Suche nach hinreichend schutzwürdigen Gütern geben die Störung öffentlicher Betriebe gem. § 316 b StGB und die Beschädigung wichtiger Anlagen gem. § 318 StGB. Die dort genannten Sachgüter sind zwar für sich genommen nur durch einen Vergehenstatbestand geschützt. Insbesondere die Strafschärfungen in § 316 b Abs. 3 und § 318 Abs. 3 StGB zeigen aber, daß sich auch hier aus dem Eingriff in das Sachgut die mittelbaren schwerwiegenden Gefahren für Leib und Leben Dritter entwickeln können, zu deren Abwehr § 15 Abs. 1 Nr. 1 lit. d UZwGBw den Schußwaffengebrauch zuläßt.

b. Arbeitsmittel der Polizei und der Rettungsdienste

Den in § 15 Abs. 1 Nr. 1 lit. d UZwGBw geschützten Gegenständen kommen die Polizei- und Bundeswehrfahrzeuge, Anlagen und Einrichtungen am nächsten, die § 316 b Abs. 1 Nr. 3 StGB und § 305 Abs. 1 Nr. 2 StGB vor der Zerstörung, Beschädigung, Beseitigung, Veränderung oder Unbrauchbarmachung schützt. Hierbei verdienen vor allem die Einrichtungen und Anlagen Beachtung, die der öffentlichen Sicherheit und Ordnung dienen. Einrichtungen in diesem Sinne stellen eine Gesamtheit von Personen und Sachen dar[34], während Anlagen sachliche Mittel zu einer Organisationseinheit zusammenschließen[35], bei denen dem Personal lediglich eine untergeordnete Bedeutung bei deren Bedienung zukommt. Unter welchen Voraussetzungen eine Einrichtung "der öffentlichen Ordnung oder Sicherheit"[36] dient, wird unterschiedlich weit ausgelegt. Der BGH hält hier die Widmung für ausschlaggebend[37]. Weiter gehen Ansichten, die auf die Möglichkeit abstellen, die Einrichtung und Anlage im Notfall in

---

[34] BERNSTEIN, S. 94; BGHSt 31, S. 1, 2.

[35] BGHSt 31, S. 1,2; STREE, JuS 1983, 840.

[36] Daß der Gesetzgeber hier die Reihenfolge der Schutzgüter aus § 1 OBG umkehrt, hat inhaltlich keine weiteren Folgen. Es geht der Sache nach um die Schutzgüter des OBG von Nordrhein-Westfalen; allerdings ist zu beachten, daß § 1 Abs. 1 S. 1 PolG auf das Schutzgut der öffentlichen Ordnung "verzichtet" hat. Wenn man also nur die Polizei, nicht aber auch die Ordnungsbehörden für schutzwürdig hält, ist auch der Kreis der tatsächlich geschützten Hilfsmittel und Anlagen enger zu ziehen.

[37] BGHSt 31, 1, 2.

Anspruch nehmen zu können[38]. In jedem Fall zählen die Polizei und die Feuerwehr[39] zu den Einrichtungen i. S. von § 316 b Abs. 1 Nr. 3 StGB[40]. § 316 b StGB schützt darüber hinaus auch die Ausstattung der Bundeswehr, wenn sie, wie z.B. beim Oder-Hochwasser im Sommer 1997, zum Katastrophenschutz gem. Art. 35 Abs. 2 S. 2 GG tätig wird[41]. Diesen Institutionen ist die Notwendigkeit gemeinsam, im Notfall unter Zeitdruck Gefahren für Menschen und bedeutende Sachwerte abzuwenden. Anders als beim Schußwaffengebrauch aufgrund von § 15 Abs. 1 Nr. 1 lit. d UZwGBw kommt es hier sogar stets auf das sofortige Funktionieren der Arbeitsmittel an, da es keine Unterscheidung zwischen Übungs- und Ernstfall gibt[42].

Neben den staatlichen Institutionen werden aber auch privat organisierte Einrichtungen unter hohem Materialaufwand und in vergleichbaren Notlagen wie die Polizei oder Feuerwehr zur Gefahrenabwehr tätig. Von daher erscheint die Auslegung des BGH zu eng, der für den Schutz als öffentlicher Betrieb i. S. von § 316 b StGB eine öffentlich-rechtliche Widmung der beschädigten Sache voraussetzt[43]. Das zeigt sich besonders deutlich bei einem Vergleich der kommunalen und der sogenannten Freiwilligen Feuerwehr: Beide kommen unter denselben Umständen zum Einsatz und sind gleichermaßen auf das Funktionieren ihres Arbeitsgerätes angewiesen[44]. Dieselbe Abhängigkeit begegnet bei Organisationen wie dem Technischen Hilfswerk oder Sanitätsdiensten[45]. Alle diese Organisationen leisten einen Beitrag zur Aufrechterhaltung der öffentlichen Sicherheit und Ordnung[46], der sich mit der Tätigkeit der staatlichen Einrichtungen in punkto Schutzwürdigkeit durchaus vergleichen läßt. Bedenken gegen diese weite Auslegung könnten sich allenfalls aus dem Analogieverbot und dem

---

[38] LK-RÜTH Rn. 9 zu § 316 b.

[39] OLG Koblenz VRS 46, 33, 35.

[40] BGHSt 31, S. 1, 2; OVG Koblenz VRS 46, 33, 35; BERNSTEIN, S. 101; LK-RÜTH Rn. 9 zu § 316 b.

[41] Da die Streitkräfte in diesem Falle freilich in ihrem eigentlichen Aufgabenbereich tätig werden, wird sich die Abwehr von Störungen beim Einsatz nach § 9 Nr. 1 und 2 UZwGBw richten; einer Regelung im Rahmen der Polizeigesetze wird es dann nicht bedürfen.

[42] BERNSTEIN, S. 103.

[43] BGHSt Bd. 321, S. 1, 2.

[44] Der Störer verzögert damit die Rettung der im brennenden Haus eingeschlossenen Personen und steigert oder verursacht die Gefahr schwerwiegender bzw. tödlicher Brandverletzungen oder Rauchvergiftungen. Auch dann ist der Schußwaffengebrauch freilich erst indiziert, wenn die Beamten räumlich noch zu weit vom Störer entfernt stehen, um diesen mit Einsatz körperlicher Gewalt davon abzuhalten zu können, sein Vorhaben auszuführen.

[45] BERNSTEIN, S. 103; LACKNER, Rn. 4 zu § 316 b; LK-RÜTH, Rn. 9 zu § 316 b; SCHÖNKE-SCHRÖDER-CRAMER, Rn. 5 zu § 316 b.

[46] DREWS-WACKE-VOGEL-MARTENS, S. 98.

Wortlaut des § 316 b StGB ergeben. Dieser beschränkt den Schutzbereich aber nicht auf die öffentlich-rechtliche Gefahrenabwehr, sondern verlangt nur, daß die Einrichtung oder Anlage der öffentlichen Sicherheit und Ordnung dient. Da es nicht um die Übertragung von hoheitlichen Befugnissen zum Selbstschutz, sondern um den Schutz privater Gefahrenabwehrinstitutionen durch die Polizeivollzugsbeamten geht, ist auch der Funktionsvorbehalt nicht berührt. Dieser behält staatlichen Institutionen zwar die Ausübung von Hoheitsbefugnissen, nicht aber den Einsatz für die Gefahrenabwehr vor. Insgesamt liefe es auf eine durch nichts gerechtfertigte Schlechterstellung des privaten Engagements hinaus, wenn die Arbeitsmittel der privaten Organisationen nicht in derselben Weise geschützt werden, wie das Arbeitsgerät der parallelen staatlichen Einrichtungen.

Im Rahmen der Verhältnismäßigkeitsprüfung steigen dann freilich die Anforderungen an die Angemessenheit des Eingriffs. Für die Ausdehnung des Schutzes durch den Schußwaffengebrauch spricht vor allem, daß diese Institutionen den Schutz der Bürger vor Gefahren bewirken, die diese in Eigenregie wegen des staatlichen Gewaltmonopols nicht abwenden dürfen oder nicht abwenden können, weil ihnen das dazu erforderliche aufwendige Gerät fehlt. In dieser Lage dient der Schußwaffengebrauch deshalb nicht allein zum Schutz wichtiger Sachgüter, sondern kommt darüber hinaus auch den Rechtsgütern zugute, die mit den Rettungseinsätze geschützt werden sollen. § 15 Abs. 1 Nr. 1 lit. d UZwGBw gleicht die Ausweitung des Tatbestandes auf den Sachgüterschutz aus, indem er den mittelbaren Schutz von Individualrechtsgütern auf Menschenleben beschränkt. Darin gleicht er den Vorschriften zum Schutz Unbeteiligter in § 63 Abs. 4 PolG, denn auch dort ist der Schußwaffengebrauch nur zur Abwehr einer, allerdings gegenwärtigen, Lebensgefahr zulässig. Die Beschränkung auf die Abwehr einer Lebensgefahr verlangt aber gerade in den Fällen, in denen primär eine Sachbeschädigung abzuwehren ist, ein Maß an Vorhersehbarkeit, wie es das Polizeirecht nur in besonderen Lagen kennt. Dieser Unsicherheit trägt sogar die Regelung des finalen Rettungsschusses in § 41 Abs. 2 S. 2 ME Rechnung. Für die Einbeziehung der körperlichen Unversehrtheit in den Schutzbereich des hier entwickelten Entwurfs spricht auch die beabsichtigte Ausrichtung an den erfolgsqualifizierten Delikten. Auf diese Weise läßt sich nämlich auch der präventive Schutz der durch die Erfolgsqualifikation repressiv geschützten Rechtsgüter Leben und körperliche Unversehrtheit gewährleisten. Von daher erscheint es angemessen, insoweit über § 15 Abs. 1 Nr. 1 d UZwGBw hinauszugehen und beide Schutzgüter des Art. 2 Abs. 2 S. 1 GG gleichermaßen vor den Auswirkungen der gemeingefährlichen Sachbeschädigung zu schützen.

c. Anlagen und Einrichtungen der Versorgungs- und Entsorgungsbetriebe

Einen weiterer Fall, in dem ein präventiv-polizeiliches Pendant zum repressiven Schutz durch das Strafrecht zu erwägen ist, beschreibt § 316 b Abs. 1 Nr.

2 StGB. Diese Fallgruppe des § 316 b schützt "*den Betrieb ... einer der öffentlichen Versorgung mit Wasser, Licht, Wärme oder Kraft dienenden Anlage oder eines für die Versorgung der Bevölkerung lebenswichtigen Unternehmens*", wie beispielsweise öffentliche Schlacht- oder Milchhöfe. Jeder Ausfall in diesem Bereich wirkt sich unmittelbar auf eine nicht absehbare Zahl von Menschen aus, womit die Breitenwirkung eines solchen Anschlags diejenige einer Sachbeschädigung im Sinne von § 316 b Abs. 1 Nr. 3 PolG sogar übertreffen dürfte[47]. Es stellt sich daher die Frage, ob die Anlagen oder Arbeitsmittel der hier genannten Unternehmen denselben Schutz erhalten sollen wie die Arbeitsmittel i. S. von § 316 b Abs. 1 Nr. 3 StGB. Nach SUNDERMANNS Definition[48] besonders gemeinwichtiger Sachgüter müßte dies jedenfalls dann in Betracht kommen, wenn der bevorstehende Schaden irreparabel ist oder sich nur unter erheblichen Schwierigkeiten beheben läßt.

Da nahezu jeder Haushalt einer Gemeinde einem Anschluß- und Benutzungszwang unterliegt[49] und die dafür erforderlichen Anlagen und Einrichtungen einer Gemeinde zu deren wichtigsten Investitionsgütern zählen, mag es naheliegen, die ultima ratio des unmittelbaren Zwangs zu ihrem Schutz zuzulassen. Gleichwohl dürfte der Schaden nicht in dem von SUNDERMANN[50] geforderten Maße irreparabel sein. Ob auch schon der vorübergehende Ausfall der Versorgungs- und Entsorgungsanlagen zum Schußwaffengebrauch berechtigen kann, läßt sich am sichersten anhand der hier vorgeschlagenen Kriterien der Schutzbedürftigkeit und Schutzwürdigkeit ermessen. Die Ausdehnung der Eingriffsbefugnis auf den Schutz von Anlagen und Einrichtungen der Daseinsvorsorge hängt deshalb davon ab, ob diese typischerweise und mit einiger Regelmäßigkeit mutwilligen Sachbeschädigungen zum Opfer fallen. Darüber hinaus müssen diese Delikte, wie bei Anschlägen auf Rettungsgeräte, mittelbar Menschenleben oder körperliche Unversehrtheit gefährden. Hier wird es darauf ankommen, welchem Zweck diese Anlagen im einzelnen dienen. Auch § 316 b Abs. 1 Nr. 1 PolG schützt nämlich nicht alle öffentlichen Betriebe, sondern unterscheidet zwischen Versorgungs- und Entsorgungsanlagen.

Die Zuleitungen der sogenannten leitungsbedingten Versorgung sind gegen Sachbeschädigung und Sabotageakte besonders anfällig. Solche Beschädigungen führen zwar zu hohem Sach- und mittelbar zu erheblichen volkswirtschaftlichen Schäden. In aller Regel gehen die Schäden aber nicht weiter. Daß bei-

---

47 Die Beschädigung von Transformatorenanlagen schneiden mindestens ein größeres Stadtgebiet von der Stromversorgung ab; der Ausfall einer Kläranlage wirkt auf die Wasserversorgung zurück.

48 SUNDERMANN, S. 84 f.

49 Zum Beispiel aufgrund von § 9 S. 1 GemO NW.

50 SUNDERMANN, S. 82 f.

spielsweise allein der Ausfall der Stromversorgung zu schwerwiegenden Gesundheitsbeeinträchtigungen, Körperverletzungen oder gar zur Gefährdung von Menschenleben führt, ist nur in Extremfällen vorstellbar, wenn beispielsweise außer der öffentlichen Stromversorgung die Notstromaggregate eines Krankenhauses ausfallen. Denn gerade im Bereich der Versorgungsleistungen lassen sich Ausfälle auch mit Ersatzleistungen überbrücken. In den zuvor genannten Fallgruppen gab der Ursachenzusammenhang von Sachbeschädigung und der Gefahr für Leib und Leben den Ausschlag für den möglichen Einsatz von Schußwaffen. Hier hingegen spricht schon die mangelnde Schutzbedürftigkeit der mittelbar zu schützenden Rechtsgüter gegen die Ausdehnung des Schutzbereichs.

Anders mag es freilich um Anlagen und Einrichtungen bestellt sein, die der Entsorgung dienen. Schon im Rahmen des Straftatbestandes § 316 b StGB ist freilich umstritten, ob die Entsorgung überhaupt zum Schutzbereich zählt[51]. Obwohl der Begriff der "Versorgung" im weitesten Sinn durchaus auch Leistungen zur Entsorgung von Abwässern und Abfall umfaßt, spricht die Verwendung des Begriffs im Kontext anderer Gesetze dafür, die Entsorgung aus dem Schutzbereich des § 316 b Abs. 1 Nr. 2 PolG auszuschließen[52]. Das gilt auch für die hier anzustellenden Überlegungen. Zwar läßt sich der Ausfall von Entsorgungsanlagen schwerer überbrücken als derjenige von Versorgungsanlagen. Beschädigungen oder das Einwirken auf Entsorgungsanlagen, bei denen der Schaden unmittelbar zu Gesundheitsschäden führt, fallen eher unter den vorrangigen Tatbestand von Umweltdelikten, zum Beispiel also der Gewässerverunreinigung[53]. Bei diesen Delikten fehlt es aber oft an einer gewaltsamen Beschädigung der Anlage, die wiederum zu einer Gesundheits- oder gar Lebensgefahr führen müßte. Die Gefahrenabwehr mit Hilfe des Schußwaffengebrauchs ist daher nicht angezeigt.

Deshalb kommt der Schußwaffengebrauch zur Abwehr von Sachbeschädigungen weder im Bereich der Versorgungs- noch dem der Entsorgungsanlagen in Betracht. Es fehlt in beiden Fällen am erforderlichen unmittelbaren Zusammenhang zwischen den Beschädigungen und den daraus entstehenden Gefahren für Leib und Leben.

---

[51] Ohne weitere Auseinandersetzung mit dem Begriff verneint dies HORN in SK Rn. 6 und 7 zu § 316 b; RÜTH in LK geht auf das Problem nicht ein, sondern nennt nur die Versorgungsbetriebe; während PREISENDANZ unter Anm. 1 b und DREHER-TRÖDLE, Rn. 4 zu § 316 b dies ebenso knapp bejahen.

[52] BERNSTEIN, S. 70-72.

[53] Strafbar nach dem StGB insb. gem. §§ 324 Gewässerverunreinigung, 324 a Bodenverunreinigung, 326 umweltgefährdende Abfallbeseitigung.

d. Anlagen und Einrichtungen des öffentlichen Straßen-, Schienen- und Schiffsverkehrs

Als dritte Fallgruppe nennt § 316 b StGB Störungen der öffentlichen Eisenbahn-, der Post-[54] und der öffentlichen Verkehrsbetriebe. Bei ihnen steht der ihrer Arbeitsmittel im Vordergrund. Mit diesen Fällen eng verbunden sind die Eingriffe in den Straßen-, Bahn-, Schiffs- oder Luftverkehr[55] gem. §§ 315 und 315 b StGB; in diesen Fällen richten sich die tatbestandsmäßigen Beschädigungen gegen die Verkehrswege und ihre Sicherheitsanlagen, also beispielsweise gegen Gleiskörper und Bahnschranken. § 318 Abs. 1 StGB ergänzt diese Straftaten durch den Tatbestand der Beschädigung wichtiger Anlagen, zu denen Wasserbauten, aber auch Brücken und Wege gehören.

In allen diesen Fällen vernichten die Täter öffentliche Investitionsgüter und verursachen sowohl unmittelbare wie auch in Hinblick auf die Folgen des Eingriffs erhebliche volkswirtschaftliche Schäden. Die hier relevanten mittelbaren Gefahren für Leib und Leben ergeben sich freilich nur bei Eingriffen in den tatsächlich stattfindenden Verkehr und die diesem dienenden Einrichtungen wie zum Beispiel die Straßen, Schienenwege und Signalanlagen. Die Vermischung von straf- und polizeirechtlichen Kriterien schafft hier noch ein zusätzliches Problem: Das geltende Strafrecht qualifiziert das absichtliche Herbeiführen von Unglücksfällen als Verbrechen[56], während der „bloße Vandalismus" also die gegen Sachen gerichtete Zerstörungswut, nur ein Vergehen darstellt. Auch wenn diese Unterscheidung für die Zulässigkeit des Schußwaffengebrauchs von großer Bedeutung ist, fehlt beim präventiven Einschreiten die Möglichkeit, sich mit den Motiven des Täters auseinanderzusetzen. Hier zeigt sich vielmehr erneut, daß der Ansatz bei § 64 Abs. 1 Nr. 2 PolG verfehlt ist. Denn unabhängig von der subjektiven Einstellung des Täters bleibt die Gefahr für unbeteiligte Verkehrsteilnehmer stets dieselbe. Die sachdienlichere Fragestellung geht deshalb dahin, ob und wie schwer der Anschlag die Benutzer der betroffenen Verkehrs-

---

[54] Da § 316 b StGB Verkehrsbetriebe schützt, ist umstritten, ob sich dies nur auf die körperlichen Verkehrs- und Transportdienste bezieht oder ob hierzu auch die unkörperlichen Dienstleistungen des Bank- und Fernmeldeverkehrs zählen. Während CRAMER in SCHÖNKE-SCHRÖDER, Rn. 2 zu § 316 b, im Zusammenhang mit den anderen Schutzgütern des § 316 b Abs. 1 Nr. 1 auf die körperlichen Transportleistungen abstellt und den Schutz deshalb auf den Postdienst beschränkt wird, hält BERNSTEIN, S. 35 f., auch die flächendeckenden Leistungen des unkörperlichen Nachrichten- und Geldverkehrs für schutzwürdig, zumal § 317 StGB nur die öffentlichen Notrufanlagen betrifft und deshalb nur eingeschränkten Schutz gewährt. Hier kann freilich der Streit dahinstehen, da es um die Frage nach der Notwendigkeit und Angemessenheit der Schutzes mit Hilfe des Schußwaffengebrauchs geht und der Postbetrieb in toto die hier aufgestellten Kriterien nicht erfüllt.

[55] Strafbar gem. 315 und 315 b StGB.

[56] LK-RÜTH, Rn. 29 zu § 315 a; SCHÖNKE-SCHRÖDER-CRAMER, Rn. 22 zu § 315 a.

anlagen und Verkehrsmittel im Einzelfall bedrohen kann. Eine hinreichend schwere Gefährdung liegt beispielsweise vor, wenn ein Störer im Begriff ist, Hindernisse auf die Fahrbahn der Autobahn zu werfen. Denn er gefährdet damit Leib und Leben von Autofahrern, die von dem herabgeworfenen Gegenständen getroffen werden oder beim Ausweichmanöver verunglücken. Zudem besteht die Gefahr einer Massenkarambolage, in der weitere Verkehrsteilnehmer zu Schaden kommen. Die Folgen der Störung können deshalb erheblich sein, ohne daß sich deren Ausmaß im Voraus absehen läßt. Es begegnet deshalb auch hier die typische Lage, die ex post betrachtet zur Annahme eines erfolgsqualifizierten Deliktes führt. Das gleiche gilt bei Anschlägen auf Verkehrsmittel. Von den in den §§ 315 a und b und 316 Abs. 1 Nr. 1 StGB genannten Schutzgütern kommen deshalb mit Ausnahme der Postverkehrsanlagen, bei denen mangels Personenverkehrs eine hinreichende Verletzungsgefahr ausscheidet, sowohl die Straßen und Schienenverkehrswege als auch die Verkehrsmittel, die dem öffentlichen Verkehr zur Verfügung gestellt werden, als schutzbedürftig und schutzwürdig in Betracht.

e. Kulturgüterschutz mit der Schußwaffe?

Neben den Arbeitsmitteln der Polizei- und Katastrophenschutzdienste und den Verkehrsanlagen beziehungsweise den Anlagen i. S. des § 318 StGB steht das Kulturgut. Zu seinem Schutz kommt der Schußwaffengebrauch weder nach dem geltenden Recht noch nach den bislang vorgeschlagenen Kriterien in Betracht. Das Strafgesetzbuch schützt selbst wichtige Gegenstände des kulturellen Erbes nur mit dem Vergehenstatbestand des § 304 StGB. Damit stellt es Kulturgüter wie die Manesse-Handschrift tatbestandlich auf dieselbe Stufe mit Litfaßsäulen[57], Parkbänken und Brunnenanlagen[58] und überläßt es dem Richter, die erforderlichen Abstufungen über die Strafzumessung vorzunehmen. Entsprechend erlaubt § 64 Abs. 1 Nr. 2 PolG den Schußwaffengebrauch nur zur Abwehr eines Bombenlegers, der, um an LERCHES[59] Beispiel anzuknüpfen, droht, die Alte Pinakothek in die Luft zu sprengen. Nicht erfaßt wäre hingegen der weitaus wahrscheinlichere Fall eines Kunstfrevels, bei dem der Täter Kunstwerk mit Farbbeuteln oder Säure zu Werke geht. Vom Standpunkt des präventiven Sachgüterschutzes aus fällt es schwer, sich mit dieser Bestandsaufnahme abzufinden. Durch die Bindung an das formale Kriterium Vergehen oder Verbrechen bleibt die Tragweite der drohende Schäden nahezu unberücksichtigt. Selbst bei hochkomplizierten technischen Anlagen läßt sich das einzelne Exemplar letztlich aufgrund der Baupläne reproduzieren. Selbst die Rekonstruktion eines zerstörten Kunstwerks oder Gebäudes hingegen stellt den status quo ante nur beschränkt

[57] RGSt 66, S. 203.

[58] Weitere Fallbeispiele in LK-WOLFF, Rn. 9 zu § 304.

[59] LERCHE in FSchr. von der HEYDTE, Bd. II, S. 1048

wieder her. Sie vermittelt zwar einen Eindruck des zerstörten Gegenstandes; die allein im Original verkörperte geistige Leistung oder die Bedeutung eines Originalgebäudes als Schauplatz historischer Ereignisse vermag sie nicht zu ersetzen. Denn allein die Originale bringen die gemeinsame geistige und kulturelle Identität des Staatsvolkes sichtbar zum Ausdruck. Die Zerstörung und der Diebstahl[60] von Kulturgut richten deshalb unersetzliche Schäden an. Damit überwiegt das präventive Schutzbedürfnis durchaus auch das Interesse an der Bestrafung einer geschehenen und irreparablen Zerstörung von Kulturgütern.

Bei der Realisierung dieses Schutzes bereitet vor allem die zuverlässige Bestimmung der geschützten Kulturgüter Schwierigkeiten. Schon im Interesse eines effektiven Schutzes darf die Entscheidung für oder gegen den Eingriff nicht mit sachfremden Überlegungen überlastet werden. Es bedarf daher eindeutiger Kriterien für die Schutzwürdigkeit, die dem Eingriff klare Konturen vorgeben und das Ausufern des Tatbestands vermeiden. SCHMIDHÄUSERS Einschränkung[61], daß der Schußwaffengebrauch zum Schutz von Sachgütern nur gegenüber geistig gesunden Straftätern in Betracht kommt, kann selbst im Zusammenhang mit dem finalen Rettungsschuß nicht überzeugen. Denn für die Frage der persönlichen Verantwortlichkeit ist im Polizeirecht kein Platz. Wie immer man den Schutzbereich eingrenzt, sollte man deshalb bedenken, daß man mit dem völligen Verzicht auf den präventiven Kulturgüterschutz selbst das Minimum aufgibt, das den Polizeivollzugsbeamten nach Maßgabe des § 64 Abs. 1 Nr. 2 Alt. 2 PolG i.V. mit § 304 StGB und § 16 KuSchG[62] eingeräumt ist.

Die Umsetzung dieses grundsätzlich wünschenswerten Schutzes in sachgerechte Tatbestandsmerkmale bereitet indessen erhebliche Probleme. LERCHES Beispiel vom Sprengstoffanschlag auf die Alte Pinakothek[63] macht die Schwierigkeiten deutlich. Die besondere Bedeutung von Sammlungen wie der Alten Pinakothek oder der Berliner Gemäldegalerie bedarf kaum der Erörterung. Wie steht es aber mit dem seltenen Dürergemälde oder dem prähistorischen Fund, die den Höhepunkt einer kleinen städtischen Sammlung bilden? SUNDERMANN[64]

---

[60] Je nach seiner Bekanntheit ist gestohlenes Kulturgut in der Regel unverkäuflich und verschwindet deshalb auf unabsehbare Zeit in einer privaten Sammlung, von wo es allenfalls zufällig wieder auftaucht.

[61] SCHMIDTHÄUSER, a.a.O., S. 84.

[62] Verbot der Ausfuhr von registriertem Kulturgut ohne Genehmigung; insofern liegt hier eine vorrangige lex specialis gegenüber dem Bannbruch gem. § 372 Abs. 1 AO vor.

[63] So LERCHE in FSchr. von der HEYDTE, Bd. II, S. 1048; so gerne man ihm bei der Schutzwürdigkeit der Alten Pinakothek recht gibt, begegnet bereits hier die Abgrenzungsfrage: Wieso soll nur die Alte Pinakothek schutzwürdig sein? Verdient nicht die unmittelbar gegenüberliegende Neue Pinakothek denselben Schutz?

[64] SUNDERMANN, S. 120; ähnlich auch KIRCHHOF, JuS 1979, S. 428 f., dort allerdings nur unter dem Obersatz der Rechtfertigung nach § 32.

mahnt zurecht schon unter den Gesichtspunkten des Strafrechts einen eigenen Verbrechenstatbestand für den Kunstfrevel an, der nach geltendem Recht auch den Weg zum Schußwaffengebrauch ebnen könnte. Trotzdem läßt auch SUNDERMANN nicht hinreichend erkennen, ob und wo er die Grenze zwischen nationalem Kulturgut und Kunstgegenständen ziehen will, die zwar Unikate sind, aber nicht an die Bedeutung der anerkannten nationalen Kulturgüter heranreichen[65].

Als Orientierungsmaßstab bietet sich die Kennzeichnung im Sinne von Art. 6 und 16 der UNESCO-Konvention von 1954 zum Schutz von Kulturgut im bewaffnetem Konflikt[66] an. Daß sich die dort vorgesehene Pflicht zur Kennzeichnung auf Kriegszeiten beschränkt, schadet nicht. Denn es bleibt den Vertragsstaaten unbenommen, das in der Konvention beschriebene Symbol auch in Friedenszeiten an ihren Kulturgütern anzubringen. § 39 Abs. 1 S. 2 DSchGNW läßt erkennen, wie der Schutz in Friedenszeiten aussehen könnte: Das Gesetz ermächtigt den zuständigen Minister, per Verordnung die Anbringung von international vereinbarten Kennzeichen zum Zweck des Katastrophenschutzes anzuordnen. Die amtliche Begründung zu § 39 DSchGNW[67] schlägt hier den Bogen zwischen der Konvention von 1954 mit dem UNESCO-Übereinkommen zum Schutz des Kultur- und Naturerbes der Welt vom 23. November 1972[68], so daß das in Nordrhein-Westfalen belegene Weltkulturerbe, das heißt der Dom zu Aachen, die Schlösser Augustusburg und Falkenlust in Brühl und der Kölner Dom, in den Genuß eines bevorzugten Katastrophenschutzes kämen[69]. Bislang ist eine

65 Eine solche Auflistung findet sich beispielsweise in den Länderverzeichnissen i. S. von § 1 Abs. 1 des Gesetzes zum Schutz des deutschen Kulturgutes gegen Abwanderung vom 6. August 1955 (KuSchG) BGBl, I S. 501; mit der Aufnahme eines Kunstwerks in diese Listen gem. § 2 Abs. 1 KuSchG unterliegt die Ausfuhr der betreffenden Gegenstände einem Genehmigungsbedürfnis. Die Kriterien, die für eine solche Ausfuhrkontrolle gelten, lassen sich freilich kaum heranziehen, um einen potentiell lebensgefährliches Vorgehen gegen einen Kunstfrevler zu rechtfertigen. Zur Unterscheidung von Kulturgut und Kunstwerken JAEGER, Kulturgüterschutz, S. 9.

66 Konvention zum Schutz von Kulturgütern bei internationalen bewaffneten Konflikten vom 14. Mai 1954 (BGBl. II 1967 S. 1233).

67 § 39 Abs. 1 S. 2 lit. b DSchGNW: „...Dabei können insbesondere der Eigentümer und die sonstigen Nutzungsberechtigten verpflichtet werden, ... b) Denkmäler mit den in internationalen Verträgen vorgesehenen Kennzeichen versehen zu lassen." Aus der amtlichen Begründung in LT-Drucks. 8/5625, S. 65 ergibt sich, daß die Festlegung nach Maßgabe des Übereinkommens zum Schutz des Kultur- und Naturerbes der Welt vom 23. November 1972 erfolgen soll.

68 Abgedruckt in BGBl. 1977 II, S. 215; in Kraft getreten am 17. Dezember 1975, in der Bundesrepublik am 23. November 1976 gem. Bekanntmachung vom 2. Februar 1977 (BGBl. II, S. 213).

69 Insgesamt befinden sich derzeit 19 deutsche Kulturgüter in der aufgrund Art. 11 Abs. 2 aufgestellten Liste des Weltkulturerbe. Dazu gehören auch die Stadtensembles von Qued-

derartige Verordnung zwar nicht ergangen. Gleichwohl erweist sich § 39 DSchGNW als tragfähiger Ansatzpunkt für die Beschreibung schutzwürdigen Kulturgutes. Praktisch würde dieser Schutzbereich den gegenwärtigen Anwendungsbereich nicht über Gebühr ausdehnen. Denn das UNESCO-Übereinkommen schützt nur Gebäude oder Gebäudeensembles. Die Abwehr von irreparablen Beschädigungen mit dem Schußwaffengebrauch würde sich deshalb im wesentlichen auf die Verhinderung von Sprengstoff- oder Brandanschlägen beschränken, bei denen schon § 64 Abs. 1 Nr. 2 PolG den Schußwaffengebrauch zuläßt.

Eine solche Ermächtigung ginge freilich über die vom UNESCO-Abkommen beabsichtigten politischen Bemühungen um das Weltkulturerbe hinaus. Art. 6 des Abkommens verpflichtet die Vertragsstaaten zur internationalen Zusammenarbeit beim Kulturgüterschutz, zur Unterstützung anderer Partner und zur Unterlassung von vorsätzlichen Beschädigungen des Weltkulturerbe in anderen Vertragsstaaten. Gegenüber der eigenen Bevölkerung sollen die Vertragsstaaten gem. Art. 27 namentlich durch Erziehungs- und Informationsprogramme auf die Respektierung des Weltkulturerbes hinwirken. Der Vorschlag, die auf dem Boden dieses Abkommens als besonders schutzwürdig anerkannten Kulturgüter mit allen zugelassenen Zwangsmitteln schützen zu dürfen, hält sich jedoch im Rahmen dessen, was bereits das geltende Recht in § 64 Abs. 1 Nr. 2 PolG i. V. m. § 304 StGB zuläßt. Er beschränkt diese Möglichkeit aber auf die Kulturgüter, die mit ihrer Aufnahme in die UNESCO-Liste als besonders schutzwürdig herausgestellt worden und wegen ihrer eindeutigen Kennzeichnung zweifelsfrei als solche erkennbar sind.

Darüber hinaus[70] sollte der Bundesgesetzgeber durch eine spezielle Regelung mit verschärftem Mindeststrafmaß dem Kulturgüterschutz mehr Rechnung zu tragen, anstatt ihn wie bislang in § 304 StGB gleichsam en passant abzuhandeln. Allerdings wird man dabei Folgendes zu beachten haben: Die individuelle Strafzumessung läßt hinreichenden Raum für eine angemessene Ahndung eines beendeten Kunstfrevels. Damit liegt die grundsätzliche Bewertung als Vergehen noch im Rahmen des – wenn auch mit Bedauern – hinzunehmenden gesetzgeberischen Gestaltungsermessens. Selbst wenn eine deutlichere Verankerung des Kulturgüterschutzes im Strafgesetzbuch wünschenswert wäre, darf man nicht in den dem Polizeigesetz entgegengesetzten dogmatischen Fehler verfallen und

---

linburg und Bamberg. S. im übrigen in Sartorius II unter 410 a.E. Auf dem Boden des geltenden Rechtes halten sogar den finalen Rettungsschuß für möglich DREWS-WACKE-VOGEL-MARTENS, S. 549 unter Bezugnahme auf den Bamberger Reiter, der mit der Bamberger Altstadt zum Weltkulturerbe zählt; LERCHE, in Bezug auf die Alte Pinakothek in FSchr. von der HEYDTE, S. 1048; RUPPRECHT, in FSchr. GEIGER, S. 781, 787; insgesamt für wichtige Sachgüter, SUNDERMANN, S. 84.

[70] Vgl. Sundermann, S. 120.

nunmehr die strafrechtliche Regelung einseitig den polizeirechtlichen Desideraten unterordnen. Gerade hier zeigt sich, daß die für den Schußwaffengebrauch zuständigen Gesetzgeber gefordert sind, den richtigen Ansatz in § 64 Abs. 1 Nr. 1 PolG beziehungsweise in § 43 Abs. 1 Nr. 1 ME auszubauen und durch die abschließende Aufzählung schutzwürdiger Rechts- und Sachgüter den Beamten die Option und die angemessene Einzelfallentscheidung für oder gegen den Schußwaffengebrauch zu überlassen.

III. Vereinbarkeit des Sachgüterschutzes mit Art. 2 Abs. 2 EMRK als höherrangigem Bundesrecht

Anders als beim Schutz der persönlichen Freiheit, des Staates und der Verfassung könnte der ausdrückliche Schutz bedeutender Sachgüter an Art. 2 Abs. 2 lit. a EMRK scheitern. Dieser schützt als einfaches Bundesrecht das Leben vor hoheitlichen Eingriffen, erkennt aber in Abs. 2 Fälle an, in denen eine Tötung durch übergeordnete Belange gerechtfertigt sein kann. Die Fälle einer menschenrechtskonformen Tötung zur Abwehr rechtswidriger Gewalt (Abs. 2 lit. a) beschränken sich aber ausdrücklich auf den Schutz von Personen und – nach Maßgabe der jeweiligen Gesetze – die Abwehr von inneren Unruhen. Eine Tötung zum Schutz von Sachgütern hingegen ist a limine ausgeschlossen.

Diese Einschränkung bereitet freilich prima vista keine Probleme, weil Art. 2 EMRK seinem Wortlaut nach nicht die körperliche Unversehrtheit, sondern das Leben schützt und die Einschränkungen des zweiten Absatzes nur für den Fall einer Tötung gelten. Da sich der zielgerichtete Eingriff beim Schußwaffengebrauch üblicherweise gegen die körperliche Unversehrtheit richtet, mag es naheliegen, Art. 2 Abs. 2 EMRK mit seinen Einschränkungen nur auf den Ausnahmefall des finalen Rettungsschusses zu beziehen und damit für nicht einschlägig zu erklären. Damit käme freilich der Gesichtspunkt der Rechtsgutsgefährdung zu kurz. Wie bereits im vorausgegangenen Kapitel dargestellt[71], kann, gerade bei dem unteilbaren Rechtsgut Leben, bereits eine Gefährdung des Rechtsgutes einen Eingriff in dasselbe begründen[72]. Allerdings stellt sich dann die Frage, wie wahrscheinlich die Verwirklichung der Gefahr sein muß, um nach denselben Kriterien wie die tatsächliche Vernichtung des Rechtsgutes durch den finalen Rettungsschuß beurteilt zu werden. Solange der tödliche Ausgang nur deshalb „ungewiß" ist, weil der Beamte zwar auf Kopf und Oberkörper des Angreifers zielt, aber keine vollständige Gewißheit über den Erfolg des Zwangseingriffs hat, handelt es sich ebenfalls um einen gezielten Eingriff in das Rechtsgut Leben, den der Beamte für notwendig und in der konkreten Lage für angemessen erachtet. Ob sich das erkennbare Risiko tatsächlich verwirklicht, ist

---

[71] 4. Kapitel B III 1

[72] FROWEIN IN FROWEIN/PEUKERT Rn. 6 zu Art. 2

für die Frage weniger relevant, da die Voraussetzungen für die Zulässigkeit des Eingriffs aus Art. 2 Abs. 2 EMRK bereits bei der Entscheidung im Vorfeld des Eingriffs zu beachten sind. Wenn die Beamten hingegen beim üblichen Fall des Schußwaffengebrauchs auf Arme und Beine ihres Gegenübers zielen und zusätzliche Gefahrenquellen ausschließen können, stellt sich die Lage anders dar: das Risiko eines tödlichen Treffers läßt sich auch dann zwar nicht völlig ausschließen; bei der Bewertung des Geschehens steht indessen der Eingriff in die körperliche Unversehrtheit des Adressaten im Vordergrund. Bei diesem sind graduelle Abstufungen möglich, so das von Art. 2 Abs. 3 EMRK vorausgesetzte Ausmaß eines und existenzvernichtenden Eingriffs nicht erreicht. Wenn sie den Ausschlag für die Zulässigkeit des Schußwaffengebrauchs geben, geraten die gegenseitigen Belange, die Art. 2 Abs. 2 EMRK zum Ausgleich bringt, aus dem Gleichgewicht. Die Interessen des Angreifers werden dann auf Kosten der Sicherheitsbelange bevorzugt geschützt.

Solange daher der Schußwaffengebrauch den Störer nicht über das unvermeidbare Restrisiko hinaus gefährdet ist, ist Art. 2 Abs. 2 EMRK mangels einer tatsächlichen oder hinreichend wahrscheinlich bevorstehenden Tötung nicht berührt. Der Schußwaffengebrauch ist daher auch dann zulässig und mit der EMRK vereinbar, wenn er außer zum Schutz höchstpersönlicher Sachgüter und des Staates vor gewaltsamen inneren Unruhen wichtige Sachgüter schützt.

IV. Ergebnis

Ob der Gesetzgeber den präventiven Schußwaffengebrauch zum Schutz der persönlichen Freiheit und der hier umrissenen zivilen Sachgüter einführt und damit erheblich über § 15 Abs. 1 Nr. 1 lit. d UZwGBw hinausgeht, bleibt letztlich eine rechtspolitische Frage. Der Gesetzgeber muß den Beamten aber diejenigen Anhaltspunkte vorgeben, die ihrer Entscheidungslage am ehesten entsprechen. Unter diesen Voraussetzungen erscheint die Benennung der schutzwürdigen Rechts- und Sachgüter zweckmäßiger, anstatt die Beamten auf sachfremde Gesichtspunkte eines anderen Rechtsgebietes festzulegen. Denn sie läßt bei der Anwendung des Rechts anders als das Abstellen auf Kriterien aus dem Strafrecht oder gar der Rückzug auf die Jedermannsrechte den Beamten den notwendigen Entscheidungsfreiraum für ein Handeln nach dem Opportunitätsprinzip. Gleichzeitig bleibt deutlich, was die Entscheidung für den Schußwaffengebrauch gegen Personen bedeutet: der Schutz bedrohter Rechtsgüter um den Preis einer schweren Verletzung des Adressaten und der Inkaufnahme eines tödlichen Risikos.

C Regelungsvorschlag

§ 1

Abs. 1: Schußwaffen dürfen nur gebraucht werden, wenn andere Maßnahmen des unmittelbaren Zwangs erfolglos angewendet sind oder offensichtlich keinen Erfolg versprechen. Gegen Personen ist ihr Gebrauch nur zulässig, wenn der Zweck nicht durch Schußwaffengebrauch gegen Sachen erreicht werden kann.

Abs. 2: Der Schußwaffengebrauch gegen Personen ist nur zulässig, um angriffs- oder fluchtunfähig zu machen. Dabei ist ein gezielt tödlicher Schuß nur zulässig, wenn er das einzige Mittel zur Abwehr einer gegenwärtigen Gefahr für Leib und Leben ist.

Abs. 3 und 4: wie § 63 Abs. 3 und 4 PolG

§ 2

Abs. 1: Aufgrund des Polizeigesetzes dürfen Schußwaffen gegen Personen nur gebraucht werden, um einen unmittelbar bevorstehenden Angriff oder dessen Fortsetzung zu verhindern, wenn dieser sich darstellt als

1. tätlicher Angriff auf Leib und Leben sowie die persönliche Freiheit einer Person,
2. gewaltsamer Angriff gegen den Bestand der Bundesrepublik Deutschland oder eines Bundeslandes oder gegen deren verfassungsmäßige Ordnung,
3. Unternehmen zur gewaltsamen Befreiung einer Person aus amtlichem Gewahrsam,
4. unbefugte Zerstörung, Beschädigung, Veränderung, Unbrauchbarmachung oder Beseitigung
   a. einer der öffentlichen Ordnung oder Sicherheit dienenden Einrichtung oder Anlage, wenn dadurch Leib oder Leben von Personen gefährdet werden,
   b. einer dem öffentlichen Straßen-, Schienen-, Luft- oder Schiffsverkehr dienenden Einrichtung oder Anlage oder eines öffentlichen Verkehrsmittels im Straßen-, Schienen-, Luft- oder Schiffsverkehr, wenn dadurch Leib oder Leben von Personen gefährdet werden;
   c. eines besonders gekennzeichneten Kulturgutes von nationaler Bedeutung.

Abs. 2: Aufgrund anderer Gesetze als des Polizeigesetzes dürfen Schußwaffen gegen Personen nur gebraucht werden,

1. um eine Person anzuhalten, die sich der Festnahme oder Identitätsfeststellung durch Flucht zu entziehen sucht, wenn sie
   a. eines Verbrechens dringend verdächtig ist oder
   b. eines Vergehens dringend verdächtig ist und Tatsachen die Annahme rechtfertigen, daß sie Schußwaffen oder Explosivmittel mit sich führt,
2. zur Vereitelung der Flucht oder zur Ergreifung einer Person, die in amtlichem Gewahrsam zu halten oder ihm zuzuführen ist
   a. aufgrund richterlicher Entscheidung wegen eines Verbrechens oder auf Grund des dringenden Verdachts wegen eines Verbrechens
   b. aufgrund richterlicher Entscheidung wegen eines Vergehens oder aufgrund dringenden Verdachts wegen eines Vergehens, sofern Tatsachen die Annahme rechtfertigen, daß sie Schußwaffen mit sich führt.

Zusammenfassung in Thesen

Das Ergebnis der Untersuchung läßt sich in folgenden Thesen zusammenfassen:

1. Der Vorbehalt des Gesetzes verpflichtet den Gesetzgeber, den mit dem Schußwaffengebrauch verbundenen Eingriff in die Grundrechte auf Leben und körperliche Unversehrtheit aus Art. 2 Abs. 2 Satz 3 GG in einem formellen Gesetz zu regeln.

   Wegen der Notwendigkeit, den vielen Einzelfällen im Polizeirecht gerecht zu werden, erweisen sich Generalklauseln als ein probates Gestaltungsmittel. Diese genügen dem rechtsstaatlichen Gebot der Vorhersehbarkeit von Eingriffen, wenn die Generalklausel selbst Inhalt, Zweck und Ausmaß der beabsichtigten Maßnahme in ihren wesentlichen Zügen erkennen läßt. Wenn z.B. § 2 Abs. 4 UZwG für die Aufzählung zulässiger Polizeiwaffen auf Dienstvorschriften verweist, ist dagegen nichts einzuwenden.

2. Das Polizeigesetz läßt unmittelbaren Zwang mit Schußwaffen als ultima ratio der Zwangsmittel nicht nur zu, um präventive, sondern auch um repressive Maßnahmen durchzusetzen, die die Polizei im Rahmen ihrer strafprozessualen Aufgaben gem. § 163 StPO erlassen hat. Dabei ist gem. § 63 Abs. 2 PolG der Schußwaffengebrauch gegen Personen nur zulässig, um angriffs- oder fluchtunfähig zu machen. Was im einzelnen zulässig ist, um diesen Zweck zu erreichen, ergibt sich aus dem Verhältnismäßigkeitsprinzip.

3. Der Versuch des Gesetzgebers, die Tatbestandsvoraussetzungen des Schußwaffengebrauchs durch das Begriffspaar „Vergehen und Verbrechen" mit einem einheitlichen Kriterium zu regeln, ist mißglückt. Auch wenn Straftaten die öffentliche Sicherheit in schwerwiegender Weise gefährden, läßt sich daraus nicht folgern, daß formale Gesichtspunkte des materiellen Strafrechts schlüssige Kriterien für die Zulässigkeit des Schußwaffengebrauchs zu ihrer Verhinderung beizusteuern vermögen.

4. Einige Fälle, den Schußwaffengebrauch gegen Kinder oder die Gefährdung Unbeteiligter, in denen der Schußwaffengebrauch nach den allgemeinen Regelungen die Betroffenen unangemessen belasten würde, hat der Gesetzgeber selbst geregelt und die Entscheidung so weit als möglich vorweg genommen.

5. Zu diesen Konkretisierungen des Verhältnismäßigkeitsprinzips hätte auch eine explizite Regelung des finalen Rettungsschusses gehört. Daß sie fehlt, zählt zu den besonderen Schwachstellen des nordrhein-westfälischen Polizeigesetzes. De lege ferenda läßt sich indessen die Zulässigkeit des Eingriffs aus der Zweckbestimmung des § 63 Abs. 2 PolG entnehmen. Ob die Umstände,

vor allem also das Verhalten des Angreifers, es erfordern und rechtfertigen, diesen zu töten, um dessen Opfer retten zu können, entscheidet das Verhältnismäßigkeitsprinzip.

Allein diese Interpretation trägt den in der Verfassung angelegten Schutzpflichten des Staates gegenüber seinen Bürgern Rechnung. Ihnen schuldet der Gesetzgeber Klarheit und verläßliche Regelungen.

6. Es wäre zumindest angezeigt, den Regelungsvorschlag des Musterentwurfs zu übernehmen, den die Innenminister-Konferenz 1976 ausgearbeitet hatte. Er enthält die wesentlichen Merkmale des Eingriffs und erfüllt damit seinen Zweck, diesen eindeutig im formellen Gesetz zu verankern.

   Die Version des sogenannten Alternativentwurfs zeigt hingegen, daß selbst wenn man eine gezielte Tötung durch die Polizei ablehnt, an der Notwendigkeit einer hoheitlichen Tötung als ultima ratio hoheitlicher Gewalt offenkundig kein Weg vorbeiführt. Ihr liegt eine Grundrechtskollision zugrunde, die sich allein unter Beachtung der verfassungsrechtlichen Wertungen angemessen Weise lösen läßt. Die Umdeutung des Eingriffs zu einer mehr oder weniger vorsätzlich in Kauf genommenen Tötung wird der Natur der Sache nicht gerecht.

7. Die Notrechtsvorbehalte können in keiner Weise dazu dienen, Lücken im Polizeigesetz zu kompensieren. Die rechtliche Tolerierung privater Gewalttätigkeit darf die am Übermaßverbot ausgerichteten Vorschriften des Polizeigesetzes nicht überlagern. Denn das Ausweichen auf die Notwehrvorschriften hat einen rechtsstaatlichen Preis, den der Adressat zu zahlen hat.

8. Der Schußwaffengebrauch dient sowohl beim präventiven wie beim repressiven Einsatz dem Staatsziel der inneren Sicherheit. Die Aufgabe, die innere Sicherheit zu gewährleisten, hat der Staat zusammen mit dem Gewaltmonopol übernommen. Weil deshalb allein der Staat über die Befugnis zur legalen Anwendung physischer Gewalt verfügt, ist er sowohl zur Bereitschaft, wie auch zur Fähigkeit verpflichtet, jederzeit von seiner Befugnis Gebrauch machen zu können.

9. Der Schußwaffengebrauch ist als letztes Mittel zur Wiederherstellung der inneren Sicherheit und Durchsetzung des Strafanspruchs grundsätzlich angemessen.

   Beim finalen Rettungsschuß tritt als besonderes Problem hinzu, daß dieser Eingriff mit dem Leben des Adressaten ein unteilbares Rechtsgut vernichtet. Er rechtfertigt sich allein aus den grundrechtlich verankerten Schutzpflichten des Staates gegenüber einem vom Angreifer bedrohten Grundrechtsträger. Die Angemessenheit eines solchen Schutzes beschränkt sich auf den Schutz des Lebens und der körperlichen Unversehrtheit, sofern eine schwere Verletzung abzuwenden ist, die möglicherweise auch zum Tod des Opfers führen könnte.

10. Den subjektiv-rechtliche Anspruch des Grundrechtsträgers auf staatlichen Schutz hat in erster Linie der Gesetzgeber einzulösen. In dem von Ermessensvorschriften geprägten Polizeirecht besteht deshalb nur das formale Recht auf ermessensfehlerfreie Entscheidung. Einen Anspruch auf ein bestimmtes Vorgehen gibt es nur nach den Regeln für die Ermessensreduzierung auf Null, wenn die Gefahr keinen anderen Ausweg mehr läßt und die Bedeutung des auf dem Spiel stehenden Rechtsgut das Einschreiten unbedingt erfordern.

11. Die gravierendsten Schwachstellen im Polizeigesetz beziehen sich in erster Linie auf den Bereich des Schußwaffengebrauchs zur Vollstreckung von präventiven Gefahrenabwehrmaßnahmen. Hier hätte sich der Gesetzgeber gedanklich „auf eigene Füße" stellen müssen. Seine Anleihen beim materiellen Strafrecht haben sich sämtlich als Fremdkörper erwiesen.

    Diese Schwachstellen ließen sich beispielsweise vermeiden, wenn der Gesetzgeber eine Auswahl schutzwürdiger Rechtsgüter getroffen hätte, zu deren Schutz er den Schußwaffengebrauch zuläßt. Wie eine solche Regelung aussehen könnte, wird als Ergebnis dieser Untersuchung vorgestellt.

ANHANG

A Maßgebliche Vorschriften aus Bundes- und Landesgesetzen

I Europäische Menschenrechtskonvention

Art. 2

(1) Das Recht jedes Menschen auf das Leben wird gesetzlich geschützt. Abgesehen von der Vollstreckung eines Todesurteils, das von einem Gericht im Falle eines durch Gesetz mit der Todesstrafe bedrohten Verbrechens ausgesprochen ist, darf eine absichtliche Tötung nicht vorgenommen werden.

(2) Die Tötung wird nicht als Verletzung dieses Artikels betrachtet, wenn sie sich aus einer unbedingt erforderlichen Gewaltanwendung ergibt:

a) um die Verteidigung eines Menschen gegenüber rechtswidriger Gewaltanwendung sicherzustellen;

b) um eine ordnungsgemäße Festnahme durchzuführen oder das Entkommen einer ordnungsgemäß festgehaltenen Person zu verhindern;

c) um im Rahmen der Gesetze einen Aufruhr oder einen Aufstand zu unterdrücken.

II Gesetz über die Anwendung unmittelbaren Zwanges und die Ausübung besonderer Befugnisse durch Soldaten der Bundeswehr und zivile Wachpersonen, vom 12. August 1965, BGBl. I, S. 796

§ 15

(1) Schußwaffen dürfen gegen einzelne Personen nur gebraucht werden, wenn dies nach den Umständen erforderlich ist und geschieht,

1. um die unmittelbare Ausführung oder die Fortführung einer Straftat gegen die Bundeswehr zu verhindern, die sich darstellt als

   a) Verbrechen,

   b) Vergehen, das unter Anwendung oder Mitführung von Schußwaffen oder Explosivmitteln begangen werden soll oder ausgeführt wird,

   c) tätlicher Angriff gegen Leib und Leben von Angehörigen der Bundeswehr, zivilen Wachpersonen oder Angehörigen der verbündeten Streitkräfte während der rechtmäßigen Ausübung ihres Dienstes oder ihres Aufenthaltes in militärischen Bereichen oder Sicherheitsbereichen (§ 2),

d) vorsätzlich unbefugte Zerstörung, Beschädigung, Veränderung, Unbrauchbarmachung oder Beseitigung eines Wehrmittels oder einer Anlage, einer Einrichtung oder eines Schiffes der Bundeswehr oder der verbündeten Streitkräfte, wenn dadurch die Sicherheit der Bundesrepublik Deutschland oder eines Entsendestaat einer verbündeten Streitkraft oder die Schlagkraft der deutschen oder der verbündeten Truppe oder Menschenleben gefährdet werden;

2. um eine Person anzuhalten, die sich der Personenüberprüfung nach diesem Gesetz trotz wiederholter Weisung, zu halten oder diese Überprüfung zu dulden, durch Flucht zu entziehen sucht;

3. um eine Person anzuhalten, die sich der vorläufigen Festnahme durch Flucht zu entziehen sucht, wenn sie bei einer Straftat im Sinne der Nummer 1 auf frischer Tat getroffen oder verfolgt wird;

4. um eine Person an der Flucht zu hindern oder sofort wiederzuergreifen, die sich zur Personenüberprüfung nach § 5 oder wegen dringenden Verdachts einer Straftat im Sinne der Nummer 1 im Gewahrsam der Bundeswehr befindet oder befand.

(2) Schußwaffen dürfen gegen eine Menschenmenge nur gebraucht werden, wenn von ihr oder aus ihr heraus Straftaten gegen die Bundeswehr unter Gewaltanwendung begangen werden oder solche Straftaten unmittelbar bevorstehen und Zwangsmaßnahmen gegen einzelne nicht zum Ziel führen oder offensichtlich keinen Erfolg versprechen.

III Gesetz über den freiwilligen Polizeidienst von Baden Württemberg vom 18. Juni 1963, i.d.F. vom 12. April 1985, GBl. S. 129

§ 1 Begriff und Aufgabe

(1) Das Land Baden-Württemberg stellt einen Freiwilligen Polizeidienst auf.

(2) Der Freiwillige Polizeidienst ist ein Teil des Polizeivollzugsdienstes. Er umfaßt Personen, die sich freiwillig für die Wahrnehmung von Aufgaben des Polizeivollzugsdienstes zur Verfügung gestellt haben, ohne Polizeibeamte zu sein, und die nach § 4 Abs. 2 verpflichtet worden sind.

(3) Der Freiwillige Polizeidienst verstärkt bei Aufruf den örtlichen Polizeivollzugsdienst. Er soll in der Regel nur eingesetzt werden

1. zur Sicherung von Gebäuden und Anlagen,
2. zur Sicherung und Überwachung des Straßenverkehrs,
3. zum Streifendienst
4. zum Kraftfahrdienst, Fernmeldedienst und zu ähnlichen technischen Diensten.

(4) Soweit sich aus diesem Gesetz nichts anderes ergibt, finden die für den Polizeivollzugsdienst geltenden Vorschriften des Polizeigesetzes auf den Freiwilligen Polizeidienst Anwendung.

§ 2 Aufnahme in den Freiwilligen Polizeidienst

(1) In den Freiwilligen Polizeidienst kann aufgenommen werden, wer

1. Deutscher im Sinne des Art. 116 des Grundgesetz ist,
2. das 18. Lebensjahr vollendet hat,
3. den gesundheitlichen Anforderungen des Freiwilligen Polizeidienstes gewachsen ist und
4. einen guten Ruf besitzt.

(2) Die Aufnahme in den Freiwilligen Polizeidienst ist nicht zulässig, wenn

1. begründete Zweifel daran bestehen, daß der Bewerber auf dem Boden der freiheitlich demokratische Grundordnung steht, oder
2. der Bewerber wegen einer vorsätzlichen Tat zu Freiheitsstrafe von mindestens einem Jahr verurteilt wurde, oder
3. der Bewerber wegen einer vorsätzlichen Tat, die nach den Vorschriften über Friedensverrat, Hochverrat, Gefährdung des demokratischen Rechtsstaates oder Landesverrat und Gefährdung der äußeren Sicherheit strafbar ist, zu Freiheitsstrafe von mindestens sechs Monaten verurteilt wurde, oder
4. der Bewerber infolge Richterspruchs die Fähigkeit zur Bekleidung öffentlicher Ämter nicht besitzt, oder
5. der Bewerber Maßregeln der Besserung und Sicherung gem. § 61 des Strafgesetzbuchs unterworfen ist, oder

(6. der Bewerber entmündigt oder unter vorläufige Vormundschaft gestellt ist).

...

§ 4 Ausbildung und Verpflichtung

(1) Die Ausbildung umfaßt die Grundausbildung, die Fortbildung und erforderlichenfalls eine technische Sonderausbildung.

(2) Nach der Grundausbildung werden die Bewerber für den Freiwilligen Polizeidienst von dem Leiter der Aufstellungsdienststelle (§ 3 Abs. 1) zur gewissenhaften Erfüllung der Aufgaben eines Angehörigen des Freiwilligen Polizeidienstes verpflichtet. Über die Verpflichtung ist dem Verpflichteten eine Urkunde auszustellen. Vor der Verpflichtung eines Arbeitnehmers ist der Arbeitgeber zu hören.

§ 5 Aufruf

(1) Der Freiwillige Polizeidienst wird zur Dienstleistung aufgerufen, wenn die Polizei die ihr nach § 1 des Polizeigesetzes obliegenden Aufgaben mit den vorhandenen Beamten des Polizeivollzugsdienstes vorübergehend nicht erfüllen kann.

(2) Für den Aufruf des Freiwilligen Polizeidienstes sind die Aufstellungsdienststellen (§ 3 Abs. 1) zuständig.

§ 6 Rechte und Pflichten

(1) Die Angehörigen des Freiwilligen Polizeidienstes haben bei der Erledigung ihrer polizeilichen Dienstverrichtungen Dritten gegenüber die Stellung von Polizeibeamten im Sinne des Polizeigesetzes. Sie erhalten freie Dienstkleidung. Das Innenministerium erläßt im Einvernehmen mit dem Finanzministerium nähere Bestimmungen über Art, Umfang und Ausführung der Dienstkleidung.

(2) Die Angehörigen des Freiwilligen Polizeidienstes sind verpflichtet,

1. an der Fortbildung teilzunehmen,
2. die ihnen anvertraute Dienstkleidung und Ausrüstung pfleglich zu behandeln und nur zu dienstlichen Zwecken zu benutzen,
3. dem Aufruf des Freiwilligen Polizeidienstes und den Anordnungen der Vorgesetzen des Polizeivollzugsdienstes Folge zu leisten.

Im übrigen gelten die beamtenrechtlichen Vorschriften über die Treuepflicht, die Amtsverschwiegenheit, die Annahme von Belohnungen sowie die Verpflichtung zum Schadensersatz und den Rückgriff entsprechend.

(3) Verletzt ein Angehöriger des Freiwilligen Polizeidienstes schuldhaft eine ihm nach Abs. 2 obliegende Pflicht, so kann ihm die Aufstellungsdienststelle (§ 3 Abs. 1) einen Verweis erteilen. Grobe Verstöße

kann die Aufstellungsdienststelle mit einer Geldbuße bis zu 1000 Deutsche Mark ahnden.

...

§ 8 Entlassung

(1) Angehörige des Freiwilligen Polizeidienstes werden von der Aufstellungsdienststelle (§ 3 Abs. 1) entlassen, wenn sie es schriftlich beantragen oder wenn sie den gesundheitlichen Anforderungen des Freiwilligen Polizeidienstes nicht gewachsen sind. Die Entscheidung ist dem Betroffenen zuzustellen. Die Entlassung auf Antrag wird spätestens zwei Wochen nach Eingang des Antrags wirksam.

(2) Der Entlassene hat die Verpflichtungsurkunde (§ 4 Abs. 2) sowie die in seinem Besitz befindliche Dienstkleidung und Ausrüstung der Aufstellungsdienststelle (§ 3 Abs. 1) zurückzugeben.

§ 9 Ausschluß

(1) Angehörige des Freiwilligen Polizeidienstes können ausgeschlossen werden, wenn sie

1. Gegen die ihnen nach § 6 Abs. 2 obliegenden Pflichten verstoßen,
2. wegen eines Verbrechens oder Vergehens rechtskräftig verurteilt worden sind, oder
3. sich sonst durch schuldhaftes Verhalten als ungeeignet für den Freiwilligen Polizeidienst erwiesen haben.

(2) Angehörige des Freiwilligen Polizeidienstes sind auszuschließen, wenn Tatsachen bekannt werden, die der Aufnahme in den Freiwilligen Polizeidienst nach § 2 Abs. 2 entgegenstehen.

(3) Für den Ausschluß sind die Aufstellungsdienststellen (§ 3 Abs. 1) zuständig. Die Entscheidung ist dem Betroffenen zuzustellen.

(3) § 8 Abs. 2 gilt entsprechend.

...

IV Gesetz zum Schutz und zur Pflege der Denkmäler im Lande Nordrhein-Westfalen, Denkmalschutzgesetz, § 39 Abs. 1 Schutz bei Katastrophen, GVNW, S. 226

§ 39 Abs. 1

(1) Der Kultusminister wird ermächtigt, durch Rechtsverordnung im Einvernehmen mit dem Innenminister die zum Schutz der Denkmäler für den Fall von Katastrophen erforderlichen Vorschriften zu erlassen. Dabei können insbesondere der Eigentümer und die sonstigen Nutzungsberechtigten verpflichtet werden,

a) den Aufbewahrungsort von Denkmälern zu melden,

b) Denkmäler mit dem in internationalen Verträgen vorgesehenen Kennzeichen zu versehen,

c) Denkmäler zu bergen, besonders zu sichern, bergen oder besonders sichern zu lassen oder sie zum Zweck der vorübergehenden Verwahrung an Bergungsorten auf Anordnung der Denkmalbehörde abzuliefern,

d) die wissenschaftliche Erfassung von Denkmälern oder sonstige zu ihrer Dokumentierung, Sicherung oder Wiederherstellung von der Denkmalbehörde angeordnete Maßnahmen zu dulden.

...

B Verwaltungsvorschrift zum Polizeigesetz des Landes Nordrhein-Westfalen

Verwaltungsvorschrift zum Polizeigesetz des Landes Nordrhein-Westfalen – VVPolG NW, Rd.Erl. d. Innenministers V. 19. 4. 1991 – IV A 2/A 5 – 2001; Ministerialblatt für das Land Nordrhein-Westfalen 1991, S. 698

zu § 55: Unmittelbarer Zwang

55.1 Zu Absatz 1

55.11 Der Begriff des unmittelbaren Zwangs ist in § 58 definiert. Unmittelbarer Zwang kommt vor allem zur Durchsetzung unvertretbarer Handlungen, Duldungen und Unterlassungen in Betracht, erforderlichenfalls auch zum Anhalten von Personen gemäß § 9 Abs. 1 Satz 2, § 12 Abs. 2 Satz 2 oder § 25 Abs. 2.

55.12 Andere Zwangsmittel sind auch dann unzweckmäßig, wenn sie dem Betroffenen einen größeren Nachteil verursachen würden als die Anwendung unmittelbaren Zwanges.

55.2 Zu Absatz 2

Für die Erzwingung von Angaben kommt nur ein Zwangsgeld in Betracht (vgl. RdNr. 10.3).

Zu § 57: Rechtliche Grundlagen

57.0 Die §§ 57 bis 66 gelten sowohl für dir Gefahrenabwehr wie auch für die Verfolgung von Straftaten und Ordnungswidrigkeiten, soweit die StPO keine Regelung über unmittelbaren Zwang enthält.

57.1 zu Absatz 1

Der Hinweis auf die übrigen Vorschriften dieses Gesetzes gilt insbesondere für die Beachtung des Grundsatzes der Verhältnismäßigkeit und die Ausübung des pflichtgemäßen Ermessens (vgl. die §§ 2 und 3).

Zu § 58: Begriffsbestimmungen, zugelassene Waffen

58.1 Zu Absatz 1

Die drei Formen unmittelbaren Zwanges sind abschließend aufgeführt (vgl. RdNr 51.1).

58.2 Zu Absatz 2

Unmittelbare körperliche Einwirkung auf Personen ist z.B. die Anwendung von Polizeigriffen. Auf Sachen wird unmittelbar körperlich eingewirkt z.B. bei dem Eintreten einer Tür oder dem Einschlagen einer Fensterscheibe.

58.3 Zu Absatz 3

58.31 Die Aufzählung ist beispielhaft. Auch andere Gegenstände können als Hilfsmittel der körperlichen Gewalt in Betracht kommen, jedoch muß ihre Wirkung in einem angemessenen Verhältnis zu dem angestrebten Erfolg stehen.

58.32 Sprengmittel dürfen gemäß § 66 Abs. 4 nur gegen Sachen angewendet werden. Zur Ablenkung von Störern bestimmte pyrotechnische Mittel (Irritationsmittel) sind keine Sprengmittel.

58.33 Wegen der Anwendung von Fesseln vgl. § 62.

58.34 Als technische Sperre zum Absperren von Straßen, Plätzen oder anderem Gelände kommen z.B. Fahrzeuge, Container, Sperrgitter, Sperrzäune, Seile, Stacheldraht und Nagelböden in Betracht.

58.35 Diensthunde und Dienstpferde müssen für ihre Verwendung besonders abgerichtet sein. Sie dürfen nur von als Diensthundeführer oder Reiter ausgebildeten Polizeivollzugsbeamten eingesetzt werden.

58.36 Reiz- und Betäubungsstoffe dürfen nur gebraucht werden, wenn der Einsatz körperlicher Gewalt oder anderer Hilfsmittel keinen Erfolg verspricht und wenn durch den Einsatz dieser Stoffe die Anwendung von Waffen vermieden werden kann. Zu dem Gebrauch von Reiz- und Betäubungsmittel gehört auch die Verwendung von Tränengas- und Nebelkörpern. Der Einsatz barrikadebrechender Reizstoffwurfkörper oder barrikadebrechender pyrotechnischer Mittel i.S.d. RdNr. 58.32 Satz 2 ist nur unter den Voraussetzungen des Gebrauch von Schußwaffen gegen Personen zulässig.

58.4 Zu Absatz 4

58.41 Die Aufzählung der zugelassenen Waffen ist abschließend.

58.42 Schläge mit Schlagstöcken sollen gegen Arme und Beine gerichtet werden, um schwerwiegende Verletzungen zu vermeiden.

58.43 Wegen des Gebrauchs von Schußwaffen vgl. § 61 und die §§ 63 ff.

Zu § 61: Androhung unmittelbaren Zwanges

61.1 Zu Absatz 1

61.11 Unmittelbarer Zwang darf nur angeordnet werden, wenn die Tatbestandsvoraussetzungen für seine Anwendung gegeben sind. Die Androhung kann grundsätzlich in jeder Form erfolgen; sie muß unmißverständlich sein.

61.12 Der Schußwaffengebrauch wird in der Regel mündlich angedroht durch den vernehmlichen Ruf: „Polizei! Keine Bewegung – oder ich schieße!“ oder eine ähnliche Aufforderung. Oder vor allem gegenüber Fliehenden: „Polizei! Halt – oder ich schieße!“ oder eine ähnliche Aufforderung. Das Wort „Polizei“ kann auch unterbleiben, wenn ohne weiteres erkennbar ist, daß es sich um den Einsatz von Polizeivollzugsbeamten handelt. Wenn die Umstände es zulassen oder wenn Zweifel bestehen, ob die Person den Anruf verstanden, ist er zu wiederholen. Der Schußwaffengebrauch kann auch durch Lautsprecher angedroht werden.

61.13 Ist eine mündliche Androhung des Schußwaffengebrauchs nicht möglich, weil z.B. die Entfernung zu groß ist oder weil aus sonstigen Gründen anzunehmen ist, daß der Anruf nicht verstanden wird oder verstanden worden ist, können ein oder mehrere Warnschüsse gegeben werden. Warnschüsse sind nach Möglichkeit steil in die Luft zu richten.

61.14 Zwischen der Androhung der Zwangsmaßnahme und ihrer Anwendung soll eine den Umständen nach angemessene Zeitspanne liegen.

61.15 Personen, gegen die nach Begründung des amtlichen Gewahrsams unter den in § 64 Abs. 1 Nr. 4 genannten Voraussetzungen von der Schußwaffe Gebrauch gemacht werden darf, sollen zu Beginn des Gewahrsams darauf hingewiesen werden. Um einen Schußwaffengebrauch zu vermeiden, ist auf eine sorgfältige Sicherung dieser Personen zu achten. Dies gilt vor allem bei Transporten. Die Belehrung ersetzt nicht die Androhung des Schußwaffengebrauchs im Einzelfall.

61.3 Zu Absatz 3

61.31 Zwischen der wiederholten Androhung des Schußwaffengebrauchs gegen Personen in einer Menschenmenge und dem Gebrauch der Schußwaffe soll so viel Zeit verstreichen, daß sich insbesondere Unbeteiligte aus der Menge entfernen können; vgl. auch RdNr. 65.2

61.32 Die Androhung hat grundsätzlich durch Lautsprecher zu erfolgen. Ihr soll alsdann durch Warnschüsse oder auf andere unmißverständliche Weise Nachdruck mit dem Ziele verliehen werden, letztlich den Schußwaffengebrauch auf Personen in der Menschenmenge zu verhindern.

Zu § 63: Allgemeine Vorschriften für den Schußwaffengebrauch

63.1 Zu Absatz 1

63.11 Der Schußwaffengebrauch gegen Personen ist die schwerwiegendste Maßnahme des unmittelbaren Zwanges. Der Polizeivollzugsbeamte hat daher vorher die Rechtmäßigkeit und Verhältnismäßigkeit besonders sorgfältig zu prüfen. Bestehen rechtliche oder tatsächliche Zweifel, ob die Voraussetzungen für den Schußwaffengebrauch vorliegen, ist von der Schußwaffe kein Gebrauch zu machen.

63.12 Auch der Schußwaffengebrauch gegen Sachen ist auf das erforderliche Mindestmaß zu beschränken. Ein Schußwaffengebrauch gegen Sachen liegt nicht vor, wenn mit Wahrscheinlichkeit damit gerechnet werden muß, daß hierdurch Personen verletzt werden. Der Schußwaffengebrauch gegen Kraftfahrzeugführer ist daher in der Regel nur unter den Voraussetzungen des Schußwaffengebrauchs gegen Personen zulässig. Diese müssen gegenüber jeder im Fahrzeug befindlichen Person vorliegen, es sein denn daß ein Fall des § 63 Abs. 4 Satz 2 vorliegt. Beim Schußwaffengebrauch gegen ein Fahrzeug ist anzustreben, das Fahrzeug fahrunfähig zu machen, weil hierdurch in der Regel der Zweck der Maßnahme erreicht werden kann. Vom Schußwaffengebrauchs ist abzusehen, wenn das Fahrzeug erkennbar explosive oder ähnliche gefährliche Güter befördert oder nach seiner Kennzeichnung zur Beförderung solcher Güter bestimmt ist. Diese Einschränkung gilt nicht, wenn durch die Weiterfahrt größere Gefahren zu entstehen drohen als durch den Schußwaffengebrauch.

63.13 Der Schußwaffengebrauch gegen Tiere ist zulässig, wenn von ihnen eine Gefahr ausgeht (sie insbesondere Menschen bedrohen) und die Gefahr nicht auf andere Weise zu beseitigen ist. Verletzte oder kranke Tiere dürfen nur getötet werden wenn die Befürchtung besteht, daß sie sonst unter Qualen verenden würden, und weder der Eigentümer bzw. Tierhalter, noch ein Tierarzt oder Jagdausübungsberechtigter kurzfristig zu erreichen ist.

63.2 Zu Absatz 2

63.21 Um angriffs- oder fluchtunfähig zu machen, ist, wenn die Umstände es zulassen, auf die Beine zu zielen, vor allem bei Fliehenden.

63.22 Die Regelung in Absatz 2 schließt zur Abwehr einer gegenwärtigen Gefahr für Leib und Leben einer Person als Ultima ratio der Zwangsanwendung auch einen gezielten Schuß auf dem Angreifer ein, der nach aller Erfahrung sofort tödlich wirkt (vgl. auch § 7).

63.3 Zu Absatz 3

Bestehen Zweifel, ob jemand noch im Kindesalter ist, ist davon auszugehen, daß es sich um ein Kind handelt.

63.4 Zu Absatz 4

Der Schußwaffengebrauch ist grundsätzlich verboten, wenn durch ihn ein Unbeteiligter mit hoher Wahrscheinlichkeit gefährdet wird. Der Polizeivollzugsbeamte hat nicht nur auf Fußgänger, sondern auch auf fahrende und haltende Fahrzeuge mit Insassen sowie auf Wohnungen und Geschäfte zu achten. Kann die Schußrichtung wegen der örtlichen Verhältnisse (insbesondere Dunkelheit oder sonstige Sichtbehinderungen) nicht überblickt werden, ist besondere Vorsicht und Zurückhaltung geboten.

Zu § 64: Schußwaffengebrauch gegen Personen

64.0 Soweit es zum Schußwaffengebrauch nach § 64 darauf ankommt, ob eine rechtswidrige Tat ein Verbrechen oder ein Vergehen darstellt, richtet sich dies gemäß § 12 StGB nach der für die Straftat angedrohten Mindeststrafe. Hierbei ist nur der Regelstrafrahmen maßgebend.

Schärfungen und Milderungen nach dem allgemeinen Teil des StGB (z.B. bei Versuch, Beihilfe, verminderter Schuldfähigkeit) oder für besonders schwere (vgl. die §§ 243, 263 Abs. 3, 266 Abs. 2 oder 315 b Abs. 3 StGB) oder minder schwere Fälle (vgl. § 255 Abs. 2 oder § 226 Abs. 2 StGB) bleiben außer Betracht).

64.1 Zu Absatz 1

64.11 Die Berechtigung zum Schußwaffengebrauch nach Nummer. 1 setzt mindestens die Gefahr einer schwerwiegenden Körperverletzung voraus.

64.12 Die zu verhindernde Straftat i. S. d. Nummer 2 muß unmittelbar bevorstehen. Insoweit genügt das bloße Bestehen einer Gefahr i. S. d. § 8 Abs. 1 nicht. Die Verhinderung der Fortsetzung bedeutet insbesondere die Verhinderung weiterer Tathandlungen oder bei Dauerdelikten die Beendigung des strafbaren Zustandes. Die Handlung muß sich den Umständen nach als Verbrechen oder als ein Vergehen der genannten Art darstellen. Es kommt also darauf an, wie der Polizeivollzugsbeamte die Situation unter Berücksichtigung aller im Augenblick gegebenen Erkenntnismöglichkeiten beurteilt. Er hat hierbei – obwohl die Notwendigkeit zum schnellem Handeln gegeben ist – besonders sorgfältig vorzugehen.

64.13 Auch in Nummer 4 b, 1. Alternative, müssen Tatsachen die Annahme rechtfertigen, daß die Person Schußwaffen oder Explosivmittel mit sich führt.

Zu § 65: Schußwaffengebrauch gegen Personen in einer Menschenmenge

65.1 Zu Absatz 1

Schwerwiegende Gewalttaten sind Straftaten, die unter Anwendung von Gewalt begangen werden und besonders hochwertige Rechtsgüter verletzen oder für die Allgemeinheit lebensnotwendige Einrichtungen zerstören. Hierunter fallen insbesondere Tötungsdelikte (§§ 211 und 212 StGB), gefährliche oder schwere Körperverletzungen (§§ 223 a und 224 StGB), gemeingefährliche Straftaten (§§ 306 ff. StGB) oder Nötigung von Staatsorganen unter Gewaltanwendung (§§ 105 und 106 StGB).

65.2 Zu Absatz 2

In der Androhung (vgl. RdNr. 61.3) soll darauf hingewiesen werden, daß nicht Unbeteiligter ist, wer sich nicht aus der Menschenmenge entfernt, obwohl ihm das möglich ist.

Zu § 66: Besondere Waffen, Sprengmittel

66.4 Zu Absatz 4

Sprengmittel sind gem. § 58 Abs. 3 Hilfsmittel der körperlichen Gewalt und kommen nur als Mittel der Zwangsanwendung gegen Sachen in Betracht, z.B. zur Beseitigung von Hindernissen bei schweren Unglücksfällen.

C. Die Regelungsvorschläge des Musterentwurfs und des Alternativentwurfs für den finalen Rettungsschuß

I Musterentwurf für ein einheitliches Polizeirecht in Bund und Ländern, beschlossen und ausgearbeitet von der Innenministerkonferenz des Bundes und der Länder.

§ 41

Abs. 2: Schußwaffen dürfen gegen Personen nur gebraucht werden, um angriffs- oder fluchtunfähig zu machen. Ein Schuß, der mit an Sicherheit grenzender Wahrscheinlichkeit tödlich wirken wird, ist nur zulässig, wenn er das einzige Mittel zur Abwehr einer gegenwärtigen Lebensgefahr oder der gegenwärtigen Gefahr einer schwerwiegenden Verletzung der körperlichen Unversehrtheit ist.

II Alternativentwurf einheitlicher Polizeigesetze des Bundes und der Länder. Vorgelegt vom "Arbeitskreis Polizeirecht"

§ 60

Abs. 4: Der Polizeibeamte darf zur Abgabe eines das Leben gefährdenden Schusses nicht verpflichtet werden, wenn er rechtzeitig seine Weigerung erklärt hat.

§ 64

Abs. 3: Gegen Personen dürfen Schußwaffen nur gebraucht werden, um angriffsunfähig zu machen, nicht um zu töten. Muß beim Gebrauch der Schußwaffe davon ausgegangen werden, daß er mit an Sicherheit grenzender Wahrscheinlichkeit das Leben gefährdet, so ist er nur zulässig, wenn er das einzige Mittel zur Abwehr einer gegenwärtigen Lebensgefahr oder der gegenwärtigen Gefahr einer schwerwiegender Verletzung der körperlichen Unversehrheit (§ 224 StGB a.F.; entspricht § 226 n.F., Anm. der Verf.) ist.

LITERATURVERZEICHNIS

ACHTERBERG, Norbert, Die Annex-Kompetenz, in: DÖV 1966, S. 695 ff.

AK GG = Kommentar zum Grundgesetz für die Bundesrepublik Deutschland, Reihe Alternativ Kommentare. Hg. RUDOLF WASSERMANN, Bearb. ADALBERT PODLECH (zu Art. 2), ERHARD DENNINGER (zu Art. 19), 2. Aufl. Neuwied 1989

ALBERTS, HANS-WERNER, Der praktische Fall: Der gezielte Todesschuß, in: VR 1981, S. 101 ff.

ALEXY, ROBERT, Theorie der Grundrechte, Baden-Baden, 1985

ALTERNATIVENTWURF einheitlicher Polizeigesetze des Bundes und der Länder. Vorgelegt vom "Arbeitskreis Polizeirecht", Hg. ERHARD DENNINGER; MARLIS DÜRKOP; WOLFGANG HOFFMANN-RIEM; ULRICH KLUG; ADALBERT PODLECH; HELMUT RITTSTIEG; HANS-PETER SCHNEIDER; MANFRED SEEBODE, Neuwied, Darmstadt 1979

AMELUNG, KNUT, Die Rechtfertigung von Polizeivollzugsbeamten, in: JuS 1986, S. 329 ff.

AMELUNG, KNUT, Erweitern allgemeine Rechtfertigungsgründe, insbesondere § 34 StGB, hoheitliche Eingriffsbefugnisse des Staates?, in: NJW 1977, S. 833 ff.

AMELUNG, KNUT, Nochmals: § 34 StGB als öffentlichrechtliche Eingriffsnorm?, in: NJW 1978, S. 623 ff.

ANSCHÜTZ, GERHARD, Das Recht des Verwaltungszwanges in Preußen. Vornehmlich in seiner geschichtlichen Entwicklung, in: VerwArch Band 1, 1893, S. 389 ff.

ARNDT, CLAUS, Das Grundgesetz und der Schußwaffengebrauch bei Anwendung unmittelbaren Zwanges. Zum Inkrafttreten des Hamburgischen Gesetzes über die Ausübung unmittelbaren Zwangs, in: DVBl 1965, S. 189 ff.

BATTIS, ULRICH, Bearbeiter zu Art. 33, in: SACHS, Grundgesetz-Kommentar

BAUMANN, Zur Verfassungsmäßigkeit des § 2 Abs. 4 UZwG, in: DVBl 1962, S. 806 ff.

BECKER, JÜRGEN, Die wehrhafte Demokratie des Grundgesetzes, in: Handbuch des Staatsrechts; Hg. JOSEF ISENSEE, PAUL KIRCHHOF, Bd. VII, § 167, Heidelberg, 1992

BERNDT, GÜNTHER, Todesschuß und innere Sicherheit, in: Die Polizei 1975, S. 197 ff.

BERNSTEIN, FRANK, § 316 b StGB - Störung öffentlicher Betriebe, Frankfurt a.M., Bern, New York, Paris 1989

BLECKMANN, ALBERT, Staatsrecht II – Grundrechte, 4. Aufl., Köln, Berlin, Bonn, München 1997

BLEI, HERMANN, Probleme des polizeilichen Waffengebrauchs, in: JZ 1955, S. 625 ff.

BOCKELMANN, PAUL, Notwehr gegen verschuldete Angriffe, in: FSchr. für RICHARD M. HONIG zum 80. Geburtstag 3. Januar 1970, dargebracht von Freunden und Kollegen, Göttingen 1970, S. 19 ff.

BOCKELMANN, PAUL, Notrechtsbefugnisse der Polizei, in: FSchr. für EDUARD DREHER zum 70. Geburtstag, Berlin, New York 1977, S. 238 ff.

BÖCKENFÖRDE, ERNST-WOLFGANG, Der verdrängte Ausnahmezustand, in: NJW 1978, S. 1881 f.

BORCHERT, UWE, Die vorläufige Festnahme nach § 127 stop, in: JA 1982, S. 338 ff

BRACHER, CHRISTIAN-DIETRICH, Gefahrenabwehr durch Private. Eine verfassungsrechtliche Untersuchung zu den Grenzen der Übertragung von Aufgaben der Gefahrenabwehr auf Private und der staatlichen Zulassung privater Gefahrenabwehr, Berlin 1987

BREMER, HEINZ, Das Recht der Polizei zum Waffengebrauch, Diss. jur. Heidelberg 1965

BRENNER, MICHAEL, Möglichkeiten und Grenzen grundrechtsbezogener Verfassungsänderungen, dargestellt anhand der Neuregelung des Asylrechts, in: Der Staat 32, 1993, S. 493 ff.

BREUER, RÜDIGER, Grundrechte als Anspruchsnorm, in: Verwaltungsrecht zwischen Freiheit, Teilhabe und Bindung, 25 Jahre Bundesverwaltungsgericht, Hg. OTTO BACHOF, LUDWIG HEIGL, KONRAD REDEKER, München 1978, S. 89 ff.

BREUER, RÜDIGER, Terrorismus, wehrfähiger Staat und individuelle Rechte, in: Freiheit und Verantwortung im Verfassungsstaat, Festgabe zum 10jährigen Jubiläum der Gesellschaft für Rechtspolitik, Hg. BERND RÜTHERS und KLAUS STERN, München 1984, S. 79 ff.

BULLINGER, MARTIN, Freiheit von Presse, Rundfunk, Film, in: Handbuch des Staatsrechts, Hg. JOSEF ISENSEE, PAUL KIRCHHOF, Bd. VI, § 142, Heidelberg, 1989

BULLINGER, MARTIN, Ungeschriebene Kompetenzen im Bundesstaat. Die Rechtsprechung des Bundesverfassungsgerichts zur Zuständigkeit von Bund und Ländern kraft Sachzusammenhangs und kraft Natur der Sache, in: AöR 96, 1971, S. 237 ff.

CANARIS, CLAUS-WILHELM, Grundrechte und Privatrecht, in: AcP 184, 1984, S. 201 ff.

CONZE, WERNER, Artikel: Sicherheit, Schutz, in: Geschichtliche Grundbegriffe. Historisches Lexikon zur politisch-sozialen Sprache in Deutschland, Hg. OTTO BRUNNER, WERNER CONZE, REINHART KOSELLECK, Bd. 5, Stuttgart 1984, S. 831 ff.

DAUTERT, ULRICH, Rechtsprobleme im Zusammenhang mit Geiselnahmen unter Berücksichtigung länderspezifischer Besonderheiten, in: Bereitschaftspolizei-heute 1993, S. 65 ff.

DEGENHART, CHRISTOPH, Art. 70-75, 101-104, 125 a, 138, in: SACHS, Grundgesetz

DELIUS, H., Über das Recht der Vollzugsbeamten und des Militärs zum administrativen Waffengebrauch, in: AöR 11. Band (1896), S. 84 ff.

DENNINGER, ERHARD, Bemerkungen zum Musterentwurf eines einheitlichen Polizeigesetzes, in: Vorgänge 1975, S. 49 ff.

DENNINGER, ERHARD, Der gebändigte Leviathan, Baden-Baden 1990

DENNINGER, ERHARD, Polizeiaufgaben, in: LISKEN-DENNINGER, Teil E

DENNINGER, ERHARD; BEYE, FRIEDRICH WILHELM, Rechtsgutachten zum Waffengebrauchsrecht der Polizei; erstattet im Auftrag der Gewerkschaft der Polizei, Frankfurt 1970

DI FABIO, UDO, Die Ermessensreduzierung - Fallgruppen, Systemüberlegungen und Prüfprogramm, in: VerwArch 86, 1995, S. 214 ff.

DIETEL, ALFRED, Neue Ansätze zur weiteren Professionalisierung der Polizeiarbeit, in: Die Polizei 1986, S. 381 ff.

DIETLEIN, JOHANNES, Der Anspruch auf polizei- oder ordnungsbehördliches Einschreiten - Zu den dogmatischen Grundlagen des drittschützenden Charakters der polizei- und ordnungsbehördlichen Generalklauseln, in: DVBl 1991, S. 685 ff.

DOEHRING, KARL, Zum "Recht auf Leben" aus nationaler und internationaler Sicht, in: Völkerrecht als Rechtsordnung, internationale Gerichtsbarkeit, Menschenrechte, FSchr. für HERMANN MOSLER, Hg. R. BERNHARDT, K. GECK, G. JAENICKE, H. STEINBERGER, Berlin, Heidelberg, New York 1983, S. 145 ff.

DOHNA, ALEXANDER GRAF ZU, Der Mangel am Tatbestand, in: Festgabe für KARL GÜTERBOCK, Berlin 1910, S. 35 ff.

DREHER, EDUARRD; TRÖNDLE, HERBERT, Strafgesetzbuch und Nebengesetze, 48. Aufl., München 1997

DREIER, HORST, Grundgesetz-Kommentar, Bearb: HARTMUT BAUER; GERTRUDE LÜBBE-WOLF; RUPERT STETTNER; HELMUTH SCHULZE-FIELITZ, Bd. 1 Tübingen 1996, Bd. 2 Tübingen 1998

DREWS, BILL; WACKE, GERHARD; VOGEL, KLAUS; MARTENS, WOLFGANG, Gefahrenabwehr. Allgemeines Polizeirecht (Ordnungsrecht) des Bundes und der Länder, 9. Aufl., Köln, Berlin, Bonn, München 1986

DÜRIG, GÜNTER, Der Grundrechtssatz von der Menschenwürde - Entwurf eines praktikablen Wertsystems der Grundrechte aus Art. 1 Abs. 1 in Verbindung mit Art. 19 Abs. 2 des Grundgesetzes, in: AöR 81, 1956, S. 117 ff.

ENGSTLER, LUDWIG, Die Kennzeichnung von Kulturgut nach der Haager Konvention von 1954 zum Schutz von Kulturgut bei bewaffneten Konflikten, in: NJW 1969, S. 1514 ff.

ERICHSEN, HANS-UWE, Zur Verfassungswidrigkeit der lebenslangen Freiheitsstrafe, in: NJW 1976, S. 1721 ff.

ERLER, ARNOLD, Maßnahmen der Gefahrenabwehr und verfassungsrechtlicher Eigentumsgarantie, Berlin 1977

FELIX, DAGMAR, Das Remonstrationsrecht und seine Bedeutung für den Rechtsschutz des Beamten, Köln, Berlin, Bonn, München 1993

FISCHER, GERHARD; HITZ, FREDI; WALTER, BERND, Bundesgrenzschutzgesetz - Zwangsanwendung nach Bundesrecht, Stuttgart, München, Hannover 1987, 2. Aufl. 1996

FLEINER, FRITZ, Institutionen des Deutschen Verwaltungsrechts, 8. Aufl., Neudruck Tübingen, 1963

FLUME, WERNER, Allgemeiner Teil des bürgerlichen Rechts, 3 Bände, 3. Aufl., Berlin 1977-1983

FORSTER, BALDUIN, Praxis der Rechtsmedizin, Bearb. DIRK ROPOHL, Stuttgart, New York, München 1986

FORSTHOFF, ERNST, Der Staat der Industriegesellschaft. Dargestellt am Beispiel der Bundesrepublik Deutschland, 2. Aufl., München 1971

FORSTHOFF, ERNST; Lehrbuch des Verwaltungsrechts, Band I, Allgemeiner Teil, 10. Aufl., München 1973

FRANK, REINHARD, Strafgesetzbuch für das Deutsche Reich, 18. Aufl., Tübingen 1931

FROWEIN, JOCHEN ABR., Übernationale Menschenrechtsgewährleistungen und nationale Staatsgewalt, in: Handbuch des Staatsrechts, Hg. JOSEF ISENSEE, PAUL KIRCHHOF, Bd. VII, § 180, Heidelberg 1992

FROWEIN, JOCHEN-A.; PEUKERT, WOLFGANG, Europäische Menschenrechtskonvention - EMRK-Kommentar, 2. Aufl., Kehl, Straßburg, Arlington, 1996

FUNK, ALBRECHT; WERKENTIN, FALCO, Der Musterentwurf für ein einheitliches Polizeigesetz - ein Muster exekutiven Rechtsstaatsverständnisses, in: Kritische Justiz 1976, S. 407 ff.

FUNK, ALBRECHT; WERKENTIN, FALCO, Der Todesschuß der Polizei, in: Kritische Justiz, 1976, S. 121 ff.

GENTZ, MANFRED, Zur Verhältnismäßigkeit von Grundrechtseingriffen, in: NJW 1968, S. 1600 ff.

GERHARDS, WOLFGANG, Rettungsschuß - Todesschuß. Bedarf es einer gesetzlichen Regelung? in: DRiZ 1989, S. 432 f.

GINTZEL, KURT, Zur Problematik des Schußwaffengebrauchs auf Anordnung, in: Die Polizei 1972, S. 1 ff.

GINTZEL, KURT. Zum Passivbewaffnungs- und Vermummungsverbot, in: Die Polizei 1986, S. 185 f.

GINTZEL, KURT; SELM-BORK; MÖLLERS, HERMANN, Das Berufsbild der Polizei zwischen Sein und Sollen - was nicht im Saarbrücker Gutachten steht, in: Die Polizei 1987, S. 1 ff.

GLORIA, CHRISTIAN; DISCHKE, EDUARD, Der "finale Todesschuß" im Landesrecht von Nordrhein-Westfalen - Zur Frage der Rechtmäßigkeit von polizeilichen Geiselbefreiungsaktionen mit Schußwaffengebrauch, in: NWVBl 1989, S. 37 ff.

GÖTZ, VOLKMAR, Polizei- und Ordnungsrecht heute - Zugleich Besprechung von DREWS/WACKE/VOGEL, Gefahrenabwehr, 8. Aufl., Bd. 1, 1975, in: DVBl 1975, S. 876 ff.

GÖTZ, VOLKMAR, Allgemeines Polizei- und Ordnungsrecht, 12. Aufl., Göttingen, 1995

GUSY, CHRISTOPH, Verwaltungsvollstreckungsrecht am Beispiel der Vollstreckung von Polizeiverfügungen, in: JA 1990, S. 296 ff.

GUSY, CHIRSTOPH, Polizeirecht, 3. Aufl., Tübingen 1996

HÄBERLE, PETER, Gemeinwohljudikatur und Bundesverfassungsgericht, in: AöR 95, 1970, S. 260 ff.

HÄBERLE, PETER, Die Wesensgehaltgarantie des Artikel 19 Abs. 2 Grundgesetz, 3. Aufl., Heidelberg 1983

HÄBERLE, PETER, Grundrechte und parlamentarische Gesetzgebung im Verfassungsstaat - Das Beispiel des deutschen Grundgesetzes, in: AöR 114, 1989, S. 361 ff.

HARBS, GERHARD, Polizei- und Strafrecht als selbständige Rechtsgrundlagen für die Polizei, Die Polizei 1962, 333, 334

HARTIG, HANNO, Abschaffung der Todesstrafe in Europa – Das 6. Zusatzprotokoll zur EMRK, in: EuGZ 1983, S. 271 ff.

HAURAND, GÜNTER, Allgemeines Polizei- und Ordnungsrecht in Nordrhein-Westfalen, 2. Aufl., Wiebaden 1996

HECKENBERGER, WOLFGANG, Aufgaben und Befugnisse der Vollzugspolizei in England und Deutschland, Köln, Berlin, Bonn, München 1997

HEESEN, DIETRICH; HÖNLE, JÜRGEN, Gesetz über den Bundesgrenzschutz, 2. Aufl., Hilden/Rhld. 1989

HEIM, CHRISTOFER, Zum Risiko des unbeabsichtigten Schußwaffengebrauchs; Diplomarbeit 1999

HEISE, GERD; RIEGEL, REINHARD, Musterentwurf eines einheitlichen Polizeigesetzes, 2. Aufl., Stuttgart 1978

HEISE, GERD; TEGTMEYER, HENNING, Polizeigesetz Nordrhein-Westfalen, 7. Aufl., Stuttgart 1990

HERMES, GEORG, Das Grundrecht auf Schutz von Leben und Gesundheit, Schutzpflicht und Schutzanspruch aus Art. 2 Abs. 2 S. 1 GG, Heidelberg 1987

HERMES, GEORG und WALTHER, SUSANNE, Schwangerschaftsabbruch zwischen Recht und Unrecht – Das zweite Abtreibungsurteil und seine Folgen, in: NJW 1993, S. 2337 ff.

HERZOG, ROMAN, Grundrechte aus der Hand des Gesetzgebers, in: FSchr. für WOLFGANG ZEIDLER, Hg. WALTHER FÜRST, Berlin 1987, Bd. 2, S. 1415 ff.

HESSE, KONRAD, Grundzüge des Verfassungsrechts der Bundesrepublik Deutschland, 11. Aufl., Heidelberg 1978

HESSE, KONRAD, Verfassungsrecht und Privatrecht, Heidelberg 1988

HESSE, KONRAD, Die verfassungsrechtliche Kontrolle der Wahrnehmung grundrechtlicher Schutzpflichten des Gesetzgebers, in: Gegenrede: Aufklärung - Kritik - Öffentlichkeit, FSchr. ERNST GOTTFRIED MAHRENHOLZ, Hg. HERTA DÄUBLER-GMELIN, Baden-Baden 1994, S. 541 ff.

HILSE, HANS-GÜNTER, Polizeiorganisation in Deutschland und Europa, in: LISKEN-DENNINGER, Teil B

HIPPEL V., REINHARD, Untersuchungen über den Rücktritt vom Versuch (1966). Zugleich ein Beitrag zur allgemeinen Versuchslehre, Berlin 1966

HOFFMANN-RIEM, WOLFGANG, Übergang der Polizeigewalt auf Private? Überlegung zur Entwicklung gewerblicher Sicherheitskräfte, in: ZRP 1977, S. 277 ff.

HÖNES, ERNST-RAINER, Zur Kennzeichnung des Kulturgutes nach der Haager Landkriegsordnung vom 14. Mai 1954 in Friedenszeiten, in: DÖV 1988, S. 538 ff.

HUMMEL-LILJEGREN, Der gezielte tödliche Schuß ist geltendes Recht - wozu ihn "einführen"?, in: Die Polizei 1977, S. 373 ff.

ISENSEE, JOSEF, Beamtenstreik. Zur rechtlichen Zulässigkeit des Dienstkampfes, Bonn, Bad Godesberg 1971

ISENSEE, JOSEF, Die Friedenspflicht der Bürger und das Gewaltmonopol des Staates, in: Staatsorganisation und Staatsfunktionen im Wandel, FSchr. für KURT EICHENBERGER zum 60. Geburtstag, Hg. GEORG MÜLLER, Basel 1982, S. 23 ff.

ISENSEE, JOSEF, Das Grundrecht auf Sicherheit. Zu den Schutzpflichten des freiheitlichen Verfassungsstaates, Berlin 1983

ISENSEE, JOSEF, Öffentlicher Dienst, in: Handbuch des Verfassungsrechts der Bundesrepublik Deutschland, Hg. ERNST BENDA; WERNER MAIHOFER; HANS-JOCHEN VOGEL, Berlin 1983; Band II, § 32

ISENSEE, JOSEF, Das Grundrecht als Abwehrrecht und staatliche Schutzpflicht, in: Handbuch des Staatsrechts, Hg. JOSEF ISENSEE, PAUL KIRCHHOF, Bd. V, § 111, Heidelberg, 1992

ISENSEE JOSEF, Die alte Frage nach der Rechtfertigung des Staates – Stationen in einem laufenden Prozeß, in: JZ 1999, 265 ff.

ISENSEE, JOSEF, Staat und Verfassung, in: Handbuch des Staatsrechts, Hg. JOSEF ISENSEE, PAUL KIRCHHOF, Bd. I, § 13, 2. Aufl., Heidelberg 1995

JAEGER, ANDREA, Internationaler Kulturgüterschutz, Köln, Berlin, Bonn, München 1993

JAKOBS, GÜNTHER, Strafrecht, Allgemeiner Teil - Die Grundlagen und die Zurechnungslehre, 2. Aufl., Berlin, New York 1991

JAKOBS, MICHAEL, CH., Der Grundsatz der Verhältnismäßigkeit. Mit einer exemplarischen Darstellung seiner Geltung am Atomrecht, Köln, Berlin, Bonn, München 1985

JELDEN, KONRAD; FISCHER, MICHAEL, Das Gesetz zur Änderung des Polizeigesetzes, in: BWVPr 1992, S. 79 ff.

JELLINEK, GEORG, System der subjektiven öffentlichen Rechte, 2. Aufl., Tübingen 1905

JELLINEK, GEORG, Allgemeine Staatslehre, 7. Neudruck der 3. Aufl., 1914, Neudruck: Bad Homburg 1960

JELLINEK, WALTER, Notiz zum Fall Zabern, in: AöR 33 (1915), S. 247 ff.

JELLINEK, WALTER, Verwaltungsrecht, 3. Aufl. 1931, Neudruck, Offenburg 1948

JESCHECK, HANS-HEINRICH, Lehrbuch des Strafrechts, Allgemeiner Teil, 4. Aufl., Berlin 1988

JESCHECK, HANS-HEINRICH; WEIGEND, THOMAS, Lehrbuch des Strafrechts, Allgemeiner Teil, 5. Aufl., Berlin 1996

JESS, EDMUND; MANN, SIEGFRIED, fortgef. von E. JESS und M. HENKEL-ERNST, Gesetz über die Anwendung unmittelbaren Zwanges durch die Bundeswehr. UZwGBw. Erläuterungsbuch, 2. Aufl., München 1981

KARLSRUHER KOMMENTAR zur Strafprozeßordnung und zum Gerichtsverfassungsgesetz, Hg. GERD PFEIFFER, München 1982

KAY, WOLFGANG; BÖCKING, REINHOLD, Polizeirecht Nordrhein-Westfalen, München 1992

KELLNER, FRANZ, Schadensersatzansprüche polizeigeschädigter Demonstranten gegen den Staat, in: MDR 1987, S. 617 ff.

KINNEN, DIETER, Notwehr und Nothilfe als Grundlagen hoheitlicher Gewaltanwendung, in: MDR 1974, S. 631 ff.

KIRCHHOF, FERDINAND, Bundeswehr, in: Handbuch des Staatsrechts, Hg. JOSEF ISENSEE, PAUL KIRCHHOF, Bd. III, § 78, Heidelberg, 1988

KIRCHHOF, PAUL, Helfer in Not, in: JuS 1979, S. 428 ff.

KIRCHHOF, PAUL, Notwehr und Nothilfe des Polizeibeamten aus öffentlichrechtlicher Sicht, in: MERTEN, Aktuelle Probleme, S. 67 ff.

KIRCHHOF, PAUL, Polizeiliche Eingriffsbefugnisse und private Nothilfe, in: NJW 1978, S. 969 ff.

KIRCHHOF, PAUL, Unterschiedliche Rechtswidrigkeit in einer einheitlichen Rechtsordnung, Heidelberg, Karlsruhe, 1978

KIRCHHOF, PAUL, Mittel staatlichen Handelns, in: Handbuch des Staatsrechts, Hg. JOSEF ISENSEE, PAUL KIRCHHOF, Bd. III, § 59, Heidelberg, 1988

KIRCHHOF, PAUL, Gleichmaß und Übermaß, in: Wege und Verfahren des Verfassungslebens. FSchr. für PETER LERCHE, Hg. PETER BADURA; RUPERT SCHOLZ, München 1993, S. 133 ff.

KLEIN, HANS, Das Gesetz über den freiwilligen Polizeidienst, in: BWüVwBl. 1964, S. 1 ff.

KLEINKNECHT, THEODOR; MEYER-GROSSNER, LUTZ, Strafprozeßordnung, Gerichtsverfassungsgesetz, Nebengesetze und ergänzende Bestimmungen, erläutert von THEODOR KLEINKNECHT, fortgeführt von LUTZ MEYER-GROSSNER, 42. Aufl., München 1995

KLINKHARDT, INGO, Die Selbsthilfe des Amtsträgers, in: VerwArch. Bd. 55, 1964, S. 264 ff.

KLOSE, PETER, Notrecht des Staates aus staatlicher Rechtsnot, in: ZStrW 89, 1977, S. 61 ff.

KNEMEYER, FRANZ-LUDWIG, Der Schutz der Allgemeinheit und der individuellen Rechte durch die polizei- und ordnungsrechtlichen Handlungsvollmachten der Exekutive, in: VVdStRL 35, 1976, S. 221 ff.

KNEMEYER, FRANZ-LUDWIG, Polizei- und Ordnungsrecht, 7. Aufl., München 1998

KOKOTT, JULIANE, Bearbeiter zu Art. 87 a GG, in: SACHS, Grundgesetz-Kommentar

KOPP, FERDINAND; SCHENKE, WOLF RÜDIGER, Verwaltungsgerichtsordnung, 11. Aufl., München 1998

KREY, VOLKER, Der Münchner Schießbefehl - Grenzen des staatsanwaltschaftlichen Weisungsrechts gegenüber der Polizei, in: ZRP 1971, S. 224 ff.

KREY, VOLKER; MEYER, WOLFGANG, Zum Verhalten von Staatsanwaltschaft und Polizei bei Delikten mit Geiselnahme, in: ZRP 1973, S. 1 ff.

KRÜGER, HARTMUT, Bearbeiter zu Art. 19 GG, in: SACHS, Grundgesetz-Kommentar

KRÜGER, RALF, Die Bedeutung der Menschenrechtskonvention für das deutsche Notwehrrecht, in: NJW 1970, S. 1483 ff.

KRÜGER, RALF, Die bewußte Tötung bei polizeilichem Schußwaffengebrauch, in: NJW 1973, S. 1 ff.

KRÜGER, RALF, Polizeilicher Schußwaffengebrauch, 4. Aufl., Stuttgart, München, Hannover 1979

KÜPER, WILFRIED, Darf der Staat sich erpressen lassen?: Zur Problematik des rechtfertigenden Nötigungsnotstandes, Schriftenreihe der Juristischen Studiengesellschaft Karlsruhe, Heidelberg 1986

LACKNER, KARL, Strafgesetzbuch mit Erläuterungen, 22. Aufl., München 1997

LANGE, WINFRIED, Probleme des polizeilichen Waffengebrauchs, MDR 1974, S. 357 ff.

LARENZ, KARL, Allgemeiner Teil des deutschen bürgerlichen Rechts, 8. Aufl., München 1997

LECHELER, HELMUT, Der öffentliche Dienst, in: Handbuch des Staatsrechts, Hg. JOSEF ISENSEE, PAUL KIRCHHOF, Bd. III, § 72, Heidelberg 1988

LEIBHOLZ, GERHARD; RINCK, HANS-JUSTUS; HESSELBERGER, DIETER, Grundgesetz für die Bundesrepublik Deutschland. Kommentar anhand der Rechtsprechung des Bundesverfassungsgerichts. Grundwerk. 7. Aufl. 1993, Stand 1999

LEISNER, WALTER, Das Recht auf Leben: Untersuchung zu Art. 2, 2 des Grundgesetzes für die Bundesrepublik Deutschland, Hannover 1976

LERCHE, PETER, Übermaß und Verfassungsrecht. Zur Bindung des Gesetzgebers an die Grundsätze der Verhältnismäßigkeit und der Erforderlichkeit, Köln, Berlin, München, Bonn 1961

LERCHE, PETER, Der gezielt tödliche Schuß nach künftigem einheitlichen Polizeirecht - Zum Verhältnis hoheitlicher Eingriffsbefugnisse zu den allgemeinen Notrechten, in: Um Recht und Freiheit, FSchr. für FRIEDRICH AUGUST VON DER HEYDTE zur Vollendung des 70. Lebensjahres, Hg. HEINRICH KIPP, FRANZ MAYER, ARMIN STEINKAMM, Berlin 1977, Teil II, S. 1033 ff.

LERCHE, PETER, Grundrechtlicher Schutzbereich, Grundrechtsprägung und Grundrechtseingriff, in: Handbuch des Staatsrechts, Hg. JOSEF ISENSEE, PAUL KIRCHHOF, Bd. V, § 121, Heidelberg, 1992

LERCHE, PETER, Grundrechtsschranken, in: Handbuch des Staatsrechts, Hg. JOSEF ISENSEE, PAUL KIRCHHOF, Bd. V, § 122, Heidelberg 1992

LERCHE, PETER, Bearb. Art. 83 - 87 GG, in: MAUNZ-DÜRIG

LINDER, GEORG WULF, Grenzen der Anwendung unmittelbaren Zwangs durch die Vollzugspolizei. Dargestellt an Hand der in Hessen und im Bund geltenden Vorschriften, Frankfurt 1973

LISKEN, HANS, Polizeibefugnis zum Töten?, in: DRiZ 1989, S. 401 ff.

LISKEN, HANS, Über Aufgaben und Befugnisse der Polizei im Staat des Grundgesetzes, ZRP 1990, S. 15 ff.

LISKEN, HANS; DENNINGER, ERHARD, Hg., Handbuch des Polizeirechts, 2. Aufl., München 1996

LK = Leipziger Kommentar, Strafgesetzbuch, Hg. HANS HEINRICH JESCHECK, WOLFGANG RUSS, GÜNTHER WILLMS, 10. Aufl., Bearb.:, H. J. HIRSCH (ZU § 34); TRÖNDLE; RÜTH (§ 315 a und 316 b); SCHÄFER (zu § 240); SPENDEL (zu § 32); WOLFF (zu § 304 a); Berlin 1988.

LORENZ, DIETER, Recht auf Leben und körperliche Unversehrtheit, in: Handbuch des Staatsrechts, Hg. JOSEF ISENSEE, PAUL KIRCHHOF, Bd. VI, § 128, Heidelberg, 199

LÖSCH, HOLGER, Bad Kleinen: ein Medienskandal und seine Folgen, Frankfurt 1994

MACHIAVELLI, NICCOLO Il principe

MANDALKA, THORSTEN, Polizeidienst nach Feierabend - ein europäisches Hobby, in: Bürgerrechte und Polizei 40, 1989, S. 80 ff.

MANGOLDT, HERMANN; KLEIN, FRIEDRICH; STARCK, CHRISTIAN, Das Bonner Grundgesetz, 3. Aufl., München 1985

MAUNZ-DÜRIG: THEODOR MAUNZ; GÜNTER DÜRIG; ROMAN HERZOG; RUPERT SCHOLZ; PETER LERCHE; HANS-JÜRGEN PAPIER; ALBRECHT RANDELZHOFER; EBERHARD SCHMIDT-ASSMANN, Kommentar zum Grundgesetz, Stand: 1998

MAURACH, REINHART; ZIPF, HEINZ; GÖSSEL, KARL HEINZ, Strafrecht Allgemeiner Teil, Teilband 2, IV. Teil, 7. Aufl., Heidelberg 1989

MAYER, LUDWIG, Über den Begriff des Verwaltungszwangsverfahrens, in: AöR Bd. 32, 1914, S. 152 ff.

MAYER, OTTO, Verwaltungsrecht, 3. Aufl., München, Leipzig 1924

MEIXNER, KURT, Hessisches Gesetz über die öffentliche Sicherheit und Ordnung (HSOG) - Gesetz über die Anwendung unmittelbaren Zwanges bei Ausübung öffentlicher Gewalt (UZwG) mit Erläuterungen, 2. Aufl., Stuttgaart, München und Hannover, 1986

MEMMELSHEIMER, PAUL ARTHUR; UPMEIER, DIETER; SCHÖNSTEIN, HORST DIETER: Denkmalrecht Nordrhein-Westfalen, 2. Aufl., Köln 1989

MERTEN, DETLEV, Rechtsstaat und Gewaltmonopol, Tübingen 1975

MERTEN, DETLEV Hg., Aktuelle Probleme des Polizeirechts (unter Berücksichtigung des Musterentwurfs eines einheitlichen Polizeigesetzes des Bundes und der Länder), Berlin 1977

MERTEN, DETLEV, Zum polizeilichen Schußwaffengebrauch, in: MERTEN, Hg., Aktuelle Probleme, S. 85 ff.

MERTEN, DETLEV, Zum Streit um den Todesschuß. Vom Tätermitleid zur Opferpreisgabe? in: Staat und Völkerrechtsordnung, FSchr. für KARL DOEHRING, Hg. HAILBRONNER, RESS, STEIN, Berlin, Heidelberg, New York, London, Paris, Tokyo, Hong Kong 1989, S. 579 ff.

MICHAELIS, RÜDIGER, Der Beliehene, Diss. Münster, 1969

MÜLLER-DIETZ, HEINZ, StPO § 119 Abs. 3; GG Art. 5, BGH Beschl. v. 13. 10. 1972, in: JZ 1973, S. 128 f.

MÜNCH V., INGO; KUNIG, PHILIPP, Grundgesetzkommentar, 3. Aufl., München 1985

MURSWIEK, DIETRICH, Bearb. zu Art. 2 GG, in: SACHS, Grundgesetz-Kommentar

MUSSMANN, EIKE, Allgemeines Polizeirecht in Baden-Württemberg, 3. Aufl., Stuttgart 1992

NEUWIRTH, DIETLIND, Polizeilicher Schußwaffengebrauch gegen Menschen, Eine Einführung nach Bundesrecht unter Einbeziehung landesrechtlicher Regelungen, Hilden/Rhld., 1997

OHLSEN, RAINER, Vorsicht - Schußwaffen, in: Die Polizei 1985, S. 13 ff.

OHLSHAUSEN V., HENNING, Anmerkung zu Beschl. v. 17.1.1979 VGH Mannheim, in: DÖV 1979, S. 338 f.

OSSENBÜHL, FRITZ, Verfassungsrechtliche Zulässigkeit der Verweisung, in: DVBl 1967, S. 401 ff.

OSSENBÜHL, FRITZ, Verwaltungsvorschriften und Grundgesetz, Bad Homburg v.d.H., Berlin, Zürich 1968

OSSENBÜHL, FRITZ, Der polizeiliche Ermessens- und Beurteilungsspielraum, in: DÖV 1976, S. 463 ff.

OSSENBÜHL, FRITZ, Eigensicherung und hoheitliche Gefahrenabwehr, Rechtsgutachten zum 9. Änderungsgesetz des Luftverkehrsgesetz vom 18. September 1980, Stuttgart 1981

OSSENBÜHL, FRITZ, Kernenergie im Spiegel des Verfassungsrechts, in: DÖV 1981, S. 1 ff.

OSSENBÜHL, FRITZ, Zumutbarkeit als Verfassungsmaßstab, in: Freiheit und Verantwortung im Verfassungsstaat, Festgabe zum 10jährigen Jubiläum der Gesellschaft für Rechtspolitik, Hg. BERND RÜTHERS und KLAUS STERN, München 1984, S. 315 ff.

OSSENBÜHL, FRITZ, Autonome Rechtsetzung der Verwaltung, in: Handbuch des Staatsrechts, Hg. JOSEF ISENSEE, PAUL KIRCHHOF, Bd. III, § 65, Heidelberg, 1988

OSSENBÜHL, FRITZ, Maßhalten mit dem Übermaßverbot, in: Wege und Verfahren des Verfassungslebens. FSchr. für PETER LERCHE, Hg. PETER BADURA; RUPERT SCHOLZ, München 1993, S. 151 ff.

OSSENBÜHL, FRITZ, Rechtsquellen und Rechtsbindung der Verwaltung, in: HANS-UWE ERICHSEN, Allgemeines Verwaltungsrecht, 11. Aufl., Berlin, New York 1998, S. 127 ff.

OTTO, HARRO, Anm. zu BGH Urteil vom 29.8.1985 - Ausschreitungen innerhalb einer Menschenmenge, in: NStZ 1986, S. 70 f

OTTO, W., Der Beamter als Träger der Staatshoheit, in: ZBR 1956, S. 233 ff.

PAEFFGEN, HANS-ULRICH; RUDOPHI, HANS-JOACHIM; SCHLÜCHTER, ELLEN; FRISCH, WOLFGANG; ROGALL, KLAUS; WOLTER, JÜRGEN: Systematischer Kommentar zur Strafprozeßordnung und zum Gerichtsverfassungsgesetz, 1986/87, Neuwied, Küftel, Berlin; Stand Oktober 1998; ad § 127 StPO

PIELOW, JOHANN-CHRISTIAN, Der sogenannte finale Todes- oder Rettungsschuß - Dargestellt am Beispiel des Polizeigesetzes Nordrhein-Westfalen, in: JURA 1991, S. 482 f

PIEROTH, BODO; SCHLINK, BERNHARD, Staatsrecht, 2. Grundrechte, 9. Aufl., Heidelberg 1993

PIETZCKER, JOST, Der Anspruch auf ermessensfehlerfreie Entscheidung, in: JuS 1982, S. 106 ff.

PIETZNER, RAINER, Unmittelbare Ausführung als fiktiver Verwaltungsakt. Zu den historischen Entwicklungslinien der Dogmatik des sofortigen Polizeizwanges in der Rechtsprechung des Preußischen OVG, in: Verw-Arch 82, 1991, S. 291 ff.

PIETZNER, RAINER, Rechtsschutz in der Verwaltungsvollstreckung, in: Verw-Arch 84, 1993, S. 261 ff.

PIOCH, HANS-HUGO, Gesetz über den unmittelbaren Zwang bei der Ausübung durch Vollzugsbeamte des Bundes, Köln, Berlin, Bonn, München 1963

POKOJEWSKI, BERND, Eigensicherung und Schießausbildung, in: BePo heute, 1993, S. 246 ff.

PREISENDANZ, HOLGER, Strafgesetzbuch, Lehrkommentar mit Erläuterungen und Beispielen, ausgewählten Nebengesetzen, 29. Aufl. Berlin 1975

QUARITSCH, HELMUT, Kirchen und Staat, Verfasssungs- und staatstheoretische Probleme der staatskirchenrechtlichen Lehre der Gegenwart, in: Der Staat 1, 1962, S. 175 ff., 289 ff.

RACHOR, FREDERIK, Polizeihandeln, in: LISKEN, DENNINGER, Teil F

RASCH, ERNST, Allgemeines Polizei- und Ordnungsrecht, Bearb. ERNST RASCH, begr. CARL HERMANN ULE, 2. Aufl. Köln, München 1982

REDEKER, KONRAD; V. OERTZEN, HANS JOACHIM, Verwaltungsgerichtsordnung: Kommentar, 12. Aufl., Stuttgart 1997

REICHERT, BERND; RUDER, KARL-HEINZ; FRÖHLER, OLIVER, Polizeirecht, 5. Aufl., Baden-Baden 1997

RENGELING, HANS-WERNER, Gesetzgebungszuständigkeit, in: Handbuch des Staatsrechts, Hg. JOSEF ISENSEE, PAUL KIRCHHOF, Bd. IV, § 100, Heidelberg, 1990

RIEGEL, REINHARD, Bemerkungen zum Musterentwurf eines einheitlichen Polizeigesetzes des Bundes und der Länder, in: BayVBl 1977, S. 682 ff.

RIEGEL, REINHARD, Musterentwurf und Alternativentwurf für ein einheitliches Polizeirecht: Ein Vergleich zweier Konzeptionen, in: DVBl 1979, S. 709 ff.

RIEGEL, REINHARD, §§ 32, 34 StGB als hoheitliche Befugnisgrundlage? in: NVwZ 1985, S. 639 f.

RIEGEL, REINHARD, Das Gesetz zur Fortentwicklung des Datenschutzes im Bereich der Polizei und der Ordnungsbehörden in Nordrhein-Westfalen: Anspruch und Wirklichkeit, in: DÖV 1990, S. 651 ff.

RIEGEL, REINHARD, Bundesgrenzschutzneuregelungsgesetz - Kommentar, Köln, Berlin, Bonn, München 1996

RIOTTE, WOLFGANG; TEGTMEYER, HENNING, Das neue Polizeigesetz des Landes Nordrhein-Westfalen, in: NWVBl 1990, S. 145 ff.

ROBBERS, GERHARD, Sicherheit als Menschenrecht, Baden-Baden 1987

ROEWER, HELMUT, Nochmals: Der "finale Todesschuß" im Landesrecht von Nordrhein-Westfalen, in: NWVBl 1989, S. 366 f.

ROGALL, KLAUS, Das Notwehrrecht der Polizeibeamten - BayObLGSt, in: JuS 1992, S. 551 f.

ROXIN, CLAUS, Die "sozialethischen Einschränkungen" des Notwehrrechts - Versuch einer Bilanz, in: ZStrW Bd. 93, 1981, S. 68 ff.

RUPPRECHT, REINHARD, Polizeilicher Todesschuß und Wertordnung des Grundgesetzes, in: Menschenwürde und freiheitliche Rechtsordnung, FSchr. für WILLI GEIGER zum 65. Geburtstag, Hg. GERHARD LEIBHOLZ, HANS JOACHIM FALLER, PAUL MIKAT, HANS REIS, Tübingen 1974, S. 781 ff.

RUPPRECHT, REINHARD, Anspruch des Polizeibeamten auf Schutz seiner Grundrechte bei Einsätzen, in: Polizeilicher Eingriff und Grundrechte. FSchr. zum

70. Geburtstag von RUDOLF SAMPER, Hg. MANFRED SCHNEIDER, Stuttgart, München, Hannover 1982, S. 51 ff.

SACHS, MICHAEL, Grundgesetz - Kommentar, 2. Aufl., München 1999

SAX, WALTER, Grundsätze der Strafrechtspflege, in: Die Grundrechte, Hg. BETTERMANN, KARL AUGUST; NIPPERDEY, HANS CARL; SCHEUNER, ULRICH, Bd. III 2, Berlin 1959

SCHAFFSTEIN, FRIEDRICH, Die strafrechtlichen Notrechte des Staats, in: Gedächtnisschrift für HORST SCHRÖDER, Hg. WALTER STREE; THEODOR LENCHER; PETER GAMER; ALBIN ESER, München 1978, S. 97 ff.

SCHENKE, WOLF RÜDIGER, Kompetenzen des Landesgesetzgebers zur Regelung polizeilicher Befugnisse auf dem Gebiet der Strafverfolgung, in: JR 1970, S. 48 ff

SCHLOSSER, PETER, Keine Strafe ohne Schuld, Diss. Würzburg 1961

SCHMELTER, HUBERT, Der finale Rettungsschuß/Todesschuß - zur Rechtslage in Nordrhein-Westfalen, in: VR 1989, S. 161 ff.

SCHMIDBAUER, WILHELM; STEINER, UDO; ROESE, EBERHARD, Bayerisches Polizeiaufgabengesetz und Bayerisches Polizeiorganisationsgesetz. Kommentar, München 1999

SCHMIDHÄUSER, EBERHARD, Notwehr und Nothilfe des Polizeibeamten aus strafrechtlicher Sicht, in: MERTEN, Aktuelle Probleme, S. 53 ff.

SCHMIDHÄUSER, EBERHARD, Besprechung zu ObLG Beschluß vom 13.12.1990, in: JZ 1991, S. 937

SCHMIDHÄUSER, EBERHARD, Die Begründung der Notwehr, in: GA 1991, S. 97 ff.

SCHMIDT, JOACHIM, Nochmals: Die bewußte Tötung bei polizeilichem Schußwaffengebrauch, in: NJW 1973, S. 449 f.

SCHMIDT-ASSMANN, EBERHARD, Der Rechtsstaat, in: Handbuch des Staatsrechts, Hg. JOSEF ISENSEE, PAUL KIRCHHOF, Bd. I, § 24, 2. Aufl., Heidelberg, 1995

SCHMIDT-BLEIBTREU, BRUNO; KLEIN, FRANZ, Kommentar zum Grundgesetz, 9. Aufl., Neuwied, Darmstadt 1999

SCHMIDT-JORTZIG, EDZARD, Meinungs- und Informationsfreiheit, in: Handbuch des Staatsrechts, Hg. JOSEF ISENSEE, PAUL KIRCHHOF, Bd. VI, § 141, Heidelberg, 1989

SCHMITT, CARL, Die Diktatur des Reichspräsidenten nach Art. 48 der Reichsverfassung, in: VVStRL 1, 1924, S. 87 ff.

SCHMITT-KAMMLER, ARNULF, Die Geiselnahme, in: NWVBl 1989, S. 456 ff., und NWVBl 1990, S. 30 f.

SCHMITT-KAMMLER, ARNULF, Die Sofortbefugnisse im Polizei- und Ordnungsrecht - Insbesondere: unmittelbare Ausführung und sofortiger Vollzug, in: NWVBl 1989, S. 389 ff.

SCHNAPP, FRIEDRICH E., Die Verhältnismäßigkeit des Grundrechtseingriffs, in: JuS 1983, S. 850 ff.

SCHNEIDER, HANS, Zur Verhältnismässigkeits-Kontrolle insbesondere bei Gesetzen, in: Festgabe aus Anlaß des 25jährigen Bestehens des Bundesverfassungsgerichts, Hg. CHRISTIAN STARCK, 1. Bd. Verfassungsgerichtsbarkeit, Tübingen 1976, S. 390 ff.

SCHOCH, FRIEDRICH, Grundfälle zum Polizei- und Ordnungsrecht, in: JuS 1994, S. 754 ff., in: JuS 1995, S. 215 ff.

SCHOCH, FRIEDRICH, Grundfälle zum Polizei- und Ordnungsrecht, in: JUS 1995, S. 218 ff

SCHOLLER, HEINRICH; BROSS, SIEGFRIED, Grundzüge des Polizei- und Ordnungsrechts in der Bundesrepublik Deutschland, 3. Aufl., Heidelberg 1982

SCHÖNE, THOMAS; KLAES, THOMAS, Die hoheitliche Befugnis zur Tötung eines Angreifers - am Beispiel des nordrhein-westfälischen Polizeirechts, in: DÖV 1996, S. 992 ff.

SCHÖNKE-SCHRÖDER, Strafgesetzbuch, Kommentar, begr. ADOLF SCHÖNKE, HORST SCHRÖDER, Bearb. THEODOR LENCKNER, ALBIN ESER (zu § 239), PETER CRAMER (zu § 315 a und 316 B), WALTER STREE (ZU § 315 a und 316 b, 25. Aufl., München 1997

SCHROEDER, FRIEDRICH CHRISTIAN, Polizei und Geiseln. Der Münchner Bankraub. Zusammengestellt von FR. CHR. SCHRÖDER, Berlin, New York 1972

SCHROEDER, FRIEDRICH CHRISTIAN, Anmerkung zu OLG Hamburg, in: JR 1973, S. 69 f.

SCHWABE, JÜRGEN, Die Notrechtsvorbehalte des Polizeirechts, in: JZ 1974, S. 634 ff.

SCHWABE, JÜRGEN, Probleme der Grundrechtsdogmatik, Darmstadt 1977

SCHWABE, JÜRGEN, Die Notrechtsvorbehalte des Polizeirechts, Stuttgart, München 1979

SCHWEGMANN, FRIEDRICH GERHARD, Idee und Entstehung des staatlichen Gewaltmonopols, in: VR 1987, S. 217 ff.

SCHWIND, HANS DIETER; BÖHM, ALEXANDER, Strafvollzugsgesetz, Bearb. KLAUS KOEPSEL, 2. Aufl., Berlin 1991

SCHWINDT, FRITZ, Die ehrenamtlichen Polizisten in Großbritannien in: BePo 1993, S. 214 ff.

SEEBODE, MANFRED, Strafverfolgung nach Polizeirecht? Kritische Bemerkungen zum Musterentwurf einheitlicher Polizeigesetze, in: MDR 1976, S. 537 ff.

SEEBODE, MANFRED, Polizeirechtliche Notwehr und Einheit der Rechtsordnung, in: FSchr. ULRICH KLUG zum 70. Geburtstag, Köln 1983, S. 359 ff.

SEEBODE, MANFRED, Gezielt tödlicher Schuß de lege lata et ferenda, in: Strafverteidiger 1991, S. 80 ff.

SEELMANN, KURT, Grenzen privater Nothilfe, in: ZStrW 89, 1977, S. 36 ff.

SEITERS, RUDOLF, Neue Aufgaben und neue Organisationen für den Bundesgrenzschutz, in: Die Polizei 1992, S. 237 ff.

SELLIER, KARL, Schußwaffen und Schußwirkung I, 2. Aufl., Lübeck 1982

SEYDEL, MAX VON, Das Staatsrecht des Königreichs Bayern, 1. Abt., Freiburg 1888

SK = Systematischer Kommentar zum Strafgesetzbuch, Hg. HANS JOACHIM RUDOLPHI; ECKHARD HORN; ERICH SAMSON; HANS LUDWIG GÜNTHER. 7. Aufl., Neuwied, Stand: Febr. 1999

SPOERL, KARL-HEINZ, Zum Einsatz von Bürgern in einer „Sicherheitswacht": positives Ergebnis eines dreijährigen Modellversuchs in Bayern, in: Die Polizei 1997, S. 33 ff.

STAUPE, JÜRGEN, Parlamentsvorbehalt und Delegationsbefugnis: Zur "Wesentlichkeitstheorie" und zur Reichweite legislativer Regelungskompetenz, insbesondere im Schulrecht, Berlin 1986

STEIN, LORENZ, Die Vollziehende Gewalt, Verwaltungslehre 1. Theil, 2. Aufl., Stuttgart 1869

STELKENS, PAUL; BONK; SACHS, Verwaltungsverfahrensgesetz Kommentar, 5. Aufl., München 1998

STEPHAN, ULRICH, Polizeirecht in Baden-Württemberg, Wiesbaden 1988

STERN, KLAUS, Verbindung von Verfassungsidee und Grundrechtsidee zur modernen Verfassung, in: Staatsorganisation und Staatsfunktionen im Wandel, FSchr. für KURT EICHENBERGER zum 60. Geburtstag, Hg. GEORG MÜLLER, Basel, 1982, S. 197 ff.

STERN, KLAUS, Das Staatsrecht der Bundesrepublik Deutschland, 3 Bde, München, 1988 - 1994

STERN, KLAUS, Zur Entstehung und Ableitung des Übermaßverbotes, in: Wege und Verfahren des Verfassungslebens. FSchr. für PETER LERCHE, Hg. PETER BADURA; RUPERT SCHOLZ, München 1993, S. 165 ff.

STOBER, ROLF, Der Ehrenbeamte in Verfassung und Verwaltung, Königstein, Ts., 1981

STREE, WALTER, Deliktsfolgen und Grundgesetz, Tübingen, 1960

STREE, WALTER, Beschädigung eines Polizeistreifenwagens - BGHSt 31, 185, in: JuS 1983, S. 836 ff.

SUHR, DIETER, Die Freiheit vom staatlichen Eingriff als Freiheit zum privaten Eingriff? Kritik der Freiheitsdogmatik am Beispiel des Passivraucherproblems, in: JZ 1980, S. 166 ff.

SUNDERMANN, HEINZ-GEORG, Schußwaffengebrauch im Polizeirecht, Diss. Heidelberg, 1984

SUNDERMANN, HEINZ-GEORG, Polizeiliche Befugnisse bei Geiselnahmen, in: NJW 1988, S. 3192 ff.

SYDOW, FRITZ, Verbrechensbekämpfung nach neuem Recht, in: ZRP 1977, 119 ff.

TEGTMEYER, HENNING, Polizeigesetz Nordrhein-Westfalen, Kommentar, 8. Aufl., Stuttgart 1995

TEUFEL, MANFRED, Der Freiwillige Polizeidienst im Lande Baden-Württemberg, in: Illustrierte Rundschau der Gendarmerie, 1991, S. 7 f.

THEWES, WILFRIED, Rettungs- oder Todesschuß, Pro und Contra zum polizeilichen Schußwaffengebrauch mit der Absicht oder dem Risiko der Tötung, Düsseldorf, 1988

THIELE, WILLI, Neues Polizeirecht in Bund und Ländern?, in: DVBl. 1979, S. 705 ff.

ULE, CARL H., Über die Verfassungswidrigkeit des § 2 Abs.4 UZwG - Ein Beitrag zum Waffengebrauchsrecht der Polizei in Bund und Ländern, in: DVBl. 1962, S. 353 ff.

UNGERBIELER, GÜNTHER, Der Hilfspolizeibeamte im deutschen Polizeirecht - Theorie und Praxis eines Rechtsinstituts, in: DVBl 1980, S. 409 ff.

URFF V., BURKHARD, Schußwaffengebrauch der Polizei im Vereinigten Königreich von Großbritannien und Nordirland und in der Bundesrepublik Deutschland, Diss. Heidelberg, Frankfurt a.M. 1997

WACKE, GERHARD, Das Bundesgesetz über den unmittelbaren Zwang, in: JZ 1962, S. 137 ff.

WAGNER, HEINZ, Individualistische oder überindividualistische Notwehrbegründung, Berlin 1984

WAGNER, HEINZ, Kommentar zum Polizeigesetz von Nordrhein-Westfalen und zum Musterentwurf eines einheitlichen Polizeigesetzes des Bundes und der Länder, Reihe Alternativkommentare, Neuwied 1987

WALTER, BERND, Polizeireserven – Das vergessene Thema, in: Die Polizei 1989, S. 41 ff.

WARDA, GÜNTER, Zur Konkurrenz von Rechtfertigungsgründen, in: FSchr. für REINHART MAURACH zum 70. Geburtstag, Hg. FRIEDRICH CHRISTIAN SCHRÖDER; HEINZ ZIPF, Karlsruhe 1972, S.143 ff.

WEICHERT, THILO, Der sogenannte "finale Rettungsschuß", in: VwBlBW 1991, S. 249 ff.

WERKENTIN, FALCO, Tödlicher Schußwaffeneinsatz der Polizei 1974 - 1992 - vorsichtige Korrektur einer These, in: Bürgerrechte und Polizei 44, 1993, S. 79ff.

WESSLAU, ERNA; KUTSCHA, MARTIN, Grundgesetz und Handlungsalternativen der Polizei bei Geiselnahmen, in: ZRP 1990, S. 169 ff.

WILFLING, AUGUST, Der administrative Waffengebrauch der öffentlichen Wachorgane und des Heeres. Unter besonderer Berücksichtigung der Rechte Österreichs, Preußens, der deutschen Mittelstaaten, Englands, Frankreichs und Italiens, rechtsvergleichend dargestellt. Wien, 1909

WINTERFELD V., ACHIM, Todesschuß der Polizei, in: NJW 1972, S. 1881 ff.

WOLFF, HANS J., Der Unterschied zwischen öffentlichem und privatem Recht, in: AöR 76, 1950, S. 205 ff.

WOLFF, HANS J.; BACHOF, OTTO; STOBER, ROLF, Verwaltungsrecht, Besonderer Teil, 5. Aufl., München 1987

ZIPF, HEINZ, Strafrecht Allgemeiner Teil, Teilband 1, Grundlehren des Strafrechts und Aufbau der Straftat, begründet von REINHART MAURACH, 8. Aufl., Heidelberg 1992; Teilband 2, IV. Teil Die Rechtsfolgen der Tat, begründet von REINHART MAURACH, 7. Aufl., Heidelberg 1989

Peter Lang · Europäischer Verlag der Wissenschaften

Karsten Bremer

Strafbare Internet-Inhalte in internationaler Hinsicht

Ist der Nationalstaat wirklich überholt?

Frankfurt/M., Berlin, Bern, Bruxelles, New York, Oxford, Wien, 2001.
279 S., 1 Abb.
Europäische Hochschulschriften: Reihe 2, Rechtswissenschaft. Bd. 3053
ISBN 3-631-37419-4 · br. DM 89.–*

Die Arbeit beschäftigt sich mit dem Problem, daß Internet-Inhalte weltweit als strafbare Kommunikationsdelikte angesehen werden können. Die Warnungen vor Neonazis, die aus dem Ausland agieren, werden immer eindringlicher; gleichzeitig fürchten sich deutsche Anbieter vor ausländischen Strafverfolgungsbehörden. Ob diesen Entwicklungen aber durch eine internationale Lösung erfolgreich entgegengewirkt werden kann, erscheint fraglich. Der Autor untersucht daher die Strafbarkeit von Internet-Inhalten im weltweiten Kontext. Die bisherigen Bemühungen um eine internationale Lösung werden dargestellt und ihre Erfolgsaussichten überprüft. Dabei zeigt sich, daß nationale Ansätze nicht vorschnell übergangen werden sollten.

Aus dem Inhalt: Arbeitsweise des Internet · Anwendbarkeit des nationalen Rechts · Kommunikationsdelikte im Rechtsvergleich · Schließung von Strafbarkeitslücken durch internationale Rechtsangleichung · Nationale Lösungsansätze

Frankfurt/M · Berlin · Bern · Bruxelles · New York · Oxford · Wien
Auslieferung: Verlag Peter Lang AG
Jupiterstr. 15, CH-3000 Bern 15
Telefax (004131) 9402131
*inklusive Mehrwertsteuer
Preisänderungen vorbehalten

Lebenslauf

Ich kam am 15. Mai 1969 in Heidelberg als erste Tochter des Privatdozenten Dr. iur. Reinhard Mußgnug und Dorothee Mußgnug, geb. Stürmer, zur Welt.

Nach der vierjährigen Volksschulzeit besuchte ich in Heidelberg die Elisabeth von Thadden-Schule, wo ich am 17. Mai 1988 das Abitur ablegt. Im Wintersemester 1988/89 begann ich an der Universität Mannheim das Studium der Rechtswissenschaft. Nach der Zwischenprüfung wechselte ich zum Wintersemester 1990/91 an die Universität Bonn. Dort bestand ich am 13. Juli 1993 das Erste Juristische Staatsexamen.

Im Mai 1996 wurde ich Referendarin am OLG Koblenz. Stagen absolvierte ich unter anderem beim Verwaltungsgericht und dem Oberverwaltungsgericht Koblenz sowie in der Anwaltskanzlei von Prof. Yoshino in Tokio. Am 28. Mai 1998 legte ich in Koblenz das Zweite Juristische Staatsexamen ab.

Von Februar bis August 2000 arbeitete ich im Justitiariat des Deutschen Hochschulverbandes in Bonn. Seit September 2000 bin ich Rechtsreferentin beim Diakonischen Werk der Evangelischen Kirche Deutschland.

Printed by
CPI books GmbH, Leck

FSC
www.fsc.org
MIX
Papier | Fördert
gute Waldnutzung
FSC® C083411

Kolibri 360 GmbH
Ferdinand-Jühlke-Straße 7
99095 Erfurt, Deutschland
produktsicherheit@kolibri360.de